청명국역총서 4

역주
논어 혹문 하

강민우 · 권민균 · 백종학 · 서진희 · 차영익 옮김

도서출판
수류화개

책을 펴내며

　수백 년 동안 주희朱熹의 《논어집주論語集註》는 《논어》를 읽는 가장 확실하고 유일한 길처럼 여겨져 왔다. 간결하고 명료한 그 주석은 마치 잘 닦인 길과 같아서, 우리는 그 길을 따라 편안하게 공자의 세계로 들어갈 수 있었다. 그러나 너무나 잘 닦인 길은 때로 길 주변의 풍경을 잊게 만든다. 주희가 제시한 '정답'에 익숙한 나머지, 그가 왜 다른 수많은 길을 버리고 바로 그 길을 택했는지, 그 과정에서 어떤 고민과 논쟁을 거쳤는지 질문할 기회를 잃어버렸다.

　이 책, 《논어혹문論語或問》은 바로 그 잃어버린 질문과 탐구의 과정을 생생하게 복원한 주희의 '지적 작업실'이다. 《논어혹문》은 중국 남송南宋 학자인 주희朱熹(1130~1200)가 《논어집주》와 함께 저술한 《논어》 주석서다. 주희는 사서四書를 학문의 근본으로 삼아야 한다고 강조하여 평생 동안 주석서 저술과 수정에 매진했다. 《논어혹문》은 《논어집주》의 미진한 부분에 대한 해설과, 《논어집주》에 수록되지 않은 선배 학자들의 《논어》

해설에 대한 평가와 주희 자신의 학설을 보충한 '《논어》에 대한 대토론의 장'이다.

'어떤 이가 물었다.[或問]'라고 시작하는 이 책의 형식은 단순한 수사가 아니다. 이는 주희가 북송시대 이래로 펼쳐졌던 다채로운 학문의 흐름을 자신의 사상이라는 용광로 속으로 끌어들여 하나씩 녹이고 재구성한 치열한 사상의 격전장이다. 그는 이 가상의 대화 속에서 정이程頤와 정호程顥 형제는 물론, 장재張載, 사량좌謝良佐, 범조우范祖禹 등 당대 최고의 지성을 소환하여 그들의 해석을 날카롭게 해부하고 비판하며 자신의 논리를 세워나갔다.

따라서 《논어혹문》을 읽는 것은 완성된 《논어집주》의 이면에 숨겨진 주희의 고뇌를 엿보는 것이며, 살아 숨 쉬는 철학자 주희를 만나는 경험이다. 우리는 이 책을 통해 그가 왜 특정 해석을 '가차假借의 병폐'라 비판하고, 다른 해석을 '지나치게 고원하다'고 물리쳤는지, 그리고 문장의 논리적 흐름[文理]과 성인의 본래 의도를 얼마나 집요하게 따졌는지 목격하게 될 것이다. 《논어집주》가 최종적으로 선포된 판결문이라면, 《논어혹문》은 그 판결에 이르기까지의 모든 변론과 증거를 담은 방대한 기록인 셈이다.

1. 판본과 체제

주희는 《논어집주》에 대해서 자부심을 드러낸 반면 《혹문》에 대해서는 미진한 점이 있다는 점을 인정했고, 생전에 간행하지 않았다. 주희와 학문적으로 활발하게 교류한 장식張栻도 이 책의 간행을 만류한 것으로 보아 당대인들의 인식도 주희와 비슷했다는 점을 알 수 있다. 이 책은 주희 사후 서적 상인에 의해 간행되면서 세상에 퍼졌다. 남송 때부터《사서혹문》을 묶어 간행한 판본이 있었다는 기록이 있지만 지금은 모두 사라져 잔본殘本만이 남아 있고, 현존《사서혹문》의 판본은 대부분 명明 이후의 판본이다. 주요 판본으로는 홍치 7년(1494)에 장원정張元禎이 필사본을 각인한 갑인본甲寅本, 민문閩聞이 정덕 12년(1517)에 판각한 정축본丁丑本, 사고전서본四庫全書本 등이 있고, 현대의 주요한 교감표점본으로는 상해고적출판上海古籍出判에서 발간한《주자전서朱子全書》본, 북경대학출판사北京大學出版社에서 발간한《유장儒藏 정화편精華編》본이 있다.

《논어혹문》의 체제는 〈학이學而〉부터 〈요왈堯曰〉까지 각각의 편을 권卷으로 편성하여 20권으로 구성하였으며, '혹자의 질문[或問]'에 대한 주희의 답변 형식으로 되어 있다. '혹문或問'에는《논어》에 대한 여러 설에 관련된 질문이 배치되어 있는데, 장재張載(1020~1077), 정호程顥(1032~1085), 정이程頤(1033~1107), 여대림呂大臨(1046~1092), 사량좌謝良佐(1050~1103), 유초游酢(1053~1123), 양시楊時(1053~1135), 윤돈尹焞(1071~1142), 장식張栻(1133~1180) 등의 설이 실려 있다. 내용상으로는 이정二程(정호와 정이)과 장재의 학설을 주로 수용하고 다른 학자들의 학설은 비판적으로 접근하는 경향이 주요한 것이지만 이정과 장재의 학설을 비판하는 사례도 많다. 이는 북송의 도학자들로부터 주희 자신에 이르는 도통의 계보를 설정하면서 자신을 그 집대성자로 자리매김하려는 시도였다고 생각된다.

2. 정자를 기준으로 삼다

《논어혹문》 전체를 관통하는 주희의 비판적 독법을 지배하는 대원칙은 정호·정이 형제, 특히 정이의 해석이 지니는 권위이다. 다른 학자는 모두 이 기준과의 근접성 혹은 이탈의 정도에 따라 평가하였다.

주희가 정자를 칭송할 때 사용하는 "정자의 말씀이 지극하다.[程子至矣]"는 표현은 책 전반에 걸쳐 반복적으로 등장하는 문구다. 다양한 견해를 검토한 후, 그는 일관되게 정자의 해석이 가장 정확하고 심오하다는 결론을 내린다. 예를 들어, '붕래지락朋來之樂'에 대한 여러 설을 논한 후, "오직 정자의 말씀으로 구해야만 그 즐거움의 실체를 볼 수 있다."고 하였다.

윤돈과 같은 학자를 칭찬할 때조차, 그것은 그의 견해가 정자의 뜻에 '가깝다'거나 그 본질을 '가장 정밀하게' 포착했기 때문인 경우가 많다. 반대로, 다른 학자에 대한 비판은 종종 '정자의 뜻을 놓쳤다.[失程子之意]'는 형식으로 표현된다.

이러한 분명한 입장은 단순한 학문적 추종을 넘어서서 전략적으로 도통道統을 수호하는 행위다. 주희는 정자 형제를 천 년간의 불교·도교적 혼란 이후에 도道를 올바르게 회복한 직계 선배로 규정함으로써, '공자 → 맹자 → (단절) → 주돈이·장재·정자 → 주희'로 이어지는 짧고 이해하기 쉬운 지적 계보, 즉 '도통道統'을 만들어냈다. 이 도통 서사는 주희 자신의 학문에 막대한 권위를 부여하였다. 그는 더 이상 여러 학자 중 한 명이 아니라, 도의 진정한 전승을 이어받은 정통 후계자가 된 것이다. 따라서 그의 타 학자에 대한 비판은 개인적 견해의 피력이 아니라 이 신성한 계보를 수호하는 행위가 된다. 《논어혹문》은 이러한 의미에서 이른바 '정주학파'의 지적 영토를 확립하고, 거기에 정당성을 부여하는 일종의 '정치적 선언'이기도 하다.

3. 주희의 비판 방법론

여러 학자의 학설에 대한 주희의 비판은 크게 '해석 방법론의 오류', '도통道統 위배의 오류', 그리고 '문헌적 충실성의 결여'라는 세 가지 범주로 분류할 수 있다. 이 세 범주에서 우리는 정주학程朱學의 도통을 정의하고 수호하려는 주희의 궁극적인 목표를 확인할 수 있다.

3-1. 해석 방법론의 오류

부당한 차용의 오류

주희는 경전 해석의 가장 심각한 병폐로 '가차에 의지하다', 즉 다른 경전의 구절을 원문의 맥락이나 본래 의도를 고려하지 않고 무분별하게 끌어다 쓰는 행위를 지적하였다. 그는 이를 "경전을 해석하는 가장 큰 병폐"라고 단언하였다. 이러한 방법론은 연쇄적인 오류를 낳는다. 명확한 의미를 오히려 모호하게 만들고, 쉬운 것을 어렵게 만들며, 끝없는 순환 논증의 오류에 빠지게 한다. 예를 들어, 그는 범조우范祖禹가 《주역周易》의 태괘兌卦를 인용하여 '열說'을 설명하는 과정에서 스스로 모순에 빠졌다고 비판하였다. 또한 유초游酢가 《맹자》의 '삼락三樂'을 부적절하게 인용하여 '붕래朋來'의 즐거움을 설명한 것 역시 '가차의 병폐에 빠진 것'이라고 지적하였다.

주희는 이러한 오류와 올바른 경전 인용을 명확히 구분하였다. 그는 정자程子와 옛사람들은 먼저 자신의 논리를 확고히 세운 뒤에 다른 경전을 보조적 증거로만 활용했을 뿐, 처음부터 다른 경전에 의지하여 자신의 주장을 세우지 않았다고 하였다. 이는 해석이란 마땅히 주어진 텍스트 자체에 대한 깊은 통찰에서 비롯되어야 하며, 외부의 근거는 그 이후에 참고해야 한다는 그의 해석학적 원칙을 보여준다. 이처럼 부당한 차용은 해석의 근원을 오염시켜 올바른 독해를 원천적으로 불가능하게 만드는 가장 심각한 방법론적 오류인 것이다.

공허한 추상의 병폐

주희는 구체적인 윤리 실천과 유리된 채 지나치게 고원하고 추상적인 해석을 비판하였다. 이러한 경향은 그가 경계했던 노장老莊이나 불교의 영향과 깊이 연관되어 있다. 비판의 주된 대상은 사량좌謝良佐다. 주희는 사량좌에 대해 "그쳐야 할 곳에 그칠 줄 모르고 언어 밖의 의미를 추구하며 스스로 고상하다고 여기는 것, 이것이 사씨의 가장 큰 폐단이다."라고 혹평하였다. '남이 알아주지 않아도 성내지 않음[人不知而不慍]'을 성인의 경지로 해석하는 견해에 대해서도 "지나치게 높게 평가하여 잘못되었다."고 비판하였으며, 노담老聃을 인용한 해석 역시 "지나치게 고원하고 이기적인 병폐가 있다."고 일축했다.

이러한 비판은 문학적 수사를 중시했던 소식蘇軾에게도 적용된다. 주희는 소씨의 해석이 점진적이고 실천적인 수양의 과정을 건너뛰고 단번에 높은 경지에 오르려는 폐단을 지니고 있다고 보았다. 주희에게 '이단異端'이란 단순히 불교나 도교의 교리를 넘어 구체적인 윤리적 실천을 외면하고 내면적 정적주의靜寂主義로 흐르는 모든 철학적 입장을 포함한다. 사량좌의 '고원한' 사상이 유교적 용어로 표현되었을지라도, 그것이 마음을 가정과 사회의 구체적 의무에서 멀어지게 하였다면 이를 이단의 경향으로 간주한 것이다.

엉성하고 조잡한 과실

이는 지나치게 개괄적이거나, 정밀하지 못하거나, 내적으로 모순되거나, 논리적 흐름이 단절되는 등 다양한 분석적 실패를 말한다.

주희는 '덕이 쌓이면 기쁘다.'는 주장에 대해 "말의 뜻이 지나치게 소략하다."고 평가하였고, 주돈이周敦頤의 '습習'에 대한 해석은 "앞뒤가 맞지 않고 논리적 흐름이 통하지 않는다."고 비판하였다. 그는 여러 학자의 학문적 스타일과 그에 내재된 약점을 유형화하여 "너그럽고 올바른 자는 정밀함을 잃기 쉽고, 엄격하고 준엄한 자는 원활함을 잃기 쉽다."고 분석하기도 하였다. 이는 주희가 개별 해석을 넘어 각 학파의 사유 방식 자체를 비판적으로 성찰하고 있었음을 보여준다.

3-2. 도통道統 위배의 오류

핵심 개념의 교정

《논어혹문》의 상당 부분은 인仁과 같은 유학의 핵심 개념에 대한 오해를 바로잡는 데 할애하였다. 주희는 '벗이 먼 곳에서 찾아오는 즐거움'을 이기적인 만족이나 자신감의 결여, 혹은 교만으로 해석하는 견해들을 모두 비판하였다. 그는 정자의 해석, 즉 자신의 선함이 타인에게 미치는 데서 오는 기쁨이야말로 올바른 의미라고 생각했다. 또한 범조우가 인仁을 단순히 '타인을 아끼고 자신을 사랑하는 것'으로 정의한 것에 대해 "인을 논함이 매우 얕다."고 비판하였다.

이단異端의 배격

주희는 유학의 순수한 도를 오염시키는 사상으로 노장老莊과 불교를 지적하였다. '남이 알아주지 않아도 성내지 않음'에 대한 논의에서 그는 노자의 말을 인용한 해석을 '이단의 말'로 규정하였다. 소식이 빈부貧富를 대하는 태도를 노장과 불교처럼 완전히 '잊어버리는' 경지로 해석한 것에 대해서는 "이는 노자와 부처의 잔재일 뿐 공자의 본뜻이 아니다." 라고 비판하였다. 또한 유초의 '사思' 개념이 불교의 좌선坐禪과 유사하며, 그의 '도道' 개념 역시 "노불의 도일 뿐"이라고 지적하며 엄격히 선을 그었다.

수양의 단계 구분

주희는 학자가 도덕적, 정신적 발전의 여러 단계를 구분하지 못하는 점을 자주 비판하였다. 주희는 그들이 성인聖人의 기준을 군자君子나 초학자에게 잘못 적용하거나 그 반대의 오류를 범함으로써, 수양의 점진적 순서를 혼란시킨다고 여겼다.

'남이 알아주지 않아도 성내지 않음'을 성인의 경지로 해석하는 것을 '지나치게 높다'고 비판한 것이 대표적인 예이다. 또한 그는 윤돈尹焞이 성인의 경지(純亦不已)와 안회顔回의 경지(造次顚沛必於是)를 혼동한 것을 "심각한 잘못"이라고 지적하기도 하였다. 이러한 비판의 기저에는 성인에 이르는 길은 점진적이고 순차적이라는 그의 확고한 교육 철학이 자리 잡고 있다. 이러한 단계를 무시하는 해석은 학문적으로 부정확할 뿐만 아니라, 학습자로 하여금 자신의 수준을 뛰어넘는 목표를 설정하게 하여 수양을 그르치게 만드는 교육적 해악을 끼친다고 보았다.

주희의 비판은 단순히 부정적인 비판에 그치지 않고, 오히려 건설적인 성격을 띠기도 한다. 그는 무엇이 '도道가 아닌지'를 체계적으로 논파함으로써, 역설적으로 무엇이 '도인지'를 명확히 규정하였다. 각각의 비판은 정통의 경계선을 긋는 행위이며, 그 경계선 안에 형성되는 공간이 바로 정주학파가 제시하는 도통이다. 이런 의미에서 《논어혹문》은 송대 지성계의 지도이자, 정자라는 목적지를 향해 나아가는 안내서라 할 수 있다. 범조우, 사량좌, 소식 등에 대한 비판은 잘못된 길로 빠지지 않도록 경고하는 이정표 역할을 하며, 독자를 정주학이라는 '진리'로 안전하게 인도한다.

3–3. 문헌적 충실성의 결여

텍스트의 내적 논리 파악 실패

주희는 각각의 경전 구절이 고유한 내적 일관성, 즉 '논리적 흐름[氣脈]'과 문법적 구조[文義]를 지니고 있다고 주장하였다. 이러한 내적 논리를 위배하는 해석은 가차 없이 비판의 대상이 되었다. 그는 여대림呂大臨의 〈학이〉 1장에 대한 해석이 "말이 간략하고 득실이 드러나지 않으며, 문장의 뜻에도 부합하지 않는다."라고 평가하였다. 또한 주돈이의 해석은 "논리적 흐름이 통하지 않는다."고 지적하기도 하였다. 〈옹야〉 11장에 대한 어느 해석이 세 문장을 불필요하게 중복시키는 결과를 낳았다며, 이는 "성인 말씀의 본래 취지가 아닐 것"이라고 비판한 것 역시 같은 맥락이다. 이는 주희가 《논어》를 단편적인 격언의 모음이 아닌, 그 자체로 내적 구조와 생명력을 지닌 유기적 통일체로 간주했음을 보여준다.

문맥의 중요성 간과

주희는 맥락을 간과한 독해를 강력히 비판하며, 모든 구절은 반드시 해당 장章과 전체 텍스트의 맥락 안에서 이해해야 한다고 강조하였다. 그는 〈이인〉 6장의 '기위인의其爲仁矣'를 다음 문장과 부자연스럽게 연결하여 해석의 흐름을 깨뜨린 범조우 등을 비판하며 "문의에 통하지 않는 바가 있다."고 지적하였다.

특히 주목할 점은 〈자한〉 29장과 30장을 하나의 장으로 묶어 해석하던 오랜 전통에 대한 그의 비판이다. 그는 이 오류가 장구章句 구분상의 실수에서 비롯되었음을 지적하며, 비록 정자가 그 오류를 인지했지만 완전히 바로잡지는 못했고, 범조우에 이르러서야 비로소 두 장이 올바르게 분리되었다고 평가하였다. 이는 주희가, 자신이 이따금 비판하는 학자라 할지라도 문헌학적으로 올바른 견해를 제시했을 때는 그 공을 인정하는 엄밀한 학문적 태도를 견지했음을 보여준다.

주희의 논리 체계 안에서 문헌학적 엄밀함과 철학적 진리는 분리될 수 없다. 올바른 리理에 도달하기 위해서는 먼저 문文에 대한 올바른 독해가 선행되어야 한다. 문장의 뜻[文義]을 잘못 읽는 것과 같은 문헌 분석의 오류는 필연적으로 철학적 이해의 오류로 이어진다. 주희에게 경전 해석의 정신은 오직 그 문자를 정밀하고 엄격하게 분석하는 과정을 통해서만 접근이 가능하였던 것이다.

4. 조선에서의 수용

조선에는 이 책의 보급이 상당히 늦어진 듯하다. 조선은 건국 초기부터 성리학을 강조했지만 사서四書가 본격적으로 연구된 시점은 이황李滉(1501~1570), 이이李珥(1536~1584)에 의한 것으로 확인된다. 《논어혹문》에 대한 주석은 송시열宋時烈(1607~1689)이 《논맹혹문정의통고論孟或問精義通考》를 저술하여 시도했지만, 이 책은 《논어정의論語精義》와 《논어혹문》의 내용을 합하고 일부 의심되는 구절에 두주頭註를 작성한 것에 그쳤다. 《논어혹문》의 본격적인 주석서는 이유태李惟泰(1607~1684)가 《논어답문論語答問》을 저술하면서 《논어혹문》의 형식을 차용하고 《논어집주대전論語集註大全》 소주와 《논어혹문》의 내용을 변증한 것이 선구적인 사례였다. 당시 허목許穆(1595~1682) 등도 주석서를 작성하지는 않았지만 《논어혹문》을 널리 공부하게 해야 한다고 주장한 것을 보면 17세기 중반 이후에 《혹문》의 중요성이 본격적으로 인식된 것으로 보인다. 이후로 간행된 《논어》 주석서에는 《혹문》의 내용이 적극적으로 활용되었다.

이 책은 송대 논어학을 중점적으로 비평한 주석서로, 《논어집주》와 차별점을 갖는다. 《논어집주》는 《논어주소論語註疏》 체제에 대응하여 훈고訓詁와 정의定義를 새롭게 하되 고주古註 또한 채용한 반면, 《논어혹문》은 고주가 배제되면서 송대 도학자들의 학설에 대한 인식과 평가가 수록되어 있고 《집주》보다 주희 자신의 견해가 더욱 두드러지는 측면이 있다. 《논어혹문》에는 《집주》에 비해 주희의 견해가 더욱 강조되었고, 송대 주석가들에 대한 평가도 적극적으로 이루어졌으므로 집주와 함께 이 책을 읽어야 주희가 사서를 주석한 집필의도를 명확하게 이해할 수 있다.

5. 번역을 마치며

이 책을 번역하는 동안, 마치 거대한 산맥을 탐험하는 등반가와 같은 심정이었다. 주희가 세운 성리학性理學이라는 거대한 지적 체계의 뼈대가 어떻게 세워지고 살이 붙여졌는지를 한 걸음 한 걸음 따라가는 과정은 고통스러우면서도 경이로운 경험이었다. 그의 논증은 집요하고 때로는 가혹할 정도로 날카롭지만, 그 밑바탕에는 경전의 참뜻을 단 한 치의 왜곡 없이 드러내고자 하는 학자적 열정과 진리에 대한 경외심이 깊게 깔려 있었다. 이 번역이 주희의 목소리를 최대한 가감 없이 독자에게 전달하는 충실한 다리가 되기를 바랄 뿐이다.

이 책을 통해 독자가 《논어》와 주희 철학의 세계로 더 깊이 들어가는 즐거움을 누리기를 바란다. 완성된 길을 편안히 걷는 것도 좋지만, 때로는 지도를 들고 숲속을 헤치며 길을 만들어가는 탐험의 기쁨이 더 클 때가 있다. 《논어혹문》은 우리에게 바로 그 탐험의 기쁨을 선물할 것이다. 그리고 이 책이 던지는 수많은 '질문[或問]'을 따라가다 보면 각자의 마음속에도 새로운 질문이 샘솟게 될 것이다.

마지막으로 이 험난한 지적 탐험에 든든한 동반자가 되어주신 분께 감사의 마음을 전하고 싶다. 무엇보다 이 서적의 학술적 가치를 귀하게 여겨 번역과 출간을 아낌없이 지원해주신 재단법인 청명문화재단에 깊이 감사드린다. 오늘날과 같은 출판 환경에서, 이처럼 까다로운 서적의 원문 대조 작업을 기꺼이 감당하며 학문적 고집과 원칙을 지키는 출판사를 만나는 일은 크나큰 행운이다. 그리고 바로 그 길을 함께 걸어주신, 이 책의 첫 독자이자 날카로운 비평가인 도서출판 수류화개의 전병수 대표님과 배민정 편집장님께 각별한 감사를 전한다. 두 분의 학문적 열정과 세심한 손길이 없었다면 이 긴 여정을 무사히 마치지 못했을 것이다.

2025년 가을
역자 권민균·강민우 씀

일러두기

1. 이 책은 《유장儒藏 정화편精華編》 제110책(북경대학출판사北京大學出版社, 2009)에 수록된 주희朱熹의 《사서혹문四書或問》 중 《논어혹문論語或問》을 저본으로 하였다.

2. 이 책의 구성은 《논어》의 편篇과 장章 순서를 따랐다. 각 장의 시작 부분에 《논어》의 원문을 먼저 제시하고, 이어서 《논어혹문》의 번역문과 원문을 함께 실어 독자의 이해를 돕고 원문과의 대조가 용이하도록 하였다.

3. 번역은 원문에 충실하면서도 현대 독자들이 쉽게 이해할 수 있도록 평이하고 명료한 문장을 사용하고자 노력했다.

4. 원문 번역시 독자의 이해를 돕기 위해 번역자가 보충한 내용이나 원문의 함축된 의미를 풀어쓴 부분은 괄호 ( ) 안에 넣어 구분하였다.

5. 본문에서 주희가 다른 학자들의 설을 인용하여 설명하는 부분은 【 】안에 넣어 명확히 구분하였다.

6. 본문에 인용된 경전이나 학설의 출처는 각주로 밝혔다. 각주에서 인용한 원문은 주로 《유장 정화편》 119책의 《논어정의論語精義》를 참고하였으며, 그 외 다른 경전의 경우 해당 서명을 명시하였다.

7. 인명, 지명, 서명 등 고유명사는 한글 표기를 원칙으로 하되, 필요한 경우 한자를 병기하여 의미를 명확히 하고자 했다. 본문에서 자주 언급되는 송대 학자들은 정자程子, 범씨范氏, 사씨謝氏 등과 같이 당시 통용되던 호칭을 그대로 사용하였다.

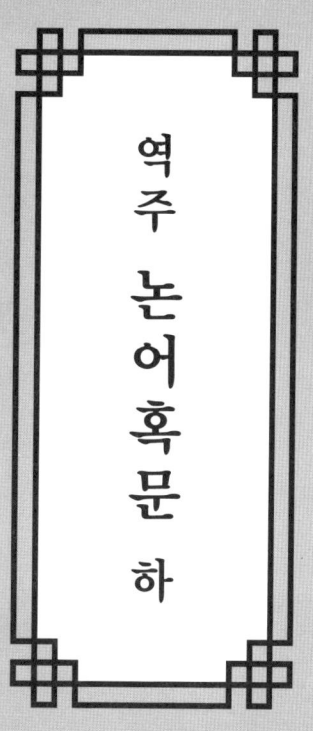

역 주

논 어 혹 문 하

11. 선진先進

11-01. 子曰, "先進於禮樂, 野人也, 後進於禮樂, 君子也. 如用之, 則吾從先進."

문 첫 장의 견해에 대해 질문합니다. 공자가 임방에게 답하신 뜻[1]을 살펴보면 ('실實'을 우선하고 '문文'은 그 다음에 해야 한다고 한) 정백자(정호程顥)·사씨 혹은 범씨·양씨의 설이 바르다고 해야 할 것 같습니다. 어떠합니까?

답 저들(정백자·사씨·범씨·양씨) 또한 사치[奢]와 검소[儉]를 대비해 말하면서 '검소'를 근본으로 삼았다. 그러므로 (예禮를) 지나치게 행하여 '사

---

1 공자가……뜻: "임방이 예禮의 근본에 대해 묻자, 공자께서 말씀하셨다. '훌륭한 질문이다! 예는 사치스럽기보다는 차라리 검소해야 하고, 상喪은 (형식적으로) 치르기보다는 차라리 (마음에서 우러나와) 슬퍼해야 한다.'[林放問禮之本. 子曰, 大哉問. 禮與其奢也. 寧儉, 喪與其易也. 寧戚.]"《논어》〈팔일〉

치'의 잘못을 범하기 보다는 차라리 못 미쳐서 '검소'의 잘못을 범하는 편
이 근본을 얻는 것이라 여긴 것이지, 곧바로 '검소'를 규범으로 삼은 것
은 아니다. 그리고 오늘날 우리가 말하는 '검소'가 옛날(공자가 살던 시대)
사람들이 말했던 '중中'이 아니라는 사실을 어찌 알겠는가.

或問首章之說曰, 以夫子所以答林放之意考之, 則似當以程伯子謝氏或范氏楊
氏說爲正, 如何.

曰, 彼亦以奢儉對言, 則儉爲本. 故與其過而失之奢, 則寧不及而失之儉, 則爲
得其本耳, 非正以儉爲法也. 且安知當世所謂儉者, 非昔之所謂中耶.

> **11-02.** 子曰, "從我於陳蔡者, 皆不及門也." "德行, 顔淵閔子
> 騫冉伯牛仲弓. 言語, 宰我子貢. 政事, 冉有季路. 文學, 子游子
> 夏."

문 '사과四科' 과목은 무엇입니까?

답 '덕행德行'이란 마음을 가라 앉히고 도道를 체득하고, 마음 속으로 묵
계默契하며, 뜻을 굳게 먹고 힘써 실천하여, 말하지 않아도 미더운 자를
말한다. '언어言語'란 외교 언사[辭令]에 능한 자를 말한다. '정사政事'란 나
라를 다스리고 백성을 보살피는 일에 능통한 자를 말한다. '문학文學'이
란 시詩·서書·예禮·악樂의 문장을 익히고, 그 의미를 말로 설명할 수 있
는 자를 말한다.

대개 공자가 사람을 가르칠 때, 저마다의 장점에 따라 도道에 들어서
도록 하셨으나, 그 순서는 꼭 '덕행'을 가장 앞세우셨다. 진실로 (덕행을)

몸소 실천하고 도의 경지에 나아가 성인聖人의 대체大體를 갖추기에 학문이 귀하게 여기는 바가 더욱이 여기에 있는 것이지, 각기 한 가지 장점에 해당하는 나머지 셋(언어·정사·문학)에 비할 것이 아니다. 그런데도 정자程子는 오히려 "자유·자하가 잘 한 '문학'이란 붓을 잡고 문장을 지어내는 학문[詞章]을 익히는 것만은 결코 아니다."라고 하였다. 학자라면 이 점을 더욱 몰라서는 안 된다.

或問, 四科之目何也.

曰, 德行者, 潛心體道, 默契於中, 篤志力行, 不言而信者也. 言語者, 善爲辭令者也. 政事者, 達於爲國治民之事者也. 文學者, 學於詩書禮樂之文, 而能言其意者也. 蓋夫子教人, 使各因其所長以入於道, 然其序則必以德行爲先, 誠以躬行實造, 具體聖人, 學之所貴, 尤在於此, 非若三者各爲一事之長而已也. 然程子猶以爲游夏所謂文學, 固非秉筆學爲詞章者, 學者尤不可以不知也.

문 이 내용이 문인門人이 적어 둔 기록이라는 것을 어떻게 압니까?

답 오씨의 범례에, "무릇 이름[名]을 직접 부르는 것은 공자께서 직접 하신 말이거나, 혹은 제자가 스승 앞에서 서로를 부르는 표현이다. 자字를 부르는 경우는 제자끼리 서로를 부르거나, 또는 제자의 문인이 쓴 표현이다."라고 하였는데, 맞는 말이다. 여러 설 가운데 혹 이 장을 모두 공자의 말씀으로 여기기도 하는데, 자세히 살피지 못한 탓이다.

曰, 何以知其爲門人所記也.

曰, 吳氏例曰, 凡稱名者, 夫子之辭, 弟子師前相謂之辭. 稱字者, 弟子自相謂之辭, 亦或弟子門人之辭. 得之矣. 諸說或以此章盡爲夫子之言者, 考之不審也.

11-03. 子曰, "孝哉閔子騫. 人不間於其父母昆弟之言."

민자건의 효에 대한 여러 학자의 설은 어떠합니까?

답 오씨의 설이 상세하다. 【오씨가 말하였다. "《한시외전韓詩外傳》에 "자건子騫이 어머니를 일찍 여의었다. 아버지가 후처後妻를 얻어 아들 셋을 낳았다. 계모는 자건을 미워하여 (솜 대신) 갈대 밥으로 겨울옷을 만들어 입혔다. 아버지가 살펴보다 이 사실을 알게 되어 계모를 쫓아내려고 하였다. 자건이 '어머니가 계시면 아들 하나가 춥지만, 어머니가 떠나시면 아들 셋이 춥습니다.'라며 아버지를 말렸다. 아버지는 그 말은 옳다고 여겨 그만 두었다. 계모는 후회하여 잘못을 고쳤고, 그때부터 자건을 아들 셋과 공평하게 대해 주면서 결국 자애로운 계모가 되었다."라는 내용이 보인다. 이것이 공자가 민자건을 칭찬한 이유다. 그런데 공자는 제자에 대해 자字를 부른 일이 없다. 《한시외전》의 이 내용은 혹 글을 편집한 자가 실수한 것 같다."】

或問閔子騫之孝. 曰. 吳氏詳矣. 【吳氏曰. 韓詩外傳. 子騫早喪母. 父娶後妻. 生三子. 疾惡子騫. 以蘆花衣之. 父察知之. 欲逐後母. 子騫啓曰. 母在一子寒. 母去三子單. 父善之而止. 母悔改之. 後至均平. 遂成慈母. 此夫子所以稱之也. 且夫子於弟子. 未嘗稱字. 此或集語者之誤.】

문 그렇다면 유독 호씨의 설만을 취한 까닭은 무엇입니까?

답 다른 모든 설은 좋기는 하지만 의미상 전부 타당하지 않은 부분이 있다. 오직 호씨의 설만이 통한다.

曰. 然獨取胡氏之說. 何也. 曰. 諸說善矣. 而於文義皆有未協者. 惟胡氏爲可通耳.

11-04. 季康子問, "弟子孰爲好學?" 孔子對曰, "有顏回者好學, 不幸短命死矣, 今也則亡."

문 6장에 대한 여러 학자의 설은 어떠합니까?

답 모든 설이 타당하다. 그런데 호씨가 논한 '말을 기록하는[記言] 범례'
는 학자라면 알아야 한다. 【호씨가 말했다. "말을 기록하는 범례는 이렇다.
군주가 물으면 '공자孔子'를 칭하여 대답해야 군주를 높이는 방법이다. 대부大夫
의 질문에도 이렇게 하면 바른 예가 아니다. 전부 '씨氏'를 칭하여 문인과 구별하
고, '대對' 자를 없애서 국군國君에 보다 낮춘다."】

或問六章之旨.

曰, 諸說備矣, 而胡氏所論記言之例, 亦學者所當知也.【胡氏曰, 記言之例, 君
問, 則稱孔子以對, 尊君也. 大夫之問亦然, 則非禮矣, 盡稱氏以異乎門人, 而
去對以降於國君者乎.】

11-05. 顏淵死, 顏路請子之車以爲之椁. 子曰, "才不才, 亦各
言其子也. 鯉也死, 有棺而無椁. 吾不徒行以爲之椁. 以吾從大
夫之後, 不可徒行也."

문 제자의 나이로 따져보자면, 안연은 백어보다 먼저 죽었습니다. 그러
니 백어의 죽음을 언급한 것은 공자의 가정인 것 같습니다. 그렇겠지요?

답 인정人情으로 생각해 보면 이렇게 해서는 안 된다. 그리고 왕숙이
《공자가어孔子家語》를 가장 깊고 독실하게 믿었는데, 이 부분에 대해서는
연수年數에 착오가 있다고 보았으니 정확하다 할 수 없다. 그러니 어찌

이 책을 고수하며 꼭 사실이라 믿을 수 있겠는가.

或問. 以弟子之年考之, 則顏淵之死先於伯魚, 故有以鯉死之言爲夫子之設言也. 諒乎.

曰. 以人情考之, 不應如此. 且王肅推信家語最爲深篤, 而亦以此爲年數之錯誤, 而未可詳也. 今亦安得固守而必信之乎.

문 '각언기자各言其子'에 대해 범씨는 "공자가 안연을 아들과 같이 보았다."라고 하였고, 양씨는 다음 장의 '시여유부視予猶父'를 근거로 "'두 사람의 아들[二子]'의 재주가 달랐으나 둘다 공자의 아들로 보았다."라고 하였고, 후씨는 "또 자신의 아들은 다른 사람의 아들과 다르다."라고 하였습니다. 어떤 설이 맞습니까?

답 범씨와 양씨는 의견이 같고 후씨는 다르다. 그러나 그 의미로 살펴보자면 모두 타당하지 못하다. 두 설 가운데 하나는 '분수分殊의 의義'를 해치고, 하나는 '리일理一의 인仁'을 해친다.[2] 치우친 기상으로 인해 발생한 결과가 이와 같다. 그러므로 이 구문은 오직 "장례 규모는 집안 사정에 맞게 해야 한다."라고 한 윤씨의 설만이 타당하다.

曰. 各言其子之說, 范氏以爲夫子視顏淵猶子; 楊氏以後章視予猶父之言, 以爲二子之才不同, 而皆夫子之子. 侯氏則又以爲己之子與他人之子不同. 其說孰是.

曰. 范楊同而侯異, 然以文意考之, 則皆不協. 然二說之流, 一則害於分殊之義, 一則害於理一之仁, 亦其氣象之偏所發如此. 故此句之文, 惟尹氏爲得之.

---

2 두 설……해친다: "분수分殊의 의義와 리일理一의 인仁"이라고 하였는데, '리일'은 우주의 근원이 유일唯一의 이치라는 말이고, 그것이 천만 가지 현상으로 분리되어 각각 다른 만물의 형태로 나타나는 것을 '분수'라고 한다. 사물이 아무리 다르다 하더라도 그 원리는 동일하다는 의미다.

11-08. 顔淵死. 子曰, "噫. 天喪予. 天喪予."

문 8장에 대한 여러 학자의 설은 어떠합니까?

답 범씨, 후씨, 윤씨의 설이 타당하다. '도가 같다[同道]'에 대해서는 전에 설명한 적이 있다. 양씨는 '여予'를 '사문斯文'으로 보았으니 의미가 특히 협소한 것 같다. 윤씨가 말한대로 이해해야만 그 설명이 논리를 갖추게 된다.

或問八章之說.

曰, 范侯尹氏得之. 其曰同道, 則前已辨之矣. 楊氏直以予指斯文而言, 意殊迫狹. 必若尹氏之云, 然後其言爲有序耳.

11-09. 顔淵死, 子哭之慟. 從者曰, "子慟矣." 曰, "有慟乎? 非夫人之爲慟而誰爲?"

문 9장에 대한 여러 학자의 설은 어떠합니까?

답 범씨는 "슬픔이 진심[誠心]에서 나왔으므로 (공자 자신도) 애통한 줄 몰랐다."라고 하였다. 성인의 희로애락은 모두 진심에서 나온다. 어찌 안자顔子에 대해서만 그 슬픔이 진심에서 나오겠는가. 양씨의 해설 역시 지나친 것 같다. 오직 윤씨의 설명만 온당하다.

或問九章之說.

曰, 范氏謂哀發於誠心, 故不知其慟. 聖人之喜怒哀樂, 莫非誠心之發, 何獨於顔子而後發於誠心哉. 楊氏之說亦爲過之. 惟尹氏之言爲得其平耳.

> **11-10.** 顔淵死. 門人欲厚葬之. 子曰: 不可. 門人厚葬之. 子曰:
> "回也. 視予猶父也. 予不得視猶子也. 非我也. 夫二三子也."

문 안연을 후장厚葬했다는 해설에 대해서 질문합니다.

답 모든 설이 좋은데 양씨의 설이 상세하다. 다만 '부득시유자不得視猶子'에 대해 논하면서 마치 안로顏路(안연의 아버지)를 탓하려는 뜻이 있는 것 같은데 (이는) 성인의 '충후忠厚'한 마음이 아닌 것 같다. 대개 자신이 안연을 장사지낸 방법과 절차가 아들 리鯉를 장사지낼 때처럼 합당한 절차로 진행하지 못한 것은 문인들 때문이라고 말한 것일 뿐이다. 문인을 깊이 책망하였으니 안로의 잘못이 절로 드러난다.

或問顏淵厚葬之說.

曰, 諸說皆善, 惟楊氏爲詳, 但其論不得視猶子者, 若有罪顏路之意, 恐非聖人忠厚之心也. 蓋但言我之所以葬顏淵, 不如葬鯉之得宜者, 以門人之故耳. 深責門人, 則顏路之失, 亦自見矣.

문 형병邢昺의 소疏는 '문인門人'을 안연의 제자로 보았는데 맞습니까?

답 안연은 일찍 죽어서 문하에 제자를 두지 못했을 것이다. 범씨가 공자의 문인이라고 했는데 맞는 것 같다.

曰, 邢疏以門人爲顏淵之弟子, 然乎?

曰, 顏淵早死, 未必開門授徒也. 范氏以爲夫子之門人也, 近是.

문 사씨는 왕씨(왕방王雱)의 설을 인용하여 "아들과 같이 간주할 수 없었던 것은 (자식과 제자의) 구분을 둔 것이다."라고 하였는데 어떠합니까?

답 경문의 뜻이 아니다. 공자가 '아들과 같이 간주할 수 없었다.'라고 한

것은 한탄하면서 한 표현일 뿐이다. 만약 구분한 것이 당연하다고 생각
했다면 다음 내용과 연결할 방법이 없다.

曰, 謝氏引王氏之說曰, "不得視猶子者, 分也." 如何?
曰, 非文意也. 夫子所謂不得視猶子者, 乃歎恨之辭耳. 若以爲分之當然, 則下
文爲無所係也.

11-11. 季路問事鬼神. 子曰, "未能事人, 焉能事鬼?" 曰, "敢問死." 曰, "未知生, 焉知死?"

문 11장에 대한 여러 학자의 해설은 어떠합니까?

답 정자의 설이 가장 좋다. 범씨, 여씨의 설도 괜찮다. 그러나 범씨는
"('生'에 대해 묻는 질문을 건너뛰었기 때문에) 공자가 자로에게 일러주지
않았다."라고 하였고, 윤씨는 '학불렵등學不躐等(배움에 등급을 건너뛰지 않
는다.)' 설을 매우 비판하였는데, 두 설 모두 잘못되었다. 배움에는 본래
부터 순서가 있는데, 공자가 자로에게 알려줄 때 바로 배움의 순서에 따
라 알려주었다.

或問十一章之說.
曰, 程子至矣, 范·呂之說亦得之. 但范以爲孔子不告子路, 而尹氏深非學不躐
等之說, 則兩失之. 蓋學固有序, 而夫子之告子路, 正以其序告之也.

문 양씨는 "낮과 밤의 도에 통달하여 알게 되면 사람과 귀신, 생과 사가
조금씩 자연히 드러난다."라고 하였는데, 나중에 이른바 '당원원자현當
源源自見(끊임없이 샘솟듯 절로 드러난다.)'을 삭제한 까닭은 무엇입니까?

답 '원원자현源源自見'은 장자의 말로서 '서서히 드러난다.'라는 의미일 뿐이다. 그런데 장자가 "배움이 하늘의 도를 아는 데에 미치면 '사생귀신死生鬼神'이 조금씩 자연히 드러난다."라고 하였는데 이는 배우는 사람을 대상으로 한 말이다. 그러므로 '서서히 그것이 드러난다.'라고 여겼을 뿐이다. 양씨는 그 설을 바탕으로 하여 이 말을 "낮과 밤의 이치에 통달하여 변화[易]를 알게 된다."라고 하였다. 하늘을 아는 것은 바로 성인의 일이라서 '서서히 드러난다.'라고 하는 것은 적절하지 못하다. 그것을 삭제한 것은 아마 이 점을 나중에 깨달아서였을 것이다.

曰, 楊氏以爲通乎晝夜而知, 則人鬼死生, 當源源自見, 後本乃削其所謂當源源自見者, 何也?

曰, 源源自見, 是張子之言, 蓋曰以漸而見云耳. 然張子曰"學至於知天, 則死生鬼神, 當源源自見", 爲學者而言, 故以爲漸而見之耳. 楊氏因其說, 以爲此文而以通乎晝夜而知易. 夫知天者則是聖人之事, 而以漸而見不足以言之矣. 刪而去之, 豈其覺於斯歟?

11-12. 閔子侍側, 誾誾如也, 子路, 行行如也, 冉有子貢, 侃侃如也. 子樂. "若由也, 不得其死然."

문 '은은誾誾'과 '간간侃侃'은 〈향당〉의 풀이를 여기에 적용해도 통합니까?

답 '은은'이라는 것은 겉은 부드럽고 속은 강하고, 덕德의 기운이 깊고 두텁다는 뜻으로, 이른바 화락한 모습으로 간쟁하는 것을 말한다. '간간'은 화순和順함이 부족하고 강직剛直함이 조금 드러나는 것을 말한다. 〈향당〉의 풀이 또한 이와 같으며 다른 점이 없다.

或問, 誾誾侃侃, 於前篇之訓, 其亦通矣乎?

曰, 誾誾者, 外和內剛, 德氣深厚, 所謂和悅而諍者也. 侃侃, 則和順不足, 而剛直稍見矣. 前篇之訓, 固亦如此, 無不同也.

문 여러 학자의 해설은 어떠합니까?

답 그 의미가 모두 좋다. 다만 "(제자들의 이러한 모습이) 진성불위盡誠不僞(마음을 다하여 꾸밈이 없다.)"라는 윤씨의 설은 경문經文의 의미상 꼭 그러해야 할 필요는 없는 것 같다. 따라서 사씨, 양씨의 해설이 더 낫다. 양씨의 설은 또한 여러 선생의 의견을 이곳 저곳에서 가져왔는데, '영재英材'를 인용한 말은 다른 선생의 설보다 더 타당한 것 같다. '부득기사不得其死'에 대한 설은 사씨, 양씨의 설이 좋은데 그 중에서도 양씨가 논한 것이 더 정밀하다. 다만, 자로子路의 죽음을 '상용傷勇' 때문이라고 하였는데, 맹자의 본 뜻은 아니다.[3] '약若' 자에 대해 '순順'으로 풀이한 후씨의 해설은 천착이 심하다.

曰, 諸說如何?

曰, 是其意亦皆善矣, 但盡誠不僞之說, 於文之義未有以見其必然者, 殆不若謝 楊之說爲近也. 然楊說亦旣雜取諸說之意矣, 惟其所引英材之語, 尤深得之. 不得其死, 亦二家之說爲勝, 而楊氏所論爲尤精. 但以子路之死, 爲傷勇之故, 則非孟子之文意耳. 至侯氏若字之訓, 其鑿甚矣.

---

3 맹자의……아니다: "맹자께서 말씀하셨다. '가져도 되고 갖지 않아도 될 때에 (그것을) 가지면 청렴함을 해친다. 주어도 되고 주지 않아도 될 때에 (그것을) 주면 은혜로움을 해친다. 죽어도 되고 죽지 않아도 될 때에 죽으면 용맹함을 해친다.'[孟子曰, 可以取, 可以無取, 取傷廉. 可以與, 可以無與, 與傷惠. 可以死, 可以無死, 死傷勇.]"《맹자》〈이루 하〉)

11-13. 魯人爲長府. 閔子騫曰, "仍舊貫, 如之何? 何必改作?" 子曰, "夫人不言, 言必有中."

문 13장의 해설에 대해서 질문합니다.

답 사씨, 양씨의 설은 모두 치우친 바가 있는데, 그 성정性情과 기상氣象이 다른 것이 이와 같다. 양씨는 천하의 일이 모두 극한의 폐단에 이른 이후에 그것을 바로잡아야 한다고 하였는데 그 해악이 더욱 심하다. 희녕熙寧·원풍元豐연간 신정新政으로 인한 화를 징벌하면서 잘못을 바로잡으려다가 오히려 일을 그르친 것이 이 지경에 이르고 말았다. 이 장에 대한 해설은 범씨, 후씨, 윤씨의 설이 좋다.

或問十三章之說.

曰. 謝 楊之說, 各有所偏, 蓋其情性氣象之不同如此. 而楊氏欲使天下之事皆至於極弊而後圖之, 則其害爲尤甚. 豈懲於熙豐新政之禍, 而矯枉過直, 以至於斯乎? 此章之說, 惟范 侯 尹氏爲善.

11-14. 子曰, "由之瑟, 奚爲於丘之門?" 門人不敬子路. 子曰, "由也升堂矣, 未入於室也."

문 14장의 해설에 대해서 질문합니다.

답 정자의 설이 가장 좋은데, 범씨는 정자의 뜻을 해석하다가 잘못 이해한 것 같다. 무릇 정자가 말한 '여기부동與己不同'은 '해위어구지문奚爲於丘之門'을 풀이하기 위한 것일 뿐이다. 부자夫子가 자로子路의 소견이 자신과 다른 것을 '금슬琴瑟 연주 소리가 조화롭지 못한 것'으로 비유하였다고 범씨가 논하였는데, 성인의 말이 어찌 이처럼 우활했겠는가. 양씨는 자로가 승당升堂한 것이 단지 '결영結纓(갓 끈을 고쳐 맨 일)' 한가지 일 때문이라고 말하였는데, 고금의 용기 있는 사람 가운데 죽음을 두려워하지 않은 사람은 자로 말고도 많았다. 따라서 자로가 공씨의 당에 오를 수 있었던 이유에 대해 오로지 이것만 가지고 논할 수는 없을 것 같다.

或問十四章之說.

曰, 程子至矣, 范氏蓋推其意而失之. 夫程子所謂與己不同, 以釋夫奚爲於丘之門耳. 范氏則謂夫子以子路所見與己不同, 而以不如琴瑟之和者譬之, 聖人之言, 豈其若是之迂哉? 楊氏論子路所以升堂者, 直以結纓一事言之, 則古今之勇不懼死者多矣, 子路之所以得升孔氏之堂, 恐其未可專以此論之也.

11-15. 子貢問, "師與商也孰賢?" 子曰, "師也過, 商也不及." 曰, "然則師愈與?" 子曰, "過猶不及."

문 양주와 묵적의 학술이 자장과 자하에서 나왔다고 하는데 정말입니까?

답 호씨가 그것을 논하였는데 타당하다. 【호씨가 말했다. "양주는 장주가 말한 양자거楊子居로서 노담老聃과 같은 시대를 살았다. 묵적은 양주 이전 사람으로 대우大禹를 종사宗師로 삼았고, 안영이 그에게 배웠다. 양주와 묵적의 학술이 자장과 자하에게서 나왔다고 여기는 것은 아주 잘못 살핀 것이다."】

或問楊墨之學, 出於師商, 信乎?

曰, 胡氏論之當矣.【胡氏曰, 楊朱, 卽莊周所謂楊子居者, 與老聃同時. 墨翟又在楊朱之前, 宗師大禹, 而晏嬰學之者也. 以爲出於二子, 則其考之不詳甚矣.】

> **11-16.** 季氏富於周公, 而求也爲之聚斂而附益之. 子曰, "非吾徒也. 小子鳴鼓而攻之, 可也."

문 염구는 부자夫子에게 배웠고, 제자 중에서도 명달明達한 자라고 할 수 있습니다. 그런데 계씨를 위해서 백성에게 세금을 무겁게 걷은 이유는 무엇입니까?

답 염구의 잘못은 세금을 무겁게 걷기 전에 드러났는데, 계씨에게 입사入仕한 것이 이미 잘못이었다. 대체로 당시에 고관이나 중요한 직책은 모두 공족公族이 세습하였고, 국군國君은 땅 1척, 백성 한 명도 소유하지 못하였다. 사士는 관직에 나아가지 않으면 그만이었으나, 관직에 나아간다면 대부大夫에게 나아가지 않는 자가 없었다. 염구도 이 때에 말세의 풍속에 익숙하여 스스로 그것이 잘못된 일인지 알지 못했을 것이다. 그러나 그를 계씨에게 출사하게 하고 간사한 자들을 쫓아내도록 권하여 공실公室에 마음을 다하게 할 수 있었다면 아마 '소정小貞의 길吉'[4]은 될 수 있었을 것이다. 그런데 도리어 백성에게 세금을 무겁게 걷었으니, 이는 권신權臣을 더 강하게 하고 공실은 더 약하게 한 것이다. 그러므로 맹자가 "염구가 계씨의 덕을 고치게 하지 못하고 세금을 곱절로 올렸다."라고 그것을 지적하였으니, 이는 스스로 그 학문이 아직 경지에 이르지 못한 것을 깨닫지 못하고서 '종사從仕'하는 것만이 사士로서 당연한 일이라 여

---

4 소정의 길: 점치는 사람이 둔괘屯卦의 구오효의 점괘가 나왔을 때 주희는 다음과 같이 해석한다. "작은 일에 대처하면 바르게 하여 길할 수 있지만, 큰일에 대처하면 바르더라도 흉함을 면치 못한다.[占者以處小事, 則守正猶可獲吉. 以處大事, 則雖守正而不免于凶.]"《주역본의周易本義》 참고로 정이程頤의 《이천역전》은 "점진적으로 바르게 하면[小貞] 길하고, 급하게 바르게 하면[大貞] 흉하다."라고 해석하였다.

겼기 때문에 (그 풍속에) 점점 빠져들어 이 지경에 이른 것일 뿐이다.

或問, 再求學夫子, 於門弟子中亦可謂明達者, 今乃爲季氏聚斂, 何耶?
曰, 再求之失, 不待於聚斂而後見, 自其仕於季氏則已失之矣. 蓋當是之時, 達官重任, 皆爲公族之世官, 其下則尺地一民, 皆非國君之有, 士唯不仕則已, 仕則未有不仕於大夫者. 再求於此, 豈亦習於衰世之風, 而不自知其非與? 然使其仕於季氏, 而能勸之黜其强僭, 而忠於公室, 則庶乎小貞之吉矣. 今乃反爲之聚斂, 是使權臣愈强, 公室愈弱也. 故孟子以'無能改於其德, 而賦粟倍他日'言之, 蓋不自知其學之未至, 而謂從仕爲士之常, 是以漸靡以至此耳.

문 그렇다면 공부자가 어찌 그가 계씨에게 입사한 것에 대해서 책망하지 않았습니까?

답 성인은 출사하지 않는 것을 의롭지 못하다 여겼고 오히려 '소정지길 小貞之吉'을 얻기 바랐다.

曰, 然則夫子曷爲不於其仕季氏而責之也?
曰, 聖人以不仕爲無義, 而猶望之以小貞之吉也.

11-17. 柴也愚, 參也魯, 師也辟, 由也喭. 子曰, "回也其庶乎, 屢空. 賜不受命, 而貨殖焉, 億則屢中."

문 '누공屢空'에 대해 묻습니다.

답 '공空'은 '궤핍匱乏'의 의미로서 그 설은 오래되었다. 하안何晏이 처음 '허중수도虛中受道(마음을 비워 도를 받아들인다.)'의 의미라고 하였는데, 이는 노장老莊의 설에서 나온 것으로 성인이 말한 본 뜻은 아니다. 이 설을 따르는 선생도 있는데 틀렸다. 오직 범씨만 이 설을 따르지 않았다. 호씨는 다음과 같이 비평했다. "'누공'을 '허중수도'로 풀이하였는데, 성인은 그처럼 치우치거나 불분명하게 말한 경우는 없었다. '누이유간屢而有間'은 《주역》에서 말하는 '빈복頻復(돌아오기를 자주하다.)'이라는 것일 뿐이다. 그렇다면 마음을 비우지 않았을 때에는 보통 사람과 무엇이 다르겠는가?" 이 견해는 정확하다. 그리고 뒤에 나오는 자공子貢의 '화식貨殖'과 '누공屢空'을 비교해보면 구설舊說에서 '공'을 '궤핍'으로 풀이한 것이 더 정확하다는 사실을 알 수 있다.

정자는 '공'을 단지 '사리私利와 욕심慾心이라는 사사로움을 버리는 것'이라고 해석했는데, 설사 경문經文의 뜻은 아닐지라도 의리義理는 틀리지 않았다. 여씨와 양씨의 설은 더욱 지나쳐서 어디를 향하는 지 알지 못하겠다. 무릇 《주역》에서 말한 '머지 않아 곧 되돌아온다.[不遠復]'라는 것이 어찌 불교에서 말하는 '깨달으면 속히 멈출 것을 생각한다.[覺速念止]'와 같다 말할 수 있는가.

或問屢空之說.

曰. 空爲匱乏, 其說舊矣. 何晏始以爲虛中受道, 蓋出老莊之說, 非聖言本意也, 諸先生亦或從之, 誤矣. 惟范氏不從, 而胡氏亦論之曰, "以屢空爲虛中受道, 聖人之言未嘗如是之僻而晦也. 屢而有間, 是頻復耳. 方其不空之時, 與庸人亦奚遠哉?" 此得之矣. 且下文以子貢貨殖方之, 尤見舊說之不可易也. 然考程子之說, 則但爲去夫利欲之私耳, 雖非文義, 然理則不差. 至於呂楊則又過而不知所止矣. 夫易所謂不遠復者, 豈若佛氏'覺速念止'之云哉.

문 만약 여씨의 설대로 하면 '화식貨殖'을 하면서 '자주 맞추는 것[屢中]'은 바로 '허중수도虛中受道'와는 반대인 것 같습니다.

답 여씨의 설에 대해 정자가 비판한 것은 마땅하다. 다시 인용하여 설로 삼아서는 안 된다.

曰, 若以呂氏之說言之, 則貨殖而屢中者, 正爲虛中受道之反矣.

曰, 呂氏之說, 程子非之當矣, 不得復引以爲說也.

문 정자의 여러 설은 어떠합니까?

답 정자가 '주거州擧'와 '학시學試'의 장단점을 논하였는데, 학자가 사람을 비교[較計]하는 사사로움을 경계할 수 있으니, 항상 깊이 살펴야 한다. 그가 "자공子貢의 '지知'적 능력은 안자顔子 다음이다."라고 하자, 장경부張敬夫[5]는, "부자가 자공과 안회 가운데 누가 나은지 물은 적이 있고, 여기에서도 또 자공과 안회를 나란히 칭하였으니 자공을 매우 존중하였다."라고 여겼다. 이 또한 그 증거 가운데 하나다. 일설에 '명命'을 '작명爵命'으로 보았는데 타당하지 않은 것 같다.

曰, 程子諸說如何?

曰, 所論州擧學試之得失者, 可以警學者較計之私, 日用之間, 所當深察. 其曰子貢之知, 亞於顔子, 則張敬夫以爲夫子嘗問其與回也孰愈, 至此又並稱焉, 則所以進之也遠矣, 亦其言之一驗也. 其一說, 以命爲爵命, 則恐或未安耳.

11-19. 子張問善人之道. 子曰, "不踐迹, 亦不入於室."

문 '선인善人'에 대한 해설에 대해 묻습니다.

---

5 장경부: 장식張栻(1133~1180)을 말한다. 장식은 자가 경부敬夫이고, 호가 남헌南軒이다. 사천四川 면죽綿竹 사람이다. 남송南宋의 학자로 호상학파湖湘學派의 성과를 집대성하였다.

답 이 문장은 간결하면서도 심오하여 이해할 수 없는 부분이 있다. 지금 여러 설을 살펴보고 마음에서 돌이켜 보면 오직 장자와 정자의 '순도수철循途守轍(옛 법을 따르고 지킨다.)'의 설이 좋다. 양씨의 설도 타당하지만 굳이 맹자의 말씀으로 여기에 끼워맞추려고 했으니 쓸데없는 말이 되었을 뿐이다. 성현聖賢의 말씀은 각기 지향이 있기에 억지로 말하여 끼워 맞출 필요는 없다. 어떤 이가 선인善人으로서 고인의 법을 따르지 않겠다고 한다면 또한 '성신聖神'에 도달할 수 없고, 어떤 이가 선인의 자취는 따르지 않겠다고 한다면 또한 그 심오한 경지에 도달할 수 없다. 이 두 설 가운데 하나는 앞서 나아가는 것을 끌어당기는 것이고, 또 하나는 그 근원을 따지는 것이라서 그 물음에 답을 한 것은 없으니, 어떻게 '자취를 따라 그것을 실천[迹而踐之]'하게 하였는지 알 수 없다. 어떤 이는 '불천不踐'을 '악惡'의 자취라고 하였는데 본문으로 그것을 살펴보면 또한 정말 악한 행위를 한 흔적인지 알 수 없다. 어떤 이는 옛 사람이 이미 이루어 놓은 자취를 따르지 않았다고 하였는데, 옛 사람이 이미 이루어 놓은 자취는 모두 성현이 후세에 가르침을 준 것이니 또 어찌 따르지 않는다는 것인가. 이 몇 가지 설은 모두 타당하지 못한 점이 있다. 그러므로 다만 정자와 장자의 설이 바르다고 여길 뿐이다.

或問善人之說.

曰. 此文簡奧, 有不可知者, 今考衆說而反之於心, 唯張子及程子循途守轍之說爲善. 而楊氏亦爲得之, 但必以孟子之言合之於此, 則爲費辭耳. 聖賢之言, 各有所止, 不必强說而牽合之也. 或以爲善人不循轍迹, 則亦不能至於聖神; 或以爲不循善人之迹, 則亦不能至其閫奧. 是二說者, 或引其進, 或原其初, 而未嘗答其所問, 則未知使之以何爲迹而踐之耶? 或以爲不踐爲惡之迹, 則以本文觀之, 又未見其果爲爲惡之迹也. 或以爲不蹈古人已成之迹, 則古人已成之迹,

皆聖賢所以垂敎於後世者, 又安得不蹈哉? 凡此數說, 皆有所未安者, 故特以
程張之說爲正耳.

11-20. 子曰, "論篤是與, 君子者乎? 色莊者乎?"

문 '논독論篤'의 설에 대해서는 정자의 전후前後 뜻이 다른데 어떠합니
까?

답 후설後說도 통하기는 한다. 그런데 '시是' 자의 문세文勢로 미루어보
건대 전설前說이 타당한 것이 많은 것 같다. 윤씨는 대체로 정자의 설을
따라서 앞의 한 구는 전설을 따랐고, 뒤 두 구는 후설을 따랐는데 선택한
것이 정밀하지는 않다. 혹 앞 편과 연결해야 한다는 의견 또한 맞지 않
다. 대개 자장子張은 '당당堂堂(겉을 꾸미기를 힘쓰고 스스로 높은 체하는 것)
하다는 비판'을 자주 받는데, 이를 오해하여 '색장자色莊者(얼굴빛만 장엄
하게 하는 자)'로 이었을 뿐이다.

或問, 論篤之說, 程子兩義不同, 如何?
曰, 是亦可通, 然以是字文勢推之, 疑前說得之爲多. 尹氏蓋用程子說, 而上一
句用前說, 下兩句用後說, 其擇之亦不精矣. 或連上篇爲說者, 亦非是. 蓋子張
嘗有堂堂之譏, 故誤以色莊者繼之耳.

11-21. 子路問, "聞斯行諸?" 子曰, "有父兄在, 如之何其聞斯
行之?" 冉有問, "聞斯行諸?" 子曰, "聞斯行之." 公西華曰, "由
也問聞斯行諸, 子曰, '有父兄在', 求也問聞斯行諸, 子曰, '聞斯

行之. 赤也惑, 敢問." 子曰, "求也退, 故進之, 由也兼人, 故退之."

문 21장에 대해 묻습니다.

답 정자와 양씨의 설이 타당하다. 범씨는 '세인稅人[6]'을 혼자서 결정할 수 없고, 인仁의 실천은 자신에게 달려 있다고 하였으니, 부형父兄의 명을 기다리지 않아도 된다고 말했다. 공자는 자로에게 오로지 '세인'의 일로써 일러주고 염유에게 오로지 '위인爲仁'의 일로 일러주었다고 여겼다. 사씨는, 용자勇者는 들은 것을 행한다고 해도 꼭 그 행실이 도에 맞는 것은 아니기 때문에 공자가 그에게 부형이 있어서가 아니라 특별히 의義에 맞지 않는 일을 고쳐준 것이라 여겼다. 글의 의미로 따져보자면 모두 틀린 것 같다.

대개 공자는 그 구체적 일을 논하려고 한 것이 아니라 다만 그 치우친 마음을 바로잡으려 하였을 뿐이다. 자로를 보자면 행실은 용감해서 부형의 존재를 상관하지 않는 듯하고, 염유는 나태하고 소심하여 잘못된 행동에 대해서 용감히 나서지 않는 듯하다. 그러므로 각기 그 치우친 성품에 따라 그것을 바로잡은 것이다. 공서화의 질문에 대한 공자의 대답이 명백한데 어찌 이를 놓아두고서 제멋대로 설을 만든단 말인가. 그러므로 오직 장경부의 주장만이 본말을 갖추었다고 할 수 있다. 그리고 여러 설 가운데 '성덕달재成德達材'를 끌어다 쓴 것이 있는데, 그 재주에 의

---

6 세인: "아직 벼슬하지 않은 사람은 감히 남에게 물건을 보내지 못하니, 만약에 남에게 선물을 주어야 하는 경우라면 부형의 명命을 칭탁해서 행해야 된다.[未仕者, 不敢稅人, 如稅人, 則以父兄之命.]"《예기》〈단궁 상〉

지하여 그것을 독실하게 하는 것은 바로 '잘못을 구제한다.[救失]'는 뜻과 어긋나므로 이 역시 작은 잘못이라 할 수 있다.

或問二十一章之說.

曰, 程子楊氏得之矣. 范氏以稅人爲不可專, 而爲仁由己, 則可以不待父兄之命, 則是夫子之告子路專以稅人之事, 而告冉有專以爲仁之事也. 謝氏爲勇者徒行, 而未必中義, 則是夫子不爲其有父兄, 而特救其不合於義也. 以文意求之, 恐皆非是. 蓋夫子之意, 非論其事, 特救其心之偏耳. 子路勇於行, 而有無父兄之心, 冉有怠惰退縮, 而有不勇於行之失, 故各就其偏而救之. 夫子之答公西華, 固已明白, 豈可舍此而自爲之說乎. 故惟敬夫之言, 本末爲備. 然諸說或引成德達材, 因其材而篤焉者, 正與救失之意相戾, 亦其小失也.

11-22. 子畏於匡, 顔淵後. 子曰, "吾以女爲死矣." 曰, "子在, 回何敢死?"

문 어떤 사람이, 안연이 부모가 살아계시기에 공자 때문에 죽을 수 없었다고 정자가 말하였다고 합니다. 왜입니까?

답 그 뒤에 '박호搏虎' 운운한 것으로 미루어 보자면, 이렇게 말해서는 안 된다. 아마 기록하다가 착오가 있었던 것 같다. 그 설은 논쟁 가운데 나온 말이기에 곧이곧대로 받아들여서는 안 된다. 그리고 이 조항에 대한 《이정유서二程遺書》의 관련 기술은 《논어정의論語精義》에 기록된 내용과 같을뿐더러 더 자세하다. 대개 '상대를 위해서 죽으려 하였다.[相死]'는 설이 많아 또한 그 뜻이 귀결하는 곳을 살펴볼 수 있다. 이런 내용은 학자가 더욱 정밀하게 살펴야 하고, 대의大義와 관계되어 있으므로 잘못이 용납되지 않는다.

호씨 또한 이를 논한 적이 있는데 바로 정자가 남긴 의미에 대한 내용이었다. 더욱 간약簡約하면서도 명백하기에 여기에 남긴다. 이 내용으로 정자의 설을 분명히 밝힐 수 있다. 【어떤 사람이 "안연이 만약 공자가 곤경에 처했을 때 죽었다면 안로顔路는 어찌합니까?"라고 물었다. 호씨가 말했다. "정자가 이에 대해 말한 적이 있다. 일반 사람들은 부모와 헤어져 멀리 떠나면 곤경을 함께하는 자는 죽더라도 동료를 구하고자 하는 이치가 있다. 더구나 친구 사이인 경우는 어떠하겠는가? 더구나 스승에 대해 제자인 경우는 어떠하겠는가? 곤경에 처한 스승을 위해 목숨을 버릴 수 있는가 하는 문제는 그러한 경우가 아직 눈앞에 닥치지 않더라도 미리 단정할 수 있는 문제이지 곤경이 닥쳤을 때 비로소 생각할 수는 없다."】

或問, 程子之言, 顔淵親在, 不得爲夫子死者, 如何?
曰, 以其下文搏虎之云者推之, 則不得有是言矣. 疑記錄之或誤, 徒得其說爲辨詰之辭, 而不得其所處之正意也. 且遺書所記此條之說, 不止如精義所載者, 大抵相死之說爲多, 亦可以考其意之所歸矣. 此類學者尤當精考, 蓋大義所係, 不容於誤也. 胡氏亦嘗論之, 乃程子之遺意, 然其言尤簡約而明白, 今附見於此, 可以證程子之說云. 【或曰, 顔淵若死於夫子之難, 其如顔路何? 胡氏曰, 程子嘗言之矣. 閭巷之人, 辭親遠適, 則同患難有相死之理, 況朋友乎? 況弟子之於師乎? 其可不可, 當未行而預斷, 不可臨難而始謀也.】

문 여씨의 해설은 어떠합니까?

답 이 장의 취지는 사제師弟 간의 본분이 곤경에 임하여 상대를 위해 죽어야 하는 의리가 있음을 보여준다. 그런데 안자顔子는 공자孔子에 대해 그 은의恩義가 특히 무거워서, 가령 공자가 곤경에 처했다면 안자는 공자를 위해 목숨을 버리는 것은 정한 이치다. 여씨의 설은 양씨가 천상여장天喪予章에서 논한 것과 함께 그 오류가 같다. 그리고 또 안자가 도道에 뜻을 둔 연후에 '상대를 위해서 죽는다.[相死]'는 이치가 있었다고 하면 이해관계를 계산한 것 같아서 은의가 보이지 않는다. 그러나 공자가 죽는다면 공자에게 있던 도가 불행하게도 사라지게 되는 것인데, 안자마저 따라 죽는다면 안자에게 전해진 도가 절로 사라지게 될 것이다. 그렇다면 내가 보기에 안자는 이해 관계에 대해서 도리어 살피지 않은 것이 아니겠는가.

曰, 呂氏之說, 如何?

曰, 此章之旨, 但見師弟子之分, 臨難有相死之義. 而顏子之於夫子, 其恩義爲尤重, 使夫子遇難, 則顏子有相死之理耳. 呂氏之說, 與楊氏所論天喪予之章, 其病正同. 且以顏子志道, 然後如此, 又似以計較利害爲言, 而不見恩義之所存者. 抑夫子之死, 道之在夫子者, 旣不幸而喪之矣, 己又以死從之, 則道之在己者, 又將自滅之也. 然則其於利害, 無乃反有所不審乎?

문 사씨의 '과감果敢'[7]에 대한 해설은 어떠합니까?

답 이는 대개 정부자程夫子가 말한 '곤경을 만나게 되었을 때 감불감敢不敢을 말해서는 안 된다.'라는 설을 피한 것인데, 글의 뜻을 미처 살피지 못하고서 지나치게 의심한 것 같다. 만약 여씨가 말한 '사전死戰'이라는 것으로 말한다면 '감敢'과 '불감不敢'이 어찌 자신에게 있는 것이 아니겠는가. 정자가 '사死' 자를 '선先' 자로 읽어야 한다고 하였는데 (이는) 한자韓子의 설에 근거한 것이고, 호씨 또한 논한 적이 있다.

曰, 謝氏果敢之說, 如何?

---

7 과감: 여기서 과감果敢은 '반드시 죽어야 한다.'는 의미로 쓰였다.

是蓋避程夫子所謂遇害不當言敢不敢者, 然似未察夫文義而過疑之也. 若以呂氏所謂死戰者言之, 則敢與不敢, 胡爲不在我乎? 至程子之讀死爲先, 則本韓子之說, 而胡氏亦已論之矣.

> **11-23.** 季子然問, "仲由冉求可謂大臣與?" 子曰, "吾以子爲異
> 之問, 曾由與求之問. 所謂大臣者, 以道事君, 不可則止. 今由
> 與求也, 可謂具臣矣." 曰, "然則從之者與?" 子曰, "弑父與君,
> 亦不從也."

문 중유와 염구가 '자리나 채우는 신하[具臣]'라는 의견에 대한 여러 선생의 해설은 어떻습니까?

답 여러 선생의 설이 모두 좋지만 양씨의 설이 더욱 치밀하다. 그러나 후본後本에서는 모두 삭제해 버리고 다만 "임금의 그릇된 마음을 바로잡는다."라는 것을 설로 삼았으니, 뜻이 높기는 높으나 전본前本이 바르고 진실한 것만은 못하다. 그리고 "한 조목은 더욱 상세하니, 시역弑逆의 죄이하로 혹 한 가지 일이라도 따른다면 대신大臣이 될 수 없다."라고 하였는데, 이 말의 의미는 더욱 정확하다. 호씨와 장경부의 설 또한 이에 대해 설명한 것이 있다. 【호씨가 말했다. "난신적자亂臣賊子는 악행을 저지르려고 하기에 그에 따르지 않는자는 누구도 그 몸을 온전히 보존하지 못했다. 그렇다면 공자의 이 말은 죽음 앞에서도 절개를 빼앗을 수 없었으므로 두 사람을 인정한다는 것이다. 더구나 계씨季氏가 앞서 이 말을 들었다면 사악한 음모와 모반할 마음이 어찌 은연중에 자기도 모르게 사라지지 않았겠는가." 장경부가 말했다. "부친과 군부를 시해하는 일은 꼭 중유와 염구가 아니더라도 따르지 않을 것이라는 사실을 알 수 있다. 그런데 세상에서 남을 순종하는 자의 경우, 그 시작은 오직 이익에 따르는 것일 뿐, 어느 시점에 갑자기 순리를 거슬러 난을 일으키고자 하는 마음이 생겨나는 것은 아니다. '서리를 밟으면 두꺼운 얼음이 된다.'라는 말을 경계하지 않고 습관을 잘못 길러 이것이 남을 맹목적으로 따르는 데에 이르고 더 나아가 시역弑逆하게 되었던 자가 많았으니, 이 두 사람이 훌륭한 까닭이다."】

或問, 由求之爲具臣也, 奈何?
曰, 諸說皆善, 而楊氏尤備. 然其後本乃悉刪去, 而直以格君心之非爲說, 高則高矣, 恐不如前本之正而愨也. 又曰一條尤詳, 弑逆以下, 或從一事, 即不得爲大臣, 此意尤切也. 胡氏張敬夫說, 亦有所發明云.【胡氏曰, 亂臣賊子, 欲動於惡, 其不從者, 未有能全其身者也. 然則夫子此言, 是以死難不可奪之節, 許二子矣. 況使季氏先聞此言, 則邪謀亂心豈不潛消於冥冥之中乎? 張敬夫曰, 弑父與君, 不必由求而知不從矣. 然世之順從者, 其始也惟利之徇而已矣, 未遽有悖逆作亂之心也. 履霜堅冰之不戒, 馴習蹉跌以至於從人而弑逆者多矣, 此二子所以賢與.】

문 사씨가 중유와 염구는 일로써 섬겼고 도리로써 섬긴 것은 아니라고 여겼습니다. 어째서입니까?

답 이와 같다면 도리로써 섬기는 자는 일 밖에 있게 되고, 일에서 드러난 것은 모두 도道가 아니게 된다. 대개 사씨의 설은 대부분 이와 같은데, 그가 논한 제자 네 명이 각자 뜻을 말한 '사자언지장四子言志章'에서 증점曾點은 한 가지 일에 집착하지 않았다 여기고, 나머지 제자 셋은 도체道體를 아직 이해하지 못하였다고 여긴 것을 살펴보면 알 수 있다. 그

리고 《상서尙書》의 '사사事事'[8]와 《맹자孟子》의 '사도事道'[9]는 가리키는 의

8 사사: "부열傅說이 (왕의 명을 받아) 백관을 통솔하며 (왕에게) 나아가 말하였다. '……자신이 선하다고 여기면 그 선함을 잃게 되고, 자신의 능함을 자랑하면 그 공로를 잃게 됩니다. 오직 모든 일을 (신중하게) 일답게 처리해야만 이에 준비가 있게 되고, 준비가 있으면 근심이 없게 됩니다.'[惟說命總百官, 乃進于王曰……有其善, 喪厥善, 矜其能, 喪厥功. 惟事事, 乃其有備, 有備無患.] (《상서》 〈열명說命 중〉)

9 사도: "만장이 물었다. '감히 여쭙니다. 교제에 있어서는 어떤 마음을 가져야 합니까?' 맹자가 말했다. '공경하는 마음이다.' 만장이 말했다. '(선물을) 거절하고 또 거절하는 것을 「불공不恭하다」고 하는데, 어째서입니까?' 맹자가 말했다. '존귀한 사람이 선물을 주는데, (속으로) 「저 사람이 이것을 취한 것이 의로운가, 의롭지 못한가」라고 따진 뒤에 받는다면 이것이 「불공」이 되기 때문에, (그래서) 거절하지 않는 것이다.' 만장이 말했다. '청컨대, 말로 거절하지 말고 마음속으로 그것을 거절하면서 「저것은 백성들에게서 의롭지 못하게 취한 것이다」라고 여기고, (겉으로는) 다른 핑계를 대어 받지 않으면 안 되는 것입니까?' 맹자가 말했다. '(주는 사람의) 사귐이 도道에 맞고, (그의) 대접이 예禮에 맞으면 공자께서도 (그런 선물은) 받으셨다.' 만장이 말하였다. '지금 성문 밖에서 노상강도질하는 자가 있다고 합시다. 그가 (다른 사람과) 사귀는 것이 도에 맞고, 선물을 바치는 것이 예에 맞다면 이 강도의 선물을 받아도 됩니까?' 맹자가 말했다. '안 된다. 《서경》 〈강고康誥〉에 「사람을 죽이고 재물을 빼앗으며, 사납게 굴며 죽음을 두려워하지 않으니, 모든 백성이 원망하지 않음이 없다」라고 하였다. 이런 자는 가르침을 기다리지 않고도 바로 처형해야 하는 자이다. 은殷나라가 하夏나라를 이어받고, 주周나라가 은나라를 이어받은 것은 (이런 죄악을) 용납하지 않았기 때문이다. 지금도 (이런 죄악이) 여전히 성행하거늘, 어찌 그(강도의) 선물을 받겠는가.' 만장이 말하였다. '지금의 제후가 백성에게서 (재물을) 취하는 것이 저 노상강도와 같습니다. 그런데도 그 예절과 교제를 잘 갖추기만 하면 군자가 그 선물을 받으니, 감히 그 까닭이 무엇인지 여쭙니다.' 맹자가 말했다. '그대는 왕자王者가 일어난다면 지금의 제후들을 (강도처럼) 줄 세워놓고 모조리 처형할 것이라고 생각하는가? 아니면 그들을 가르치고 그들이 행동을 바꾸지 않은 연후에야 처형할 것이라고 생각하는가? 무릇 자기 소유가 아닌데 취하는 자를 모두 「도둑」이라고 말하는 것은 (유사한 사례를) 미루어 의義의 극단에까지 이르게 한 것이다. 공자께서 노魯나라에서 벼슬하실 때, 노나라 사람들이 사냥 대회를 하였는데, 공자께서도 사냥 대회에 참여하셨다. 사냥 대회(의 제물)도 괜찮았다면, 하물며 제후가 주는 선물을 받아도 되는 것이겠는가?' 만장이 말하였다. '그렇다면 공자께서 벼슬하신 것이 도를 섬기려 한 것이 아니었습니까?' 맹자가 말했다. '도道를 섬기려 한 것이다.' '도를 섬기려 했다면 어찌하여 사냥 대회에 참여하셨습니까?' 맹자가 말했다. '공자께서는 먼저 (제사에 쓰일) 제기祭器의 장부를 바로잡으려 하셨으나, (임금이) 사

미가 각기 달라서 이를 끌어다 대답해서는 안 되고 더욱더 그 정밀함과 엉성함을 분별해야 한다.

曰. 謝氏以由求爲事事. 非事道者. 如何?

曰. 如此則事道者乃在於事之外. 而見於事者皆非道也. 大抵謝氏之說多如此. 觀其所論四子言志. 以曾點不著一事. 而以三子爲未識道體. 則可見矣. 且書所謂事事. 孟子所謂事道者. 所指各異. 不當引以爲對. 而又分別其精粗也.

11-24. 子路使子羔爲費宰. 子曰. "賊夫人之子." 子路曰. "有民人焉, 有社稷焉. 何必讀書. 然後爲學?" 子曰. "是故惡夫佞者."

방에서 (부정하게) 거둔 음식을 그 바로잡은 장부에 (따른 제사에) 바치지 않았다.' 만장이 말하였다. '어찌하여 (그때) 떠나지 않으셨습니까?' 맹자가 말했다. '(개혁의) 실마리라도 삼으려 하셨기 때문이다. 그 실마리가 충분히 행해질 만한데도 행해지지 않은 연후에야 떠나셨다. 그러므로 (한 곳에) 3년을 꽉 채워 머무신 적이 없으셨던 것이다. 공자께서는 (자신의 도가) 행해질 가능성이 보여 벼슬하신 경우가 있었고, (군주의) 교제가 올바르기 때문에 벼슬하신 경우가 있었으며, (군주가) 공적으로 부양해 주었기 때문에 벼슬하신 경우가 있었다. 계환자季桓子에게는 (도가) 행해질 가능성을 보고 벼슬하신 것이고, 위衛나라 영공靈公에게는 교제가 올바르기 때문에 벼슬하신 것이며, 위나라 효공孝公에게는 공적인 부양으로 벼슬하신 것이다.'[萬章問曰. 敢問交際何心也. 孟子曰. 恭也. 曰. 卻之卻之爲不恭. 何哉? 曰. 尊者賜之. 曰. 其所取之者. 義乎, 不義乎, 而後受之. 以是爲不恭. 故弗卻也. 曰. 請無以辭卻之. 以心卻之. 曰. 其取諸民之不義也. 而以他辭無受. 不可乎? 曰. 其交也以道. 其接也以禮. 斯孔子受之矣. 萬章曰. 今有禦人於國門之外者. 其交也以道. 其餽也以禮. 斯可受禦與. 曰. 不可. 康誥曰. 殺越人于貨. 閔不畏死. 凡民罔不譈. 是不待教而誅者也. 殷受夏. 周受殷. 所不辭也. 於今爲烈. 如之何其受之? 曰. 今之諸侯取之於民也. 猶禦也. 苟善其禮際矣. 斯君子受之. 敢問何說也? 曰. 子以爲有王者作. 將比今之諸侯而誅之乎? 其教之不改而後誅之乎? 夫謂非其有而取之者盜也. 充類至義之盡也. 孔子之仕於魯也. 魯人獵較. 孔子亦獵較. 獵較猶可. 而況受其賜乎? 曰. 然則孔子之仕也. 非事道與? 曰. 事道也. 事道奚獵較也? 曰. 孔子先簿正祭器. 不以四方之食供簿正. 曰. 奚不去也? 曰. 爲之兆也. 兆足以行矣. 而不行. 而後去. 是以未嘗有所終三年淹也. 孔子有見行可之仕. 有際可之仕. 有公養之仕也. 於季桓子. 見行可之仕也. 於衛靈公. 際可之仕也. 於衛孝公. 公養之仕也.]"《맹자》〈만장 하〉)

문 자로가 "어찌 꼭 독서讀書를 한 연후에야 배운다고 할 수 있습니까?" 라고 말한 데 대해서 공자는 인정하지 않았습니다. 그런데 사씨, 양씨, 윤씨는 그렇지 않다고 여겼는데 왜입니까?

답 양씨의 설이 훌륭하다. 삼대三代 이전에 육경六經이 갖추어져 있지 않았으나 《서書》·《예禮》로 살펴보면 순舜이 주자冑子[10]를 가르치고, 오전五典을 펼쳤으며, 성주成周의 향관鄕官과 악정樂正의 법식은 학문을 연구하여 덕성德性을 기르게 하여 아직 재능을 이루지 못한 자를 인도하고 도와주는 데 도道가 있었다. 어찌 갑자기 백성과 나라 사이에서 일하게 하여, 가위도 제대로 잡지 못하는 실력을 시험하면서 아름다운 비단에 상처가 날 것을 걱정하지 않겠는가.

범씨가 이 뜻을 이해하였으나, 여전히 꼭 '독서'로써 말하였으니 여러 설 가운데 의심스러운 점을 풀이하기에는 부족한 듯하다. 그러나 삼대 이후 이미 책이 존재하여 만물의 처음과 끝, 고금의 득실, 자신을 수양하고 남을 다스리는 술수가 모두 이 책에 담겨 있었으니, 학문을 좋아하는 자가 어찌 책을 읽지 않고서 문득 자기 생각만 맞다고 주장할 수 있겠는가. 이로써 논하자면 범씨의 설은 분명히 지나치지 않다. 그런데 독자는 훌륭한 설을 듣고 싶어 한다. 그러므로 그 설이 비루하다 여겨 자세히 살피지 않았을 뿐이다. 유독 고상한 것만을 좋아하는 것에 폐단이 있는 줄 모르고 학자에게 자신의 총명함을 믿게 하여 경솔하게 함부로 쓰면서 거리낌 없게 하니 그 잘못이 다만 비루함에서 그치지 않는다.

후씨는 나라의 백성이라면 반드시 배울 수 있다고 여겼는데, 이는 사

---

10 주자: 제왕 및 귀족의 자제를 말한다.

씨, 양씨, 윤씨의 설과 같다. 특히 그가 말한 '시詩를 배우고 예禮를 배운 다음'이라는 것은 배움에 순서가 있다는 말과 같다.

或問, 子路所謂何必讀書然後爲學, 夫子不之許也. 而謝楊尹氏皆以爲不然, 何哉?

曰, 楊氏之說高矣. 夫三代以上, 六經雖未具, 然以書禮考之, 則舜之敎冑子, 敷五典, 與夫成周鄕官樂正之法, 其所以優游涵養, 而誘掖夫未成之才者, 蓋有道矣. 豈遽使之從事於人民社稷之間, 以試其未能操刀之手, 而不慮夫美錦之傷乎? 范氏蓋得此意, 然猶必以讀書爲言, 則似不足以解諸說之疑者. 然三代而下, 旣有書矣, 則事物終始, 古今得失, 脩己治人之術, 皆聚於此, 好學者豈可以不之讀而遽自用乎? 以此而論, 則范氏之說, 正爲不過. 但讀者樂聞諸說之高, 故以其說爲卑, 而不之察耳. 殊不知好高之弊, 將使學者恃其聰明, 率意妄作, 而無所忌憚, 則其失不但卑陋而已也. 侯氏以爲社稷人民固可學, 而猶謝楊尹之說, 特其所謂學詩學禮之後者, 則猶爲有序云爾.

11-25. 子路

曾晳冉有公西華侍坐. 子曰, "以吾一日長乎爾, 毋吾以也. 居則曰, '不吾知也.' 如或知爾, 則何以哉?" 子路率爾而對曰, "千乘之國, 攝乎大國之間, 加之以師旅, 因之以饑饉, 由也爲之, 比及三年, 可使有勇, 且知方也." 夫子哂之. "求. 爾何如?" 對曰, "方六七十, 如五六十, 求也爲之, 比及三年, 可使足民. 如其禮樂, 以俟君子." "赤. 爾何如?" 對曰, "非曰能之, 願學焉. 宗廟之事, 如會同, 端章甫, 願爲小相焉." "點. 爾何如?" 鼓瑟希, 鏗爾, 舍瑟而作, 對曰, "異乎三子者之撰." 子曰, "何傷乎? 亦各言其志也." 曰, "莫春者, 春服旣成, 冠者五六人, 童子六七人, 浴

乎沂, 風乎舞雩, 詠而歸." 夫子喟然歎曰, "吾與點也." 三子者
出, 曾晳後. 曾晳曰, "夫三子者之言何如?" 子曰, "亦各言其志
也已矣." 曰, "夫子何哂由也?" 曰, "爲國以禮, 其言不讓, 是故
哂之." "唯求則非邦也與?" "安見方六七十如五六十而非邦也
者?" "唯赤則非邦也與?" "宗廟會同, 非諸侯而何? 赤也爲之
小, 孰能爲之大?"

문 네 사람이 나이 순대로 열거되었다는 것을 어떻게 압니까?

답 홍씨는 자로가 공자보다 9세 적고, 증삼이 공자보다 46세 적은데, 증
점은 증삼의 부친이니 그 나이가 어쩌면 자로보다 적을 것이라고 하였다.

或問, 何以知四子之以齒爲序也?

曰, 洪氏以爲子路少孔子九歲, 曾參少孔子四十六歲, 而點, 參之父也, 則其齒
或亞於子路矣.

문 어째서 '욕浴'을 '씻고서[盥濯] 발제祓除하는 것'이라 하였습니까?

답 《후한서後漢書》〈예의지禮儀志〉에, "3월 상사일上巳日에 초제初除하는
데, 관민官民이 동쪽으로 흐르는 물가에서 몸을 깨끗이 닦는다."[11]라고
하였다. 채옹蔡邕이 이를 인용하여 증거로 삼은 것이 바로 이것이다.

曰, 何以言浴之爲盥濯祓除也?

---

11 3월……닦는다: "이달 상사일上巳日이 되면 관리와 백성들이 모두 동쪽으로 흐르
는 물가에서 몸을 정결히 하였다. 이르기를, (몸을) 씻고 액운을 물리치며 묵은 때
와 재앙을 제거하는 것을 '대결大絜'이라 한다. '결絜'이라는 것은 (봄이 되어) 양기陽
氣가 널리 퍼지자 만물이 남김없이 싹터 나오니, 비로소 (모든 것이) 깨끗해짐을 말
하는 것이다.[是月上巳, 官民皆絜於東流水上, 曰洗濯祓除去宿垢疢爲大絜. 絜者, 言陽氣布
暢, 萬物訖出, 始絜之矣.]"《후한서後漢書》〈예의지禮儀志〉)

曰, 漢志三月上巳初除, 官民潔於東流水上, 而蔡邕引此爲證是也. 韓 李疑夫
裸身川浴之非禮, 而改浴爲沿, 蓋不察乎此耳.

문 증점이 도道를 알았던 것이 분명하다면 반드시 일에 얽매이지 않아
서 기상은 안정되고 뜻은 고원하였을 것이라고 말한 것은 왜입니까?

답 제자 세 명이 각기 경쟁적으로 자신의 뜻을 말할 때에 증점만이 이들
사이에서 거문고를 타면서 조용히 대화를 듣지 않는 것 같았다. 공자가
질문하고 나서야 연주 소리가 잠깐 멈추더니 이에 천천히 거문고를 내려
놓고 일어서서 대답하였는데, 유연히 겸양하면서 마치 끝내 자신이 하
고자 하는 바를 드러내 보이려고 하지 않았다. 공자가 위로하여 편안히
해주자 그제서야 어쩔수 없이 말하기 시작하였다. 그런데 그가 간직한
뜻을 살펴보면, 조금이라도 그 지위를 벗어나지 않고 담담하게 죽을 때
까지 유지하려고 하였다. 이것이 바로 온화하고 한가한 기상이요, 청명
하고 고원한 뜻인 것 같은데 어떠한가? 그리고 도道를 분명히 안 것이 아
니라면 반드시 일에 얽매였을 것이니, 그러하였다면 어떻게 이 경지에
이르렀겠는가.

曰, 何以言曾點之見道無疑, 心不累事, 而氣象從容, 志尙高遠也?
曰, 方三子之競言所志也, 點獨鼓瑟於其間, 漠然若無所聞. 及夫子問之, 然後
瑟音少間, 乃徐舍瑟而起對焉, 而悠然遜避, 若終不肯見所爲者. 及夫子慰而安
之, 然後不得已而發其言焉. 而其志之所存, 又未嘗少出其位, 蓋澹然若將終身
焉者, 此其氣象之雍容閒暇, 志尙之淸明高遠爲何如? 而非其見道之分明, 心
不累事, 則亦何以至於此耶?

문 어째서 곧바로 천지 만물과 함께 모두 제 자리를 얻었다고 하였습니
까?

답 무릇 늦봄은 생물이 무성하게 자라는 때이다. 봄 옷이 마련되었다고 하였으니, 이 계절은 인체에 조화로운 기후다. 관자冠者 대여섯 명, 동자 童子 예닐곱 명이라고 하였으니, 이는 어른과 아이가 차례가 있어 화락한 모습니다. 기수沂水와 무우舞雩는 노국魯國의 경승지다. 목욕을 하고 나서 바람을 쐬었고, 다시 노래 부르며 돌아왔으니 즐거우면서 그 적절함을 이룬 것이다. 무릇 자신이 위치한 자리로 말하자면 그 즐거움은 비록 잠시 자신의 몸에만 머물겠지만 그 마음으로 그것을 논하자면 참으로 대단하게도 천지 사이에서 만물을 낳는 마음이며, 성인이 천시天時에 맞추어 만물을 육성하는 일이다. 어찌 물아物我와 내외內外의 차이가 있겠는가. 정자는 성인聖人의 뜻과 같다고 여겼으니, 요堯·순舜의 기상은 바로 이것을 말하는 것이다.

曰, 何以言其直與天地萬物各得其所也?
曰, 夫暮春之日, 生物暢茂之時也. 春服既成, 人體和適之候也. 冠者五六人, 童子六七人, 長少有序而和也. 沂水舞雩魯國之勝處也. 既浴而風, 又詠而歸, 樂而得其所也. 夫以所居之位而言, 其樂雖若止於一身, 然以其心而論之, 則固藹然天地生物之心, 聖人對時育物之事也. 夫又安有物我內外之間哉. 程子以爲與聖人之志同, 便是堯舜氣象者, 正謂此耳.

문 사씨는 증석의 마음 속에 한 점이라도 일삼을 것이 없는 것이 열자列 子가 바람을 탄 일과 같다고 여겼습니다. 그 말이 맞습니까?

답 성현聖賢의 마음이 불가佛家·도가道家와 다른 이유는 바로 의도하고 [意]·기필하고[必]·고집하고[固]·아집하는[我] 잘못이 없기 때문인데, 이른바 "천지 간에서 만물을 낳는 마음과 천시天時에 맞추어 만물을 육성하는 일"은 지금껏 잠시라도 멈춘 적이 없다. 만약 "밝게 사물에 기대지 않으면서 이를 살피지 않았다."라고만 한다면 또한 허무적멸虛無寂滅[12]의 학술과 무엇이 다르며, 어찌 성인聖人의 일이라 하겠는가. 곧바로 이단異端으로 실체가 없는 망언妄言을 나란히 놓은 것을 보니 그 말의 득실得失 또한 알 수 있겠다.

或曰, 謝氏以爲曾晳胸中無一毫事, 列子馭風之事近之, 其說然乎?

曰, 聖賢之心, 所以異於佛老者, 正以無意 必 固 我之累, 而所謂天地生物之心, 對時育物之事者, 未始一息之停也. 若但曰曠然無所倚著, 而不察乎此, 則亦何以異於虛無寂滅之學, 而豈聖人之事哉. 抑觀其直以異端無實之妄言爲比, 則其得失亦可見矣.

문 공자가 제자 셋을 인정했다고 어떻게 말할 수 있습니까?

답 공자의 말 가운데 폄하한 표현이 없는 것으로 이를 알 수 있는데, 맹무백孟武伯에게 답한 말[13]에서 평소 이들을 인정했다는 사실을 더욱 알 수 있다.

曰, 何以言夫子之許三子也?

曰, 此無貶辭, 固已可見, 而答孟武伯之言, 尤足以見其平日之與之也.

---

12 허무적멸: '허무虛無'는 '도道의 본체가 허무하다.'라고 설명하는 도가道家의 사상이고, '적멸寂滅'은 '생사生死를 초월한 열반涅槃의 세계'로서 불가佛家의 사상이다.

13 맹무백에게 답한 말: "맹무백이 (공자께) 물었다. '자로는 인仁합니까?' 공자가 말했다. '모르겠다.' (맹무백이) 또다시 묻자, 공자가 말했다. '유由 말인가? 천승의 나라에서 그 군무軍務를 다스리게 할 만하지만, 그가 인한지는 모르겠다.' (맹무백이 물었다.) '구求는 어떻습니까?' 공자가 말했다. '구 말인가? 천 호戶의 읍邑이나 백승의 가家에서 재宰가 되게 할 만하지만, 그가 인한지는 모르겠다.' (맹무백이 물었다.) '적赤은 어떻습니까?' 공자가 말했다. '적 말인가? (예복을 갖추고) 띠를 매고 조정에 서서 빈객과 외교를 하게 할 만하지만, 그가 인한지는 모르겠다.'[孟武伯問, 子路仁乎? 子曰, 不知也. 又問, 子曰, 由也, 千乘之國, 可使治其賦也, 不知其仁也. 求也何如? 子曰, 求也, 千室之邑, 百乘之家, 可使爲之宰也, 不知其仁也. 赤也何如? 子曰, 赤也, 束帶立於朝, 可使與賓客言也. 不知其仁也.]"《논어》〈공야장〉

문 '유구비방惟求非邦' 이하에 대해서, 구설舊說이 모두 공자孔子의 말이라고 여긴 것은 왜입니까?

답 저들은 또한 그것이 '왈曰' 자로 시작하지 않은 것만을 보았고, 이보다 앞에 있는 '구이하여求爾何如'와 '적이하여赤爾何如'의 내용에 모두 '왈' 자가 없다는 것은 살피지 못하였다. 그리고 다른 책의 사례를 살펴보면 이와 같은 부분이 더욱 많다. 이 때문에 조씨, 홍씨, 호씨가 모두 질문에 대답한 말로 여긴 것인데, 지금 이 설을 따른다.

曰. "惟求非邦"以下. 舊說皆以爲孔子之言. 何也?

曰. 彼亦見其不以曰字起之, 而不察夫前乎此者"求爾何如""赤爾何如"之說, 皆無曰字也. 且他書之例. 其若此者尤多. 是以晁 洪 胡氏皆以爲問答之辭. 而今從之也.

12. 안연顔淵

> **12-01.** 顔淵問仁. 子曰, "克己復禮爲仁. 一日克己復禮, 天下歸仁焉. 爲仁由己, 而由人乎哉?" 顔淵曰, "請問其目." 子曰, "非禮勿視, 非禮勿聽, 非禮勿言, 非禮勿動." 顔淵曰, "回雖不敏, 請事斯語矣."

문 '극克'이라는 글자가 '승勝(이긴다)'의 의미라고 하는데 어째서 그렇습니까?

답 양자揚子(양웅揚雄)는 "자신의 사욕을 이기는 것을 '극克'이라고 한다."라고 하였는데, 이 설은 유현劉炫[1]으로부터 출발한다. 그 설에, "'극

---

1 유현(546 ?~613 ?): 자字는 광백光伯으로 수대隋代에 활동한 경학자다. 수隋 문제文帝 당시에 우홍牛弘이 천하에서 소실된 책을 구입해야 한다고 주청하자, 유현은《연산역連山易》,《노사기魯史記》등 100여 권을 위조하여 상을 받았으나 얼마후 위조 혐의가 드러나 제명당하였다.《논어술의論語述義》10권,《효경술의孝經述義》5권,《춘추술의春秋述義》40권,《상서술의尙書述義》20권,《모시술의毛詩述義》40권,《춘

克'은 '승勝'의 의미이다. '기己'는 '신身'의 의미이다. 몸[身]에 '기욕嗜慾(좋아하는 것을 즐기려는 욕심)'이 있으면 마땅히 예의禮儀로 그 욕심을 제한해야 한다. 기욕과 예의가 서로 다툴 때 예의가 기욕을 이기게 하여 몸이 다시 예禮로 돌아갈 수 있게 해야만 그제야 비로소 인仁에 이를 수 있다. '복復'은 '반反(돌아간다)'의 의미다. 정情이 기욕에 의해 밀려 이미 예에서 멀어졌다가 다시 돌아와 회복한다는 의미다. 극기복례克己復禮는 기욕을 이기고 다시 예의 자리로 돌아가는 것을 말한다."라고 하였다. 유현의 설이 이와 같이 분명하지 못한 부분이 있지만 장구학章句學이 이 수준에 이른 경우 또한 드물다.

或問, 克之爲勝, 何也?

曰, 揚子固曰勝己之私之謂克矣, 而此書之說, 自劉炫發之. 其說曰, "克, 勝也. 己, 身也. 身有嗜慾, 當以禮儀齊之, 嗜慾與禮儀戰, 使禮儀勝其嗜慾, 身得復歸於禮, 如是乃爲仁也. 復, 反也. 言情爲嗜慾所迫, 已離禮而更歸復之也. 克己復禮, 謂能勝去嗜慾, 反復於禮也." 炫言如此, 雖若有未瑩者, 然章句之學及此者, 亦已鮮矣.

문 안연이 인仁에 대해 질문했는데, 공자는 '극기복례'로 일러주었습니다. 어째서입니까?

답 사람은 천지의 마음을 받아서 태어나기에 인仁·의義·예禮·지智의 본성을 그 마음에 갖추고 있다. '인'이 비록 '애愛'만을 위주로 하지만 실제로는 심心과 체體를 아우르는 온전한 덕이고, 예禮는 '경敬'만을 위주로 하지만 심心이 법도로 삼는 것이다. 그런데 사람에게는 이 몸이 있으니

추공매春秋攻昧》10권, 《오경정명五經正名》12권, 《시서주詩序注》1권, 《산술算術》1권과 문집文集을 남겼다.

귀, 눈, 입, 몸 사이에 반드시 사욕이 엮이게 된다. 이 때문에 예禮에서 어긋나고 인仁을 해치게 된다. 사람으로서 인仁하지 못하면 절로 그 한 몸에는 중심으로 삼을 만한 적당한 것이 없게 되고, 사물 사이에서도 위치가 뒤바뀌고 어긋나 더욱 못할 짓이 없게 된다. 이는 성문聖門의 학술이 인을 구하는 데 급급한 까닭인데, 오히려 안자의 질문에 대해 공자가 특별히 '극기복례'로 일러준 까닭은 아마 자신이 가진 사욕을 없애고 법도의 본연을 회복하기를 바라서였으니, 본심本心의 온전한 덕은 이를 떠나지 않아야 지극한 경지에 이르게 된다. 그런데 사람은 다만 행하지 않는 것을 근심할 뿐, 진실로 하루 아침에 극기복례에 힘을 기울일 수 있다면 본심의 온전한 덕이 나에게 있게 되고 천하의 선善이 이를 통해 나오지 않는 것이 없을 것이다. 천하가 아무리 크다 한들 또한 누군들 인자仁者와 함께 하지 않겠는가.

'기己'라는 것은 인욕人慾으로서 사적인 것이고, '예禮'라는 것은 천리天理로서 공적인 것이다. 이 둘은 하나의 마음 속에서 나란히 서는 것을 용납하지 않으나 그 둘 사이의 차이는 털끝만큼도 안되어서, 여기에서 나오면 저기로 들어가고, 저기에서 나오면 여기로 들어간다. 그렇게 보면 극克과 불극不克, 복復과 불복不復은 마치 손을 뒤집고 팔뚝을 굽었다 펴는 것처럼 쉬운 일이다. 진실로 그것을 하고자 한다면 그 관건은 참으로 자신에게 달려 있을 뿐, 어찌 다른 사람이 관여할 수 있겠는가. 안자의 자질은 성인聖人에 가까웠으므로 안자가 인仁에 대해 질문하자 이에 대해 일러주는 공자의 태도가 유독 요긴하고 상세하였던 것이다.

曰, 顔淵問仁, 而夫子告之以此, 何也?
曰, 人受天地之中以生, 而仁 義 禮 智之性具於其心, 仁雖專主於愛, 而實爲心體之全德, 禮則專主於敬, 而心之所以爲規矩者也. 然人有是身, 則耳目口體之間, 不能無私欲之累, 以違於禮而害夫仁. 人而不仁, 則自其一身莫適爲主, 而事物之間顚倒錯亂, 益無所不至矣. 此聖門之學, 所以汲汲於求仁, 而顔子之問, 夫子特以克己復禮告之, 蓋欲其克去有己之私欲, 而復於規矩之本然, 則夫本心之全德, 將不離乎此而無不盡也. 然人但患於不爲耳, 誠能一旦用力於此, 則本心之全德在我, 而天下之善將無不由是而出, 天下雖大, 亦孰有不與其仁者乎? 然己者, 人欲之私也, 禮者, 天理之公也, 一心之中, 二者不容並立, 而其相去之間, 不能以毫髮, 出乎此, 則入乎彼, 出於彼, 則入於此矣. 是其克與不克, 復與不復, 如手反復, 如臂屈伸, 誠欲爲之, 其機固亦在我而已, 夫豈他人之所以得與哉. 顔子之質, 幾於聖人, 故其問仁, 夫子告之, 爲獨要切而詳盡耳.

문 그렇다면 안자가 구체적 조목을 묻자 공자는 '네 가지 해서는 안되는 것[四勿]'으로 일러 주었다고 하는데 왜입니까?

답 안자는 공자가 말하는 '극기복례'에 대한 설명을 듣고서 대체로 인仁이 체體가 된다는 사실을 분명히 알았다. 그러나 이른바 '극기복례'라는 것은 반드시 구체적인 조목을 둔 연후에야 그 사이에서 실천할 수 있으므로 다시 질문하여 그것을 분명히 알고자 하였고, 공자도 이 조목을 다시 안자에게 알려주었다.

대개 예禮는 심心의 법도[規矩]가 되고 그것은 쓰이지 않는 곳이 없다. 몸으로 말하자면 시視·청聽·언言·동動의 네 가지가 그것에 해당한다. 이 네 가지는 거친 데서 정밀해지고, 작은 데서 커지는데 마땅히 행해야 할 것은 모두 예이고, 마땅히 행하지 않아야 할 것은 모두 예가 아니다. 예는 하늘의 이치이므로 예가 아닌 것은 자신의 사욕에 불과하다. 이 때문에 이 네 가지를 신중히 하면서도 잘 살펴서 예가 아닌 것을 알게 되면 금지하여 그치게 해야 한다. 이렇게 한다면 '극기克己'의 사사로움이 예로 돌아오게 된다. 그리고 예가 아니라서 보거나 듣지 못하게 하는 것은 밖으로부터 들어와 마음을 움직이게 하는 것을 막기 위한 것이다. 예가 아니라서 말하거나 행동하지 못하게 하는 것은 마음으로부터 나와서 외물과 접촉하는 일을 신중히 하기 위한 것이다. 마음과 마음 밖의 일을 서로 닦아 나아가면 인仁을 행하는 공부에 온 힘을 쏟게 된다. 안자는 이 때문에 공자의 이 말을 섬겨서 힘써 행하기를 청하였고, 3개월 동안 잘 따라 행하여 마침내 성인의 영역에 진입한 것이다. 그러니 성인의 말을 깊이 음미하고 안자가 힘쓴 것을 탐구해 보면 그 관건은 오직 예가 아닌 것을 행하는가 행하지 않는가에 달려 있을 뿐이다. 여기에서 시작하여 돌이켜 찾으면 '천리天理'가 되고, 여기에서 시작하여 생각 없이 따르기만 하면 '인욕人慾'이 되며, 또 여기에서 시작하여 잘 생각한다면 '성인聖人'이 되고, 여기에서 시작하여 생각하지 않으면 '광인狂人'이 되는 것이니 이는 단지 털끝만한 차이일 뿐이다. 배우는 자가 몸가짐을 삼가지 않을 수 있겠는가.

曰, 然則顔子請問其目, 而夫子告以四勿之云, 何也?

曰, 顔子聞夫子克己復禮之言, 蓋已洞然默識仁之爲體矣. 然夫所謂克己復禮者, 必有條目而後可以從事於其間也, 故復問以審之, 而夫子復以此告之也. 蓋禮爲心之規矩, 而其用無所不在, 以身而言, 則視 聽 言 動四者, 足以該之矣. 四者之間, 由粗而精, 由小而大, 所當爲者皆禮也, 所不當爲者皆非禮也. 禮即天之理也, 非禮則己之私也, 於是四者謹而察之, 知其非禮則勿以止爲, 則是克己之私而復於禮矣. 且非禮而勿視 聽者, 防其自外入而動於內者也. 非禮而勿言動者, 謹其自內出而接於外者也. 內外交進, 爲仁之功不遺餘力矣. 顔子於是請事斯語而力行之, 所以三月不違, 而卒進乎聖人之域也. 然熟味聖言, 以求顔子之所用力, 其幾特在勿與不勿之間而己. 自是而反則爲天理, 自是而流則爲人欲, 自是而克念則爲聖, 自是而罔念則爲狂, 特毫忽之間耳, 學者可不謹其所操哉.

문 여러 선생의 설은 어떠합니까?

답 정자의 설이 가장 좋다. 그러나 기록이 전한 것이기에 분명하지 않거나 의심스런 내용이 있을 수밖에 없고 또한 잘못되어 정말 의심스런 내용도 있다. 예컨대, "공이 '극기라는 것은 혹 도가 아닌 듯해도 또한 도다. 실은 (도에서) 이탈한 적이 없으니 이탈할 수 있으면 도가 아니다.'라고 말하였다."라는 내용이 있다. 이는 도道가 어디에나 있다는 말인데, 그 말에 잘못이 있다 하더라도 도 자체는 결코 떠나지 못한다는 뜻을 말한 것이다. 대개 도는 떠날 수 없는 것이기에 이 때문에 그 말이 잘못되었음을 안다 하더라도 (도에서) 떠날 수 없다는 것이지, 도에 시비是非나 득실得失이 없으니 말이 비록 잘못되어도 도가 되는 데에는 해로움이 없다는 의미는 아니다.

　예컨대 "적습積習(습관)이 이미 공을 이루었다면 예禮는 어디에 있는가?"라는 내용은, 덕德이 성하고 인仁이 무르익어 자연히 예에 맞으니 억지로 노력하기를 기다리지 않아도 된다는 말이지 학자學者에 대해 말한 것은 아니다. 예컨대, "(사람이) 보고, 듣고, 말하고, 행동하는 것을 모두 예에 일치시킨다는 것이 인이니, 인과 예가 다른 것이 아니다."라는 내용은, 예로 복귀하기만 하면 인심仁心이 절로 보존되어 굳이 다른 곳에서 구하기를 기다리지 않아도 된다는 말이지 인과 예가 하나라고 주장하는 것은 아니다. 예컨대, "예란 곧 리理다."라는 내용 역시 '예'가 하늘의 이치[天理]에 속하고, '기己'가 인욕人欲에 속한다는 대비를 두려한 것이지 '예禮' 자를 바로 '리理'라고 새겨서 정말로 이것으로 저것을 대체할 수 있다고 말하는 것은 아니다. 예컨대, "사사건건 모두 인仁이다."라는 말은 행하는 것에 인이 아닌 것이 없어서 훗날 사람들이 이를 가지고 칭송한다는 말이지, 여씨, 사씨, 유씨, 양씨의 견해와 같은 것은 아니다. 예컨대, "극기하고 인을 다하여, 자신의 사욕을 이기고자 하지만, 오직 예를 두어야만 비로소 인이라 할 수 있다."라는 말 또한 인과 예가 다르지 않다는 뜻을 말하는 것과 같다.

이는 모두 난해하여 의심할 만한 내용이지만, 각기 이런 설을 가지고 해석해 보면 의심할 필요가 없게 된다. "극기하면 절로 예로 돌아가니, 굳이 문文을 배울 필요가 없다."라거나 "사람 마음 속에 갖추어져 있으니 이치에 맞지 않는 것이 없다. 그러므로 '신독愼獨'하고 '경의敬義'하는 것이 곧 극기복례다."라고 하거나, "공경을 확립하면 망령됨이 없고, 망령됨이 없으면 그것이 곧 예다."라고 하거나, "공경하면 바로 예가 되니, 극복할 만한 자신이 없다." 같은 의견은 대체로 과하거나 중도를 잃어버리고, 혹 난삽하여 질서가 없다. 이는 참으로 의심할 만한 데다 통하지 않는 것인데 어떻게 기록의 오류라고 하겠는가. 그가 논한 '극기위도克己爲道'의 설과 '편처자극기偏處自克己'의 설, '시청언동視聽言動'의 설, '심광체반心廣體胖'의 설, '천하귀인天下歸仁'의 설은 그 뜻을 깊이 드러내어 의심할 바가 없다.

'사잠四箴(네 가지 잠언)'에 대해서는 그 설이 정확하고 정밀하여 조금도 의심할 만한 점이 없다. 그가 말한 "외물을 제어하고 삿됨을 막아, 조급함과 망령함을 금한다."라는 것은 '극기복례'와 관련된 일이고, "안을 편안히 하고 정성을 간직하여, 마음을 고요히 하고 전일하게 한다."라는 것은 내 마음의 덕을 여기에서 얻는다는 말이다. 정작 그가 예禮와 인仁을 다르지 않게 본다든지, 무엇을 바깥에서 구해야 한다고 말한 적은 없었다. 배우는 자라면 깊이 체득하고 힘써 행해야만 이룰 수 있을 것이다.

범씨의 설은 매우 엉성하다. 여씨는 오로지 '천리와 인욕이 체體가 같다.'라고 하여 '천하귀인天下歸仁'을 '내 인술仁術 속으로 돌아간다.'라고 설명하고, 다시 지나치게 높은 말로 극찬하였으니, 지나치게 뜻이 높아 성인의 뜻을 잃어버리는 것을 면치 못하였다. 과연 이와 같다면 이른바 '극기복례이천하귀인克己復禮而天下歸仁'이라는 것은 바로 관념 속에 존재하는 것이며 수행하여 거두는 실질적 성과가 있는 것이 아니게 된다. 사씨는 예禮를 마음을 잡는 규범으로 여겼는데 뜻이 참 좋다. 그런데 반드시 이치[理]를 예와 바꾸고, 다시 이치에 따라 천리天理에 도달한다면【나로부터 보거나 듣고, 이로부터 보거나 듣는다.】자연히 예와 결합한다는 설 역시 고원한 잘못을 면하지 못하게 되고, 핵심 내용을 견지하고 따를만 한 게 없게 된다. 대체로 성인聖人께서 말씀하신 '예'란 진실로 예문禮文을 근거로 말하는 것이기에 (이 '예문'이야말로) 조존操存[2]·지수持守[3]하기 위한 바탕으로서 치밀하다. 그런데 만약 '이치에 따라 천리에 도달하면 자연히 예와 결합하게 된다.'라고만 말한다면 또 어떤 말할 만한 규범이 있겠는가. 극기克己의 효과를 말하고서, 다시 "사욕을 이겨내면 마음이 텅비어 이치가 드러난다."라고만 말한다면, 이는 곧 '극기'에 힘쓰는 이유가 몸소 자신을 수양하여 실천하는 당연한 과정으로 여기는 것이 아니라 다만 '앎[知]'을 구하고자 하는 것일 뿐이다.

---

2 조존: 마음을 잡아 둔다는 말이다. 《맹자》〈고자 상〉에 "잡아 두면 있고 놓아 버리면 없어지는 것으로서, 나가고 들어오는 것이 일정한 때가 없으며, 어디로 향할지 종잡을 수가 없는 것이 마음이다.[操則存, 舍則亡, 出入無時, 莫知其鄉, 惟心之謂與.]"라는 내용이 보인다.

3 지수: 《주자어류朱子語類》권12 〈학學 6〉에 다음 내용이 보인다. "그 뜻을 잡음은 바로 마음이 막 팽창한 곳에서 잡아두는 것이다.[持其志, 是心之方漲處便持着.]"

유씨의 설은 "남을 보기를 자신을 보듯이 하고, 사물을 보기를 남을 보듯이 한다."라고 여겼는데 그 잘못이 여씨의 잘못과 비슷하고, '천서천질天序天秩'의 근본을 갖추지 못했다. 그리고 사람과 사물이 동등하다고 하였으니 분수分殊의 의리에 해가 되는 것이 몹시 심하다. 반드시 하루하루 쌓아간 이후에야 이를 수 있는 것이 아니고, 하루 아침에 근본과 상도常道로 돌아간다고 여기면 만물 일체一體가 가는 곳마다 인仁 아님이 없게 되니, 다시 석씨釋氏의 돈오설頓悟說에 빠지게 되어 후학에게 요행으로 등급을 뛰어 넘어 올라가고픈 마음을 열어주게 된다. 인을 편안하게 여기면 눈으로 마음껏 보아도 어지러운 색[亂色]이 없고, 귀로 마음껏 들어도 간교한 소리[姦聲]가 없으니, 또 장주莊周와 열어구列禦寇의 황당한 논의가 생겨나게 된다. (그런데) 성인聖人과 같은 사람은 그 마음속으로 인仁을 편하게 여긴다고 믿기 때문에 마음껏 보고 듣는 것에 마음을 두는 것이다. '인仁'과 '성聖'의 구별에 대해 논한 부분에 있어서는 또 '박시제중博施濟衆(은혜를 널리 베풀어 민중을 구제한다.)'을 거론하였으니, 공자가 자공에게 일러준 까닭에 대해서는 살피지 못한 점이 있는 것 같다.

양씨는 우선 '극기克己'하고 나중에 '복례復禮'하여 둘 사이에 경계를 지웠으니, 성인의 뜻을 매우 위배한 것이다. 오직 윤씨의 논의만이 거의 가까운 듯한데 리理를 예禮와 바꾸어 마침내 복례를 인仁으로 여겼으니 또한 정자의 뜻을 잃어버린 셈이다.

曰, 諸說如何?

曰. 程子至矣, 然記錄所傳, 不免有難明而似可疑者, 亦有謬誤而眞可疑者. 如曰"公言克己, 不是道亦是道也, 實未嘗離得, 故曰可離非道", 此皆言道之無所不在, 雖言之有失, 而道則未嘗可離. 蓋惟道不可離, 是以知其言之失而不得遁耳, 非以爲道無是非得失, 言之雖失而不害其爲道也. 如曰"積習儘有功, 禮在何處”者, 言德盛仁熟, 自然中禮, 無所待於勉强, 而非爲學者言也. 如曰“視 聽 言 動一於禮之謂仁, 仁之與禮非有異”者, 言能復於禮, 則仁心自存, 有不待他 求而得者, 非以仁與禮爲一物也. 如曰“禮者, 理也”, 亦言禮之屬乎天理, 以對 己之屬乎人欲, 非以禮訓理, 而謂眞可以此易彼也. 如曰“事事皆仁”, 言所行無 非仁者, 而後人得以是稱之, 非若呂 謝 游 楊之說也. 如曰“克己盡仁, 克盡己 私, 只有禮時方始是仁處”, 亦若其言仁 禮不異之意也. 此皆其難明而似可疑者 也. 各以是說通之, 亦可以無疑矣. 若曰“克己自能復禮, 不必學文”, 若曰“有諸 中則無不中理, 愼獨敬義, 所以爲克己復禮”, 若曰“敬立則無妄, 無妄卽禮”, 若 曰“敬則便是禮, 無己可克”, 凡或過而失中, 或亂而無序, 是則眞可疑而不可通 者, 豈其記錄之誤耶? 惟其所論克己爲道之說, 偏處自克己之說, 視 聽 言 動之 說, 心廣體胖之說, 天下歸仁之說, 則其所以發明深切, 無可疑者. 至於四箴, 則又精確縝密, 而無纖芥之可疑. 其曰“制外閑邪, 而禁躁妄”, 則克己復禮之事 也. 曰“內安誠存, 而內靜專”, 則吾心之德, 於此其得之矣. 是固未嘗遽以禮 仁 爲不異, 而亦未嘗以爲有待於他求也. 學者深體而力行之, 其庶幾乎. 范氏之 說, 則其疎甚矣. 呂氏專以同體爲言, 而謂天下歸仁, 爲歸吾仁術之中, 又爲之 贊以極言之, 則不免過高而失聖人之旨. 抑果如此, 則夫所謂克己復禮而天下 歸仁者, 乃特在於想象恍惚之中, 而非有修爲效驗之實矣. 謝氏以禮爲攝心之 規矩, 善矣. 然必以理易禮, 而又有循理而天,【以我視聽, 以斯視聽.】自然合禮 之說焉, 亦未免失之過高, 而無可持循之實. 蓋聖人所謂禮者, 正以禮文而言, 其所以爲操存持守之地者密矣. 若曰“循理而天, 自然合然”, 則又何規矩之可 言哉? 其言克己之效, 則又但曰“克己之私, 則心虛見理”, 則是其所以用力於此 者, 不以爲修身踐履之常然, 特以求夫知之而已也. 至於游氏之說, 以爲視人如 己視物如人, 則其失近於呂氏, 而無天序天秩之本, 且謂人與物等, 則其害於分 殊之義爲尤甚. 以爲非必積日累月而後至, 一日反本復常, 則萬物一體, 無適 而非仁者, 則又陷於釋氏頓悟之說, 以啓後學僥倖躐等之心. 以爲安仁則縱目 所視, 而無亂色, 縱耳所聽, 而無姦聲, 則又生於莊周 列禦寇荒唐之論, 若以聖 人爲恃其中心安仁之故, 而有意於縱其視聽者. 至其所論仁 聖之辨, 則又以博 施濟衆爲言, 則於夫子所以告子貢者, 似有所未察也. 楊氏以爲先克己, 而後復 禮以閑之, 則其違聖人之意遠矣. 惟尹氏庶幾近之, 然其以理易禮, 而遂以復禮爲仁, 則亦失程子之意矣.

12-02. 仲弓問仁. 子曰, "出門如見大賓, 使民如承大祭. 己所
不欲, 勿施於人. 在邦無怨, 在家無怨." 仲弓曰, "雍雖不敏, 請
事斯語矣."

문 2장의 설에 대해 묻습니다.

답 자신을 닦을 때 경敬으로써 하면 사사로운 마음이 싹틀 곳이 없게 되
고, 자신의 마음을 미루어 남에게 베풀 때 서恕로써 한다면 사사로운 마
음이 베풀 여지가 없어진다. 이렇게 되면 하늘의 이치[天理]가 두루 통하
여 안과 밖이 하나가 되고, 인仁이 나에게 자리 잡게 된다. 나라에 있거
나 집안에 거하는 경우 나에게 원망하거나 미워하는 자가 없다면, 이는
경敬과 서恕의 공功이고 인仁의 효과[效]다. 무릇 인을 행하는 것이 이 공
을 구하는 것은 아니지만, 이를 덧붙여 말하는 것은 그로 하여금 경과 서
로써 스스로 살피게 하려는 것일 뿐이다. 그런데 안자는 왕을 보좌할 재
주를 지니고 있었기에 (공자께서) '천하귀인天下歸仁'으로 말해주었고, 중
궁은 방군邦君을 보좌하는 임무를 맡길만 했으므로 '임민급물臨民及物(백
성을 다스리고 그 혜택을 만물에 미친다.)'라는 내용과 '재방재가在邦在家(나
라에 있을 때와 집안에 있을 때)'의 일로써 일러 주었으니 또한 각각 마땅함
이 있다.

或問二章之說.

曰, 修己以敬, 則私意無所萌矣. 推己以恕, 則私意無所施矣. 如是, 則天理流

行, 內外一致, 而仁在我矣. 至於在邦在家, 無怨惡於我者, 則是敬恕之功而仁
之效也. 夫爲仁非以求是效也, 而并言之, 蓋將使之以是自考耳. 然顏子有王佐
之才, 故以天下歸仁言之. 仲弓可邦君佐之任, 故以臨民及物·在邦在家之事告
之, 亦各有當也.

문 제자의 질문이 많았는데 (공자께서) 유독 두 제자에게만 대답하였습
니다. 왜입니까?

답 두 제자의 경우 대개 그가 이러한 말을 실천할 수 있는지 헤아린 다
음에 대답하였다. 기록한 사람 역시 이들이 공자의 대답에 대응할 수 있
기에 기록한 것이다.

曰. 弟子之問多矣. 獨二子有請事之對. 何也?

曰. 二子蓋度其能踐是言而後對, 記者亦以其能充是對而記之也.

문 여러 선생의 설은 어떠합니까?

답 정자의 설은 매우 훌륭하다. 다만 '무원無怨'의 설은 합당하지 않은
것 같다. 장자 또한 그러하다. 여씨는 '원怨'을 '다른 사람이 자신을 원망
하는 것'이라고 여겼다. 양씨가 '중궁이 이 것(경敬과 서恕)을 지킴으로써
인仁을 이룰 수 있었다.'라고 하였는데, 이 말에는 그를 안연에 비해 부족
하게 여기는 뜻이 있는 것 같다. 무릇 성인聖人의 말은 상하를 관통하기
에 남에게 실천하거나 수양하는 법을 알려주는 것이, 기술자에게 있어
서 규구規矩를 쓰는 것, 예羿에게 있어서는 활 시위를 당기는 정도와 같
아서 공력이 지극하고 지극하지 못한 정도는 그 사람에게 달려 있을 뿐
이다. 이를 넉넉히 뛰어넘으면 '성聖'이요, 겨우 미치면 '현賢'이요, 미치
지 못하더라도 또한 그 아름다운 이름은 잃어버리지 않으니, 앞서서 이

를 가지고 한계를 지을 것은 아니다. 가령 중궁이 이 말을 바탕으로 그 힘을 다하여 조용히 자득하는 데에 이르러 '경敬'과 '서恕'의 명칭마저 잊혀지면 또한 그가 '성'이 되는 데 어떠한 해가 있겠는가. 어찌 반드시 '극기복례克己復禮'라고 말한 연후에 충분하다 하겠는가.

曰, 諸說如何?

曰, 程子至矣, 但無怨之說, 恐未安. 張子亦然. 呂氏則固以怨爲人之怨己矣. 楊氏所謂'仲弓由是守之, 可以爲仁而已'者, 若有少之之意焉. 夫聖人之言, 貫徹上下, 其所以告人踐修之法, 猶大匠之規矩·羿之彀率也, 功力之至不至, 則在其人耳. 過則聖, 及則賢, 不及則亦不失於令名, 非先以是爲限約之也. 使仲弓因是言也而盡其力焉, 至於從容自得, 而敬恕之名亡, 亦何害其爲聖, 豈必克己復禮之云, 然後爲可充也哉.

12-03. 司馬牛問仁. 子曰, "仁者, 其言也訒." 曰, "其言也訒, 斯謂之仁已乎?" 子曰, "爲之難, 言之得無訒乎?"

문 '실천하기 어렵다.[爲之難]'는 것은 '인仁'이란 것이 실천하기 어렵다는 말이 아닙니까?

답 인자仁者는 함부로 하는 말이 없는데, 이는 대개 일이 어렵지 않은 것이 없다는 것을 알기 때문이다. 어찌 오직 '인'만이 실천하기 어렵기 때문에 말하기 어려운 것이겠는가. 또 만약 꼭 이와 같다면 모든 일이 말하기 쉬운데 유독 인仁에 대해 말하는 것만 어렵게 되니 어찌 그러하겠는가.

或問, 爲之難者, 不謂仁之難爲耶?

曰, 仁者之言無不訒, 蓋知事之無不難也, 豈獨仁之難爲, 而後難於言耶? 且必
若此, 則凡事皆可易言, 而獨於言仁爲不可易矣, 豈其然乎?

문 유씨의 설은 어떠합니까?

답 이 또한 그 나름의 한 가지 설이다. 그런데 본문에서 '인자仁者'를 언
급하였으니, 오히려 입인立人·달인達人은 그 사람의 몸을 가리켜서 말한
것이다. 그리고 '그 말하기를 참기에 굼뜨다.[其言也訒]'라고 말하였으니,
이는 사람의 말이 쉽게 할 수 없는 것임을 말한 것이다. 이는 맹자가 호
연지기浩然之氣를 말로 표현하기 어려워했다는 설과 또한 부득이하게 일
치한다.

曰, 游氏之說如何?
曰, 是又自爲一說, 然本文以仁者爲言, 則猶立人達人, 指其人之身而言之也.
又曰, 其言也訒, 則固謂是人之言發之不易也. 是與孟子浩氣難言之說, 亦不得
而同矣.

문 사씨가 '마음이 무언가를 깨닫는 것을 인仁이라 한다.'라고 했는데 정
말입니까?

답 내가 관과지인장觀過知仁章에서 이미 말하였다. 후씨가 "인자仁者를
일러 마음에서 깨달은 바가 있다고 한다면 괜찮지만, 마음에서 깨달은
바가 있는 것을 인仁이라고 말한다면 안 된다."라고 하였는데, 이 설은
괜찮다. 그리고 정자가 곡종穀種(곡식을 심는 일)을 마음[心]에 비유하여
"씨앗이 자라는 본성이 바로 인仁이다."라고 하였다. 그런데 초목草木과
오곡五穀의 결실이 바로 인이라 여긴다면 또한 그 본뜻을 잃어버리는 것
이 된다. 뒤에 다시 '가식可識'·'지미知味'를 언급하였는데, 이는 또한 첫

장에도 보이는 잘못이다.

曰, 謝氏'心有所覺謂之仁'者, 信乎?

曰, 吾於觀過知仁之章, 旣言之矣. 而侯氏以爲'謂仁者心有所覺則可, 謂心有所覺謂之仁則不可'者, 亦得之矣. 且程子以穀種喩心, 而曰'生之性則仁也'. 今直以爲草木五穀之實謂之仁, 亦失其旨矣. 其後又以可識知味爲言, 則又首章之失也.

12-04. 司馬牛問君子. 子曰, "君子不憂不懼." 曰, "不憂不懼, 斯謂之君子已乎?" 子曰, "內省不疚, 夫何憂何懼?"

문 4장의 취지에 대해서 질문합니다.

답 이 장의 본말에 대해서는 범씨가 제대로 파악했다. 다만 이른바 '먼저 그의 마음을 바로잡고, 그 다음에 그와 함께 덕德의 경지로 들어간다.'라는 말에는 순수하지 않은 부분이 있다. 사씨, 양씨는 자기 자신을 돌이켜 본다[內省]는 뜻을 깊이 따르지 않고 오로지 '인仁과 용勇'의 설만을 인용하여 밝혔는데, 그 또한 타당하지 않다. 윤씨는 비록 '내성內省'을 언급하기는 하였으나 그 설은 이 장의 뜻과는 어긋나는 것 같다.

或問四章之旨.

曰, 此章本末, 范氏得之, 特其所謂'先正其心, 而後與之入德'者, 其語有未粹耳. 謝·楊不推內省之意, 而專引仁勇之說以明之, 其亦無所當矣. 尹氏雖以內省爲言, 然其說與章旨向背似不同也.

12-05. 司馬牛憂曰, "人皆有兄弟, 我獨亡." 子夏曰, "商聞之

> 矣. 死生有命, 富貴在天. 君子敬而無失, 與人恭而有禮. 四海
> 之內, 皆兄弟也, 君子何患乎無兄弟也?"

문 사마우에게 훌륭한 형제가 없는 것은 왜입니까?

답 전해진 문헌을 살펴보면 환퇴桓魋는 송공宋公을 시해하려 한 적이 있고 공자도 죽이려고 하였으니, 그 악행이 이미 드러났다. 그리고 그 아우 자기子頎과 자거子車 역시 그 악행에 가담했으니 이것이 바로 사마우가 근심하는 까닭이다.

或問. 司馬之無令兄弟, 何也?

曰. 以傳考之. 桓魋嘗欲弑宋公. 而欲殺孔子. 其惡著矣. 而其弟子頎·子車亦與之同惡. 此牛之所以爲憂也.

문 '운명은 하늘에 달려 있다.'는 해설이 다른 것도 있던데, 왜입니까?

답 장자, 사씨가 그것을 설명하였다. '재천在天'에 대한 설은 다른 것 같지만, 그 마주치는 상황에 따라서 빈부와 귀천의 '마땅히 그러한 이치'가 거기에 없는 것이 없으니 두 설 또한 서로를 이해하는 데 도움을 준다. 범씨와 윤씨의 '명을 알고 천성을 즐긴다.'라는 설은 그 말의 뜻이 엉성하다. 대개 '사생유명死生有命 부귀재천富貴在天(죽고 사는 것이 운명에 달렸고, 부귀가 하늘에 달렸다.)'을 일러준 것은 이것을 알아서 마음을 편안히 여기게 하려는 목적이 있을 뿐이다. 그런데 단지 '마땅히 운명을 알아야 한다.'라고만 하고 '운명을 편안히 여겨야 한다.'라고 하지 않았으니, '아는 것[知]' 자체에 아무런 이익이 없다. '마땅히 천도天道를 즐겨야 한다.'라고 하였는데, 천도를 즐기는 것은 바로 성인聖人의 일이라서 사람이 아무리 그러한 것을 알았다 하더라도 어찌 쉽게 그 경지에 미치겠는가. 만약 '하늘에 순응한다.'라고 한다면 괜찮을 것 같다.

曰, 有命在天之不同, 何也?

曰, 張子, 謝氏言之矣. 在天之說, 若不同者, 然隨其所遇而貧富貴賤當然之理無不在焉, 則二說亦互相發明也. 若范, 尹氏知命樂天之說, 則其語意疎矣. 蓋告之以死生有命, 富貴在天者, 欲其知此而有以安之耳. 今但曰當知命, 而不曰安命, 則知爲無益. 曰當樂天, 則樂天者乃聖人之事, 人雖知其當然, 而豈易及耶? 若曰順天其可也.

문 '사해형제四海兄弟'의 설은 어떠합니까?

답 사씨의 설이 괜찮다. 호씨가 '그 뜻이 원만하다.'라고 평한 것도 대개 사씨의 설에서 가지고 왔다. 양씨가 말한 '귀인歸仁'의 설은 첫 장에서 밝혔으므로 여기서는 다시 논하지 않겠다. 그런데 이 장에 대해 서술한 것은 또 묵씨墨氏의 잘못[4]으로 흐를 수 있어 학자學者라면 또한 살피지 않을 수 없다.

曰, 四海兄弟之說, 如何?

曰, 謝氏得之矣. 胡氏謂意圓者, 蓋得諸此. 楊氏歸仁之說, 首章已辨之, 今不復論. 然其施之此章, 又將有流於墨氏之失, 學者亦不可以不審也.

문 정자가 "경敬을 유지하여 허물이 없다."라고 말한 것은 무엇 때문입니까?

답 이는 사람이 '경敬'을 유지하고서 도중에 이를 끊어버리지 않으면 희노애락이 혼연히 마음속에 있게 되어 치우치지 않게 됨을 말한 것이다. 자하의 말은 본디 이것 때문에 한 말은 아니었으나 정자가 (자하의 말에

---

4 묵씨의 잘못: 모든 것을 차별 없이 보아야 한다는 극단적인 주장을 말한다.

서) 자기 마음에 부합하는 대목을 뽑아 쓴 것이다.

曰, 程子之言敬而無失者, 奈何?

曰, 此言人能持敬而無間斷, 則喜怒哀樂渾然在中而無所偏倚也. 子夏之言, 本不爲此, 程子取其有會於吾心耳.

문 정자가 장자의 설을 논하였는데 어떠합니까?

답 이 또한 매우 훌륭한 말이다. 학자라면 마땅히 받아들여야 할 것이다.

曰, 其論張子之說, 如何?

曰, 是亦至言, 而學者所當守也.

문 범씨의 기타 설은 어떠합니까?

답 몹시 엉성하다. 따져보지 않아도 알 수 있다.

曰, 范說他義如何?

曰, 其疎之甚, 亦不待辨而可知矣.

12-06. 子張問明. 子曰, "浸潤之譖, 膚受之愬, 不行焉, 可謂明也已矣. 浸潤之譖, 膚受之愬, 不行焉, 可謂遠也已矣."

문 '부수膚受'를 '몸에 가깝다.[切於身]'라고 말한 까닭은 무엇입니까?

답 《주역》에 "상을 깎아 살갗에 이르다.[剝牀以膚]"라고 하였는데, 그 〈상전象傳〉에 "재앙이 매우 가까워졌다.[切近災也]"라고 풀이하였다. 그리고 전해지는 문헌에도 '전□급부湔□及膚'라는 말이 있다. 그러므로 무릇 '부膚'라고 하는 것은 의심할 바 없이 '몸에 닿을 정도로 가깝다.'라는 의미다.

대개 참譖(참소)는 남의 행동을 헐뜯는 것이고, 소愬(하소연)는 자신의
억울함을 말하는 것이다. 만약 어떤 사안이 본래 사실이 아닌데 참소하
는 자가 느닷없이 그 사안에 대해서 극언하거나, 하소연하는 자가 뜬금
없이 자신에게 절실하지 않게 말하면 남을 속이기에 부족하다. 그러므
로 이 둘(참과 소)을 대조적으로 놓아 함께 말함으로써, 그 일의 양상이
어떻게 다른지 보여 주어, (성인의 지혜가) 밝게 비추지 못하는 경우가 없
음을 드러낸 것이다. 만약 '부수膚受'를 미미하고 얕은 뜻으로 본다면 '침
윤浸潤'과 무엇이 다르겠으며, 그것이 행해지지 않는 것도 어려운 일이
아닐 것이다.

이 장의 의미에 대한 풀이는 양씨의 설이 괜찮고, 소씨의 설 또한 '밝지
못하고 멀리 보지 못하는 폐단을 정확히 지적하였으니 학자라면 깊이 경
계해야 할 내용이다. 【소씨가 말했다. "참소하는 말은 언제나 몰래 그리고 급
히 이루어져서 대개 하나라도 들으면 분한 마음이 뒤따르게 된다. 밝고 멀리 보
는 자는, 마음을 비우고 그것을 헤아려 보면 돌아서기도 전에 그 실상을 알아챈
다."】

或問, 何以言膚受爲切於身也?
曰, 易曰'剝牀以膚', 而象以切近災也釋之, 且傳亦有'湔口及膚'之言, 則凡言膚
者, 皆爲切於身無疑矣. 蓋譖爲毁人之行, 愬爲伸己之寃, 若事本非實, 而譖者
遽然極言其事, 愬者泛然不切於身, 則亦不足以惑人矣. 故以此二者之相爲反
對而互言之, 見其事變之不同, 而明無不照也. 若以膚受爲微淺之意, 則與浸
潤何以異, 而其不行不足爲難矣. 此章之旨, 唯楊氏爲得, 而蘇氏之說, 亦中不
明不遠者之病. 學者所當深戒也.【蘇氏曰, 譖愬之言, 常行於偏暗而陰迫者, 蓋
一有所聞而忿心應之也. 明且遠者, 虛以祭之, 則不旋踵而得其情矣.】

문 여러 선생의 설은 어떠합니까?

답 범씨의 '참讒·소愬가 (성인에게는) 이르지 못한다.'는 높이 성인의 경지에서 말하고자 한 것이나, 요임금, 순임금에게도 (참소가) □하지 않은 것이 아니라, 오직 그것을 살피고 받아들이지 않았다. 그런 연후에야 참소하는 자가 징계될 바가 있고 용납될 곳이 없게 되어 참소를 이르지 못하게 할 수 있었던 것이다. 만약 살피고 분별하지 못한다면, 어찌 그것이 미치지 않도록 할 수 있겠는가. 이 말은 담론을 고상하게 꾸밀 만한 것이지 실제 행할 만한 실체는 없으니, 평소 범씨가 하던 말과는 다소 어울리지 않는 듯하다. 여씨가 참·소 두 글자에 대해 논한 내용은 괜찮지만 아래 문장에 대한 해석은 문사文辭의 의미에 있어서 모두 이해할 수 없다. 사씨가 논한 '원遠' 자에 대한 설은 또한 괜찮다. 그러나 소씨, 양씨의 설보다 나은 것 같지는 않다.

曰. 諸說如何?

曰. 范氏譖愬不至之說, 欲以高出乎聖人, 而亦不□堯·舜, 亦惟察之而不行, 然後能使其有所懲·無所售而不至, 若不能察而辨之, 則又安能使之不至哉? 此可以談之以爲高, 而無可行之實, 殆不類其平日之言也. 呂氏譖·愬二字得之, 而又下文所釋, 於文辭意義皆不可曉. 謝氏遠字之說, 亦有可觀, 然恐不若蘇氏·楊氏之說.

12-07. 子貢問政. 子曰, "足食, 足兵, 民信之矣." 子貢曰, "必不得已而去, 於斯三者何先?" 曰, "去兵." 子貢曰, "必不得已而去, 於斯二者何先?" 曰, "去食. 自古皆有死, 民無信不立."

문 7장의 설에 대해 그 상세한 내용을 듣고 싶습니다.

답 토지土地와 여사廬舍를 만들고 그 부세 징수를 가볍게 하여 백성에게 항산恒産을 가지게 하고서 그 농시農時를 잃어버리지 않게 하면 창고가 충실하고 먹을 것이 풍족해진다. 백성을 군대로 편제하고 때로 사람을 선발하여 가르쳐서 백성에게 무용武勇을 지니게 하고 예법禮法을 알게 하면 명命을 경계하고 대비하게 되어 병사로서 넉넉히 성장한다. 이 두 가지를 가지게 되면 백성은 믿음으로 그 윗사람을 섬겨서 속이거나 배반할 마음이 없게 되니, 이것이 이른바 '백성이 그를 믿는다.'는 것이다.

或問, 七章之說, 其詳可得聞乎.

曰, 制其田里, 薄其賦斂, 使民有常産而不失其時, 則倉廩實而足食矣. 比其什伍, 時其簡敎, 使民有勇而知方, 則戒備飭而足於兵矣. 有是二者, 則民以信事其上, 而無欺詐離叛之心, 所謂民信之者也.

문 그렇다면 군비를 버릴 수 있는 것은 왜입니까?

답 식량이 넉넉하고 백성이 믿으면 백성이 그 윗사람을 친근히 여긴다. 윗사람을 위해 목숨을 바치기를 마치 자제子弟가 부형父兄을 보호하고, 손과 발로 머리와 눈을 막는 것과 같이 하면 이들로 하여금 몽둥이를 만들어서라도 진나라와 초나라의 견고한 갑옷과 날카로운 병기를 상대하게 할 수 있다. 그러므로 부득이하여 꼭 버려야 한다면 군비를 없앨 수 있는 것이다.

曰, 然則兵之可去, 何也?

曰, 食足而民信, 則民親其上, 死其長, 如子弟之衛父兄, 手足之捍頭目, 可使制梃以撻秦楚之堅甲利兵矣. 故必不得已而去, 則兵或可無也.

문 양식을 버릴 수 있는 것은 왜입니까?

답 순서대로 말하자면 양식이 가장 우선이지만, 이치로 말하자면 믿음

[信]이 가장 중요하다. 대개 죽고 사는 것은 항상된 이치로서 사람이 피할 수 없다. 만약 백성이 윗사람에 대한 믿음이 없다면 백성이 될 이유를 상실하게 되고, 그렇게 되면 천지 사이에 설 곳이 없게 된다. 이 때문에 반드시 백성으로 하여금 양식이 없어 죽게 할지언정 군주를 높이고 윗사람을 친근히 여기는 마음을 잃어버리지 않게 하면 그 백성의 마음을 얻고 백성의 풍속을 선하게 하는 정치를 이루었다고 말할 수 있다.

대의大義로 보면 여러 선생의 설이 모두 괜찮으며 정자의 설이 가장 훌륭하다. 다만 여씨가 양식을 버리고 믿음을 잃어버리는 것이 죽는 것과 같아서 믿음을 지키는 것만 못하다고 여겼는데 성인聖人의 뜻은 아닌 것 같다. 대개 부득이하여 버리는 것이니, 믿음을 버리는 것은 죽지 않으려 하기 때문이다. 그런데 죽은 것과 마찬가지가 된 이후에는 믿어주지 않을 수 없으니, 참으로 이미 사사로운 계책에서 면하지 못한다. 가령 양식을 버린 자가 죽었다면 믿음을 버리지 않은 자는 앞으로 어떻게 대처해야 하는가?

曰, 食之可去, 何也?
曰, 以序言之, 則食爲先. 以理言之, 則信爲重. 蓋死生常理, 人之所必不免者, 若民無信, 則失其所以爲民者, 而無以立乎天地之間. 是以必有以使民寧無食以死, 而不失其尊君親上之心, 則其政之所以得民心而善民俗者, 可得而言矣. 其大義則諸說皆得之, 而程子爲尤至. 惟呂氏以去食無信爲均死, 而不若守信者, 則恐非聖人之意. 蓋不得已而去之者, 則去信所以求不死. 今以均死而後不爲不信, 則固已不免乎謀計之私矣. 若使其去食者死, 而不去信者, 則又將若何而處之乎.

12-08. 棘子成曰, "君子質而已矣, 何以文爲?" 子貢曰, "惜乎, 夫子之說君子也. 駟不及舌. 文猶質也, 質猶文也. 虎豹之鞹猶犬羊之鞹."

문 극자성의 말은 공자가 임방林放에게 한 답[5]과 무엇이 달라서 자공이 그렇게 까지 비판하였습니까?

답 공자의 말은 매우 균형 잡혀 있고 말투가 온화하여 애초에 '문文'을 다 없애도 된다고 한 적이 없다. 극자성의 경우는 말투가 과격하여 취하고 버리는 것이 한쪽으로 치우쳤다. 그 폐단은 결국 예禮를 버리고 법法을 멸하는 극단에 이르게 될 텐데, 이는 마치 서진西晉시대에 군자들이 한 짓과 비슷하다. 그러므로 자공이 그의 잘못된 말을 안타깝게 여기고 바로잡아 주려고 한 것이다.

或問, 棘子成之言, 與夫子之答林放何異, 而子貢非之若是耶. 曰, 夫子之言, 權衡審密, 而詞氣和平, 蓋未始以文爲可盡去也. 若子成則詞氣矯激, 而取舍則過中矣, 其流之弊, 將必至於棄禮滅法, 如西晉君子之爲者, 故子貢惜其言之失, 而力正之也. 曰, 何以言子貢之言之有弊也. 曰, 子成之說偏矣, 而子貢於文質之間, 又一視之而無本末輕重緩急之差焉, 則又矯子成之失而過中者也. 蓋立言之難如此, 自非聖人, 孰能無所偏倚而常適其平也哉. 曰, 諸說如何. 曰, 范楊侯氏爲一說, 謝氏自爲一說, 而尹氏推焉, 要當以范楊侯說爲正. 但范以駟不及舌爲戒人之辭, 則非是, 蓋此正爲子成發耳. 若謝氏以文質爲不能以相無, 則善矣, 然虎豹犬羊之云, 則有正相反者, 不知其何以通之也. 尹氏旣曰不能去, 而又曰不可去, 擇之不精, 亦何甚耶.

---

5 공자가……답: "임방이 예禮의 근본에 대해 묻자, 공자께서 말씀하셨다. '훌륭한 질문이다. 예는 사치스럽기보다는 차라리 검소해야 하고, 상喪은 (형식적으로) 치르기보다는 차라리 (마음에서 우러나와) 슬퍼해야 한다.'[林放問禮之本. 子曰, 大哉問. 禮, 與其奢也, 寧儉; 喪, 與其易也, 寧戚.]"《논어》〈팔일〉

문 어째서 자공의 말에 폐단이 있다고 말하였습니까?

답 극자성의 말은 치우쳤고, 자공은 '문文'과 '질質' 사이에서 또 하나만 보아서 본말과 경중과 완급의 차이가 없으니, 또한 극자성의 잘못을 바로잡으려다가 (반대쪽으로) 중도를 넘어선 셈이다. 대개 '입언立言'이 이처럼 어려운 법이다. 성인이 아니라면 그 누가 치우침 없이 그 공평함을 유지하겠는가.

曰. 何以言子貢之言之有弊也.

曰. 子成之說偏矣. 而子貢於文質之間. 又一視之而無本末輕重緩急之差焉. 則又矯子成之失而過中者也. 蓋立言之難如此. 自非聖人. 孰能無所偏倚而常適其平也哉.

문 여러 선생의 설은 어떠합니까?

답 범씨, 양씨, 후씨는 그 설이 같고, 사씨는 자신만의 설을 말하였는데, 윤씨는 이를 미루어 범씨, 양씨, 후씨의 설을 바르게 보아야 한다고 하였다. 다만 범씨는 '사불급설駟不及舌'을 남을 경계한 말로 보았는데 틀렸다. 대개 이 말은 바로 극자성을 위해서 한 말일 뿐이다. 사씨의 경우 '문文'과 '질質'에 대해 어느 한 쪽도 없으면 안 된다고 하였는데 이 말은 좋다. 그러나 '호표견양虎豹犬羊' 운운한 내용은 정 반대의 의미가 있어서 그것이 어떻게 통하는지 잘 모르겠다. 윤씨는 "문文은 없앨 수 없다."라고 하였다가 또 "없애서는 안 된다."라고 하였는데, 어법을 선택하는 방식이 몹시 정밀하지 못하다.

曰. 諸說如何.

曰. 范楊侯氏爲一說謝氏自爲一說. 而尹氏推焉要當以范楊侯氏爲正. 但范以駟不及舌爲戒人之辭則非是. 蓋此正爲子成發耳. 若謝氏以文質爲不能以相無則善矣. 然虎豹犬羊之云則有正相反者不知其何以通之也. 尹氏旣曰. 不能去.

而又曰, 不可去, 擇之不精亦何甚耶.

> **12-09.** 哀公問於有若曰, "年饑, 用不足, 如之何?" 有若對曰,
> "盍徹乎?" 曰, "二, 吾猶不足, 如之何其徹也?" 對曰, "百姓足,
> 君孰與不足? 百姓不足, 君孰與足?"

문 홍씨는 애공哀公의 재정이 부족하다고 하였는데 부족한 것이 아니었
으며, 애공이 10분의 2를 세금으로 받았으나 세금은 애공의 공실公室에
들어가지 않고, 맹손, 숙손, 계손의 삼가三家에게 돌아갔다고 하였습니
다. 이 설은 어떠합니까?

답 《춘추좌씨전》을 살펴보면 정말로 그러하다.

或問, 洪氏以爲哀公之不足, 非不足也, 什取其二, 不歸於公室, 而歸於三家也.
其說如何.

曰, 以春秋傳考之, 是亦然矣.

문 그렇다면 부족한 애공에게 왜 보태주지 않았습니까?

답 10분의 1을 세금으로 받는 철법徹法이 시행되기만 하면, 일부一夫에게
100무畝를 지급하는 등의 제도에서 시작하여, 사士·대부大夫·경卿에게도 각
기 차등이 있게 되고, 군주에 이르러 군주의 녹봉이 경卿 녹봉의 10배가 되
는 '십경록什卿祿'의 제도까지 모두 순서대로 거행될 것이다. 대개 야인野人의
정지井地가 고르게 배분될 뿐 아니라 군자의 곡록穀祿 역시 공평하게 된다.

曰, 然則雖徹, 而何補於哀公之不足耶.

曰, 徹法行, 則自一夫百畝等而上之, 士大夫卿各有差等, 以至於君, 什卿祿之
制, 皆可以次第而擧, 蓋不惟野人之井地均, 而君子之穀祿亦平矣.

문 여러 선생의 설은 어떠합니까?

답 여러 선생의 설이 모두 좋으나 범씨, 양씨의 설은 더욱 상세하다. 다만 '숙여孰與'에 대한 설은 후씨의 견해가 다른데, 후씨의 설이 맞다고 보아야 한다. 대개 군주가 함께 해야 할 사람은 백성이다. 백성이 넉넉해지면 군주가 아무리 넉넉하지 않더라도 그 부족함을 함께할 백성은 없다. 백성이 진실로 부족하면 군주가 아무리 넉넉하다 해도 그 누가 그 넉넉함을 함께하겠는가. 이는 대개 '군민동체君民同體'를 말한 것으로 많이 거두어 들여야 한다는 의미로 해석할 필요는 없다. 만약 윤씨처럼 "백성이 풍족하면 군주의 부족을 함께할 사람이 없고, 백성이 가난하면 군주의 풍족함을 함께할 사람은 없다."라고만 한다면 그 글의 뜻이 합당하지 않은 것 같다. 그런데도 그 말을 믿지 않고서 이해 관계를 따진다면 유약有若의 뜻이 아닌 것 같다.

諸說如何.

曰, 諸說皆善, 而范氏楊氏尤爲詳盡. 但孰與之說, 侯氏不同, 今當以侯爲正耳. 蓋君之所與者民也, 民足矣, 則君雖不足, 亦無與共其不足者. 民苟不足, 則君雖自足, 而誰與共其足哉. 此蓋告之以君民一體, 不必厚斂之意. 若如尹氏之說, 以爲民足, 則無人與君以不足, 民貧, 則無人與君以足, 則恐非文勢之所安. 抑其言不信, 出於利害之間, 殆非有若之意也.

12-10. 子張問崇德辨惑. 子曰, "主忠信, 徙義, 崇德也. 愛之欲其生, 惡之欲其死. 旣欲其生, 又欲其死, 是惑也. '誠不以富, 亦祗以異.'"

문 지금의 어법으로는 생소한 숭덕崇德·변혹辨惑 같은 조목이 어떻게 생기게 되어서, 자장과 번지가 모두 질문하게 된 것입니까?

답 호씨는 "옛날부터 그런 말이 있었거나, 세상에 이미 그러한 명칭이 있었는데, 성인이 그것을 드러내어 여러 제자들에게 각자 알고자 하는 바에 따라 찾아 그 부족한 부분을 사고하게 하였는데, (제자들은) 이를 학문에 들어가는 문으로 여겼다."라고 하였는데, 그 해설이 옳다.

或問, 崇德辨惑, 何以有是目, 而子張樊遲皆以爲問也.

曰, 胡氏以爲或古有是言, 或世有是名, 而聖人標而出之, 使諸弟子隨其所欲知, 思其所未達, 以爲入道之門戶也, 其說得之矣.

문 '주충신主忠信'과 '사의徙義'가 '숭덕崇德'이 되는 까닭은 왜입니까?

답 '충신忠信'을 주主로 삼을 수 있으면 의義를 실천[徙義]하는 것이 넉넉하고 근거가 있게 된다. 의義를 실천할 수 있으면 '충신'을 주로 삼을 때에 쓰임이 있고 날마다 새로워진다. 내외內外와 본말本末이 서로를 배양해주어서 이 덕德이 날마다 쌓여 더욱 높아지는 것이다.

曰, 主忠信·徙義之所以爲崇德, 何也.

曰, 主忠信, 則其徙義也有地而可據. 能徙義, 則其主忠信也有用而日新. 內外本末, 交相培養, 此德之所以日積而益高也.

문 "남을 아껴줄 때는 그가 살기를 바라고, 남을 미워할 때는 그가 죽기를 바란다. 이미 상대가 살기를 바라고 또 상대가 죽기를 바란다."라는 것이 바로 '미혹[惑]'이 되는 까닭은 무엇입니까?

답 사사로운 감정에 빠져서 다른 사람의 삶과 죽음을 자기가 마음대로 결정할 수 있다고 착각하고, 스스로 삶과 죽음의 명분을 결정하지 못한채

살리고자 하고 죽이고자 하는 생각이 마음 속에서 다투면 결국 반드시 기
필할 수 없는 데에 헛되이 힘을 쓰지만, 실제로 상대에게 아무런 손해나
이익을 끼치지 못한다. 이것을 '미혹'이라고 할 수 있지 않겠는가.

曰, 愛之欲其生, 惡之欲其死, 旣欲其生, 又欲其死, 所以爲惑者, 何也.

曰, 溺於愛惡之私, 而以彼之生死定分, 爲可以隨己之所欲, 且又不能自定, 而
一生一死交戰於胸中, 虛用其力於所不能必之地, 而實無所損益於彼也, 可不
謂之惑乎.

문 여러 선생의 설은 어떠합니까?

답 사씨의 설이 괜찮지만 미진한 점도 있다. 성인이 이를 말한 것은 바
로 학자가 살펴서 경계하고 그 미혹을 분별하게 하려고 해서인데, 사씨
는 오로지 '그것을 알아야 한다.'라고만 말하니, 성인의 뜻에는 미치지
못한다.

曰, 諸說如何.

曰, 謝氏爲得之, 然亦有所未盡. 聖人言此, 正欲學者審而戒之, 以辨其惑, 而
彼專以知之爲言, 則不盡乎聖人之意.

> **12-11.** 齊景公問政於孔子. 孔子對曰, "君君, 臣臣, 父父, 子
> 子." 公曰, "善哉. 信如君不君, 臣不臣, 父不父, 子不子, 雖有
> 粟, 吾得而食諸?"

문 제 경공이 공자의 말을 살필 수 있어서, 그 실마리를 잘 풀어내었다
면 어떠했겠습니까?

답 제나라 정사政事를 공자에게 맡겼다면 군신君臣과 부자父子의 도리가 바르고 넉넉하게 되었을 것이나 아쉽게도 할 수 없었다. 이는 제나라가 결국 혼란에 빠진 까닭이다.

或問, 景公審能悅夫子之言而繹之, 則如之何.

曰, 舉齊政而授之夫子, 則君臣父子之倫, 正之有餘矣, 惜其不能, 此齊所以卒於亂也.

문 여러 선생의 설은 어떠합니까?

답 대체로 모두 괜찮다. 다만 군신君臣·부자父子·형제兄弟·부부夫婦·붕우朋友는 이른바 '달도達道(공인된 준칙)'이다. 군군君君·신신臣臣·부부父父·자자子子는 '달도達道'를 행하여 그 지극한 경지에 이른 것이다. 그런데 후씨는 이 네 가지를 '달도'로 여겼으니 이미 어긋났다. 그리고 선왕先王이 천하에서 이 도道에 통달하였다고 여겼으니, 이는 더욱이 '달도'의 의미도 아니다.

曰, 諸說如何.

曰, 蓋皆得之, 但君臣父子兄弟夫婦朋友, 所謂達道也. 君君臣臣父父子子, 則行達道而至其極也. 今侯氏以四者爲達道, 則旣差矣, 又以爲先王達此道於天下, 則又非達道之所得名也.

12-12. 子曰, "片言可以折獄者, 其由也與?" 子路無宿諾.

문 '편언절옥片言折獄'의 '편언片言'이 '반마디 말[半言]'이 되는 것은 왜입니까?

답 말을 끝마치기도 전에 사람들이 그 말을 믿는다는 의미다.

或問, 片言折獄之爲半言, 何也.

曰, 辭未畢而人已信之也.

문 '숙낙宿諾'의 설에 대한 질문입니다.

답 '숙宿'은 '예豫(미리)'의 의미로 보는데, 여러 선생이 모두 그 설을 따르는 것은, 대개 하룻밤도 넘기지 않고 곧바로 승낙으로 응대하는 것이 너무 급박하게 들리는 것을 꺼려서 그러한 듯하다. 그러므로 마땅히 혹설或說과 같이 이해해야 할 것 같다. 그러나 이는 지체하거나 시간을 끌어서는 안 된다는 의미일 뿐, 꼭 '하룻밤[一宿]'을 가리키는 것은 아니다.

曰, 宿諾之說, 以宿爲豫, 諸先生皆從之, 蓋嫌於不越一宿以償其諾爲太迫耳, 然恐當如或說, 但爲不濡滯遷延之意耳, 非必謂一宿也.

문 여러 선생의 설은 어떠합니까?

답 이 장은 다른 설이 없다. 다만 범씨가 '숙낙宿諾' 운운한 설명은 말의 뜻이 치밀하지 못하다. 양씨는 오로지 '과의果毅'만을 가지고 말하였는데, 이는 정자가 이미 앞서 밝힌 것이다.

諸說如何.

曰, 此無他異, 但范氏宿諾之云, 語意不密. 楊氏專以果毅爲言, 則程子已辨於前矣.

12-13. 子曰, "聽訟, 吾猶人也. 必也使無訟乎."

문 '청송聽訟'에 대한 여러 선생의 설에 대해 질문합니다.

답 범씨, 양씨의 설이 타당하다. 범씨는 '본本'과 '말末'을 아울러 거론해 말했으니 그 이치가 더 치밀하다. 그런데 양씨는 오직 '본'만을 이야기하였으나 그의 설에서 얻을 것도 많다. 사씨는 소송 사안에 대해 다 듣기도 전에 판결하는 것을 '무송無訟'이라 하였는데, 성인이 말한 '무송'의 본뜻이 아닌 것 같다. 그가 왜 이런 쓸데 없는 설을 주장하게 되었는지 잘 모르겠다. 호씨, 오씨의 설 역시 취할 만하다. 【호씨가 말했다. "성인은 귀가 순하고 눈이 훤하여 드러나지 않는 실정이 없으니, 그가 송사를 처리하는 실력에 어찌 미칠 수 있겠는가. 그런데도 성인이 '나는 남만큼은 한다.[吾猶人也]'라고 하여 사람에게 송사가 없게 하는 것이 어려운 일임을 깊이 드러내려고 하였다." 오씨가 말했다. "《공자가어孔子家語》에 '공자가 노魯 사구司寇가 되고서 송사訟事를 처리하게 되면 모두 중의衆議 앞에 나아가서 사건에 대해 어찌 판결해야 하는지 물어보았고, 의견을 다 듣고 나면 공자가 모씨의 의견을 따라야 한다고 말하였다.'라고 기재되어 있는데 옳은 일이다. 《대학》에 '진실하지 않은 자가 변명을 다 늘어놓지 못하는 것은 민심을 크게 두려워해서다.'라고 하였는데, 이는 백성으로 하여금 진실함이 없는 자에게 함부로 남을 속이는 말을 못하게 하고 감히 스스로 그 마음을 속이지 못하게 함을 말한다. 이것이 백성에게 송사가 없게 하는 방법이다."】

或問聽訟之說.

曰, 范楊之說當矣. 范氏兼擧本末而言, 其理尤備. 然楊氏專以本言, 其得之亦多矣. 謝氏以訟不待聽而決爲無訟, 恐非聖人無訟之本意, 不知其何必爲此衍說也. 胡氏吳氏說亦可取.【胡氏曰, 聖人耳順目徹, 物無遁情, 其聽訟豈可及也, 而曰吾猶人也者, 將以深顯夫使人無訟之難也. 吳氏曰, 家語曰, "孔子爲魯司寇, 聽訟皆進衆議者而問之何若, 皆曰云云, 然後孔子曰當從某子." 幾是. 大學曰, "無情者, 不得盡其辭, 大畏民志." 言使民無情實者, 不得盡其欺誕之辭,

不敢自欺其心志, 此所以能使民無訟.】

12-16. 子曰, "君子成人之美, 不成人之惡. 小人反是."

문 16장에 대한 여러 선생의 설에 대해 질문합니다.

답 각자가 잘 설명하여 밝힌 것이 있지만 완전하지는 못하다. 범씨는 '성成'을 '칭稱(칭찬하다)'으로 보았는데 성인의 뜻을 다 드러내지는 못하였다. '여군자처與君子處' 다음부터는 그 논리가 타당하기는 하지만 본문의 뜻을 함부로 해설하여 논리 정연하지 못하다.

或問十六章之說.

曰, 各有發明, 特未完備. 惟范氏以成爲稱, 則不盡聖人之意, 自與君子處以下, 其推言之意則善, 然亦亂本文之旨矣.

12-17. 季康子問政於孔子. 孔子對曰, "政者, 正也. 子帥以正, 孰敢不正?"

문 17장의 설에 대해 질문합니다.

답 여러 선생의 설이 대체로 같은데, 양씨가 "예禮로써 다스린다."라고 한 것은 쓸데 없는 말이다.

或問十七章之說.

曰, 諸說略同, 惟楊氏以禮齊之者, 爲贅說耳.

12-18. 季康子患盜, 問於孔子. 孔子對曰, "苟子之不欲, 雖賞之不竊."

문 18장의, 설에 대해 질문합니다.

답 장자, 범씨, 윤씨가 의견이 다르다. 그러나 본문의 의미에서 통하지 않는 부분이 있다. 양씨가 말한 "근본을 미루어 욕심을 부리지 않아야 한다."는, 뜻은 좋으나 백성이 모두 이것을 알아서 도적질하지 않도록 해야 한다고 여긴 것은 지나친 것 같다. 이 장의 뜻은 단지 백성의 윗자리에 있는 자가 탐욕을 부리지 않는다면 백성 역시 분수를 편히 여기고 수치를 알아서 도둑질하지 않는다는 것일 뿐이다. 이미 한 번 도둑질해 본 사람에게 어찌 자신이 한 것보다 더 귀한 것이 있음을 알게 하고 그것을 즐기게 하겠는가.

或問十八章之說.

曰, 唯張子范尹爲異, 然於文之義則有所不通. 楊氏推本不欲之意善矣, 然以爲使民皆知此而不爲盜, 則恐其過也. 此章之意, 但爲在民上者, 無所貪欲, 則民亦安分知恥, 而不爲盜耳. 夫已嘗爲盜之人, 安能使其皆知有貴於己者而樂之哉.

12-19. 季康子問政於孔子曰, "如殺無道, 以就有道, 何如?" 孔子對曰, "子爲政, 焉用殺? 子欲善而民善矣. 君子之德風, 小人之德草. 草上之風, 必偃."

문 19장의 설에 대해 질문합니다.

답 여러 선생의 설이 대체로 동일하다. 다만 양씨는 세 장을 관통하여 그 의미를 서술하였으나 천착에 가깝다. 후씨의 설이 가장 상세하지만 또한 너무 지나치다. 이 장의 의미는 대개 강자康子를 격려한 것으로, 정사政事라는 것은 윗사람이 선善을 행하고자 하면 백성도 선해지기에 정교나 법령을 쓰지 않아도 된다는 것이다.

或問十九章之說.

曰, 諸說略同, 唯楊氏通三章而序言之, 爲近於鑿耳. 侯氏意最詳備, 然亦太侵. 此章之意, 大槪專勉康子, 以爲政者上之所趨欲善, 則民善耳, 未及乎政敎法令之施者.

12-20. 子張問, "士何如斯可謂之達矣?" 子曰, "何哉, 爾所謂達者?" 子張對曰, "在邦必聞, 在家必聞." 子曰, "是聞也, 非達也. 夫達也者, 質直而好義, 察言而觀色, 慮以下人. 在邦必達, 在家必達. 夫聞也者, 色取仁而行違, 居之不疑. 在邦必聞, 在家必聞."

문 20장의 설에서 '달達'을 '통달通達'로 여긴 것은 왜입니까?

답 그가 나라 안에 있을 때에 윗사람을 섬기면 윗사람의 마음을 얻고, 백성을 다스리면 민심을 얻게 된다. 그가 집에 있을 때에 부모는 그의 효에 편안함을 느끼고, 형제는 그의 우애에 기뻐한다. 무릇 내가 행실을 보았을 때 통달하지 않은 것이 없고, 거리끼는 것도 없으면 이것을 바로 '달達'이라고 할 수 있다.

或問二十章之說曰, 以達爲所行通達, 何也?

曰, 其在邦也, 事上則獲於上, 治民則得乎民. 其在家也, 父母安其孝, 兄弟悅其友. 凡吾之見於行者, 莫不通達而無所繫礙焉, 斯可以謂之達矣.

문 정자가 '명달明達'을 언급한 것은 잘못되었습니까?

답 이는 글의 뜻으로 보았을 때 통하지 않는 것 같다. 그러나 "실질에 힘쓰고 헛된 이름을 가까이 하지 않는다." 이하의 논의는 아주 훌륭한 논설이다.

曰, 程子以明達爲言者, 非歟?

曰, 是於文義若有不通, 然其論務實而不近名以下, 則至論也.

문 여러 선생의 설은 어떠합니까?

답 '문聞'과 '달達'의 구별에 대해서는 여씨의 설이 가장 좋고, 윤씨의 설이 그 다음이다. 사씨가 '명문사달名聞四達(명성이 사방에 미친다.)'이라고 말한 것은 바로 자장이 말한 '문聞(들린다)'이지 공자가 말한 '달達(통달)'이 아니다. 범씨가 논한 '질직호의質直好義(질박하고 정직하여 의리를 좋아하다.)', '찰언관색察言觀色(말을 살피고 표정을 관찰하다.)', '재가在家'에 대한 설은 모두 바른 것 같으나, 가리키는 범위가 좁아서 성인의 말씀에 담긴 뜻을 다 표현하기에는 부족하다. 그가 말한 '통호성通乎聖(성에 통한다.)'이라는 것은 더욱 이 장의 본뜻이 아니다.

　양씨는 '찰언관색察言觀色'이 자기자신에게 달려 있다고 여겼는데 이 또한 이 장의 본뜻이 아니다. 무릇 자신의 말을 살필 수 있다고 여긴다면 괜찮으나, 자신의 안색이라면 또 어찌 살필 수 있겠는가. '여이하인慮以下人(배려하면서 남에게 자신을 낮추다.)'에 대한 설은 사씨와 윤씨의 설이 좋고, 범씨와 양씨의 설은 좁아서 미진한 면이 있다. 더구나 '겸공하인謙恭下人(겸손과 공손한 태도로써 남에게 낮추다.)'이라는 것이 바로 당연한 이치[理]이지 까닭이 있어서 그렇게 하는 것은 아니다. 지금 반드시 '배움을 구하는 것[求益]'을 '인仁'으로 여긴 다음에 남에게 낮춘다면 내가 남에게 나를 낮추는 까닭이 '성심誠心'이라는 '절로 그러한 마음'에서 나오는 것이 아니라 이해 관계를 따지는 사사로운 마음에서 나오는 것일 뿐이다.

諸說何如?

曰, 聞達之辨, 呂氏最爲得之, 尹氏次焉, 謝氏以名聞四達爲言者, 乃子張之所謂聞, 而非夫子之所謂達矣. 范氏論質直好義, 察言觀色, 在家之說, 意象皆正, 而所指者狹, 不足以盡聖言之蘊. 其所謂通乎聖者, 又非此章之意也. 楊氏以察言觀色爲在己, 亦非文意. 夫以己之言爲可察猶可也, 己之色則又安得而觀之乎? 慮以下人之說, 則謝氏尹氏得之, 而范楊氏之說, 亦狹而有所未盡, 況夫謙恭下人者, 乃理之當然, 非有爲而然也. 今必以求益爲仁, 而後下人, 則吾之所以下人者, 非出於誠心之自然, 而出於較計利害之私耳.

12-21. 樊遲從遊於舞雩之下, 曰, "敢問崇德, 脩慝, 辨惑." 子曰, "善哉問. 先事後得, 非崇德與? 攻其惡, 無攻人之惡, 非脩慝與? 一朝之忿, 忘其身以及其親, 非惑與?"

문 21장의 설에 대해 질문합니다.

답 '숭덕崇德'에 대한 설은 범씨의 설이 대체로 괜찮다. 다만 이른바 '상의하리上義下利'의 '의義' 자는 '사事' 자에 비해 조금 무거운데 대개 '의리로 보아 마땅히 해야 할 일'일 뿐이다. 그가 '상上'과 '하下' 두 글자를 '선先'과 '후後'로 새겼는데 이는 매우 타당하다. 사씨는 "뜻은 일에 있어야 하고 구차하게 얻는 것에 있어서는 안 된다."라고 하였는데 이 설 또한 괜찮다. 그러나 경문에서 말한 '득得'은 오직 '구차하게 얻는 것[苟得]'만을 말하는 것은 아니기에, 무릇 마음을 얻은 자가 있다면 덕德을 높이는 데에는 해가 된다. 후씨는 도道에 나아간다면 잃어버리는 것이 많다고 여겼는데, 대개 그 말의 의미는 "앞서서 일을 하면 나중에 반드시 소득이 있다."라고 말하는 것과 같다. 만약 과연 이와 같다면 성인聖人의 본뜻과 얼마나 차이가 나는데 비판하지 않는가? 양씨 설의 결점도 대개 이와 같다. 윤씨가 말한 '이익을 따지지 않는다.'라는 부분은 좋지만 또한 '그 일을 우선한다.'는 뜻도 보이지 않으니, 대체로 범씨의 '상의이하리上義而下利' 설이 보다 완전한 것보다는 못하다.

'수특修慝'에 대한 설은 범씨, 사씨, 양씨의 설이 모두 괜찮은데 사씨의 설이 더욱 본의에 가깝다. 후씨의 '원망이 멀어진다.'는 설은 '특慝'을 '원특怨慝'의 '특'으로 본 것인데, 이와 같다면 다른 사람이 나를 원망하는 것을 두려워한다는 의미가 되어 나중에 누구도 감히 다른 사람의 악을 다스리지 못하게 된다. 더구나 번지樊遲가 질문한 세 가지는 모두 자기 스스로에게 달린 일이고 또 다른 사람의 원망을 가지고 그것과 섞어서도 안 된다. 윤씨의 설은 악慝을 다스리는 것에 있어서는 괜찮은 면이 있지만 이른바 "남의 악을 다스리지 않는다."라는 내용은 살피지 못한 부분이 있다.

'변혹辨惑'에 대한 설은 범씨, 양씨, 후씨의 설이 괜찮고, 사씨, 윤씨의 설 역시 좋다. 그러나 모두 분한 감정을 가지는 것이 해가 된다는 것을 알고도 미혹됨을 징계할 수 없다면 더욱 타당하지 못하다. 대개 성인의 뜻은, 분한 마음 때문에 우매하게 되어 이로움과 해로움의 소재를 알지 못하는 것이 바로 '미혹[惑]'이라고 하여 그것을 여기에서 징계하여 분별하려고 했을 뿐이다. 대개 공자가 자장에게 일러준 것은 '애愛'와 '오惡'에 미혹되는 것을 경계하라는 것이었고, 번지에게 일러준 것은 '분노忿怒'에 미혹되는 것을 경계하라는 것이었으니 아마 각기 실수한 것에 따라서 경계해 준 것이리라.

或問二十一章之說.

曰, 崇德之說, 范氏大概得之, 特所謂"上義下利", 義字比事字差重, 蓋曰義所當爲之事耳. 其以上下二字訓先後, 則言切當也. 謝氏以爲志在於事, 而不在苟得者, 亦得之. 然此所謂得, 非專爲苟得也, 凡有得心, 則於所以崇德者爲有害矣. 侯氏以爲其進於道, 則其失爲甚, 蓋其意若曰"先能從事, 後必有得"云爾. 若果如此, 則與聖人之本意, 幾何而不相伐也耶? 楊氏之病, 蓋亦類此. 尹氏所謂不計利者善矣, 然又不見其事以爲先之意, 蓋皆不若范氏上下之說之爲全也. 修慝之說, 范謝楊氏皆得之, 而謝尤切. 侯氏以遠怨爲說, 似慝爲怨慝之慝, 如此則是爲畏人之怨己, 而後不敢攻人之惡也. 況樊遲所問三者, 皆在己之事, 又不應以他人之怨雜之. 尹氏於攻其惡者得之, 而於所謂無攻人之惡之意, 有不察也. 辨惑之說, 范楊侯氏得之, 謝尹之言亦善. 但皆以知忿之爲害, 而不能懲爲惑, 則又未然. 蓋聖人之意, 正以其爲忿所蔽, 而不知利害之所在爲惑, 欲其懲之於此以辨焉耳. 蓋夫子告子張者, 戒其惑於愛惡, 而告樊遲者, 戒其惑於忿怒, 豈各因其有是失而警之耶?

문 양씨가 말한 '성현지이聖賢之異(성과 현의 차이)'라는 것은 무엇입니까?

답 본문을 살펴보면, 성인과 현인의 차이가 있다는 언급은 거의 보이지 않는다. 아마도 양씨는 (성인과 현인의) '한가하고 유연한 태도'를 두고 곧 자연스레 여유롭고 편안한[從容自得] 상태라고 보았으며, 반면 '노래를 읊으며 돌아오는 것'에는 여전히 뭔가 작위가 남아 있다고 여겼는지 모르겠다. 그러나 만약 이런 식으로 해석한다면 양씨는 도가·불가의 허무[空

無]로 빠질 위험이 있는 것 같다. 이른바 "놀고 쉬는 곳에 배우는 것이 아
닌 것 없다."라고 하였으니 말 밖에 담긴 뜻을 밝히는 데 충분하다. 다만
지금에 와서 이를 돌아보면, '이처럼 이해할 수도 있겠다.' 정도로 생각
한다면 괜찮겠으나, '말을 기록한 사람이 본래부터 이런 의도를 가지고
있었다.'고 주장한다면 그것은 꼭 그럴 것 같지는 않다.

曰, 楊氏所謂聖賢之異者, 如何?

曰. 以文考之, 殆未見其有異也. 楊氏之意, 豈以其悠然者爲從容自得, 而詠歸
者猶未免有所作爲也耶? 以是爲言, 吾恐其淪於老佛之空無也. 其所謂遊焉息
焉無非學者, 則足以發明言外之意矣. 但以爲自今觀之, 可以見其如此則可, 若
以爲記言之人本有此意, 則恐亦未必然也.

12-22. 樊遲問仁. 子曰, "愛人." 問知. 子曰, "知人." 樊遲未達.
子曰, "擧直錯諸枉, 能使枉者直." 樊遲退, 見子夏曰, "鄕也吾
見於夫子而問知, 子曰, '擧直錯諸枉, 能使枉者直', 何謂也?"
子夏曰, "富哉言乎. 舜有天下, 選於衆, 擧皐陶, 不仁者遠矣.
湯有天下, 選於衆, 擧伊尹, 不仁者遠矣."

문 '인仁'과 '지知'에 대해 질문한 번지에 대해 공자가 일러준 것은 분명
하고도 알기 쉬웠습니다. 그런데 번지가 이해하지 못한 것은 왜입니까?

답 이에 대해서는 증씨의 설이 괜찮다. 【증씨가 말했다. "번지가 이해하지
못한 것은 두 가지(애인愛人과 지인知人)가 서로 어긋나는 것처럼 보였기 때문
이다. 대개 '다른 사람을 이해하는 것[知人]'은 (선악이나 옳고 그름을 가려내는)
분별[分辨]을 포함하지만, '다른 사람을 아껴주는 것[愛人]'에는 이러한 것이 없

다. 공자가 '바른 것을 들어 굽은 데에 두면 굽은 것을 바르게 할 수 있다.'라고 하였는데, 이는 두 가지를 함께 행하여도 어긋나지 않음을 말한 것이다. 번지가 물러나 자하에게 물으면서, 공자께서 말씀하신 것은 '지智'에 대한 나의 질문에 답한 것일 뿐이라고 여겼다. 그러자 자하가 '얼마나 훌륭한 말씀인가.'라고 하였는데, 이는 단 한 마디로 '인仁'과 '지智'를 다 갖춘 말임을 드러낸 것이다. (왜냐하면) 정직한 사람을 발탁하면 백성들이 불인不仁을 멀리하게 되고, 그로써 삐뚤어진 자도 바른 길로 돌아오게 할 수 있기 때문이다."} 그 나머지는 여러 선생이 다 설명하였는데, 정씨의 설이 특히 좋다.

或問, 樊遲之問仁知, 夫子所以告之者, 亦明白而易知矣. 而樊遲猶未達, 何也?
曰, 曾氏之說得之矣.【曾氏曰, 樊遲未達者, 疑二者之相悖也. 蓋知人則有分辨,
愛人則無之. 子曰, "擧直錯諸枉, 能使枉者直." 言二者可以並行而不相悖也.
遲退而問子夏, 又以爲夫子所言者, 答其問智而已. 子夏曰, "富哉言乎." 一言而
兼仁智也. 擧直而民遠於不仁, 能使枉者直也.】其餘則諸先生盡之, 而程氏之
說爲尤善也.

문 범씨의 설은 어떠합니까?

답 대체로 정자의 설을 따랐다. 다만 이른바 '비이은費而隱(군자의 도는 그 작용이 광대하고 그 본체는 은미하다.)'이라는 것은 《중용》의 취지가 아니다. 그리고 '부재富哉'에 대한 뜻은 양씨의 설보다 타당하지 못하다.

曰, 范氏之說如何?
曰, 蓋用程子之說, 特所謂費而隱者, 非中庸之旨. 而富哉之義, 不若楊氏之爲
當也.

12-23. 子貢問友. 子曰, "忠告而善道之, 不可則止, 毋自辱焉."

문 23장의 설에 대해 질문합니다.

답 이 장에 대해서는 다른 설이 없다. 다만 범씨가 '쟁우爭友(잘못을 충고하는 벗)' 운운한 것은 지나치다. 이른바 '쟁爭'이라는 것은 충심으로 일러주고 잘 인도하는 것이고, 다만 그렇게 할 수 없다면 그쳐야 하니 두터운 정도를 깊은 정도로 여겼을 뿐이다. 여씨는 '좋은 방법[善道]으로 인도하고 도와주어야 한다.'고 하였는데 글의 본뜻이 아닌 것 같다. 이른바 '좋은 방법'이라고 말하는 것은 마음과 기분을 안정시키고 이치와 뜻을 분명히 한 다음 혹 조용하면서도 깊게, 혹 친절하면서도 단순하게 설명하여 듣는 사람이 기분 나쁘지 않게 기꺼이 따르도록 하는 것을 말한다. 만약 다만 '선善으로 그를 잘 인도한다.'라고만 말한다면 이른바 '충고忠告'라는 것은 이미 그 말 속에 내재된 것인데 또 어찌 쓸데없이 말하겠는가. 윤씨는 대개 "말하여 알게 하면 될 뿐"이라고 하였고, 그 이유는 뜻이 맞기 때문이라고 하였다. 그 이유를 이야기한 부분을 이른바 "군주나 부모와 다르기 때문이다."라는 말과 바꾼다면 그 뜻이 더욱 치밀하게 될 것이다. 증씨는 "사람이 잘못을 저질러서 '이렇게 하지 마라.'라고 일러주면 이것이 이른바 '충고忠告'이고, '마땅히 이렇게 해야 한다.'라고 인도한다면 이것은 이른바 '선도善道'다."라고 하였는데 이 설명은 명백하다. 그러나 여씨의 설과도 비슷한 것 같다.

或問二十三章之說.

曰. 此無異說. 但范氏爭友之云過矣. 所謂爭者, 亦忠告而善道, 但其不可而止, 則以厚薄爲淺深耳. 呂氏善術誘掖之, 似非文意. 蓋所謂善道云者, 心平氣和, 理明意盡, 或從容深厚, 或親切簡當, 使聞者不忤而樂於聽從之謂也. 若但曰以善道之, 則所謂忠告者, 固已包擧之矣, 又何爲贅於辭乎? 尹氏蓋用說知而已, 以其義合也, 易其所謂異於君親者, 則其義加密矣. 曾氏以爲人有過而告之曰

勿爲此, 則其所謂忠告也. 道之日當爲此, 則所謂善道也, 亦爲明白, 然恐亦近
於呂氏之說.

12-24. 曾子曰, "君子以文會友, 以友輔仁."

문 '이문회우以文會友'에 대해 여러 선생의 설이 다른 것은 어째서입니
까?

답 내용을 따져보면, 내 생각에 장자와 범씨, 양씨의 설이 타당하다. 그
런데 범씨가 말한 "'문文'이라는 것은 덕德이 밖으로 나타나는 것이다."
라는 내용은 그렇지 않은 것 같다. 사씨처럼 '문文'을 '위의威儀'로 본다면
매우 잘못되었다. 대개 벗이 모인 이후에 위의가 생기지, 위의를 가지고
서 벗들을 모으는 것은 아니다. 더구나 벗들의 모임은 또한 절차탁마하
면서 익히는 이익을 바라는 것인데, 단지 위의만을 일삼는다면 벗이 아
니라 빈객賓客일 뿐이다. 어찌 벗이라고 할 수 있겠는가. 후씨처럼 말한
다면 나는 그 설에 대해서는 잘 모르겠다. 【장자의 설은《논어정의》에 보이
지 않는다.】

或問, 以文會友, 諸說之不同, 如何?
曰, 以文考之, 竊以張子范楊之說爲安. 而范氏所謂文者德之著, 則未然. 若謝
氏以文爲威儀, 則失之過矣. 蓋朋友之會, 然後有威儀, 非以威儀而會朋友也.
況朋友之會, 亦冀其切磋講習之益, 苟徒以威儀爲事, 則賓客而已矣, 豈朋友之
謂哉? 若侯氏則吾有不知其說者矣. 【張子說, 精義印本未詳.】

13. 자로子路

문 '선지로지先之勞之'에 관해 여러 사람이 각자 해설한 것이 있는데, 소씨의 해설만 취한 까닭이 무엇입니까?[1]

답 '신선身先'의 '선'은 (이천伊川 선생이) 임금을 도와 백성의 스승이 되어 가르치며 보육保育하는 것을 '선'이라고 해설한 것보다 뜻이 더 분명하고, '신로身勞'의 '로'는 (범씨가) 편안한 방법으로 백성을 부리는 것[2]을 '로'라고 해설한 것보다 실제에 더 가깝다. 그러므로 소씨가 말한 내용은 장자 또한 약속하지 않았는데도 같아서, 나는 소씨의 해설만 취했다.

或問, 先之勞之, 人爲一說, 何以獨取乎蘇氏.

曰, 身先之先, 其義明於左右師保之爲先, 身勞之勞, 其事切於佚使勸相之爲勞

---

1 선지로지에……무엇입니까: 《논어집주》에 소씨의 설만 인용한 이유를 물은 것이다.

2 편안한……것: 《맹자》〈진심 상〉에 나온다.

也. 故蘇氏云爾, 而張子亦不約而同焉, 吾是以取之爾.

> **13-02.** 仲弓爲季氏宰, 問政. 子曰, "先有司, 赦小過, 擧賢才."
> 曰, "焉知賢才而擧之?" 曰, "擧爾所知. 爾所不知, 人其舍諸?"

문 2장에 관한 정자의 해설에서 사람은 각자 자신이 친근하게 여기는 것을 가깝게 여긴 후에야 자신이 친근하게 여기는 것을 가깝게 여기는 것 이상을 할 수 있다고 하신 말씀은 어떤 근거에서 나왔습니까?

답 이것은 사람이 각자 자신이 아는 것을 낱낱이 들고 난 다음에야 알지 못하는 것을 알 수 있음을 밝히려 하신 것이다. 그러나 이 말이 옛 판본 가운데에는 독립된 조항으로 잘못 배열되어서 2장 전체의 취지가 일관되지 않고 어긋나서 모두 잃어버린 것도 있다. 이 장에 관한 정자의 해설은 광대한 것에서 정미한 것까지 모두 갖추었으므로 배우는 사람은 자세히 음미해야 할 것이다.

或問, 二章程子之說, 何以言人各親其親, 然後能不獨親其親也.
曰, 此所以明夫人必各擧其所知, 然後可以得其所不知也. 然斯語也, 舊本或誤列以爲一條, 則全章之旨, 首尾衡決, 而皆失之矣. 程子此章之說, 廣人精微, 無所不備, 學者所宜詳玩也.

문 다른 여러 해설 중에는 어떤 것이 좋습니까?

답 여러 해설이 모두 좋기는 하지만 소씨, 조씨, 오씨, 증씨의 해설이 볼 만하다. 【소씨가 말했다. "담당 관리를 두면 책임 소재가 명확해지지만, 언제나 작은 허물을 용서한다면 뛰어난 재능을 지닌 사람을 등용할 수 있다. 평범한 사람과 간사한 사람은 작은 허물도 없게 하는데 장우張禹, 호광胡廣, 이임보李林甫, 노기盧杞가 그랬다. 작은 허물을 용서하지 않는다면 뛰어난 사람이 죄를 피할 겨를도 없고 이러한 사람들이 나온다." 조씨가 말했다. "이때 노나라에서 남의 직책을 침범하고 형벌을 과중하게 적용하며 뛰어난 재능을 지닌 사람을 등용하지 않은 것은 모두 계씨 때문이었다. 중궁이 계씨를 바로잡고 계씨가 노나라 군주를 바로잡았다면 나라를 다스리는 데 무슨 어려움이 있었겠는가. 중궁은 담당 관리에 앞서 솔선하기가 어렵고 작은 허물을 용서하지 못함을 걱정하지 않고 뛰어난 재능을 지닌 사람을 알아주지 않는 것만 걱정했으니, 이런 중궁이 정말로 백성을 다스릴 수 있었겠는가." 오씨가 말했다. "중궁, 자공, 자로, 염유가 모두 계씨를 섬겼다. 그런데 중궁과 자공에 대해서는 부자께서 책망한 적이 없고, 계로를 책망한 것도 염유만큼 심하지 않으셨다. 여기에서 그들의 우열을 볼 수 있다. 안타깝게도 네 사람은 민자처럼 사양할 수 없었고, 민자는 또 안자만큼 뛰어나지 않아서 강자康子가 알 수 없었다. 아! 안연이나 민자건 같은 사람은 공자 문하에서도 탁월한 사람일 것이다." 증씨가 말했다. "계씨는 민자건을 비읍의 수장으로 삼았고, 또 중궁, 자로, 염유를 가재家宰로 삼았는데 모두 공문의 덕행, 정사 조목에서 취한 것으로 사람을 제대로 얻었다고 할 수 있다. 그러나 민자만 뒤돌아보지 않고 떠났으니, 이것이 아마도 안연, 민자건이 되는 까닭일 것이다."】

請問諸說孰善.

曰, 諸說皆善, 而蘇晁吳曾氏之說, 亦可觀焉.【蘇氏曰, 有司旣立, 則責有所歸, 然常赦其小過, 則賢才可得而擧也. 惟庸人與奸人爲無小過, 張禹胡廣李林甫盧杞是也. 若小過不赦, 則賢者避罪不暇, 而此等出矣. 晁氏曰, 是時魯之侵官濫刑, 賢才廢棄, 皆季氏之爲也. 仲弓正乎季氏, 季氏正乎魯君, 則其爲治也何有. 仲弓不患有司之難爲先, 小過之未可赦, 獨患賢才之不知, 仲弓眞可以南面

哉. 吳氏曰, 仲弓子貢子路冉有皆事季氏, 仲弓子貢夫子未嘗責之, 季路之責,
又不若冉有之甚, 此可以見其優劣矣. 惜乎四子不能如閔子之辭, 而閔子又不若
顔子之賢, 而康子不得而知也. 嗟乎, 若淵騫者, 其孔門之超絶者乎. 曾氏曰, 季
氏以閔子騫爲費宰, 又以仲弓子路冉有爲宰, 皆取諸孔門德行政事之科, 亦可謂
得人矣. 然閔子獨去之而不顧, 此其所以爲顔閔與.】

13-03. 子路曰, "衛君待子而爲政, 子將奚先?" 子曰, "必也正
名乎!" 子路曰, "有是哉, 子之迂也! 奚其正?" 子曰, "野哉, 由
也! 君子於其所不知, 蓋闕如也. 名不正, 則言不順, 言不順, 則
事不成, 事不成, 則禮樂不興, 禮樂不興, 則刑罰不中, 刑罰不
中, 則民無所錯手足. 故君子名之必可言也, 言之必可行也. 君
子於其言, 無所苟而已矣."

문 3장에 관한 해설은 어떻습니까?

답 여러 해설이 모두 좋지만 정자께서 논하신 서감西監 신장申狀의 일[3]
은 특히 일상에서 성인의 말을 증험하기에 충분하다. 범씨와 윤씨가 모
두 '정명'으로 도를 다할 수 있다고 생각한 것은 잘못이다. 이 장에서 '정
명'이라고 하는 것노 잠시 사물의 이름이 각각 올바름을 얻고 문란하지

---

3 서감……일: 서감西監은 관명으로 서경 국자감西京國子監의 준말이고, 신장申狀은
   하급기관에서 상급기관에 의견을 올리는 문서를 말한다. 정이程頤가 국자감의 관직
   을 맡았을 때, 국자감은 중앙 관청인데도 오히려 지방 외사에 장계를 제출하는 잘못
   된 관행이 있었으므로 정이는 이를 예악禮樂의 근본인 이름과 제도가 무너진 것으
   로 보았다. 그래서 정이는 이런 잘못된 관행을 따르지 않겠다고 하여 그만 둔 일을
   말한다.

않도록 한 것을 말하고 갑자기 이에 이른 것은 아니다. 하지만 그 말을 끝까지 하자면 마찬가지로 여기에 이른 다음에야 그칠 뿐이다. 사씨와 양씨는 예악이 진흥되지 않으면 교화가 없고 염치와 화목의 기풍이 쇠퇴하므로 형벌이 맞지 않게 된다고 생각했는데, 이것도 잘못이다. 이것은 위정자의 입장에서 말한 것이고, '백성이 손발을 둘 곳이 없다.'에 이른 후에야 백성을 중심으로 말한다. 그러므로 범씨의 해설만 적절하나 '난폭하고 교만하고 야비하고 거짓을 꾸미는 마음이 들어온다.'라고 한 것은 군더더기처럼 보인다. 순서가 없고 화합하지 않는다는 것도 예악이 진흥되지 않으면 천하의 모든 일이 순서가 없고 화합하지 않으며 형벌 집행도 맞을 수 없게 될 것이다.

或問, 三章之說.

曰, 諸說皆善, 而程子所論西監申狀之事, 尤足以驗聖言於日用之間也. 范尹皆以正名爲盡道者過之. 此章所謂正名者, 亦曰姑使事物之名, 各得其正而不紊, 未遽及此也. 然極其言, 則亦必至於此而後止爾. 謝楊氏以爲禮樂不興則無敎, 而廉恥和睦之風衰, 故刑罰不中, 亦非也. 此方自爲政者之身言之, 至於民無所措手足, 然後主於民而言耳. 故獨范氏之說爲得之, 而其所謂暴慢鄙詐之心入者, 亦似衍說. 蓋但無序不和, 而禮樂不興, 則凡天下之事, 皆無序不和, 而其施之刑罰, 必無自而能中耳.

13-04. 樊遲請學稼. 子曰, "吾不如老農." 請學爲圃. 曰, "吾不如老圃." 樊遲出. 子曰, "小人哉, 樊須也! 上好禮, 則民莫敢不敬, 上好義, 則民莫敢不服, 上好信, 則民莫敢不用情. 夫如是, 則四方之民襁負其子而至矣, 焉用稼?"

문 4장에 관한 해설은 어떻습니까?

답 여러 설이 모두 좋지만, 윤씨의 '소체'와 '대체'라는 해설은 맹자의 본
래 뜻[4]이 아니다.

或問. 四章之說.

曰. 諸說皆善. 但尹氏小體大體之說. 非孟子之本意爾.

13-05. 子曰, "誦詩三百, 授之以政, 不達, 使於四方, 不能專
對, 雖多, 亦奚以爲?"

문 5장에 관한 해설은 어떻습니까?

답 여러 사람이 인정과 물리, 풍속의 성쇠, 정치의 득실이 모두 시에 갖
추어져 있으므로 정말로 암송하여 통달할 수 있다면 정치를 맡겨도 잘
해낼 것이라고 해설했다. 양씨는 왕정의 흥폐를 알 수 있다고 생각했으
니 시인의 뜻을 다 드러내기에 부족하다. 사씨는 다만 궁리라고 생각했
으니 또 사변事變의 실질을 드러내기에는 부족하다. 양씨는 또 적절하게
말하는 방법을 얻으면 단독으로 자유로이 응대할 수 있다고 했는데, 양
웅의 본래 말로 미루어 보면 너무 지나친 것 같다. 후씨는 시가 감흥을
일으킬 수 있고, 사회를 살필 수 있고, 여러 사람이 한데 어울려 지낼 수

4　맹자의 본래 뜻: 맹자는 대체大體를 따르는 사람은 대인이 되고 소체小體를 따르는
　사람은 소인이 된다고 하였다. 대체는 마음으로 사고할 수 있으며, 소체는 귀와 눈
　등 감각기관을 말한다. 귀와 눈은 생각하지 못하고 외부 자극에 쉽게 미혹되지만 마
　음은 사고할 수 있어 올바름을 얻는다. 따라서 사람은 반드시 마음을 주체로 세워야
　한다. 그렇게 되면 감각이 주체를 흔들 수 없으므로 대인이 된다. 맹자의 심성론의
　핵심을 드러낸 내용이다. (《맹자》〈고자 상〉)

있고, 윗사람을 원망할 수 있으므로 배운 사람이 이와 같을 것이라고 생각했는데 이 해설도 너무 방만하다. 감흥을 일으킬 수 있고, 사회를 살필 수 있다고만 말했다면 괜찮았을 것이다. 윤씨는, 시는 정치가 연계된 것이라고 생각했는데 말이 전도되었으니 이러한 해석도 적절하지 않다.

或問, 五章之說.

曰, 諸說人情物理風俗盛衰政治得失, 莫不具於詩, 誠能誦而通之, 則授之以政無不達矣. 楊氏以爲知王政之廢興, 則不足以盡風人之情. 謝氏特以爲窮理, 則又不足以擧事變之實也. 楊氏又謂得其所以言, 斯能專對, 以揚子雲之本語推之, 亦似過高矣. 侯氏以爲詩可興可觀可群可怨, 故學之者如此, 則亦太漫. 直以可興可觀言之, 則庶乎其可爾. 尹氏以爲詩者, 政之所繫, 語旣倒置, 以釋此文, 亦不切矣.

13-07. 子曰, "魯衛之政, 兄弟也."

문 7장에 관한 해설은 어떻습니까?

답 정자, 양씨, 윤씨가 한 가지 해설을 이루고 여씨가 한 가지 해설이 되며 사씨와 후씨가 한 가지 해설을 이룬다. 그러나 각각 치우친 것이 있고, 잘 갖춘 범씨의 해설보다 못하다.

或問, 七章之說.

曰, 程子楊尹氏爲一說, 呂氏爲一說, 謝侯氏爲一說, 然各有所偏, 不若范說之爲備也.

문 그렇다면 비슷한 것도 참고한 것이 있습니까?

답 소씨가 자세하게 말했다. 【소씨가 말했다. "《사기》〈세가〉에 따르면 이때는 노 애공 7년, 위 출공 5년이다. 공자께서는 두 군주가 모두 뜻을 잃고 죽으며 나라를 버리고 객사할 것을 알았으므로 책망하신 것이다. 결국 애공은 주邾나라로 달아났고 출공은 송나라로 달아났으며 모두 월나라에서 죽었다.")】

曰, 然則其相似也, 亦有稽乎.

曰, 蘇氏言之詳矣.【蘇氏曰, 按世家, 當是時, 魯哀公之七年, 衛出公之五年也. 孔子知二君皆失志無常, 棄國野死之君, 故譏之云爾. 卒之哀公孫邾, 出公奔宋, 皆死于越.】

13-08. 子謂衛公子荊, "善居室. 始有, 曰, '苟合矣.' 少有, 曰, '苟完矣.' 富有, 曰, '苟美矣.'"

문 8장에 관한 해설은 어떻습니까?

답 여러 해설이 같은데, 모두 구체적인 것을 다루지 않았다. 유독 호씨의 해설이 잘 갖추었다.【호씨가 말했다. "'합合'에서 '완完'으로, '완'에서 '미美'로 나아가는 것은 자기 일을 잘하는 사람이 아니면 앞에서 더 밝아질 수 없는데, 공자公子 형荊은 이것이 마음에 간직할 것이 아님을 알아서 다만 구차하다고 말했을 뿐이다. 그가 스스로 재산을 불리는 데 능력이 있다고 생각하지 않았음을 보였을 뿐 아니라 재산이 많아도 자신에게 누가 되지 않았음을 보이기도 했다. 부유하면서도 교만하지 않고 가득 차면서도 넘치지 않는 것은 훌륭하지 않은 사람이 할 수 있는 것이겠는가. 이것이야말로 집에서 지내는 법이 될 수 있다."】

或問, 八章之說.

曰, 諸說亦同, 然皆有不事事之意, 獨胡氏之說爲備爾.【胡氏曰, 自合進而完, 自完進而美, 非善乎其事, 不能彌光於前, 而公子荊知此非所存心者, 直謂之苟

且而已. 旣見其不以殖産自能, 又見其不以多財自累, 富而無驕, 滿而弗溢, 非
賢而能之乎. 此可爲居室之法.】

13-09. 子適衛, 冉有僕. 子曰, "庶矣哉!" 冉有曰, "旣庶矣, 又
何加焉?" 曰, "富之." 曰, "旣富矣, 又何加焉?" 曰, "敎之."

문 9장에 관한 해설은 어떻습니까?

답 여러 해설이 모두 좋지만, 증씨의 해설이 특히 더 좋다. 【증씨가 말했
다. "맹자가 이렇게 말했다. '닭 울음소리와 개 짖는 소리가 서로 들려서 사방 국
경에까지 이르는데, 제나라는 그만한 백성을 소유하고 있다. 인정仁政을 베풀
어 천하의 왕이 된다면 막을 수 없을 것이다.' 위나라에 갔을 때 많다고 한 것은
아마도 이러한 의미일 것이다. 그러나 다른 사람이 그 말을 들었다면 틀림없이
늘 하던 말로 치부했을 것이고, 그랬다면 쓸데없는 말이 되었을 것이다. 바로 염
유였으므로 다시 묻고 그 말의 의미를 깊이 파고들어서 밝혀낸 것이 있을 수 있
었다. 백성이 많아도 부유하게 해주지 않으면 모을 수 없고, 부유해도 교화하지
않으면 금수에 가까우며, 교화하는 데까지 이른다면 더할 것이 없다."】

或問, 九章之說.

曰, 諸說皆善, 而曾氏尤佳.【曾氏曰, 孟子曰, 鷄鳴狗吠相聞, 達乎四境, 而齊有其
民矣. 行仁政而王, 莫之能禦也. 適衛庶乎之言, 殆謂是與. 然人之聞其言也, 必
以爲常談而置之, 置之則無用之言耳. 冉有獨能再問, 以究其說, 然後有所發明.
庶而不富, 則無以聚人. 富而不敎, 則近於禽獸, 至於敎之, 則不可以有加矣.】

13-10. 子曰, "苟有用我者, 期月而已可也, 三年有成."

문 10장에 관한 해설은 어떻습니까?

답 정자의 해설이 지극하고 여러 해설도 좋다. 다만 사씨가 '발본색원하고 선왕의 법을 대략 본받는다.'라고 한 말은 이해할 수 없다.

或問, 十章之說.

曰, 程子至矣. 諸說亦善. 但謝氏拔本塞源, 略法先王之語, 爲不可曉爾.

문 공자께서 이렇게 말씀하셨지만 노나라 사구로 오래 정치에 참여하셨는데도 그 효과를 보지 못했던 것은 무엇 때문입니까?

답 호씨가 그것에 관해 말한 적이 있다. 【호씨가 말했다. "《춘추》에 따르면[5], 정공 10년에 협곡에서 제나라와 회맹했을 때 공자께서는 중도재로서 재상의 일을 대신 수행했고, 예禮로써 타협하여 제나라가 땅을 돌려주도록 했으며, 노나라의 국세가 매우 강해졌다. 12년 여름에 중유가 계씨의 가재가 되어 비費, 후郈, 성成 삼도를 허물고자 했고, 이때는 공자께서 계손씨를 위해 일하시면서 아무런 과실도 없던 때였으며, 소정묘는 주살되었고 남녀가 길에서 따로 걸었으며 상인은 시장에서 속이는 일이 없었다. 후郈와 비費를 허물고 나서 성成을 포위했지만 함락하지 못했다. 이때 환자는 공백료의 참소를 듣고 제나라가 보내는 여악을 받아들였다. 13년 봄, 교제를 지내고서도 대부에게 번조燔俎를 보내지 않자 공자께서는 노나라를 떠나셨다. 그다음 해에 동산[囿]을 조성하고 봄에 크게 수렵했는데, 공자께서 정치에 참여하셨다면 이

---

5 《춘추》에 따르면: 다음에 기술된 내용은《춘추좌씨전》 정공定公 15년과《사기史記》〈공자세가孔子世家〉에 자세히 나온다.

렇게 하지 않으셨을 것임을 확실하게 알 수 있다. 그런데 공자께서 대사구를 맡은 것이 3년밖에 안 되고 또 그 일에 전념하실 수 없어서 그 공이 이러했다. 노나라 전체가 따르도록 하고 또 3년 정도 오래 하셨다면 그 효과가 어떠했겠는가. 내가 보기에 호씨가 말한 기간은《사기》〈노주공세가〉, 〈공자세가〉와 다른데 생각난 대로 말한 것일 뿐이다.")

曰, 孔子之言如此, 然其爲魯司寇, 聞政亦久矣, 而未見其效, 何也.

曰, 胡氏嘗言之矣.【胡氏曰, 以春秋考之, 定公十年, 會齊于夾谷, 孔子以中都宰攝行相事, 以禮折齊, 齊人歸田, 魯之國勢已强矣. 至十二年夏, 墮三都, 是孔子行乎季孫三月不違之時也, 而少正卯已誅, 男女已別于途, 商賈已信於市矣. 郈費旣墮, 圍成弗克, 於是桓子聽公伯寮之譖, 受齊女樂之饋. 至十三年春, 郊不致膰俎于大夫, 而孔子去魯矣. 蓋其明年築囿大蒐, 若孔子爲政, 則不爲此可驗也. 然則孔子爲大司寇, 纔歷三時, 又不得專其政, 而其功烈已如此, 使魯擧國以聽, 而又及于朞月三年之久, 則其效宜如何哉. 愚按胡氏所說年數, 與周公孔子世家皆不合, 蓋以意言之爾.】

13-11. 子曰, "'善人爲邦百年, 亦可以勝殘去殺矣.' 誠哉是言也!"

문 11장에 관한 해설은 어떻습니까?

답 '승잔거살勝殘去殺'이라고 하는 것은 아랫사람의 잔학함을 이길 수 있고 윗사람의 살육을 제거할 수 있다는 말이다. '승잔'에 관한 해설은 정자, '거살'에 관한 해설은 사씨의 것이 좋으니 참고하여 취하면 될 것이다. 양씨는 '계승할 만한 것'이라고 말했는데 성인의 뜻을 제대로 파악하지 못했다. 선인이 계승할 만한 도를 지녔다 해도 그것을 계승할 적합한 사람이 없다면 어떻게 '승잔거살'의 공을 이룰 수 있겠는가. 정백자(정호 程顥)께서 진사에 급제하셨을 때 대책을 썼는데 이 몇 절을 논한 것이 매우 상세한데도 《논어정의》에서는 빠뜨렸다. 배우는 사람이 자세히 살펴본다면 성인의 뜻을 보게 될 것이다.

或問, 十一章之說.

曰, 勝殘去殺云者, 下之殘虐可勝, 而上之刑殺可去也. 勝殘之說, 程子得之, 去殺之說, 謝氏得之, 參而取焉可也. 楊氏以可繼爲言, 則於聖人之意有未盡者. 善人雖有可繼之道, 而無其人以繼之, 亦安能以成勝殘去殺之功乎. 程伯子擧進士時, 嘗有對策, 論此數節甚詳, 而精義失之. 學者盍詳考之, 則聖人之指見矣.

13-12. 子曰, "如有王者, 必世而後仁."

문 12장에 관한 해설은 어떻습니까?

답 인仁이라고 하는 것은 천리가 깊이 스며들도록 유행하여 모든 것에서 드러난 것이다. 하나의 세상을 들어 이야기하자면 모든 사람이 그렇고, 한 사람을 들어 이야기하자면 또 모든 일이 그러하다. 《시》와 《서》에서 사례를 찾아보면 성왕과 강왕 때 세상이 그에 해당한다고 할 수 있다. 범씨와 윤씨는 우, 탕을 적절한 사례로 들었는데 그러한 해설은 근거가 없고 쓸데없는 말이다. 범씨는 또 한 문제와 당 태종을 들고 있는데 잘못이 더 크다. 문제와 태종은 백성을 부유하게는 했지만 교화는 부족했으니, 어찌 백성을 교화하여 모두 인하게 할 수 있었겠는가. 두 황제의 통치 중에는 문제가 나았지만, 가의가 눈물을 흘리고 크게 탄식하면서 한

말을 보면 당시 풍속을 알 수 있다. 태종은 《시》〈관저關雎〉, 〈인지麟趾〉의
뜻이 거의 없었으니, 어떻게 성왕과 강왕의 만분의 일이라도 되기를 바
랄 수 있겠는가. 사씨와 양씨는 당시 상황을 두고 한 말이라고 생각했지
만 꼭 그렇지만도 않고 이치가 이러해야 함을 통틀어 논한 것일 뿐이다.

或問, 十二章之說.

曰, 所謂仁者, 以其天理流行, 融液洞徹, 而無一物之不體也. 舉一世而言, 固
無一人不然, 卽一人而言, 又無一事之不然也. 求之詩書, 惟成康之世爲足以當
之. 范尹幷以禹湯爲證, 則其說無徵而費於辭矣. 范氏又以漢文帝唐太宗爲言,
則尤失之. 文帝太宗能富其民則有之, 至於敎則猶未及也, 又安能使其化民而
一於仁乎. 二帝之治, 文帝爲優, 然以賈誼流涕太息之言觀之, 則當時之風俗可
見, 而況太宗略無關雎麟趾之意, 又豈足以庶幾成康之萬一耶. 謝楊以爲爲當
時而言, 亦未必然, 蓋通論其理當如是爾.

13-13. 子曰, "苟正其身矣, 於從政乎何有? 不能正其身, 如正人何?"

문 13장에 관한 해설은 6장과 어떻게 달라서 다시 나왔습니까?

답 조씨는 이 장이 오로지 신하에 관한 것이라 생각했는데 그럴 수도
있겠다.

或問, 十三章之說, 何以異乎六章而複出之也.

曰, 晁氏以爲此專爲爲臣而發, 理或然也.

13-14. 冉子退朝. 子曰, "何晏也?" 對曰, "有政." 子曰, "其事

也. 如有政, 雖不吾以, 吾其與聞之."

문 14장의 해설은 정자와 범씨의 것이 훌륭한데 사씨와 윤씨가 다른 것이 있는 것은 무엇 때문입니까?

답 공보문백의 모친이 계강자에게 이렇게 말했다. "외조外朝에서는 군주의 관직에 종사하고 내조內朝에서는 계씨의 집안일을 다스려야 할 것이다." 군주의 관직은 '정政'이고, 계씨의 집안일은 '사事'이다. 염자가 참여할 수 있었던 것은 계씨 내조의 일일 뿐이었다. '정'이라면 강자는 여러 대부를 모아 외조에서 의논해야 했을 것이고, 염유가 참여할 수 없는 것이다. 염유는 집안일을 국정이라고 생각했으므로 부자께서 조심시킨 것이다.

정자와 범씨의 해설은 바꿀 수 없다고 할 수 있다. 꼭 사씨의 해설과 같아야 한다면 '정'과 '사'라는 명칭은 뛰어난 염자라도 그 차이를 알 수 없을 것이니, 노나라 군주와 대부가 또 어떻게 그것이 '정'임을 알아서 공자께 물었겠는가. 양씨는 또 '사'가 '정'이라고만 말하고 그것이 어떤 일인지 구체적으로 가리켜 말하지 않았으며 말한 내용도 너무 간략하다. 부자의 말씀을 인용하여 증명한 것도 여씨 해설의 충실함보다 못하다.

或問, 十四章之說, 程子范氏得之矣, 而謝尹有不同焉者, 何也.
曰, 公父文伯之母, 謂季康子曰, 外朝子將業君之官職焉, 內朝子將厎季氏之家政焉. 夫君之官職, 則所謂政也. 季氏之家政, 則所謂事也. 冉子之所得聞者, 季氏內朝之事耳. 政則康子必將合諸大夫而謀之外朝, 非冉有之所得而與也. 冉有以家事爲國政, 故夫子抑之. 程范之說, 可謂無以易也. 必若謝氏之說, 則政事之名, 以冉子之賢而不能知其辨也. 魯君大夫又安知其爲政, 而以問之孔子乎. 若楊氏則又但言以事爲政, 而不指言其爲何事, 辭亦太簡略矣. 其引夫子之言爲證, 亦不如呂氏之說爲實也.

문 어떤 사람은 이것이 계씨가 가신과 사조私朝에서 국정을 의논하고 여러 대부가 참여하지 못하도록 하였으므로 공자께서 모른 척하고 은근하게 돌려 말하면서 바로잡으려 했다고 생각했는데, 어떻습니까?

답 이것은 문장의 뜻을 잘 파악한 것처럼 보이지만 너무 잘하려다가 도리어 그르치는 것 같기도 하니 일단 두고 보는 것이 좋겠다.

曰, 或者以爲此季氏與其家臣謀國政於私朝, 而不使諸大夫與焉, 故孔子爲不知者, 而微辭以正之, 如何.

曰, 此似於文義得矣, 然疑其頗若傷巧者, 姑存而考之可也.

> **13-15.** 定公問, "一言而可以興邦, 有諸?" 孔子對曰, "言不可以若是其幾也. 人之言曰, '爲君難, 爲臣不易.' 如知爲君之難也, 不幾乎一言而興邦乎?" 曰, "一言而喪邦, 有諸?" 孔子對曰, "言不可以若是其幾也. 人之言曰, '予無樂乎爲君, 唯其言而莫予違也.' 如其善而莫之違也, 不亦善乎? 如不善而莫之違也, 不幾乎一言而喪邦乎?"

문 15장에 관한 해설은 어떻습니까?

답 여러 해설이 모두 좋지만, 범씨의 '말을 들어주고 충성을 바친다.'라는 해설은 성인 말씀의 뜻에 완전히 들어맞지는 않는다. 오씨의 해설도 볼 만한 것이 있다. 【오씨가 말했다. "정공의 질문도 나라를 잘 다스리는 데 뜻이 있다고 할 수 있다. 그가 부자의 말씀을 받아들여 늘 조심하여 공경하고 삼가며 자신에게 아첨하는 사람을 두려워하고 삼자三子(계환자季桓子, 맹의자孟懿子, 숙손무숙叔孫武叔) 무리가 조금이라도 잘못을 뉘우치도록 했다면 아마도 노나라는 중흥할 수 있었을 것이다. 안타깝게도 여악의 일은 공이 바라던 것이었고 거기에 환자가 부추기기까지 했으니, 이것도 옳지 않은데 아무도 막지 않은 것이라고 할 수 있다. 그러므로 부자를 등용하고서도 끝내 효과를 보지 못했다. 아! 노나라가 쇠퇴한 것이 어찌 삼자 때문만이겠는가."】아니면 '언불가이약시기기야言不可以若是其幾也'와 '여기선이막지위如其善而莫之違' 이하를 상세하게 음미해 보면 성인 말씀이 평정하고 신중하고 치밀하며 조금도 치우침이 없음을 볼 수 있으니, 이것도 언어 너머에 함축된 뜻이다.

或問, 十五章之說.

曰, 諸說皆善. 但范氏聽言納忠之說, 爲未足以該聖言之意耳. 吳氏之說, 亦有可觀者焉.【吳氏曰, 定公之問, 亦可謂有意於治矣. 使其能用夫子之言, 兢兢業業, 以媚己之人爲可畏, 三子之徒庶其少悛, 而魯其或興也. 惜乎女樂之事, 公旣欲之, 而桓子又助成之, 是亦言不善而莫之違之類, 是以用夫子而不克終也. 嗟乎, 魯之衰也, 豈獨三子之過歟.】抑嘗詳味言不可以若是其幾也, 及如其善而莫之違以下, 曲折見聖人之言平正穩密, 無毫髮偏重處, 此又言外之意.

13-16. 葉公問政. 子曰, "近者說, 遠者來."

문 16장에 관한 해설은 어떻습니까?

답 사씨와 윤씨는 두 구절을 각각 독립된 것으로 보았는데, 다른 여러 해설은 모두 연계된 것으로 보았다. 각자 그 일단을 얻은 것이니 합해서 살펴보는 것이 좋다. 그러나 부자께서 엽공에게 알려주시게 된 본래 의도는 사씨와 윤씨의 해설에 보이는 것일 뿐이고, 다른 여러 해설은 그 나머지 뜻일 뿐이다. 범씨는 가까이 있는 사람을 기쁘게 하는 것은 본래 부모를 친근하게 여기는 데에서 시작한다고 했는데, 부자의 말씀에 이러한 뜻은 없다. 하지만 인용한 《시》는 적절하다. 양씨가 《서》를 인용한 것은 적절하지 않다. 윤씨의 '래지來之' 두 글자는 문장의 흐름에 맞지 않는 것 같다.

或問, 十六章之說.

曰, 謝尹兩句各爲一義, 諸說皆相因爲義, 皆各得其一端, 合而論之則善矣. 然夫子所以告葉公之本意, 則但如謝尹之說, 諸說蓋其餘意耳. 范氏所謂近悅本於親親者, 夫子之言, 未有此意, 然其所引之詩則當矣. 楊氏引書, 殊爲不切. 尹氏來之二字, 文勢若有未順云.

13-17. 子夏爲莒父宰, 問政. 子曰, "無欲速, 無見小利. 欲速, 則不達, 見小利, 則大事不成."

문 17장에 관한 해설은 어떻습니까?

답 여러 해설이 모두 좋지만, 양씨가 '견리見利'라고만 하고 '소小'를 빠뜨린 것은 성인의 뜻을 다 드러내지 못했다. 장경부의 말도 좋다. 【장경부가 말했다. "빠르게 하려고 하면 달성하는 데 급급해서 행한 것이 반드시 구차하게 되므로 도리어 달성하지 못한다. 작은 이익을 밝히면 눈앞의 것만 따르고 장구한 계책을 망각하므로 도리어 대사에 해가 된다. 빠르게 하려 하지 않고 작은 이익을 밝히지 않으면 마음을 평온하게 하고 기氣를 순조롭게 하며 의리를 바르게 하고 도를 밝혀서 계속 이어갈 수 있게 된다. 자하의 도량이 원대하지 않

앉으므로 부자께서 이렇게 알려주신 것이다."】

或問, 十七章之說.

曰, 諸說皆善, 但楊氏以見利爲言, 而遺其所謂小者, 爲未盡聖人之意耳. 張敬夫之言, 亦爲得之.【張敬夫曰, 欲速則急於成, 而所爲者必苟, 故反以不達. 見小利則徇目前而忘久遠之謀, 故反以害大事. 不欲速, 不見小利, 則平心易氣, 正義明道, 爲其可繼而已矣. 以子夏之規模近小, 故夫子以此告之.】

> **13-18.** 葉公語孔子曰, "吾黨有直躬者, 其父攘羊, 而子證之." 孔子曰, "吾黨之直者異於是, 父爲子隱, 子爲父隱. 直在其中矣."

문 부자父子가 서로 숨겨준다는 것에 관한 해설은 어떻습니까?

답 형씨는 "대공大功, 사촌 이상은 숨겨줄 수 있고, 부친과 조부를 고발하는 것은 십악十惡[6]에 든다."라는 법령을 인용하여 이러한 의미로 해설했는데, 그 추론이 훌륭하다.

或問, 父子相隱之說.

曰. 邢氏引律大功以上得相容隱, 告言父祖者入十惡, 以爲得此意, 善乎其推言之也.

문 여러 해설은 어떻습니까?

답 범씨의 일반화는 매우 좋다. 이 장의 뜻에 대해서 양씨의 해설은 '정情'에, 사씨, 후씨, 윤씨의 해설은 '리理'에 근본을 두었는데 모두 다른 점

---

6   십악: 모반謀反, 모대역謀大逆, 모반謀叛, 악역惡逆, 부도不道, 대불경大不敬, 불효不孝, 불목不睦, 불의不義, 내란內亂을 말한다.

이 있다. 내 관점에서 보자면, '정'은 구체화하여 쉽게 볼 수 있고 '리'는 일반적이어서 절실하게 와닿지 않는다. 그러나 쉽게 보이는 비근한 정만 따르고 지극히 바른 공리로 요약하지 않는다면 인정은 바르기도 하고 그렇지 않기도 해서 애초부터 준칙이 없게 된다. 그렇다면 어떻게 따르도록 하여 모두 정직하게 할 수 있겠는가. 정을 따르는 것을 모두 정직하다고 할 수 있다면 곽광 부부가 서로 숨겨준 것은 정직하다고 할 수 있고, 주공 형제와 석작 부자는 모두 정을 따르지 않았으므로 도리어 정직하지 않다고 할 수 있겠는가. 더구나 맹자가 '정'이라고 한 것은 다음 문장에 나오는 사단의 선함을 가리켜 말한 것이고 '약若'이라고 한 것은 그 결과가 반드시 순조롭게 되지는 않는다는 것이었으니, 독자는 자세히 살펴보기를 바란다.

曰, 諸說如何.

曰, 范氏推廣言之甚善, 至於本章之指, 則楊氏之說本乎情, 謝侯氏尹氏之說本乎理, 皆有所不同也. 今試以身處之, 則所謂情者, 可體而易見, 所謂理者, 近於汎而不切, 然徒徇夫易見之近情, 而不要之以至正之公理, 則人情之或邪或正, 初無準則, 若之何其必順也, 而皆可以爲直也邪. 苟順其情而皆可謂之直, 則霍光之夫婦相隱, 可以爲直, 而周公之兄弟, 石碏之父子, 皆咈其情, 而反陷於曲矣, 而可乎哉. 況孟子所謂情者, 乃指下文四端之善而言, 而所謂若者, 未必其果爲順也, 讀者詳之.

13-19. 樊遲問仁. 子曰, "居處恭, 執事敬, 與人忠. 雖之夷狄, 不可棄也."

문 19장에 관한 해설은 어떻습니까?

답 정자의 해설이 탁월하니 독자는 깊이 음미해야 한다. 윤씨와 범씨도 공평하고 올바르며 맛이 있다. 사씨가 '병기屛氣'라고 한 것은 너무 괴이하다. 다른 사람에게 진심을 다하는 것은 또 측은과 아무런 관계가 없고, "버려서는 안 되는 것이 아니라 버릴 수 없는 것이다."라는 말도 너무 지나치고 성인의 본래 뜻이 아니다. 양씨의 "자리 잡은 땅에 편안히 살고 인仁에 힘쓴다."라는 말도 배우는 사람이 할 일은 아니다.

或問, 十九章之說.

曰, 程子至矣. 讀者宜深味之. 范尹亦平正有味. 謝氏屛氣之云, 則已奇險矣. 與人忠, 又與惻隱初無干涉, 而所謂非不可棄, 不能棄也者, 則尤過高而非聖人之本意也. 楊氏安土敦乎仁之語, 亦非學者之事.

13-20. 子貢問曰, "何如斯可謂之士矣?" 子曰, "行己有恥, 使於四方, 不辱君命, 可謂士矣." 曰, "敢問其次." 曰, "宗族稱孝焉, 鄕黨稱弟焉." 曰, "敢問其次." 曰, "言必信, 行必果, 硜硜然小人哉! 抑亦可以爲次矣." 曰, "今之從政者何如?" 子曰, "噫! 斗筲之人, 何足算也?"

문 20장에 관한 해설은 어떻습니까?

답 정자의 '소인은 독실하다.'는 해설이 탁월하다. 그다음으로 여씨와 사씨가 좋고, 조씨도 취할 것이 있다. 【조씨가 말했다. "자신에게는 의로움을 높이고 밖으로는 궁색하지 않은 것이 가장 훌륭한 사士이다. 자신에게 의로움이 있을 수 있도록 하기만 할 뿐 밖으로 궁색하지 않을 수 없다면 그다음 가는 사이고, 마을에서 효제로 칭찬받고 다만 자기 행동에 부끄러움을 아는 정도이다."】

或問, 二十章之說.

曰, 程子小人篤實之說, 至矣. 其次呂謝得之, 而晁氏亦有取焉.【晁氏曰, 尊義於己, 不窮於外, 士之上也. 僅能有義於己, 而未能不窮於外者, 士之次也, 孝弟稱於鄕黨, 特行己有恥之事也.】

문 자기 행동에 부끄러움을 알고 사신으로 나가서 욕되지 않게 하는 것만으로 어떻게 최고의 사士가 될 수 있으며, 또 부자께서는 사 가운데 최상으로 보셨습니까?

답 이 두 가지는 일반적인 관점에서 보면 겨우 치욕을 면하는 것 같지만, 자신을 돌이켜 헤아려서 충실하게 되는 것은 정말로 쉽지 않다. 정자께서 '독실자득篤實自得'이라고 하신 것은 바로 이것을 말씀하신 것이다.

曰, 行己有恥, 爲使不辱, 亦何足以爲高, 而夫子以爲士之上邪.

曰, 是二者汎而觀之, 雖若僅免於羞辱, 然嘗反諸身而度之, 則能充其實者, 正不易得, 程子所謂篤實自得者, 正謂此也.

문 옹졸한 소인도 사士가 될 수 있다는 것은 무슨 말입니까?

답 소인이 지식과 도량이 얕아도 나쁜 것은 아니다. 지키는 것이 '신信'과 '과果' 같은 작은 것에 얽매이더라도 저 황당무계하고 구차하고 천박한 사람과 똑같이 볼 수 없다. 이것은 "중용의 도를 행하는 사람과 함께하지 못한다면 하는 짓이 너무 지나치거나[狂] 몸가짐이 소극적인 사람[狷]을 취한다."와 같은 뜻이므로, 다음 장에서 이야기했다.

曰, 硜硜小人, 而亦可爲士, 何也.

曰, 彼其識量雖淺, 而非惡也. 至其所守, 則雖規規於信果之小節, 然與夫誕謾
苟賤之人, 則不可同年而語矣. 此與不得中行而取狂狷同意, 故下章言之.

13-21. 子曰, "不得中行而與之, 必也狂狷乎! 狂者進取, 狷者 有所不爲也."

문 광견狂狷에 관한 해설은 어떻습니까?

답 양씨와 후씨는 '견'을 미치지 못한다고 생각했는데 그렇지 않다. 광
자는 지식이 지나치고 견자는 행동이 지나치니 사씨의 해설이 적절하
다. 그러나 광과 견이라도 취할 만하다. 항상성이 없으면 알 수가 없으
므로 다음 장에서 다루었다.

或問, 狂狷之說.

曰, 楊氏侯氏以狷爲不及, 非也. 狂者過於識, 狷者過於行, 謝氏之說得之矣.
然狂狷猶可取也. 至於無常, 則不可知矣, 故下章次之

13-22. 子曰, "南人有言曰, '人而無恆, 不可以作巫醫.' 善夫!" "不恆其德, 或承之羞." 子曰, "不占而已矣."

문 '점치지 않을 뿐이다.'의 의미에 대한 해설을 빼놓은 까닭은 무엇입
니까?

답 통하지 않기 때문이다. 여러 가지 해설이 있다. 《역》은 점치지 않는

다는 것이 첫째이다. 점칠 필요도 없이 반드시 흉하게 될 것을 알 수 있다는 것이 둘째이다. 일정한 규칙이 없는 사람은 헤아릴 수 없다는 것이 셋째이다. 무의巫醫가 성실하지 않으면 그를 쓰는 사람에게 반드시 흉화가 있다는 것이 넷째이다. 그 점을 반복해서 체험하여 깨닫지 않는다는 것이 다섯째이다. 상황에 따라 변하는 사람은 점으로 판단한 것도 근거가 없다는 것이 여섯째이다. 이러한 것은 모두 통하지 않는 곳이 있지만, 그 점을 반복해서 체험하여 깨닫지 않는다는 해설이 가장 가까운 것 같다. 하지만 그것도 꼭 그러할 것이라고 믿을 수 없으므로 일단 빼놓고 잘 아는 사람을 기다릴 뿐이다. '점치지 않는다.'라는 것을 따로 한 장으로 보아야 한다고 한 사람이 있는데, 역시 근거가 없고, 무엇을 가리켜 한 말인지 모르겠다.

或問, 不占而已矣之義, 何以闕之.

曰, 不通也. 諸家之說, 曰易所不占者, 一也. 曰不待占而必凶可知者, 二也. 曰無常不可測度者, 三也. 曰巫醫不誠, 則用之者必有凶禍, 四也. 曰不玩其占者, 五也. 曰無常之人, 占決亦無所據, 六也. 是皆有所不通, 而不玩其占之說, 爲庶幾焉. 然亦未敢信其必然, 故姑闕之以俟知者耳. 或曰不占自爲一章, 亦無來歷, 不知其何所指也.

13-23. 子曰, "君子和而不同, 小人同而不和."

문 23장에 관한 해설은 어떻습니까?

답 윤씨 해설의 대체적인 뜻은 좋지만, 표현에 미진한 것이 있다. 사씨의 '출처어묵出處語嘿'에 관한 해설은 이 장의 본뜻이 아닌 것 같다. 여씨,

양씨, 후씨의 해설은 모두 안자의 말을 그대로 받아쓴 것이다. 그러나 안자의 말은 구체적인 일을 두고 한 말이고, 이 장의 뜻은 군자와 소인의 실제 상태를 바로 가리켜 한 말이므로 인용해서는 안 될 것 같다. 여기서 논한 군자의 '화和'는 함께 공경하고 화합하며 공손함을 말하는 것이고, 뜻이 맞지 않아 다투고 시기하여 꺼리고 능멸한다는 뜻은 없다. '부동不同'은 올바름을 지키고 이치를 따른다는 뜻이고, 아첨하고 같은 무리끼리 가깝게 지낸다는 뜻은 없다. 소인은 이와 반대이다. 이 두 가지는 겉으로는 비슷해 보여도 속은 사실 반대이다.

군자와 소인의 실제 상태가 겉으로 그리 드러나지 않는 것은 예나 지금이나 마찬가지이므로 성인이 아니면 파헤쳐 드러낼 수 없다. 게다가 송나라 여러 사람을 들어 논하자면 한기, 부필, 범중엄이 황제 앞에서 주장이 달라서 얼굴빛이 변한 적은 있어도 화합의 분위기를 잃은 적은 없다. 왕안석, 여혜경, 장돈, 증포, 채경 부자 형제는 함께 악행을 저지르고 도왔지만, 그 틈새에 이르지 않은 것이 없었다.

이것도 성인의 말씀을 바꿀 수 없음을 충분히 증명한다. 이 말과 같다면 군자의 마음에는 동이同異, 가부可否에 대한 사심이 없고 오직 올바른 데로 돌아가려고 하는 것만 있다. 그런데 안자의 말대로라면 먼저 다름이 있어야 하고, 그런 다음에 '화이부동'이 될 수 있으니, 어찌 굽은 것을 바로잡으려다가 너무 지나쳐 오히려 더 나쁘게 된 주장이 아니겠는가. 하지만 제나라 경공과 양구거를 위해 한 말이니 나름대로 문제에 적합한 것이기도 하다.

或問. 二十三章之說.

曰. 尹氏大意得之. 而辭有未盡. 謝氏出處語嘿之說. 似非此文之本旨也. 呂楊

侯氏說, 皆祖晏子之意. 然晏子之言, 乃就事而言, 而此章之意, 則直指君子小
人之情狀而言, 似不可引以爲證也. 蓋此所論君子之和者, 乃以其同寅協恭, 而
無乖爭忌克之意, 其不同者, 乃以其守正循理, 而無阿諛黨比之風. 若小人則反
是焉. 此二者, 外雖相似, 而內實相反, 乃君子小人情狀之隱微, 自古至今如出
一軌, 非聖人不能究極而發明之也. 且以本朝諸公論之, 韓富范公上前議論不
同, 或至失色, 而未嘗失和氣, 王呂章曾蔡氏父子兄弟, 同惡相濟, 而其隙也無
所不至焉. 此亦足以驗聖言之不可易矣. 如此說, 則君子之心, 無同異可否之私,
而惟欲必歸於是, 若晏子之說, 則是必於立異, 然後可以爲和而不同也. 豈非矯
枉過直之論哉. 然其爲齊景公梁丘據發之, 則亦切中其病耳.

13-24. 子貢問曰, "鄕人皆好之, 何如?" 子曰, "未可也." "鄕人
皆惡之, 何如?" 子曰, "未可也, 不如鄕人之善者好之, 其不善
者惡之."

문 24장에 관한 해설은 어떻습니까?

답 범씨와 사씨의 해설이 좋다. 모두 사람을 알아보거나 인재를 고른다
는 관점에서 말했지만, 배우는 사람의 수신修身 효과가 될 수도 있다. 다
만 범씨가 '좋아하고 싫어함의 까닭을 잘 살펴보라.'라고 한 것은 문장
의 흐름이 어긋난다. 좋아하고 싫어하는 것을 잘 살펴보라고 했다면 좋
았을 것이다. 사씨가 맹자를 인용해서 밝힌 것은 다른 종류이다. 맹자의
뜻은 사람의 선악으로 호오의 다과를 결정한 것이지만, 부자께서는 사
람의 선악으로 호오의 공사를 결정했다. 하나는 치우침의 잘못을 구제
했고, 하나는 의리의 참됨을 조사한 것이니, 각자 타당한 곳이 있다. 윤
씨의 '선악을 알 수 있다.'라는 해설에서 '악惡'은 연자衍字인 것 같다. 이

러한 방식으로 사람의 선함을 논하는 것은 악을 함께 말하기에 적당하지 않다.

或問, 二十四章之說.

曰, 范謝得之, 雖皆以知人取人爲言, 然是亦可以爲學者修身之驗矣. 但范氏所謂審其所以好惡者, 文勢反戾. 若曰審其好惡云者, 則於義爲得矣. 謝氏引孟子以爲證, 則不類. 蓋孟子之意, 以人之善惡, 決於好惡之多寡, 而夫子以人之善惡, 決於好惡之公私, 一則救偏聽之失, 一則核義理之眞, 言亦各有當也. 尹氏善惡可知之說, 疑衍惡字. 蓋此方論人之善, 不應以惡而倂言之也.

13-25. 子曰, "君子易事而難說也. 說之不以道, 不說也, 及其使人也, 器之. 小人難事而易說也. 說之雖不以道, 說也, 及其使人也, 求備焉."

문 25장에 관한 해설은 어떻습니까?

답 여러 해설이 각각 밝혀낸 것이 있지만 모두 미진하고, 근거가 잘 맞지 않고 의미가 적절하지 않은 것도 있다. 홍씨와 장씨의 해설도 이와 같다. 【홍씨가 말했다. "군자는 이치를 따르고 소인은 감정을 따르며, 군자는 자기가 충분한 것으로 남을 책망하지 않고 소인은 자기의 부족함을 사책하지 않는다." 장경부가 말했다. "일하기 쉽다는 것은 공평하고 관대한 마음이고, 기쁘게 하기 어렵다는 것은 바르고 옳아서 사사로움이 없는 감정이다. 기뻐하는 것은 의리일 뿐이고 남이 자기를 기쁘게 하는 것을 기뻐하지 않으므로 합당한 도로 기쁘게 하지 않으면 기뻐하지 않는다. 남과 잘 지내고 인재를 고를 때 다 갖추기를 요구하지 않으므로 남을 부릴 때 그릇에 맞도록 한다. 소인은 자기 개인의 사적인 것을 따르기만 하므로 자기에게 맞으면 기뻐하고 합당한 도인지 살피지 않으며 자기를 이기면 싫어하고 모두 갖추기를 요구한다. 이것이 공과 사의 구분이다."】

或問, 二十五章之說.

曰, 諸說各有發明, 而皆未盡, 亦有援據疎濶而不切於文意者. 洪氏張氏說亦類此.【洪氏曰, 君子任理, 小人任情, 君子不以己之有餘而責人, 小人不以己之不足而自責. 張敬夫曰, 易事者, 平恕之心也. 難悅者, 正大之情也. 其所悅者義理而已, 而非悅人之悅己也, 故悅之不以其道, 則不悅. 與人爲善, 而取人不求備, 故使人則器之. 若小人則徇於一己之私而已, 故順己則喜, 而不察其非道也, 勝己則忌, 而惟欲責其全也, 此公私之分也.】

13-26. 子曰, "君子泰而不驕, 小人驕而不泰."

문 26장에 관한 해설은 어떻습니까?

답 여러 해설에 대한 평가는 앞 장과 같다. 양씨의 해설이 좋지만, 문장을 너무 잘 쓰려다가 도리어 그르쳤다. 그냥 '마음이 넓어져 몸이 편안함[心廣體胖]'으로 '태泰'의 모습을 밝히고 '헛된 교만으로 기운이 왕성함[虛驕盛氣]'으로 '교驕'의 모습을 풀었다면 독자가 대조해서 스스로 얻을 수 있었을 것이다.

或問, 二十六章之說.

曰, 諸說得失, 同於上章. 惟楊氏爲得之, 但其立言傷巧, 不若直以心廣體胖明泰之狀, 虛驕盛氣釋驕之形, 則讀者對互以求, 其有以自得之矣.

13-27. 子曰, "剛毅木訥近仁."

문 '인仁에 가깝다.'에 관한 해설은 어떻습니까?

답 정자, 양씨, 증씨의 해설이 좋다. 【증씨가 말했다. "강직하면 욕심이 없을 수 있고, 굳세면 힘써 실천할 수 있으며, 질박하면 낯빛을 꾸미지 않고, 말이 어눌하면 교묘하게 말을 꾸미지 않는다. 타고난 바탕이 이러하므로 인에 가깝다."】 사씨의 해설은 충분히 재치 있기는 하지만, 네 가지는 본래 바탕을 말한 것이고 인은 지각으로 가르칠 수 없으니 잘못되었다.

或問, 近仁之說.
曰. 程子楊氏曾氏得之.【曾氏曰. 剛則必能無欲. 毅者必能力行. 木者無令色. 訥者無巧言. 天資如此. 故於仁近之.】謝氏之說. 機警有餘. 然四者本以質言, 而仁非知覺可訓. 則亦誤矣.

13-28. 子路問曰, "何如斯可謂之士矣?" 子曰, "切切偲偲, 怡怡如也, 可謂士矣. 朋友切切偲偲, 兄弟怡怡."

문 '절절시시切切偲偲'의 뜻을 자세하게 알려주십시오.

답 '절절'은 간절하고 지성스럽게 가르쳐주면서도 잘못을 드러내지 않는 것이다. '시시'는 매우 자세하게 타일러 힘쓰게 하면서도 억지로 따르도록 하지 않는 것이다. 두 가지는 모두 충성과 사랑의 정성스러움은 있지만 강요하고 들추어내는 해로움은 없다. 자로는 강직했으므로 부자께서 이것으로 알려주셨다.

범씨와 윤씨는 다만 '절절'을 옳은 일을 하도록 권하는 것, '시시'를 덕에 나아가도록 한 것이라 보았고, 자로는 중화가 부족했다고 생각한 것도 상당히 좋다. 하지만 옳은 일을 하도록 권하고 덕에 나아가도록 한 까닭은 제대로 다 밝히지 못했다. 사씨는 벗이 간절하게 충고하고 격려하도록 하며 형제가 화목하도록 할 수 있는 것이 수신修身의 효과라고 생각했다. 그 뜻은 좋지만, 부자께서 자로에게 알려주신 것은 자로가 애초에 벗과 형제를 언급하지 않았지만 이 세 가지를 가르치셨을 것이다. 사씨는 다음 문장(朋友切切偲偲 兄弟怡怡)을 해석한 말을 올바른 뜻이라 보았는데, 자세히 살피지 않은 것 같다. 양씨의 말뜻은 분명하지 않지만, 자세히 생각해 보면 그 뜻도 '절시'를 옳은 일을 하도록 권하는 것으로 보고, 벗과의 관계가 가까워진 후에 옳은 일을 하도록 권할 수 있다고 생각한 것 같다. 자로는 자신의 의기를 믿고 강직했으니, 벗과 가깝지 않았을 수도 있었으므로 공자께서 이렇게 알려주셔서 벗과 가까워진 후에 옳은 일을 하도록 권할 수 있게 하고자 하셨다. 이것도 꼭 그렇다고 볼 수 없고, 정말로 그랬다면 부자께서는 왜 자로에게 벗과 가까워지도록 하라고 바로 알려주시지 않고 가까워진 이후의 일을 미리 알려주셨을까? 게다가 벗과의 관계가 먼저 가까워지고 난 다음에 옳은 일을 하도록 권하는 것이라면, 처음 만날 때 바르지 않은 것이 있어야 한다. 이 해설의 잘못은 그 폐해가 문장의 뜻 사이에만 그치지 않을 것 같다.

或問, 切切偲偲之義, 其詳奈何.

曰, 切切者, 教告懇惻, 而不揚其過. 偲偲者, 勸勉詳盡, 而不强其從. 二者皆有忠愛之誠, 而無勁訐之害. 子路剛直, 故夫子以此告之也. 范尹氏直以切切爲責善, 偲偲爲進德, 而謂子路不足於中和, 則其大概亦頗得之. 但於其所以責善而進德之曲折, 則其言之有未備耳. 謝氏以爲能使其朋友切切偲偲, 兄弟怡怡, 爲

修身之效. 其意雖善, 然夫子所以告子路, 其始未及乎朋友兄弟也, 亦教子路當
以如是三者而已. 謝氏乃以其下文解釋之詞爲正意, 恐其考之或未詳也. 楊氏
語意不明, 然細尋之, 疑其意蓋亦以切偲爲責善, 而謂朋友之交旣親, 然後得以
施其責善之義爾. 子路行行, 則於朋友之交, 有所不親, 故孔子告之如此, 欲其
致親親於朋友, 然後得以施其責善之義也. 此亦未有見其必然, 使其果出於此,
則夫子曷爲不直告子路以致親於朋友, 而預告之以致親以後之事耶. 且朋友之
交, 而以致親爲先, 責善爲後, 則其始合必有不以正者, 此說之流, 恐其弊不止
於文義之間也.

13-29. 子曰, "善人教民七年, 亦可以卽戎矣."

문 '교민教民'에 관한 해설은 어떻습니까?

답 오씨의 말이 상세하다. 【오씨가 말했다. 《백호통》에서 이렇게 말했다.
"백성을 가르치는 자는 모두 마을의 원로이고, 도덕을 지닌 자가 우사가 되어 마
을 자제에게 도예, 효제, 행의를 가르친다. 아침에는 마을 입구 문에 앉아 있고,
제자는 모두 농사지으러 나가며, 일이 끝났을 때도 마찬가지이다. 추수가 끝나
면 모두 들어와 가르치고 배우며, 입춘이 되면 일하러 가므로 백성을 가르치지
않음이 없었고, 싸움을 가르친다고 하지는 않았다." 그렇지만 봄, 여름, 가을 세
계절에는 농사에 힘쓰고, 겨울에는 무예를 닦았으니 금속제 악기와 북[7], 물상을
그린 깃발의 사용과 앉고 일어서고 나아가고 물러나는 절도도 가르쳤다."】

或問, 教民之說.

---

7 금속제 악기와 북: 네 가지 금속 악기[四金]와 여섯 가지 북[六鼓]을 말하는데, 금속
악기는 순鐲, 탁鐲, 요鐃, 탁鐸을 가리키고, 육고六鼓는 뇌고雷鼓, 영고靈鼓, 노고路
鼓, 분고鼖鼓, 고고鼛鼓, 진고晉鼓를 가리킨다.

曰, 吳氏言之詳矣.【吳氏曰, 白虎通曰, 教民者皆里中之老, 而有道德者爲右師, 教里中之子以道藝孝弟行義. 朝則坐於閭門, 弟子皆出就農, 復罷亦如之. 若旣成歲, 皆入教學, 立春而就事, 故無不教之民, 非謂教之戰也. 然則三時務農, 一時講武, 則金鼓旗物之用, 坐作進退之節, 亦有所教矣.】

14. 헌문憲問

14-01. 憲問恥. 子曰, "邦有道, 穀, 邦無道, 穀, 恥也."

문 1장에 관한 해설은 어떻습니까?

답 원헌은 가난하면서도 편안하게 지내고 도를 지켰으니 그 뜻이 탁월했고, 하지 않는 바가 있을 수 있었다. 그가 이 질문을 한 것은 본래 나라에 도가 없을 때 도를 버리고 봉록을 받는 것이 수치임을 알았지만, 부자께 질문함으로써 그 뜻을 말하려 한 것일 뿐이다. 부자께서는 그러함을 잘 아셨지만 또 그의 배움이 행하기에는 부족함도 아셨다. 그래서 도가 있을 때 도를 버리는 수치는 없겠지만 하는 일 없이 녹만 받아먹는 부끄러운 일을 면하지 못할까 걱정하셨다. 그러므로 이렇게 같이 알려주셔서 이미 아는 것을 미루어 나가서 미처 알지 못한 것에 이르게 하여 학업을 넓히고 실천을 더 확충할 수 있기를 바라셨다. 나는 스승께 이렇게 들었는데, 호씨도 같은 말을 해서 이것만 말했다.

어떤 사람은 부자의 뜻이 도가 없을 때 봉록을 받는 것이 수치스러우므로 원헌이 가난하면서도 편안할 수 있는 것으로 알려주는 데 있었을 뿐이라고 생각했다. 그렇다면 이것은 이미 할 수 있는 것으로 그에게 번거롭게 말한 것에 불과하니 어찌 나날이 새롭게 되는 방법이겠는가.

或問, 首章之說.

曰, 原憲安貧守道, 其志卓然, 能有不爲者也. 其爲此問, 固知邦無道而枉道得祿之爲恥矣, 特欲質諸夫子以言其志耳. 夫子深知其然, 而亦知其學之未足以有爲也, 則恐其或當有道之時, 雖無枉道之羞, 而未免於素餐之愧, 故以是而幷告之, 使因其所已知而推之, 以及其所未及知者, 庶乎其有以廣其業而益充其所爲耳. 吾聞諸師者如此, 而胡氏亦云, 故獨以是言之. 或乃以爲夫子之意, 止於無道得祿之可恥, 以憲能安貧而告之. 然則是徒以其已能者而瀆告焉, 豈所以進於日新耶.

14-02. "克伐怨欲不行焉, 可以爲仁矣?" 子曰, "可以爲難矣, 仁則吾不知也."

문 질문에 관한 해설은 어떻습니까? 정자께서는 성인께서 열어 보여주신 것이 깊어서 원헌이 다시 질문하지 못했다고 생각하셨습니다. 원헌이 다시 질문했다면 부자께서 어떻게 알려주셨을까요?

답 성인께서 밝히지 않으셨으니 누가 추측할 수 있겠느냐? 하지만 정자의 뜻을 따라 말해보자면, 네 가지를 행하지 않는 것도 말단을 억제하고 밖으로 행하지 않는 것일 뿐이고, 근본은 마음에 고착되어 제거하지 못한 것이다. 나무에 비유하자면, 뿌리를 제거하지 않으면 싹과 움이 그치지 않고 튼다. 억제하고 행하지 않는다면 날이 갈수록 힘이 달릴 것이다. 혹 종신토록 억제하여 밖으로 드러나지 않게 할 수 있다고 해도 가슴에 맺히고 못마땅히 여기는 뜻이 매일 가슴속으로 다투어 들어올 것이니, 인仁이라고 하는 것도 다 없어지고 덮이고 손상되어서 스스로 존재할 수 없게 될 것이다. 싹과 움을 잘라내고 뿌리를 막아서 조금이라도 마음속에 남지 않도록 해야 인에 가까울 것이다. 아! 정자의 지극한 배움이 아니라면 어떻게 여기에 미칠 수 있겠는가. 하지만 배우는 사람이 깊이 성찰하고 힘써 행할 수 없다면 또한 헛되이 호언장담이 될 뿐이다. 그러므로 밝혀주기는 했지만 다 말할 수 없는 것도 있으니, 그 뜻이 깊다.

양씨와 윤씨 해설은 종지를 잃었다. 범씨는 '인이 네 가지에 그치는 것이 아니다.'라고 했는데, 그가 말한 인이 무엇을 가리키는지 모르겠다. 여씨는 네 가지를 행하지 않으면 '불인不仁을 제거할 수는 있지만 인이 될 수는 없다.'라고 한 것도 잘못이다. 도는 인과 불인 두 가지뿐이다. 두 가지 사이는 머리카락 한 올도 들어갈 수 없다. 정말로 불인을 제거할 수 있다면, 그것이 인이 아니고 무엇이겠는가. 네 가지를 행하지 않으면서도 마음속에 그 생각을 쌓아둔다면 불인을 제거했다고 할 수 없다. 사씨가 '네 가지를 행하지 않는 것이 인에서 나오지 않을 수 없다.'라고 한 것은 정자의 말에 근거해서 살펴보면 그 잘못을 알 수 있다. '인의 본체를 드러낼 수 없다.'라고 한 것도 드러난 것을 아는 것만 가지고 말한 것일 뿐이고, 보존하고 실천하는 실질을 살피지 않았다.

或問, 問之說, 程子以爲聖人開示之深, 而原憲不能再問, 敢問使憲也而再問, 夫子告之宜奈何.
曰, 聖人未發之, 夫孰能測之. 然以程子之意而言, 則四者之不行, 亦制其末而

不行於外耳. 若其本則固著之於心而不能去也. 譬之木焉, 不去其根, 則萌蘗之
生, 自不能已. 制而不行, 日力亦不給矣. 且雖或能制之終身, 不見於外, 而其鬱
屈不平之意, 乃日鬪進於胸中, 則夫所謂仁者, 亦且殲殘蔽害而不能以自存矣.
必也絶其萌芽, 蹙其根本, 不使少有毫髮留於心念之間, 則於仁也, 其庶幾乎.
嗚呼. 非程子之學之至, 何足以及此. 然以爲學者苟不能深省而力行之, 則亦徒
爲無當之大言而已, 故雖發之, 而亦有所不敢盡其言者, 其旨深矣. 楊尹發明
不失其旨. 至於范氏以爲仁之爲道, 不止於四者, 則其所謂仁者, 不知其何所指
也. 呂氏以爲四者不行, 足以去不仁, 而未可爲仁, 亦非也. 夫道二, 仁與不仁
而已矣. 出此入彼, 其間無地可容髮也. 誠能去不仁矣, 則非仁而何哉. 顧四者
之不行, 方且蓄其念於隱伏之中, 而未足以去乎不仁耳. 謝氏所謂四者不行, 未
必不出於仁者, 以程子之言考之, 可見其失. 至謂未足以見仁之本體, 則又專以
知見爲言, 而不察乎操存踐履之實矣.

14-03. 子曰, "士而懷居, 不足以爲士矣."

문 장자의 '회거懷居'에 관한 해설은 어떻습니까?

답 행함이 있으면서 옮겨가기를 무겁게 여기는 것은 얽매여서 떠나지
않는 것이고, 행함이 없으면서 옮겨가기를 가볍게 여기는 것은 얽매임
이 없고 다른 것을 바라는 것이다. 얽매이는 것은 본래 편안하게 지내기
를 생각하는 것이고, 다른 것을 바라는 것도 편안하게 지내기를 생각하
는 것이다. 하지만 부자께서 하신 말씀은 또한 행함이 있으면서 옮겨가
기를 무겁게 여기는 것을 말씀하신 것일 뿐이다. 장자께서는 아마도 미
루어서 말씀하신 것 같다.

或問張子懷居之說.

曰, 有爲而重遷者, 有所繫而不去乎此也, 無爲而輕遷者, 無所繫而有慕乎彼

也. 有繫乎此者, 固懷居也. 有慕乎彼者, 亦懷居也. 然夫子之言, 則亦謂夫有
爲而重遷者爾. 張子蓋推言之也.

문 여러 해설은 어떻습니까?

답 범씨 말이 상세하고, 사士를 미루어서 천자까지 말한 것도 넓다. 다
만 천하라는 넓은 거처에서 지내는 것을 천하를 소유하는 일로 본 것은
맹자의 본뜻[1]이 아니다. 사씨와 양씨의 논의도 괜찮다. 소씨는 관중의
말을 인용해서 "하늘의 높고 엄숙함을 질병처럼 두려워하는 것은 사람
가운데 높은 무리이고, 편안히 감싸주는 것을 물 흐르는 것처럼 따르는
것은 사람 가운데 낮은 무리이다."라고 했다. 특별히 배우는 사람이 깊
이 염두에 두어야 할 것이다.

曰. 諸說如何.

曰. 范氏言之詳矣, 其推士而言以及天子者, 亦廣矣. 但以居廣居爲有天下之事,
則非孟子之本意也. 謝楊之論, 亦爲得之. 蘇氏引管仲之言曰, 畏威如疾, 民之
上也, 從懷如流, 民之下也. 尤學者所宜深念也.

14-04. 子曰, "邦有道, 危言危行, 邦無道, 危行言孫."

문 4장에 관한 해설은 어떻습니까?

답 여러 설이 모두 좋고, 윤씨와 범씨가 추론한 것은 다른 나라를 살피

---

1 맹자의 본뜻: "천하의 넓은 집인 인仁에 거하며, 천하의 바른 자리인 예禮에 서며,
   천하의 큰 도리인 의義를 행하다.[居天下之廣居, 立天下之正位, 行天下之大道.]"《맹
   자》〈등문공 하〉)

는 데 유익하다. 홍씨와 오씨의 해설도 괜찮다.【홍씨가 말했다. "'위危'는 굳세고 과격한 것이 아니라 있는 그대로 말하는 것일 뿐이다. '손孫'은 아첨하는 것이 아니라 해를 멀리하는 것일 뿐이다." 오씨가 말했다. "말이 공손하다는 것도 올바름을 잃은 것이 아니라 다만 조금 자세하게 하는 것이니, 예를 들면 부자께서 양화에게 대답하신 것과 같을 뿐이다."】

或問四章之說.

曰, 諸說皆善, 而尹范所推, 爲有益於人之國也. 洪氏吳氏亦爲得之.【洪氏曰, 危非矯激也, 直道而已. 孫非阿諛也, 遠害而已. 吳氏曰, 言孫者, 亦非失其正也, 特少致其委曲, 如夫子之對陽貨云爾.】

14-05. 子曰, "有德者必有言, 有言者不必有德. 仁者必有勇, 勇者不必有仁."

문 5장에 관한 해설은 어떻습니까?

답 여러 해설이 모두 좋지만, 인한 사람은 반드시 용기가 있다는 것에 관해서 사리에 꼭 들어맞는 해설이 없다. 후씨와 윤씨의 해설이 그나마 괜찮다.

或問五章之說.

曰, 諸說皆善, 但仁必有勇, 未有切當之說, 惟侯尹庶幾得之.

14-06. 南宮适問於孔子曰, "羿善射, 奡盪舟, 俱不得其死然. 禹稷躬稼而有天下." 夫子不答. 南宮适出, 子曰, "君子哉若人! 尙德哉若人!"

문 6장에 관한 해설은 어떻습니까?

답 이 장에 관한 해설은 본래 설명하기 어려운 것 같지만, 문장의 뜻을 따라 추론해 보자면, 임시로 이렇게 해설한 것도 부자께서 천명을 거의 말씀하시지 않은 뜻과 같을 뿐이다. 그렇지 않으면 그냥 정자, 범씨, 윤씨의 해설을 따르는 것도 좋다. 사씨는 너무 지나쳐 사실적이지 않고, 양씨는 지엽만 말했을 뿐인데, 성인의 뜻이 꼭 그렇지는 않을 것이다.

或問六章之說.

曰. 此章之說, 本若難明, 今以文意推尋, 姑爲此說, 亦夫子罕言命之意爾. 或祇從程子范尹之說亦善. 謝氏過高不實. 楊則專以枝葉而言. 聖人之意, 亦必不然也.

14-07. 子曰, "君子而不仁者有矣夫, 未有小人而仁者也."

문 7장에 관한 해설은 어떻습니까?

답 인仁과 불인不仁은 마음을 기준으로 이야기해야 하는데, 범씨는 모두 군자의 행동으로 말했으니 성인의 뜻을 다 드러내지는 못했다. 여씨의 "도덕적인 마음이 조금 느슨해진다."라는 말은 좋지만, 천하에 공평하다는 것이나 자기 한 개인만을 위한다는 것은 또 타당하지 않다. 인한 사람은 본래 천하에 공평하고, 인하지 않은 사람은 본래 자기 한 개인만을 위한다. 하지만 인, 불인이라는 개념은 여기에서 얻는 것이 아니다. 사씨의 해설은 좋다. 하지만 "마음이 거기에 있지 않은 것이 불인이다."라고 한 것은 '심心'이라는 문자만으로 인을 풀이한 것인데 만족스럽지 않다. "마음이 거기에 있지 않으면 불인이다."라고 한다면 가깝다. "군자에 해가 되지 않는다."라는 말도 배우는 사람에게 자신을 용서하는 폐단을 열어줄 수 있으므로, 특별히 잘 살펴야 한다.

或問七章之說.

曰, 仁與不仁, 正當以心爲說, 而范氏皆以君子之行爲言, 則於聖人之意有不盡矣. 呂氏所謂德心稍懈者得之, 特所謂公天下私一己者, 亦未當也. 仁者固公天下, 不仁者固私一己, 然仁不仁之名, 則不於此而得也. 謝氏之說善矣, 然其曰, 心不在焉, 不仁也, 則直以心字訓夫仁者, 恐亦未安. 若曰, 心不在焉, 則不仁矣, 其庶幾乎. 其曰, 未害爲君子者, 則亦有以啓學者自恕之弊, 尤不可以不察.

14-08. 子曰, "愛之, 能勿勞乎? 忠焉, 能勿誨乎?"

문 8장에 관한 해설은 어떻습니까?

답 소씨, 양씨, 윤씨의 해설이 모두 좋다. 하지만 성인의 뜻은 아껴주기만 하고 위로하지 않는 것은 아껴주는 것이 될 수 없고 정성을 다하기만 하고 가르치지 않는 것은 정성을 다하는 것이 아님을 밝히는 데 있으니, 세 해설은 모두 충분하지 않다. 범씨와 사씨의 해석은 '노勞'라는 글자가 타당하지 않다.

或問八章之說.

曰, 蘇楊尹氏之說皆善. 然聖人之意, 正所以明夫愛而不勞者之不足爲愛, 忠而不誨者之不足爲忠, 則三說者皆未及也. 如范謝之釋, 則勞字無所當矣.

14-09. 子曰, "爲命, 裨諶草創之, 世叔討論之, 行人子羽脩飾之, 東里子産潤色之."

문 9장에 관한 해설은 어떻습니까?

답 여러 해설이 모두 좋지만 《춘추좌씨전》과 비교해 보면 다른 것이 있는데, 어떤 것이 옳은지 모르겠다. 《춘추좌씨전》에서는 다음과 같이 말했다. "자산이 정치를 할 때 능력이 있는 자를 선택해서 일을 시켰다." 그러니 여러 뛰어난 사람이 각자 자기 능력을 다 발휘하도록 할 수 있었던 것은 자산의 공이다. 홍씨의 해설도 좋다. 【홍씨가 말했다. "정나라는 작은 나라이지만 임금의 명령을 신중하게 여길 수 있었고 뛰어난 사람을 신임한 것이 이와 같았다. 천하를 다스리는 사람도 임금의 명령을 신중하게 여겨야 하는데 오히려 경솔하게 여기고, 토론하고 윤색하는 사람이 더 많아야 하는데도 관리 한 사람에게 맡기니 어떻게 되겠는가? 게다가 옛날 뛰어난 사람은 임금의 명령이 좋아질 것만 바랐을 뿐 개인적 의견을 가지지는 않았다. 그러므로 세숙이 토론해도 비심은 불만을 지니지 않았고, 자산이 윤색해도 자우는 부끄럽게 여기지 않았다. 후세에 외교 문서를 작성하는 사람은 이와 반대여서 임금의 명령이 옛날에 비해 손색이 있게 되었다."】

或問九章之說.

曰, 諸說皆善, 然以春秋傳考之, 與此有不同者, 未知孰是. 其曰, 子産爲政, 擇能而使之, 則能使衆賢各盡其用者, 子産之功也. 洪氏說亦善.【洪氏曰, 鄭小國也, 能愼重其辭命, 而信任於賢者如此. 爲天下者, 辭命宜亦重矣, 而反輕之, 討論潤色宜益衆也, 而獨任於一官, 何哉. 且古之賢者, 求辭命之善耳, 不有其己也. 故世叔討論, 而裨諶不以爲歉, 子産潤色, 而子羽不以爲羞. 後世爲命者反是, 此辭命所以有愧於古也.】

14-10. 或問子産. 子曰, "惠人也." 問子西. 曰, "彼哉! 彼哉!" 問管仲. 曰, "人也. 奪伯氏騈邑三百, 飯疏食, 沒齒無怨言."

문 10장에 관한 해설은 어떻습니까?

답 여러 해설이 모두 통하고 자산에 관한 호씨의 해설이 상세하다. 【호씨가 말했다. "정나라는 작은 나라이고, 진나라와 초나라 사이에 있었다. 자산이 정치를 하면서 사치를 배격하고 공손과 검소함을 숭상했으며 논밭의 경계를 짓고 형서를 주조했으며 예물을 아끼고 공부貢賦의 등차를 논쟁하였으니, 모두 재물을 풍족하게 하고 간사함을 징벌하고 백성을 지키고자 한 것이었다. 그의 법 적용이 심하고 정치가 엄했지만 결국 (백성을) 아껴줌으로 귀결되었으므로 부자께서 '혜인惠人'으로 그를 요약하셨다. 그리고 그가 죽었을 때, 소식을 듣고 눈물을 흘리며 "옛날 (백성을) 아껴주는 유풍을 지닌 사람이었다."라고 하셨다. 그러나 《맹자》〈이루 하〉는 은혜롭기는 했지만 정치를 몰랐다고 했고, 《예기》〈중니연거仲尼燕居〉에서는 백성을 먹일 수는 있었지만 가르치지는 못했다고 여겼으니, 아마도 선왕의 정치와 교화에 자산이 정말로 미치지 못한 것이 있었을 것이다."】

여러 학자는 모두 자서가 어떤 사람인지 논하지 않았다. 그러니 어떻게 성인 말씀의 취지를 헤아릴 수 있겠느냐. 이것은 고원한 것을 좋아한 폐단에 가깝고, 오씨만 잘 살펴서 논할 수 있었다. 【오씨가 말했다. "순자는 관중에 대해서 다음과 같이 논했다. '서사書社 3백을 주었더니 귀한 자, 천한 자, 어른이나 젊은이가 모두 질서 정연하게 환공을 따르고 귀하게 여기며 공경했다.' 이것은 환공이 백씨 가읍을 빼앗아 관중에게 준 것이다. '질질秩秩'도 원망하는 말이 없다는 뜻이다."】

或問十章之說.

曰, 諸說皆通, 而胡氏子産之說爲詳.【胡氏曰, 鄭小國也, 介乎晉楚. 子産爲政, 黜汰侈, 崇恭儉, 作封洫[恤], 鑄刑書, 惜幣爭承, 皆以豊財足國, 禁奸保民, 其用法雖深, 爲政雖嚴, 而卒歸於愛, 故夫子以惠人蔽之. 及其卒也, 聞之出涕, 而曰, 古之遺愛也. 然孟子以爲惠而不知爲政, 禮記以爲能食民而不能敎者, 蓋先王之政之敎, 子産誠有所未及也.】諸家都不論子西之爲何人, 然則何以究聖言之旨歸耶. 此近好高之弊, 獨吳氏爲能考而論之爾.【吳氏曰, 當時有子西, 鄭駟夏楚宜申公子申也. 駟夏未嘗當國, 無大可稱, 宜申謀亂被誅, 相去又遠, 宜皆所不論者. 獨公子申與孔子同時, 又讓國. 昭王欲用孔子, 而子西止之, 其後又召白公, 以致楚亂, 則其爲人可知矣.】管仲之說, 則蘇氏爲當, 但人也二字, 范氏以爲盡人道, 恐非管仲所能當, 楊氏之說, 則牽於援据, 而支離甚矣, 侯氏說亦迂曲而難通. 吳氏別爲一說, 未知是否, 姑存之亦可也.【吳氏曰, 荀子論管仲云, 與之書社三百, 貴賤長少, 秩秩焉, 莫不從桓公而貴敬之, 則是桓公奪伯氏之邑, 以與管仲也. 秩秩亦無怨言之意.】

14-11. 子曰, "貧而無怨難, 富而無驕易."

문 11장에 관한 해설은 어떻습니까?

답 여러 해설이 모두 좋다. 다만 범씨가 앞 장의 백씨를 받아서 해설하려고 한 것은 성인의 뜻이 아닌 것 같다. 앞 장은 관중의 공적을 칭찬한 것이지 백씨가 가난해도 편안하게 지낸 것을 칭찬한 것이 아니니, 이렇게 해설해서는 안 된다. 사씨가 근거로 인용한 깃은 직접적인 관계가 없는 것이어서 도리어 경문이 명백하여 알기 쉬운 것보다 못하다. 장경부의 해설도 좋다.【장경부가 말했다. "부유하면서도 교만하지 않은 것은 외물을 아끼지 않는 사람이 할 수 있고, 가난하면서도 원망하지 않는 것은 안으로 지키는 바가 있는 사람이 아니면 할 수 없다. 어떤 사람이 이렇게 말했다. 세상에는 본래 빈천해도 본심을 잃지 않는 사람이 있다. 그런데 부귀하게 되면 본심을 잃으니, 어렵고 쉽다는 논의는 맞지 않은 때가 있다. 이것은 아마도 원망이 없다는 말의 의미를 몰라서 그런 것 같다. 빈천함에 처해서도 본심을 잃지 않는다는 것은 밖에서 잃었음을 보지 못했을 뿐이니, 또 어떻게 안으로 원망이 없음을 보증할 수 있겠는가. 마음에 조금이라도 불평이 있다면 그것은 모두 원망하는 것이다. 그러므로 가난하면서도 아첨하지 않는 것은 쉽고, 가난하면서도 원망이 없는 것은 어려우며, 원망이 없으면 즐거움으로 나아간다."】

或問十一章之說.

曰, 諸說皆善. 特范氏欲蒙上章伯氏爲說者, 似非聖人之意. 蓋上章乃美管仲之功, 而非美伯氏之安貧也, 亦不當以是爲說矣. 謝氏引據迂曲, 反不若經文之明白而易曉也. 張敬夫說亦佳.【張敬夫曰, 富而無驕, 不矜於外物者能之, 至于貧而無怨, 非內有所守者不能也. 或謂世固有處貧賤而無失, 至於一旦處富貴之地, 則失其本心, 然則難易之論, 有時而不然耶. 此蓋未知夫無怨之味也. 所謂處貧賤而無失者, 特未見其失於外耳, 又烏能保其中之無怨耶. 蓋一毫有所不平于其中, 皆爲怨也, 故貧無諂易, 貧而無怨難, 無怨則進於樂矣.】

문 정자와 후씨가 원망과 아첨을 논한 것이 다른데, 어떤 것이 옳습니까?
답 모두 옳다. 아첨의 병폐가 원망보다 심하니, 원망하지 않는 어려움은 아첨하지 않는 것보다 심하다. 상반된 말인 것 같지만, 그 뜻에 각각 중점을 두는 것이 있다.

曰, 程子侯氏所論怨諂之不同也, 孰是.

曰, 皆是也. 蓋諂之病甚於怨, 而無怨之難, 則甚於無諂, 語若相反, 而其意則各有所主也.

14-13. 子路問成人. 子曰, "若臧武仲之知, 公綽之不欲, 卞莊
子之勇, 冉求之藝, 文之以禮樂, 亦可以爲成人矣." 曰, "今之成
人者何必然? 見利思義, 見危授命, 久要不忘平生之言, 亦可以
爲成人矣."

문 네 사람은 어떤 사람입니까?

답 장무중은 《춘추좌씨전》에 상세하게 나와 있다. 공작에 관해서는 다른 곳에 보이는 것이 없고, 앞 장에서 칭찬한 것으로도 사람됨을 알 수 있다. 변장자와 관련된 일은 《신서新序》에 보인다. "장자가 모친을 봉양하는 동안 전쟁에서 세 번 패배했다. 모친이 돌아가셨을 때 제나라가 노나라에 쳐들어오자 장자는 전장에 달려가 세 번 갑옷 입은 병사를 잡아바치며 '이것은 세 번의 패배에 대한 책임을 진 것입니다.'라고 했다. 그러고 나서 제나라 군대로 달려가 열 명을 죽이고 전사했다." 염구의 재능에 대해서는 부자께서 원래부터 칭찬했다.

或問四子之事.
曰, 武仲則春秋傳詳矣. 公綽他無所見, 而前章所稱, 亦可以得其爲人. 卞莊子
事見新序. 曰, 莊子養母, 戰而三北. 及母死, 齊伐魯, 莊子赴鬪, 三獲甲首以獻.
曰此塞三北. 逐赴齊師, 殺十人而死. 冉求之藝, 則夫子固嘗稱之也.

문 네 사람의 장점을 모두 갖추어야 하고 또 예악으로 절도 있고 조화롭게 해야만 성인이 될 수 있다는 것은 무엇 때문입니까?

답 네 사람은 각각 장점이 있지만 겸할 수 없었고 또 예악으로 절도 있고 조화롭게 하지 않았다. 그러므로 지혜로운 사람은 임금에게 강요하고 용감한 사람은 죽음을 가볍게 여기며 재능이 있는 사람은 백성의 재물을 함부로 거두어들이고 욕심이 없는 사람은 또 작은 나라의 대부가 될 수 없었으니 성인이라 보기 어렵다. 그러므로 공자께서는 이 네 사람의 장점을 모두 갖추어야 하고 또 예악으로 절도 있고 조화롭게 하면 장점을 모으고 단점을 제거할 수 있으니, 그런 다음에야 성인이 될 수 있다고 하셨다.

홍씨는, 네 사람만 이야기한 것은 네 사람이 모두 노나라 사람이고, 장자와 자로는 모두 변읍 사람이며, 염구는 또 벗이니 가까운 사람을 들어서 쉽게 알도록 하기 위한 것일 뿐이라 생각했다. 호씨는, 변장자를 언급한 것은 아마도 자로에 견주기 위한 것일 뿐이고, 이렇게 한 가지만 뛰어나고 여러 사람의 장점을 모두 갖추지 못한 사람이 그 상태에서 예악에 성취한 것이 있어도 성인이 될 수 없음을 말한 것이라 생각했는데, 아마 이런 뜻도 있을 것이다.

曰, 必兼四子之長, 而又必文之以禮樂, 然後可以爲成人, 何也.
曰, 四子各有所長, 而不能相兼, 又無禮樂以文之, 故知者至於要君, 勇者至於輕死, 藝者至於聚斂, 而不欲者又或不能爲小國之大夫也, 亦難以爲成人矣. 故孔子言必兼此四人之能, 而又文之以禮樂, 則集其所長, 去其所短, 而後可以爲成人也. 洪氏以爲特以四子爲言者, 四子皆魯人, 而莊子與子路皆卞人, 冉求又朋友也, 擧其近而易知者爾. 胡氏以爲言卞莊子, 蓋以況子路耳, 言有是一能而不能兼衆人之長, 與成於禮樂焉, 則亦不足爲成人矣, 恐亦有此意也.

문 '금지성인今之成人' 이하는 자로의 말이라고 생각한 사람도 있는데, 어떻습니까?

답 알 수 없다. 하지만 일단 보존해 두어서 참고할 수 있도록 하는 것이 좋다. 【호씨가 말했다. "이것은 자로가 충분히 할 수 있는 것이다. 부자께서 자로가 성인의 영역에 나아가도록 하시려는데 어찌 또 이미 할 수 있는 것을 다시 권했겠는가. 아마도 자로의 만년 절개와 모습이 더 이상 들으면 바로 실천하겠다는 의지도 없고 종신토록 암송하겠다는 굳셈도 없었다. 그러므로 스스로 잘 하는 것을 표명하고, 이것 때문에라도 결코 하지 않겠다는 말일 뿐이며, '미견기지未見其止'[2]와는 다르다."】 대체로 이 장의 뜻은 정자께서 매우 상세하게 논하셨고, 다른 여러 해설도 그 취지를 잃지는 않았다.

曰, 今之成人以下, 或以爲子路之言, 何如.

曰, 未可知也. 然姑存之, 以備參考可也.【胡氏曰, 此子路之所已能也. 夫子方進子路於成人之域, 豈又取其已能者而重獎之哉. 蓋子路晚節末路, 不復聞斯行之之志, 而有終身誦之之堅, 是以自鳴其善而爲此固非之辭耳, 與未見其止者異矣.】大率此章之義, 程子論之已詳, 而諸說亦不失其旨也.

> **14-14.** 子問公叔文子於公明賈曰, "信乎, 夫子不言, 不笑, 不取乎?" 公明賈對曰, "以告者過也. 夫子時然後言, 人不厭其言, 樂然後笑, 人不厭其笑, 義然後取, 人不厭其取." 子曰, "其然? 豈其然乎?"

문 공숙문자가 불언不言, 불소不笑, 불취不取라는 평판을 얻은 것은 무엇 때문입니까?

---

2 미견기지: "공자께서 안연을 평하여 말씀하셨다. '애석하구나, 그의 죽음이여! 나는 그가 진전하는 것만 보았지, 중지하는 것은 보지 못하였다.'[子謂顏淵曰, 惜乎! 吾見其進也, 未見其止也.]"《논어》〈자한〉)

답 소씨가 잘 설명했다. 【소씨가 말했다. "일반적으로 일은 사물을 따라 이치에 맞추는 법인데, 사람은 이러한 것이 있음을 알지 못한다. 모든 음식에는 다섯 가지 맛이 있지만, 사람이 모르는 것은 적절해서 정도에 맞기 때문이다. 마시고 먹으면서 다섯 가지 맛이 있음을 아는 것은 틀림없이 우연일 것이다. 이것이 문자가 불언, 불소, 불취라는 평판을 얻은 까닭이다."】

或問, 公叔文子何以得不言不笑不取之名也.
曰, 蘇氏得之矣.【蘇氏曰, 凡事之因物而中理者, 人不知其有是也. 飲食未嘗無五味也, 而人不知者, 以其適宜而中度也. 飲食而知其有五味, 必其遇者也. 此文子所以得不言不笑不取之名也.】

문 부자께서 의문을 표하신 것은 무엇 때문입니까?

답 오씨가 잘 설명했다. 【오씨가 말했다. "문자가 영공을 향연에 초청하자 사추가 이렇게 말했다. '당신이 부유한데 임금이 탐욕스러우니 틀림없이 화가 미칠 것입니다.'[3] 이것을 보면 문자의 말이 어찌 모두 합당할 수 있고, 그가 취한 것이 어찌 모두 선할 수 있었겠는가."】

夫子之疑之, 何也.
曰, 吳氏得之矣.【吳氏曰, 文子請享靈公也, 史鰌曰, 子富君貪, 禍必及矣. 觀此, 則文子之言豈能皆當, 而其取豈能皆善乎.】

14-15. 子曰, "臧武仲以防求爲後於魯, 雖曰不要君, 吾不信也."

---

3 문자가……것입니다:《춘추좌씨전》정공定公 13년에 보인다.

문 15장에 관한 해설은 어떻습니까?

답 여러 해설이 큰 차이는 없고, 조금 다른 것은 범씨가 당시 사람이 무중은 제사를 보존할 수 있어서 훌륭하다고 여겼으므로 부자께서 바로잡으셨다고 생각한 것이다. 본문의 뜻을 음미해 보면 다만 당시 사람은 가읍家邑을 근거로 청한 것이 임금에게 강요한 것임을 몰랐을 뿐이고, 애초에 조상 제사를 보존하기 위해서 한 것이 아니었다. 사씨가 무중이 제나라를 믿고 청했다고 생각했다면 그것도 잘못된 것이다. 부자께서는 방읍을 근거로 후계자로 삼아줄 것을 요구한 것만 이야기했을 뿐, 제나라 힘을 믿고 후계자로 삼아줄 것을 요구했다고 하지는 않으셨다. 어떻게 가읍을 근거로 요구한 분명한 죄를 버려두고 거꾸로 제나라를 끼고 요구한 드러나지 않은 의도를 찾을 수 있겠는가. 후씨가 또 후계자 삼기를 요구한 것이 강요라고 생각한 것도 방읍을 근거로 삼았다는 문장을 쓴 까닭을 자세히 살피지 않은 것이다.

或問十五章之說.

曰. 諸說無大異, 其小不同者, 范尹以爲時人以武仲能存祀爲賢, 故夫子正之. 竊味本文之意, 但以時人不知其據邑有請之爲要君爾, 初不爲能存先祀發也. 謝氏若以武仲爲恃齊以請者, 亦非也. 夫子但言以防求爲後, 不言以齊求爲後也. 安得捨其據邑之顯罪, 而逆探其挾齊之微意乎. 侯氏又以求後爲要, 亦不察夫所以以防文爾.

14-16. 子曰, "晉文公譎而不正, 齊桓公正而不譎."

문 제 환공과 진 문공의 '정正'과 '휼譎'에 관한 해설은 어떻습니까?

답 정자의 해설이 정밀하지만, 그 해설에 입각해서 본문을 살펴보면 진 문공의 본심을 밝혀 후세 사람이 거동에 신중하도록 할 수 있었다는 것이 보이지 않는다. 장자께서는 '휼'을 '은근하다[婉]'로 보셨는데, 문자의 사실적인 의미를 따져보면 마찬가지로 잘 맞지 않는 것 같다. 호씨의 해설은 괜찮다. 그리고 여백공(여조겸)이 살핀 것은 더 상세한데, 분량이 많아서 다 실을 수 없다. 배우는 사람이 《춘추좌씨전》을 찾아보면 저절로 알 수 있다.

或問, 齊桓晉文之正譎, 奈何.

曰, 程子之說密矣. 然以其說求之本文, 則未見其有以發晉文之本心, 而能使後世慎所擧者. 張子以譎爲婉, 以事實字義求之, 亦若未安. 惟胡說爲得之. 而呂伯恭考之爲尤詳, 文多不能悉載, 學者求之左氏之書, 自可見矣.

14-17. 子路曰, "桓公殺公子糾, 召忽死之, 管仲不死." 曰, "未仁乎?" 子曰, "桓公九合諸侯, 不以兵車, 管仲之力也. 如其仁, 如其仁." 子貢曰, "管仲非仁者與? 桓公殺公子糾, 不能死, 又相之." 子曰, "管仲相桓公, 霸諸侯, 一匡天下, 民到于今受其賜. 微管仲, 吾其被髮左衽矣. 豈若匹夫匹婦之爲諒也, 自經於溝瀆而莫之知也?"

문 '관중불사管仲不死'에 관한 해설은 어떻습니까?

답 정자의 해설이 매우 훌륭하다. 하지만 박소薄昭의 말[4]로 환공이 형임

---

4 박소의 말: 박소는 중국 한나라 문제文帝 때 박희薄姬의 동생이다. "박소의 〈여회남려왕서〉에서 '제환공이 그 아우를 죽이고 제나라로 돌아왔다.'라고 말했는데,

을 증명한 것은, 순경이 '환공이 형을 죽이고 나라를 쟁탈했다.'고 한 적이 있고 그 말은 박소 이전에 나온 것이므로, 이 말로 반드시 그러했음을 증명할 수는 없을 것 같다. 다만 《춘추공양전》과 《춘추곡량전》의 문장[5]을 근거로 삼고, 이 장의 말을 참고하면 판단할 수 있다.

성인께서는 다른 사람에 대해서 공이 있으면 그 공을 칭찬하고 죄가 있으면 그 죄를 책망했다. 뒤섞어 함께 거론한 것은 죄로 그 공을 가리는 것이 아닐 뿐 아니라 공으로 그 죄를 가리는 것도 아니다. 그런데 관중에 대해서는 그 공만 칭찬하고 그 죄는 언급하지 않았으니, 죽지 않은 것이 도의를 해치지 않았음을 알 수 있고 환공과 자규의 위아래도 따라서 분명해진다. 또 하물며 필부필부의 의리라는 것도 바로 소홀을 가리켜 말한 것이 아니겠는가. 소홀과 자규의 관계는 석걸과 백공의 관계와 같다.[6]

정자께서 또 "관중이 정당한 사람을 섬겼으면서도 어려움을 당해 같이 죽지 않았다면 나중에 큰 공을 세웠다고 해도 성인께서 어떻게 다시 그를 칭찬했겠는가."라고 하신 것은 내가 볼 때 기록한 사람의 잘못인 것 같다. 환공을 섬긴 것을 인정하지 않았다고 하면 괜찮지만, 그 공을 칭찬하지 않았다고 하면 안 된다. 기록한 사람은 어쩌다가 전자를 말한 것

시기가 서로 가까우므로 마땅히 알았을 것이다.[薄昭與淮南厲王書云, 齊桓殺其弟以反國. 時相去尙近, 當知之.]《논어정의》의 정이程頤 해석에 이 부분이 언급되어 있는데, 원래 《자치통감資治通鑑 한기漢紀 6》에 나온다.

5 《춘추공양전》과……문장: 《춘추공양전》 장공莊公 9년에는 "공이 제나라를 토벌하여 규를 노나라로 들여보내려고 했다. 제나라 소백이 먼저 제나라로 들어가 있었다.[公伐齊, 納糾. 齊小白入于齊.]"라고 하였으며, 《춘추곡량전》 장공 9년에는 "공이 제나라를 토벌하여 규를 노나라로 들여보내려고 했다.[公伐齊納糾.]"라고 하였다.

6 소홀과……같다: 《춘추좌씨전》 애공哀公 16년에 나온다.

을 후자라고 생각하고 마침내 잘못하게 되었을까?

或問管仲不死之說.

曰, 程子至矣, 但以薄昭之言, 證桓公之爲兄, 則荀卿嘗謂桓公殺兄以爭國, 而
其言固出於薄昭之前矣. 蓋未可以此證其必然. 但以公穀春秋所書之文爲據, 而
參以此章之言, 斷之可也. 蓋聖人之於人, 有功則稱其功, 有罪則數其罪, 雜而兼
擧之, 旣不以罪掩其功, 亦不以功掩其罪也. 今於管仲, 但稱其功不言其罪, 則可
見不死之無害於義, 而桓公子糾之長少, 亦從以明矣. 又況所謂匹夫匹婦之爲諒
者, 正指召忽而言. 蓋召忽之於子糾, 猶石乞之於白公耳. 至於程子又謂若使管仲
所事者正, 而不死其難, 則後雖有大功, 聖人豈復稱之, 則愚恐記者之失也. 蓋
曰不與其事桓公則可, 曰不稱其功則不可, 記者豈因彼言以爲此而遂失之也歟.

문 관중 생사의 시비는 한때의 도의에 의해 결정됩니다. 정자께서는 또
"관중이 죽지 않고 공도 없었다면 삶을 탐하고 죽음을 아까워한 것이며
필부필부의 의리보다 못하다."라고 하신 것은 공을 우선으로 여기고 도
의를 뒤에 두신 것 같습니다. 게다가 관중은 또 어떻게 스스로 나중에 공
을 세울 것을 자신할 수 있었겠습니까?

답 소홀의 잘못은 자규를 보좌하여 나라를 쟁탈하도록 한 데 있지 죽음
에 있는 것이 아니다. 관중이 잘한 것은 규합한 공에 있지 죽지 않은 것
에 있지 않다. 나중에 공을 세운다는 것은 원래 자신할 수 없는 것이지
만, 나에게 있는 것은 원래 스스로 자신할 수 있는 것이다. 다만 이러한
공을 세워서 필부필부의 의리를 벗어난다면 그것도 다행일 뿐이다. 나
중의 군자가 불행히도 이러한 상황에 처했을 때 자기가 관중과 같은 재
능이 없다는 것을 헤아린다면 아마도 소홀이 그 올바름을 잃지 않은 것
과 같게 되지는 않을 것이다. 이것도 정자의 말씀에 숨겨진 뜻이니, 독
자는 잘 살펴야 할 것이다.

曰, 管仲生死之是非, 決於一時之義爾. 程子又謂管仲不死而無功, 則是貪生惜死, 而不若匹夫匹婦之爲諒, 若未免於先功而後義. 且管仲又何以自必其後之有功耶.

曰, 召忽之失, 在於輔子糾以爭國, 而不在於死, 管仲之得, 在於九合之功, 而不在於不死. 後功固不可期, 而其在我者固自可必. 但其得就此功, 而免於匹夫匹婦之諒, 則亦幸而已矣. 後之君子, 有不幸而處此者, 苟自度其無管仲之才, 是殆不若爲召忽之不失其正也, 此又程子言外之意, 讀者不可以不察也.

문 여러 해설은 어떻습니까?

답 범씨는 규합이 인仁 가운데 큰 것이고 순절은 도의 가운데 작은 것이라 보았는데, 이것은 이익을 도모하고 공적을 계산하는 말이니 이치를 크게 해치는 것이다. 성인의 마음이 정말로 여기서 나왔다면 불의한 일하나 하고 무고한 사람 하나를 죽여서 천하를 얻는 것도 거리낌 없이 해치울 것이다.

사씨는 관중이 자규에 대해서 군신의 도의가 정해지지 않았으므로 죽지 않을 수 있었다고 생각했는데, 이것도 잘못이다. 관중이 죽지 않았던까닭은 바로 소백이 형이고 자규가 동생이었기 때문일 뿐이다. 자규가형이어서 제나라 제후로 세워져야 할 사람이었다면 제나라 사士는 군신의 도의에서 벗어날 수 없었을 것이다. 하물며 관중은 이름을 책策에 쓰고 군주 앞에서 신하 노릇 하기를 선서하고 몸소 북면하고 군주로 섬겼으니, 어떻게 요행으로 입국하여 죽지 않을 수 있었겠으며, 군신의 도의가 정해지지 않은 것을 구실로 삼아 어려움에 함께 죽지 않을 수 있었겠는가.

양씨는 정자의 뜻을 잘 밝혔지만, 소백과 자규의 장유 순서를 분명하게 말하지 않았으니, 마찬가지로 소략한 잘못이 있다. 그리고 '소홀의 죽음은 용기를 손상시켰고 관중이 죽지 않은 것은 도의에 부합하는 데로 옮겨간 것이다.'라고 보았다. 그리고 '부자께서 관중이 죽지 않은 것을 인정하셨다.'라고 한 것도 성인의 뜻이 아닌 것 같다. 부자께서는 다만 소홀의 공이 칭찬할 만한 것이 없고 그 죽음이 잘못은 아니며, 관중이 죽지 않은 것이 도의를 해친 것이 아니고 그 공은 충분히 기릴 만하다고 여기셨을 뿐이고, 본래부터 관중이 산 것을 인정하고 소홀이 죽은 것을 깎아내리신 것은 아니다.

曰, 諸說如何.

曰, 范以九合爲仁之大, 以死節爲義之小, 是謀利計功之言, 其害理甚矣. 若聖人之心, 果出於此, 則行一不義殺一不辜而得天下, 亦何憚而不爲之乎. 謝氏以管仲於子糾, 君臣之義未正, 故可以不死, 亦非也. 夫仲之所以不死者, 正以小白兄而子糾弟爾, 若使糾兄而當立, 則齊國之士, 君臣之義, 無所逃矣, 況如管仲策名委質, 親北面而君之, 安得幸其未得入國而死, 乃托於君臣之義未正, 而不死其難哉. 楊氏發明程子之意善矣, 然不明言小白子糾長幼之序, 則亦略而失之矣. 又以忽之死爲傷勇, 仲之不死爲徒義, 而夫子與仲之不死, 恐亦非聖人之意也. 夫子特以忽之功無足稱, 而其死不爲過, 仲之不死未害義, 而其功有足褒爾, 固非與仲之生而貶忽之死也.

문 '구九'를 '규糾'로 보는 것은 어떻습니까?

답 《춘추좌씨전》에 전희가 군사를 위로하는 말에 나온 것이고,[7] 종족을 규합한다는 것과 같은 것들은 매우 많다. 해설한 사람은 그런 것을 살피지 않고 다만 제후와 아홉 번 회맹했다고 생각했는데, 환공이 회맹한 것

---

7 《춘추좌씨전》에……것이고: 《춘추좌씨좌전》 희공僖公 26년에 나온다.

은 아홉 번에 그치지 않고, 또 무력을 쓰지 않았다는 문장을 따라서 의복을 갖춰 입고 서로 예우하는 모임이 아홉 차례이고 그 나머지는 전차를 거느리고 무력으로 제후를 회합했다고 했다. 《춘추공양전》, 《춘추곡량전》 이래로 모두 이렇게 해설했으니, 천착이 심하다고 할 수 있다.

曰, 九之爲糾, 何也.
曰, 春秋傳展喜犒師之詞云爾, 而糾合宗族之類, 若此者亦甚衆也. 說者不考其然, 乃直以爲九會諸侯, 至數桓公之會不止於九, 則又因不以兵車之文而爲之說曰. 衣裳之會九爾, 其餘則兵車之會也. 自公穀以來, 皆爲是說, 亦可謂鑿之甚矣.

14-19. 公叔文子之臣大夫僎與文子同升諸公. 子聞之, 曰, "可以爲文矣."

문 19장에 관한 해설은 어떻습니까?

답 범씨는 '문文'을 인仁이 드러난 것이라고 보았는데, 문은 본래 인이 드러난 것이다. 그러나 이해하기 어려운 것이 있는데 경문을 잘 풀어서 해설한 것은 여씨의 해설이 상당히 괜찮다. 하지만 그가 '문'이라고 한 것이 꼭 사물이 뒤섞인 것을 근거로 삼은 것은 지나치다. 후씨도 마찬가지이다. 사씨의 '윗사람을 질투하는 마음이 없다.', 양씨의 '예禮가 있다.' 라는 뜻은 모두 본문의 뜻에 정도를 지나친 것이다. 다만 성인께서 문자에 대해서 뛰어난 사람을 등용하고 현재와 과거, 귀함과 천함을 따지지 않고 싫어하지 않은 것만을 취하신 것인지는 모르겠다. '문'이라고 하는 것은 바로 도리와 규범이 명확하고 순조로우며 찬연하게 드러나서 볼 만한 것일 뿐이다.

或問十九章之說.

曰, 范氏以文爲仁之著, 文固仁之著也. 然以人之所難曉, 而釋其善說經者, 呂氏得之爲多, 而其所謂文者, 必以物相雜爲據, 則過矣. 侯氏亦然. 謝氏所謂無媢嫉上人之心, 楊氏所謂有禮意, 皆溢夫本文之意. 殊不知聖人之於文子, 特取其惟賢是擧, 而無今昔貴賤之嫌, 所謂文者, 正以其倫理明順, 粲然而可觀耳.

14-21. 子曰, "其言之不怍, 則爲之也難."

문 21장에 관한 해설은 어떻습니까?

답 두 분 정자와 범씨 세 해설의 뜻도 모두 좋지만, 경문의 의미에 입각해서 살펴보자면 자기 말에 부끄러움이 없는 것은 어렵다고 할 수 있다고 한 다음에야 그 해설이 통할 수 있다. 그런데 지금 경문을 보면 '즉위지야난則爲之也難'이 이어져 있으니, 그 뜻이 여기에서 나오지 않는 것 같다. 사씨의 해설도 꼭 그럴 것 같지는 않다. 아마도 본문의 뜻은 이런 것 같다. '말'이 말하는 것은 바로 한 가지를 가리키는데, 입으로는 선하다고 하면서 실천할 수 있는 역량은 없는 것이다. 그런데 지금은 말한 것에 부끄러움이 없는 것을 선하지 않은 일을 한 것으로 보았다. 즉 도를 실천하는 것을 가리켜 말한 것인데, 그렇다면 잘못이다. 양씨의 해설이 가장 괜찮다. 다만 '필엄必掩(반드시 이어받다.)'으로 '위지爲之'의 뜻을 풀이한 것은 '지위야之爲也' 세 글자를 중복해서 쓸 필요가 없으니 삭제하고 읽으면 문장의 뜻이 분명해진다. 윤씨의 해설도 좋은데, 다만 '분명히 (말한 것을) 행할 수가 없다.'라고 한 것은 표현이 너무 느슨한 것 같다.

或問二十一章之說.

曰. 程子范氏三說, 意亦皆善, 然以文義考之, 則當曰其言之不怍, 可謂難矣, 然後其說可通, 今以則爲之也難繼之, 則其意或不出於此也. 謝氏之說, 恐亦未然. 蓋本文之意, 言之爲言, 正指一事, 乃其口所謂善而力不能爲者爾. 今以所言而不怍者, 爲不善之事而爲之者, 乃指爲道而言, 則失之矣. 楊氏最爲得之, 但旣以必掩釋爲之之義, 則不必複出之爲也三字, 削而讀之, 則文意明矣. 尹氏亦善, 特所謂(未必能爲)[必未能爲]⁸者, 辭若太緩爾.

14-22. 陳成子弑簡公. 孔子沐浴而朝, 告於哀公曰, "陳恆弑其君, 請討之." 公曰, "告夫三子!" 孔子曰, "以吾從大夫之後, 不敢不告也. 君曰告夫三子者!" 之三子告, 不可. 孔子曰, "以吾從大夫之後, 不敢不告也."

문 진항을 토벌하도록 청한 것에 대한 해설은 어떻습니까?

답 정자의 해설이 매우 훌륭하다. 양씨가 그 해설을 미루어 밝힌 것도 도움이 된다. 사씨가 공자께서 노나라가 제후의 맹주가 되도록 하려고 대의에 기대어 하늘의 뜻을 점치셨다고 한 것은 성인의 마음이 아니다.

或問請討陳恒之說.

曰. 程子至矣, 楊氏推明其說, 亦有助焉. 至謝氏以爲孔子欲以魯伯諸侯, 而伏大義以卜天意, 則非聖人之心矣.

문 당시 노나라 병권은 삼가가 나누어 가져서 애공이 부자의 말을 따르

---

8 (未必能爲)[必未能爲]: 저본에는 '未必能爲'로 되어 있으나, 《논어정의》에 의거하여 '必未能爲'로 바로 잡았다.

고 싶어도 삼가에게 알리지 않으면 출병할 수 없었는데도, 공자께서 가서 알리고 싶지 않으셨던 것은 무엇 때문입니까?

답 애공이 정말로 공자의 청을 따라 제나라의 난리를 토벌할 수 있었다고 해도 마찬가지로 삼가를 불러서 대의를 따르도록 명령했을 것이고, 이치가 분명하고 명분이 바르니 따르지 않으려 해도 누가 어길 수 있었겠는가. 그런데 지금 명령을 내리지 못하고 도리어 공자께 가서 알리도록 했으니 결정권은 애공이 아니라 삼가에 있었다. 하물며 노나라 삼가는 제나라 진씨에게 가서 토벌하지 않을 것을 약속까지 했으니, 명분이 바르지 않을 뿐만 아니라 일 또한 어떻게 완수할 수 있었겠는가. 하지만 부자께서는 군주의 명령을 중요하게 생각하셨으므로 어쩔 수 없이 한 번 가서 만에 하나 따라주기를 바라셨다. 그러나 삼가는 예상대로 안 된다고 했고, 부자께서는 다시 바르게 말해 주어서 다음과 같은 점을 분명히 하셨다. '따를지 아닐지는 저들에게 달렸으므로 자신할 수는 없지만, 군신 관계는 중대하므로 알리고 싶지 않아도 그럴 수가 없다.' 삼가를 타이르는 것 또한 깊다.

曰, 當是之時, 魯之兵柄分屬三家, 哀公雖欲從夫子之言, 然不告三子, 則兵不可出, 而孔子之意, 乃不欲往告, 何哉.

曰, 哀公誠能聽孔子以討齊亂, 則亦召夫三子而以大義詔之耳, 理明義正, 雖或不從, 而孰敢違之哉. 今無成命, 而反使孔子往而告之, 則是可否之權, 決於三子, 而不決於公也. 況魯之三家, 卽齊之陳氏, 其不欲討之必矣, 是則不惟名義之不正, 而事亦豈可得而成哉. 然夫子以君命之重也, 故不得已而一往焉, 尚冀其萬一之或從也. 而三子果以爲不可, 則復正言之, 以明從違在彼, 雖不敢必, 而君臣大倫, 所繫之重, 雖欲不告而不敢以已, 其所以警夫三子者亦深矣.

문 정자께서는 《춘추좌씨전》에 기재된 '노나라 전체에 제나라의 반을 더하다.'라는 말은 부자께서 하신 말씀이라고 하셨습니다. 그렇다면 부자의 전쟁은 힘의 강약을 전혀 따지지 않고 대의만으로 몰고 가신 것입니까?

답 정자의 말씀에는 정말로 이런 것이 있다. 하지만 '반드시 처치하려 했다면 의논한 후에 실행했을 것'이라는 말을 보면 또 힘을 헤아리지 않고 함부로 전쟁한다는 것은 아니다. 다만 다음과 같이 생각하신 것 같다. 부자께서 노나라 군주에게 알리신 것은 또 군신의 대의를 밝혀 시역弑逆이 큰 죄악임을 드러내고, 천하가 용납할 수 없는 일은 누구나 토벌할 수 있는데 하물며 이웃 나라로서 토벌하지 않을 수 있겠는가. 그리고 그 계획은 먼저 그 군주에게 알려서 위로는 천자에게 알리고 아래로는 여러 제후에게 알려 천하의 군대를 동원해서 토벌하려는 것이었다. 천하의 군대로 천하의 적을 친다면 제나라 병사의 수가 많고 강하다고 해도 어찌할 수 있겠는가. 구구하게 제나라와 노나라의 강약만 비교하고, 천하의 공정한 도의를 사사로이 한 나라의 것으로 만들어서는 안 되는 법이다. 좌씨가 기록한 것은 아마도 당시에 잘못 전해 들은 것으로서, 일반인의 생각을 성인의 마음으로 여긴 것 같다. 그리고 정씨의 문인이 스승의 말을 기록한 것도 생각의 곡절을 다 담을 수 없었을 것이고, 그래서 독자가 의문을 품게 되었을 뿐이다.

曰. 程子以左氏所記以魯之衆, 加齊之半, 爲非夫子之言. 然則夫子之戰, 將不復較其力之強弱, 而獨以大義驅之耶.

曰. 程子之言, 固有是矣. 然其所謂必有處置, 謀而後行者, 則亦非不量力而浪戰也. 但其意以爲夫子之告魯君, 又當明君臣之大義, 以見弑逆之大惡, 天下所不容, 人人得而誅之, 況在鄰國而可以不討之乎. 而其爲計, 則必請其君以上告

天子, 下告方伯, 擧天下之兵以討之也. 以天下之兵, 討天下之賊, 彼雖衆强, 亦
將奚以爲哉. 固不當區區獨較齊魯之强弱, 而以天下之公義, 爲一國之私也. 左
氏所記, 蓋當世傳聞之謬, 以衆人之腹爲聖人之心者. 而程氏門人記其師說, 又
不能盡其意之曲折, 所以啓讀者之疑耳.

문 정자께서 천자에게 알려야 한다고 하셨는데, 양씨는 그 뜻을 밝히면
서 맹자가 '천자는 토벌하지만 정벌하지 않는다.'라고 한 말로 증명했고
호씨는 '먼저 군사를 출동시키고 나서 임금에게 보고한다.'라고 했습니
다. 두 해설이 상반되는데 어떻습니까?

답 맹자는 '제후가 세 번 입조하지 않으면 육사六師를 시켜 추방한다.'라
는 등의 말을 했을 뿐이다. 호씨는 시역만 이야기했는데, 《춘추》를 살펴
보면 선왕 때 이 법이 있었고, 한나라에서 천하가 함께 토벌한다고 한 것
처럼 군주를 시해한 자는 누구나 토벌할 수 있었던 것 같다. 진晉나라 이
의李毅가 왕준王濬(206~285)에게 군주를 시해한 역적은 죄악이 더 크니
일반적인 법제에 구애되어서는 안 된다고 했으니, 당시 세상에 이 법이
없어서 한 말이다.

그러나 일이 진행되는 상황은 한결같지 않으니 알리고 알리지 않고는
또 그때 상황에 적절한 것이 어떤 것인가에 달렸다. 천자와 가까운 거리
에 있다면 알릴 수 있고, 상황이 급박하지 않으면 알릴 수 있으며, 힘이
대적하기에 부족하면 알리지 않을 수 없으니, 알리고 명령을 기다려서
실행하거나 어떤 상황에서는 명령을 기다리지 않고 상황에 맞게 실행하
는 것이 모두 가능하다. 거리가 멀고, 일이 돌아가는 상황이 조금도 늦
출 수 없으며, 나의 힘이 충분히 제압할 수 있는데도 구구하게 명령을 청

하는 자잘한 절차를 따르는 것은 시역이라는 큰 죄악을 망각한 것이고, 그 죄인이 뿌리를 내리고 패거리를 공고하게 하며 혹 제멋대로 행동하는 데도 회복할 수 없다면 그 일이 되어가는 대로 맡겨둔 사람은 또한《춘추》의 비판을 면하지 못할 것이다. 약한 노나라가 제나라를 토벌하려 할 때 천자에게 청하는 것은 사리와 형세에 있어서 당연한 것인데, 양씨가 '토討'라는 한 글자만 보고 명령을 청해야 한다고 판단한 것은 지나치게 얽매인 것이다.

曰, 程子以爲必告之天子, 楊氏發明其意, 且以孟子所謂天子討而不伐爲證, 而胡氏乃有先發後聞之說, 其相反若是, 何耶.

曰, 孟子之言, 謂三不朝而六師移之之等耳. 胡氏乃特爲弑逆而言, 考之春秋, 先王之時, 疑必自有此法, 凡弑君者, 人人得而討之, 如漢所謂天下共誅之者. 晉李毅告王澄, 以爲弑君之賊, 爲惡尤大, 當不拘常制者, 則以當世本無此法而言爾. 然事非一槪, 告與不告, 又在乎時義之如何. 使其地近於天子, 而可以告也, 其事之未至乎迫遽, 而得以告也, 其力之不足以敵, 而不得不告也, 則告之而俟命以行, 甚則或不俟命而遂行, 皆可也. 使其地之相去也遠, 其事機之來也不可以少緩, 而吾之力又自足以制之, 而乃區區焉徇請命之小節, 忘弑逆之大罪, 使彼得以植其根, 固其黨, 或遂奔逸而不可以復得, 則任其事者, 亦無以免乎春秋之責矣. 夫以魯之弱, 而欲討齊, 其請於天子, 理勢固有當然者. 但楊氏以討之一字而決其必請命焉, 則亦太拘滯矣.

14-23. 子路問事君. 子曰, "勿欺也, 而犯之."

문 23장에 관한 해설은 어떻습니까?

답 범씨와 양씨의 해설이 괜찮다. 하지만 범씨가 '속이지 않으므로 반드시 거스르게 된다.'라고 한 것은 조금 벗어났다. 장경부의 해설도 좋다. 【장경부가 말했다. "진실함을 다하고 속이지 않으며 군주가 언짢아하는 것을 무릅쓰고 바른말로 간언하고 충성을 바친다면 군주를 섬기는 법도의 대체적인 것을 다하는 것이다. 하지만 속이지 않는 것이 그 근본이다. 속이지 않으면 진실함과 신뢰가 쌓이고, 부득이한 경우에만 거스른다면 감동을 줄 수 있다. 충성과 신뢰가 부족하면 군주를 섬기는 도의를 다할 수 없고 헛되이 군주가 언짢아하는 것을 무릅쓰고 바른말로 간언하게 되는데, 이것도 가치가 거의 없다. 친분을 맺거나 명예를 구하거나 비난을 듣기 싫어하는 것[9]과 같은 것이 조금이라도 싹튼다면 모두 속이는 것이 된다. 자로는 강직했으므로 정말로 거스를 것을 염려하여 속이지 않음을 중심으로 알려주었다."】

　윤씨가 거스르는 것을 중심으로 해설한 것은 아마도 군주를 섬길 때 거스를 수 있게 된 후에야 충분히 충성을 다하고 속이는 것이 없을 수 있다고 생각해서 그런 것 같다. 본문의 뜻과 조금 다르기는 하지만, 세상의 바르지 않은 마음이 없으면서도 구차하게 순종하는 것만 아는 사람이 군주를 속이는 데 빠지는 것에 대한 경계는 될 수 있다. 말만 보아서는 충분히 이해할 수 없으니, 독자는 깊이 살펴보아야 할 것이다.

或問二十三章之說.

曰, 范楊得之, 但范說不欺故必犯者, 爲小戾耳. 張敬夫之說亦善.【張敬夫曰, 盡誠而不欺, 犯顔而納忠, 事君之義, 大要盡是矣. 然勿欺其本也. 勿欺矣, 則誠信充積, 必不得已, 有時而犯之, 則有以感動也. 若忠信有所不足, 則於事君之道爲未盡, 而徒以犯顔爲事, 亦鮮味矣. 如內交要譽惡其聲之類, 一毫之萌, 皆爲欺也. 以子路之剛强, 懼其果於犯焉, 故告之以勿欺爲主焉.】尹氏之說, 以犯爲主, 蓋謂事君唯能犯, 然後足以盡其忠誠而無所欺, 於本文之意, 雖若小

---

9 친분을……것:《맹자》〈공손추 상〉에 나온다.

異, 然亦可以爲世之雖無邪心, 而惟知苟且順從, 以陷於欺君者之戒. 顧其辭不足以達之, 讀者所當深考也.

14-24. 子曰, "君子上達, 小人下達."

문 24장에 관한 해설은 어떻습니까?

답 정자, 장자, 여씨, 양씨의 해설이 괜찮다. 범씨가 '위로 통달하는 것은 뛰어난 지혜를 지닌 것에 든다.'라고 한 것 이하도 좋다. 하지만 앞에서 '이익에 밝고 의리에 밝다.'라고 한 것과 사씨, 윤씨의 해설은 모두 본문의 취지를 잃었다.

或問二十四章之說.

曰, 程張呂楊得之. 范氏上達入於上智以下亦善, 而前所謂喩利喩義者, 與謝尹氏皆失其旨矣.

14-25. 子曰, "古之學者爲己, 今之學者爲人."

문 '위기爲己'와 '위인爲人'의 구별에 관한 해설은 어떻습니까?

답 정자의 해설이 아주 잘 요약되어 있다. 범씨와 여씨의 해설이 그다음이다. 정자의 다른 해설은 의론 사이에 성인의 말씀을 빌려 자기 뜻을 밝힌 것으로, 이 문장만 해석하려고 하신 것은 아니다. 첫째는 고금 학자의 다름을 따라서 고금 습속의 변화를 밝힌 것은 같은 일이 달라졌음만을 이야기한 것이 아니고, 옛날 벼슬 사는 것이 오늘날 배움과 같고 오늘날 배움이 옛날 벼슬 사는 것과 같다고 본 것이 아니다. 둘째는 질문한 사람의 잘못을 따라서 임시로 대강의 뜻을 답한 것으로서, 그가 '위인'이라고 한 것이 본래 뜻을 잃은 것을 바로잡을 여가가 없었다. 하지만 그 대강의 뜻은 정말로 하자가 없다. 셋째, '자기 이외의 모든 것에 성취가 있도록 한다.[成物]'라고 한 것은 본래부터 '위인'을 두고 한 말이 아니고, '자기를 잃는다.[喪己]'라고 한 것은 '위인'이 다른 사람을 구제하고 만물을 이롭게 하는 마음이 있음을 말하는 것도 아니다.

사씨 해설의 대강의 뜻도 좋지만, '위인'을 바로 자기 이외의 모든 것에 성취가 있도록 하는 것으로 말한 것은 잘못이다. 윤씨가 '위기는 다른 사람에게 미칠 수 있다.'라고 한 것도 좋지만, '위인은 근본에 힘쓰는 공부가 아니다.'라고 한 것은 또 사씨와 같은 잘못을 면하지 못했다. 양씨는 아마도 정자의 '성물成物', '상기喪己'라는 해설에 근본을 두고 추론한 것 같다. 하지만 격물치지만 위기지학爲己之學으로 본 것은 배움의 도에 미진한 부분이 있고, 게다가 명확하게 드러낸 것이 없다.

或問爲己爲人之別.

曰, 程子之解, 約而盡矣, 范呂氏次之. 程子他說, 乃其議論之間, 借聖言以明己意, 非專爲釋此文發意也. 蓋其一, 則因古今學者之異, 以明古今習俗之變, 非獨一事之不同, 非以古之仕如今之學, 今之學如古之仕也. 其二, 則因問者之失, 而姑答其大意, 未暇正其所謂爲人者之失其本旨也. 然其大意, 則固無所病矣. 其三, 曰成物, 則固非爲人之謂, 曰喪己, 則其爲人也, 亦非謂其有濟人利物之心也. 謝氏大意亦善, 但所謂爲人者, 乃正以成物而言, 則失之. 尹氏所謂爲己可以及人者, 亦善, 而謂爲人非務本之學, 則亦未免謝氏之失也. 楊氏蓋本程子成物喪己之說而推之, 但專以格物致知者爲爲己之學, 則未盡乎學之道, 而於爲己之意, 尤無所發明云.

> **14-26.** 蘧伯玉使人於孔子. 孔子與之坐而問焉, 曰, "夫子何
> 爲?" 對曰, "夫子欲寡其過而未能也." 使者出. 子曰, "使乎! 使
> 乎!"

문 26장에 관한 해설은 어떻습니까?

답 거백옥이 보낸 사람의 말은 음미할 것이 매우 많으니, 배우는 사람은 충분히 익히고 깊이 살펴야 할 것이다. 범씨, 양씨, 사씨, 윤씨의 해설은 괜찮고, 호씨의 해설도 볼 만하다. 【호씨가 말했다. "잘못을 적게 할 수 없는 백옥의 사정을 백옥이 보낸 사람이 알고 있었으니, 백옥이 사욕을 이기고 나날이 새로워지려고 하는 노력이 밖으로 드러났다고 하더라도 백옥이 보낸 사람은 덕을 알고 말을 제대로 할 줄 아는 사람이라고 할 수 있다."】

或問二十六章之說.

曰. 蘧伯玉使者之言, 極有味, 學者所宜熟玩而深省焉者. 范楊謝尹氏得之, 胡氏說亦可觀也.【胡氏曰. 未能寡過, 乃伯玉之事, 而使者知之, 雖伯玉克己日新之事著見於外, 而使者亦可謂知德而能言者矣.】

> **14-27, 28.** 子曰, "不在其位, 不謀其政." 曾子曰, "君子思不出
> 其位."

문 27장과 28장의 뜻이 같습니까?

답 대강의 뜻은 같지만, 말뜻에 포함된 것에는 넓고 좁은 차이가 있다. '그 지위에 있지 않다.'라는 것은 관직에 있는 사람만을 가리켜 한 말이고, '제자리를 벗어나지 않는다.'라고 한 것은 일반적인 이치를 논하여 앞 문장의 말을 풀이한 것이다. 범씨는 이 점에 있어서 그 뜻을 잘 파악했다. 양씨는 같은 것으로 보았으니, 아마도 미처 살피지 못한 것이 있는 것 같다.

或問, 二十七八章之旨, 同乎.

曰, 大旨雖同, 而語意所包, 有廣狹之異. 不在其位, 專指在官者而言, 不出其位, 則汎論其理, 以釋上文之言歟. 范氏於此, 得其旨矣. 楊氏一之, 其或有未察乎.

14-29. 子曰, "君子恥其言而過其行."

문 '군자는 자기 말이 행동보다 지나친 것을 부끄럽게 여긴다.'라는 구절에 관한 해설은 어떻습니까?

답 여러 해설이 모두 좋지만, 문장의 뜻에 입각해서 보자면 '말이 행동보다 지나친 것을 부끄럽게 여긴다.'라고 해야 여러 해설의 의미와 부합한다. 지금의 문장대로라면 두 가지 일이 되어야 할 것 같다. 자기 말을 부끄러워한다는 것은 항상 마치 행동에 미치지 못할까 부끄러워한다는 것이고, 그 행동을 지나치게 한다는 것은 항상 말보다 남음이 있도록 힘쓴다는 것이다. 그러나 또 옛날 해설에 의거할 수 없으므로, 일단 기록해 두고 자세히 살피기를 기다릴 뿐이다.

或問君子恥其言而過其行之說.

曰, 諸說皆善矣, 然以其文義觀之, 則當作恥其言之過其行, 乃與諸說意合. 如今之文, 則恐其當爲兩事也, 恥其言者, 常若有愧而不及其行也, 過其行者, 常欲勉强而使有餘於言也. 然亦未敢據舊說. 姑記以俟考焉耳.

14-30. 子曰, "君子道者三, 我無能焉, 仁者不憂, 知者不惑, 勇者不懼." 子貢曰, "夫子自道也."

문 30장에 관한 해설은 어떻습니까?

답 범씨가 '자기를 책망하고 다른 사람을 격려하여 힘쓰게 한다.'라고 한 것은 타당하다. 다른 말도 모두 좋지만 '독립하므로 두려워하지 않는다.'라고 한 것은 잘못이다. '독립하므로 두려워하지 않는다.'라는 말은 세상에서 도피하여 번민이 없다고 하는 것과 같다. 지금 '독립하므로 두려워하지 않는다.'라고 한다면 장래에는 세상에서 도피하여 번민이 없을 것이라고 할 것인데 그럴 수 있겠는가.

양씨, 사씨, 후씨가 부자께서 자처하지 않으셨다고 논한 것이 다른데 꼭 그런 것은 아닌 것 같고, 양씨와 사씨의 말에도 어폐가 있다. 성인께서 자처하지 않으신 것은 반드시 성대한 덕[盛德]과 관련된 일은 아니고, 그 뜻은 다만 자기를 책망함으로써 다른 사람을 격려하여 힘쓰게 하려고 하신 것일 뿐이다. 보편적인 덕[達德]은 모든 사람이 함께 얻은 것이니, 성인께서 어찌 이것을 저버리고 자처하지 않으셨겠는가. 세 가지를 갖추었다 하더라도 나아간 경지에 또 얕고 깊음의 차이가 있다. 공자께서 말씀하신 성인成人이라고 하는 것은 공작公綽의 욕심부리지 않음이 있으면 인仁하게 되고, 변장자의 용기가 있으면 두려워하지 않게 되며, 장무중의 지혜가 있으면 미혹되지 않게 된다. 어떻게 이것을 모두 갖추고서야 마침내 성인이라고 할 수 있겠는가.

　오직 후씨의 말만 괜찮은 것 같다. 하지만 자기를 책망하고 다른 사람을 격려하여 힘쓰게 한다는 해설로 추론해 보면 또 꼭 이러한 이유[10]가 있고 난 다음에 자처하지 않은 것은 아니다. 양씨가 '도에서 나온 것이므로 인仁, 지知, 용勇이라는 명칭도 구분되지 않고 뒤섞였다.'라고 한 것은 도가와 불교의 영향을 받은 것 같다. 그 말대로라면 도는 하나의 사물이 되어 세 가지 위에 있게 되는데 어찌 이럴 수가 있겠는가. 윤씨는 자신에 대해 말한 것[自道]을 부자의 일이라 생각했으니, 문장의 뜻에 또 통하지 않는 곳이 있다.

或問三十章之說.

曰, 范氏所謂責己勉人者當矣, 他語亦皆善, 但其曰獨立故不懼, 則非矣. 蓋獨立不懼之語, 亦如遯世無悶之云爾. 今曰獨立故不懼, 則將有曰遯世故無悶者矣, 其可乎哉. 楊謝侯氏論夫子不居之意不同, 似不必然, 而楊謝語亦有病. 蓋聖人所不居, 不必盛德之事, 其意但欲因責己以勉人耳. 達德者, 人人之所同得, 聖人豈反爲是而不居哉. 三者雖備, 所造亦有淺深, 如孔子所謂成人者, 有公綽之不欲, 則亦仁矣, 有卞莊子之勇, 則亦不懼矣, 有臧武仲之智, 則亦不惑矣. 豈可以其備此, 而遂謂聖人哉. 惟侯氏語近得之, 然以責己勉人之說推之, 則又不必以此而後不居耳. 楊氏謂所自者道, 而仁知勇之名泯者, 其老佛之餘乎. 若如其言, 則所謂道者爲一物, 而在三者之上矣, 夫豈有是哉. 尹氏以自道爲夫子之事, 則在於文義亦有所不通也.

10　이러한 이유: "후씨가 말했다. '지, 인, 용 세 가지는 오직 성인만이 다 할 수 있기 때문에 공자는 자처하지 않았다.'[侯曰, 知仁勇三者, 唯聖能盡之, 故孔子不居.]"《논어정의》

14-31. 子貢方人. 子曰, "賜也賢乎哉? 夫我則不暇."

문 '방인方人'에 관한 해설은 어떻습니까?

답 여러 해설이 대략 같은데 여씨, 사씨, 윤씨 해설이 괜찮고 사씨와 범씨의 해설은 치밀하지 못하다. 후씨가 '총명하다고 생각하는 것이다.'라고 한 것은 너무 지나친 것 같다. 다른 사람을 비교해서 이치를 궁구하는 사람에게 반드시 이러한 마음이 있는 것은 아니고, 그 방법이 지나치게 되면 이러한 병폐가 생기기도 할 뿐이다. 양씨의 해설은 완벽한 것 같지만, 부자께서 '세 사람이 같이 길을 가면 반드시 내 스승이 있다.'라고 하셨으니, 바로 그 가운데서 선함과 선하지 않음을 가려서 따르거나 따르지 않을 뿐이고, 막연히 견주어 헤아리고 좋고 나쁨을 가리지 않는 것이 아니라 그 행동을 모두 명백하게 드러내야 한다.

或問方人之說.

曰, 諸說略同, 而呂謝尹氏得之, 謝范則疎矣. 侯氏所謂作聰明者, 似亦太過. 蓋方人以窮理者, 未必遽有是心也, 其術之流, 則或將有此弊耳. 楊氏說似渾全者, 然夫子之云三人行, 必有我師, 正爲擇其善不善而從違耳, 非漠然不加較量別白, 而悉效其所爲也.

14-32. 子曰, "不患人之不己知, 患其不能也."

문 32장에 관한 여러 해설은 비슷한데, 어떤 것이 가장 뛰어납니까?

답 후씨와 윤씨의 해설이 요점을 잘 파악했다. 범씨가 '충실하고 광휘가 난다.'라고 한 것 이전 부분이 특히 상세하고 치밀하다. 다만 '불강기

소불능不强其所不能’을 걱정한다는 부분에 연문衍文이 있는 것 같다. 장경부의 해설도 좋다. 【장경부가 말했다. "사단四端과 오륜五倫은 성인께서도 다할 수 있다고 생각하지 않으셨으니, 하물며 배우는 사람이 할 수 없는 것을 걱정하는 데 어찌 끝이 있겠고 밖으로 무슨 원하는 바가 있겠는가. 조금이라도 다른 사람이 자기를 알아주지 않음을 걱정하는 마음이 싹튼다면 그 해로움이 심할 것이다."】

或問, 三十二章, 諸說相類, 孰爲最優.

曰, 侯尹氏得其要矣. 范氏充實而有光輝以上, 尤爲詳密, 但患不强其所不能之患, 疑衍文耳. 張敬夫之說亦善. 【張敬夫曰, 四端五典, 雖聖人不自以爲能盡也, 而況於學者, 其不能之患, 何有極乎, 而何所願乎外也. 若有一毫患人不己知之心萌于中, 則其害甚矣.】

14-33. 子曰, "不逆詐, 不億不信, 抑亦先覺者, 是賢乎!"

문 33장에 관한 해설은 어떻습니까?

답 범씨의 ‘역사逆詐(다른 사람이 나를 속일까 미리 의심하다.)’, ‘억불신億不信(다른 사람이 미덥지 않을 것이라 억측하다.)’에 관한 해설은 문장의 뜻이 매우 엉성하고, ‘선각先覺(미연에 감지하다.)’에 관한 해설은 괜찮지만 군주에게 알리는 말로 보았으므로 본문의 뜻에 맞지 않게 되었다. ‘역사’, ‘억불신’은 교활하고 음험함을 의심하여 방비하는 것인데 잘못된 마음이라고 생각한 것도 잘못이다. 여씨의 ‘역사’, ‘억불신’에 관한 해설이 가장 괜찮다. ‘일의 기미가 드러나기도 전에 꿰뚫어 본다.’라고 한 것도 좋다. 다만 ‘어찌 속을 수 있겠는가. 속임과 미덥지 않음이 자기에게 미치지 않도록 할 뿐이다.'라고 생각한 것은 잘못이다. 군자의 '선각'은 '리理'를 꿰뚫어 보는 밝음으로써 자연스럽게 감지하니, 사씨의 해설대로일 뿐이다. 여씨의 말대로라면 '역사', '억불신'과 또 얼마나 동떨어진 것인가.

양씨의 해설은 자세한 내용이 더 잘 갖추어져 있지만, 지성至誠으로 미리 안다고 해야 한다면 끌어들인 것이 지나치게 된다. 불역不逆과 불억不億은 성誠이고, 선각先覺은 지知이다. 이 두 가지는 병행하고 어긋나지 않는데, 어찌 성誠 하나로 귀결시키고 지知라는 개념을 숨겨야 할 필요가 있겠는가. 게다가 지성으로 미리 안다고 하는 것은 《중용》의 성誠으로부터 나아간다는 말일 뿐인데, 이 본문 문장은 애초에 지성을 말하려 한 것이 아니다. 미리 의심하여 방비해서는 안 되지만 또 한쪽으로 치우쳐 따라서 잘못하는 일이 있어서도 안 된다고 한 것인데, 양씨의 말대로라면 '억抑'이라는 글자로 문장을 다시 시작한 것도 적합한 일이 아님을 알 수 있을 것이다. 나는 《집주》에 양씨의 해설을 수록해 놓기는 했지만, 개인적으로 여씨의 '일의 기미가 드러나기도 전에 꿰뚫어 본다.'라는 말에서 '지성으로 미리 안다.'라는 말을 바꾸고 '견기見欺'를 '견망見罔'으로 바꾸어야 한다고 생각한다. 게다가 부자께서 '우물 속에 인仁이 있다.'라는 재아의 말에 답한 말씀[11]에 근거해서 독자는 상세하게 살펴야 할 것이다.

후씨는 옛 주를 인용하여 해설했는데, 더 타당하지 않은 것은 아마도 '억역抑亦'의 쓰임을 자세히 살피지 않았기 때문인 것 같다. 윤씨의 이 장 첫머리 두 구절도 잘 모르겠지만 문장의 뜻에 통하지 않는 곳이 있는 것

---

11 부자께서……말씀: 《논어》〈옹야〉에 나온다.

같다. 하지만 '진정과 거짓의 기미는 현자의 밝음을 벗어날 수 없다.'라
고 한 것은 다른 해설보다 낫다.

或問三十三章之說.

曰, 范氏逆詐億不信之說, 文意極踈, 其所謂先覺之說則得之, 但爲告君之言,
故於本文之意有不切耳. 逆詐億不信, 乃猜防狡險之意, 而以爲心之僞, 亦非
也. 呂氏逆詐億不信之說, 最爲得之. 其曰燭乎事幾之先者, 亦善. 但以爲豈容
人之見欺, 而不使詐與不信加乎已, 則失之矣. 君子之先覺也, 亦燭理之明, 自
然而覺, 如謝氏之說耳. 若如呂氏之云, 則與逆詐億不信者, 亦奚遠哉. 楊氏之
說, 曲折尤備, 但以必至誠前知爲言, 則亦必於援引之過也. 夫不逆不億者, 誠
也, 先覺者, 知也. 二者並行而不相悖, 曷爲其必一歸於誠, 而匿其知之名哉.
且至誠前知, 中庸自誠而言耳, 至於此文, 則初不爲至誠發也. 蓋言人不當預設
猜防, 但又不可爲人偏於聽而失之, 若如其說, 其以抑字更端, 亦可見其非事也
與. 予於集註雖錄是說, 而私以呂氏燭乎幾先之語, 易其所謂至誠前知者, 又易
見欺爲見罔, 亦據夫子答宰我并有仁焉之語, 讀者詳之可也. 侯氏引舊註爲說,
尤所未安, 蓋未審乎抑亦之爲用耳. 尹氏章首二句亦未曉, 然恐其文義有未通
也, 而所謂情僞幾微, 無所逃其明, 則優於諸說耳.

14-34. 微生畝謂孔子曰, "丘何爲是栖栖者與? 無乃爲佞乎?" 孔子曰, "非敢爲佞也, 疾固也."

문 범씨와 윤씨의 '질고疾固(고루함을 싫어한다.)'에 관한 해설은 미생무
를 비판하지 않았으니 후한 것 아닙니까?

답 이것은 의도적으로 후하게 하려 해서, 문답하는 말의 의미가 정확하
게 대응하지 않음을 살피지 않았다. 미생은 참으로 자신이 은둔하고 세
상을 잊은 것은 고상하고, 부자께서 자세하고 소상하게 당시 사회를 근

심하신 것은 말재주를 자랑한 것이라 생각했으므로, 부자께서 그 생각에 대답하여 그가 고상하다고 생각하는 것이 고루함일 뿐임을 알도록 하신 것이다. 범씨와 윤씨의 해설과 같다고 한다면 부자의 대답이 미생의 질문에 어떻게 맞는 것이겠는가.

或問, 范尹疾固之說, 於微生畝無譏焉, 無乃厚乎.

曰, 是欲故爲厚, 而不察乎其問答辭意之不相直也. 夫微生固自以其隱遁忘世爲高, 謂夫子之委曲憂時爲佞, 是以夫子卽其意而反之, 使知其所謂高者, 是乃所謂固而已爾. 若如范尹之說, 則夫子之對, 於微生之問, 爲何所當哉.

14-35. 子曰, "驥不稱其力, 稱其德也."

문 35장에 관한 해설은 어떻습니까?

답 여러 해설이 모두 좋지만, 윤씨의 해설이 특히 정밀하고 요약이 잘되었고, 사씨의 해설이 그다음이다. 범씨가 재능을 하늘로부터 받은 것으로 보고 덕을 학습에 연계한 것은 덕을 제대로 파악한 것이라고 할 수 없다. 사람이 천지 가운데서 받아 태어나는 이 덕은 원래 그 본성이 소유한 것에 뿌리를 두고 있다. 다만 사람이 모두 나면서부터 알아 편안하게 실천하지는 못하므로 학습에 의지하여 그것을 완성할 뿐이지 배운 다음에야 지니게 되는 것은 아니니, 어찌 하늘로부터 받은 것이 아니라 오로지 학습에만 연계할 수 있겠는가. 기를 부여받은 것으로 말하자면 재능과 덕은 모두 자연과 노력[勉强]의 차이가 있고 또 재능만 천부이고 덕은 인위라고 할 수는 없다. 사마공(사마광)이 지백智伯에 관해 이야기하면서

쇠와 대나무는 재능, 거푸집[鎔範]과 교유矯揉(잘못된 것을 손질해서 바로 고침)는 덕으로 본 것은 그 잘못이 바로 이것과 같다.

소씨의 글도 재능은 억지로 얻기가 어렵지만 덕은 쉽게 노력할 수 있다고 보았는데, 그 잘못의 시초는 이 정도에 불과하겠지만 말류는 결국 재능을 중시하고 덕을 천시하는 데 이를 것이니, 그 잘못이 마찬가지로 심하고 천하 후세에 더 깊은 재앙이 될 것이다. 후씨가 '후천적 노력이 무슨 관계가 있겠는가.'라고 한 것도 '언焉'을 더했을 뿐이니, 천리마[驥]라고 하는 것이 또 동작이 둔한 말과 무슨 차이가 있겠는가. 성인의 뜻은 다만 천리마가 힘이 있어도 칭찬받는 것은 덕 때문이지 힘 때문이 아니라는 것일 뿐이다. 군자라도 재능을 쓸 일이 전혀 없지는 않으니, 주공이 재능과 기예가 많았고 부자께서 여러 허드렛일을 잘하신 것이 어찌 재능이 아니겠는가. 다만 주공이 되고 공자가 된 까닭은 재능이 아니라 덕으로 칭송받은 데 있다.

或問三十五章之說.

曰, 諸說皆善, 而尹氏尤爲精約, 謝氏次之, 若范呂氏以才受乎天, 德繫乎習, 則不可謂之知德矣. 人受天地之中以生, 是德也固已根於其性之所有, 特人不能皆生知而安行, 故賴學以成之耳, 非因學而後有也. 豈可以其專繫乎習而不受乎天哉. 若以氣禀而言, 則才之與德, 皆有自然勉强之差, 又不得專以才爲天賦, 德爲人爲也. 司馬公論智伯, 以金與竹爲才, 以鎔範矯揉爲德, 其失正與此同. 至於蘇氏之書, 又以才難强而德易勉, 其失之端不過如此, 而其末流遂至於貴才而賤德, 則其失益甚, 而其爲天下後世之禍也益深矣. 侯氏所謂力奚與焉者, 則加焉爾, 則所謂驥者, 亦奚以異於駑駘哉. 聖人之意, 特以驥雖有力, 而所稱者則以其德, 而不以其力耳. 若君子則非無用於才也, 周公之多才藝, 夫子之多能鄙事, 豈非才乎. 特所以爲周公孔子者, 則不以才稱而德稱耳.

14-36. 或曰, "以德報怨, 何如?"子曰, "何以報德? 以直報怨,
以德報德."

문 은덕으로 원수를 갚는 것도 충후하다고 할 수 있습니다. 그런데도
부자께서 인정하지 않으신 것은 무엇 때문입니까?

답 이것도 개인적인 생각에 따라 행한 것이지 천리天理의 올바름이 아
니다. 원수로 여기는 것이 있고 은덕으로 여기는 것이 있는 것은 사람에
게 없을 수 없지만, 그것을 갚는 방법에는 각각 합당한 것이 있고 천리도
막을 수 없다. 다만 크고 작은 은덕에는 모두 합당하게 갚는 방법이 있
다. 하지만 원수진 것에는 공사公私와 곡직曲直의 차이가 있으므로 성인
께서는 사리에 맞게 원수를 갚고 은덕으로 은덕을 갚도록 가르치셨다.
그리고 '사리에 맞게[直]'라고 하신 것은 사적인 것으로 공적인 것을 해치
지 않고 사리에 맞지 않은 것이 사리에 맞는 것을 이기도록 하지 않으며,
갚아야 한다면 갚고 그렇지 않으면 그만두며 한결같이 이치에 합당함을
보고 자기 개인의 생각에 기만당하지 않아야 함을 말한 것일 뿐이다. 이
렇게 한다면 원수를 갚더라도 어찌 공평함과 충후함에 해가 되겠는가.

그러나 성인께시 끝내 원수를 잇어서 보복했다는 평판이 없게 되도록
하지 않으신 것은 또 군주와 부친의 원수를 갚지 않을 수 없다고 보셨기
때문이고, 충신과 효자의 마음을 말씀하셨을 뿐이다. 혹자의 말대로라
면 원수를 갚는 것은 야박한 것이어서 그것을 바로잡아 그 평판을 피해
야 하므로 원수에게 도리어 은덕을 베푼다는 것인데, 이렇게 한다면 정
말로 충후한 것 같지만 은덕에 대해서는 또 무엇으로 갚아야 할 것인가?
비교하고 높여서 매번 더 후하도록 하려 한다면 은덕 위에 다시 더할 수

있는 것이 없을 것이다. 원수를 갚는 것과 같은 정도로만 은덕에 보답한다면 그저 공평할 뿐이고 원수를 갚는 것이 도리어 은덕보다 후하게 되고 또 군주와 부친의 원수라도 망각하게 될 것이니, 이것이 어찌 심하게 인정人情을 거스르고 천리에 어긋나는 것이 아니겠는가.

或問, 以德報怨, 亦可謂忠且厚矣, 而夫子不之許, 何哉.
曰, 是亦私意之所爲, 而非天理之正也. 夫有怨有德, 人情之所不能忘, 而所以報之, 各有所當, 亦天理之不能已也. 顧德有大小, 皆有當報, 而怨則有公私曲直之不同, 故聖人之教, 使人以直報怨, 以德報德. 以直云者, 不以私害公, 不以曲勝直, 當報則報, 不當則止, 一視夫理之當然, 而不爲己之私意所罔耳. 是則雖曰報怨, 而豈害其爲公平忠厚哉. 然而聖人終不使人忘怨, 而沒其報復之名者, 亦以見夫君父之讐, 有不得不報者, 而伸夫忠臣孝子之心耳. 若或人之言, 則以報怨爲薄, 而必矯焉以避其名, 故於其所怨而反報之以德, 是則誠若忠且厚矣, 而於其所德, 又將何以報之耶. 若等而上之, 每欲益致其厚, 則以德之上, 無復可加. 若但如所以報怨者而已, 則是所以報德者, 僅適其平, 而所以報怨者, 反厚於德, 且雖君父之讐, 亦將有時而忘之也, 是豈不亦逆人情悖天理之甚也哉.

문 그렇다면 군주와 부친의 원수도 갚아야 하고 갚지 말아야 하는 구별이 있습니까?

답 《주례》에 다음과 같은 말이 있다. "살인해도 의로운 자는 원수를 갚지 않도록 하고, 원수를 갚으면 사형에 처한다."[12] 이것이 원수를 갚지 말아야 하는 것이다. 《춘추공양전》에서는 다음과 같이 말했다. "부친이

---

12 《주례》에……처한다: "사람을 죽였으되 의로운 경우는 같은 나라에 살지 않게 하지, 원수를 갚지 못하게 하고 원수를 갚으면 죽인다.[凡殺人而義者, 不同國, 令勿讐, 讐之則死.]"《주례周禮》〈지관地官 조인調人〉

죽임당하지 않았어야 했다면 아들이 복수해도 괜찮다."[13] 이것이 원수를 갚아야 하는 것이다. 갚아야 한다면 갚고 갚지 말아야 한다면 그만두는 것이 바로 사리에 맞는 것[直]이다. 주공의 법도, 공자의 말씀이 부절符節을 맞춘 듯 일치하니, 여기에서 성인의 마음을 볼 수 있다.

或曰, 然則君父之讐, 亦有當報不當報之別乎.

曰, 周禮有之, 殺人而義者, 令勿讐, 讐之則死. 此不當報者也. 春秋傳曰, 父不受誅, 子復讐可也. 此當報者也. 當報而報, 不當報而止, 是卽所謂直也. 周公之法, 孔子之言, 若合符節, 於此可以見聖人之心矣.

문 여러 해설 가운데 어떤 것이 괜찮습니까?

답 요지는 모두 좋고, 사씨의 분석은 특히나 명백하다. 다만 그 사람을 벌하여 죽여야 함을 말하지 않고 '벌하여 죽여도 괜찮다.'라고 한 것은 빠트린 것이 있는 것 같다. '원수질 일이 없다.', '원수를 갚을 마음이 없다.'라고 한 것은 또 성인의 말씀보다 조금 지나쳤다. 그리고 양씨가 '사리에 맞지 않음이 그 안에 있다.'라고 한 것은 표현이 너무 느슨하고 적절하지 않다. 후씨가 '갚지 않는다.[不校]'라고 한 것도 성인의 생각과 크게 다르고, 정자께서 갚지 않음을 논하신 것도 이것과 다르다. 윤씨의 해설은 괜찮은 것 같다. 하지만 인정만 따지고 이치를 따지지 않은 것은 또 성인의 뜻을 다 드러내지 못했다.

曰, 然則諸說孰爲得之.

曰, 是其大旨則皆善矣, 謝氏剖判尤爲明白. 但不言其人之當誅, 而曰誅之亦可, 蓋言有所略而未備. 其所謂無怨, 所謂心不在怨者, 則又小過於聖人之言. 而楊氏所謂曲在其中者, 則辭亦太緩而不切矣. 至於侯氏不校之云, 又與聖人之意

---

13 《춘추공양전》에서는……괜찮다: 《춘추공양전》 정공定公 4년에 나온다.

有大相反者, 程子之論不校, 亦正不如此也. 尹氏之說似矣, 然又決於情而不要諸理, 亦未足以盡聖人之意也.

문 그렇다면 양씨가 '사리에 맞지 않은 것을 조금 더하여 유공지사庾公之斯[14]와 같게 한다.'라고 한 것은 어떻습니까?

답 이 생각도 좋지만 부족한 점이 있다. 천하의 일에는 공의公義도 있고 사은私恩도 있다. 이 두 가지가 늘 일치한다면 올바른 도를 다하고 사적인 것이 개입되지 않도록 하면 된다. 불행하게도 이 두 가지가 일치하지 않는다면 경중을 헤아려서 처리하여 공의가 위에서 행하여지고 사은이 아래에서 펴지도록 해야 한다. 사리에 맞지 않은 것이 조금 더하여져서 천하의 공의를 해치는 일을 군자는 하지 않는다.

曰, 然則楊氏所謂小加委曲, 如庾公之斯者, 如何.
曰, 此意善矣, 而亦有所未盡也. 蓋天下之事, 有公義, 有私恩, 二者常相得焉, 則盡其道而不爲私可也. 不幸而或至於相妨, 則權重輕而處之, 使公義行於上而私恩伸於下, 然後可耳. 若小加委曲, 而害夫天下之公焉, 則亦君子之所不敢爲也.

14-37. 子曰, "莫我知也夫!" 子貢曰, "何爲其莫知子也?" 子曰, "不怨天, 不尤人, 下學而上達, 知我者其天乎!"

문 하늘을 원망하지 않고 남을 탓하지 않으며 낮고 쉬운 것부터 배워 높고 어려운 것을 깨달았는데, 어떻게 다른 사람은 모르고 하늘만 압니까?

─────────────

14 유공지사:《맹자》〈이루 하〉에 나온다.

답 하늘을 원망하지 않고 남을 탓하지 않는다는 것은 남이 아니라 자기를 책망한다는 것이고, 아래로 세상의 일을 배운다는 것은 또 먼 것이 아니라 가까운 것을 구한다는 것이다. 이것은 원래 남과 관계없는 것이고 세속을 소란스럽게 하는 것이 아니니, 다른 사람이 어떻게 알겠느냐. 높고 어려운 것을 깨닫고 하늘과 하나가 되는 것은 또 사람이 알 수 있는 것이 아니고 오직 천리와 관계가 있는 것이므로 다른 사람은 모르고 하늘만 안다.

或問, 不怨不尤, 下學上達, 何以人莫之知而天偏知之也.

曰, 其不怨不尤也, 則不責之人而責之己, 其下學人事也, 則又不求之遠而求之近. 此固無與於人, 而不駭於俗矣, 人亦何自而知之耶. 及其上達而與天爲一焉, 則又有非人之所及知者, 而獨於天理之相關耳, 此所以人莫之知而天獨知之也.

문 여러 해설은 어떻습니까?

답 정자의 해설이 매우 훌륭하니 깊이 음미해야 한다. 장자의 해설도 훌륭하지만 문장의 흐름이 조금 자연스럽지 않다. 범씨의 해설은 엉성하다. 여씨와 양씨의 해설도 괜찮다. 윤씨는 장자의 뜻을 따른 것 같다. 사씨의 해설은 잘못이 더 심하고 부자의 뜻과 완전히 상반된 것이다.

曰, 諸說如何.

曰, 程子至矣, 宜深味之. 張子亦庶幾焉, 但文勢小倒耳. 范則踈矣. 呂氏楊氏亦爲得之. 尹氏蓋祖張子之意, 謝氏則其過益甚, 而與夫子之意正相反矣.

문 '하학이상달下學而上達'이라는 것은 처음에는 하학下學하여 결국에는 상달上達한다는 말일 뿐입니다. 그런데 정자께서 '아래로 세상일을 배우고 그렇게 해서 위로 천리를 깨닫는다.'라고 하신 까닭이 무엇입니까?

답 배운다는 것은 세상일을 배우는 것이고 형이하의 것이며, 그 일의 리理는 원래 하늘의 리이고 형이상의 것이다. 이 일을 배우고 그 리에 통하는 것이 바로 형이하에서 형이상을 체득하는 것이니, 하늘의 리를 깨닫는 것이 아니고 무엇이겠는가?

曰, 下學而上達者, 言始也下學, 而卒之上達云爾. 今程子以爲下學人事, 便是上達天理, 何耶.

曰, 學者學夫人事, 形而下者也, 而其事之理, 則固天之理也, 形而上者也. 學是事而通其理, 卽夫形而下者而得其形而上者焉, 非達天理而何哉.

문 그렇다면 사씨가 '아래로 인간 세상의 리理를 배우고 위로 하늘의 리를 깨닫는다.'라고 한 것은 어떻습니까?

답 리라고 한다면 하늘과 인간의 차이가 없으니, 후자를 배워 전자를 깨달을 필요가 없다.

曰, 然則謝氏以爲下學人理, 而上達天理者, 何如.

曰, 旣曰理矣, 則無天人之異, 不待其學於此而通於彼也.

14-38. 公伯寮愬子路於季孫. 子服景伯以告, 曰, "夫子固有惑志於公伯寮, 吾力猶能肆諸市朝." 子曰, "道之將行也與, 命也, 道之將廢也與, 命也. 公伯寮其如命何!"

문 공백료는 공자의 문하에서 배웠는데도 행실이 이와 같았던 것은 무엇 때문입니까?

답 호씨는 공백료가 공자의 제자가 아니라 계씨의 패거리일 뿐이라고 생각했다. 공자의 문하에서 배웠다면 어떻게 친구를 모함했겠는가.

或問, 公伯寮學於孔門, 而所爲若是, 何也.

曰, 胡氏以爲寮非孔子弟子, 特季氏之黨耳, 若遊於孔門, 則豈至於陷其朋友哉.

문 자로가 군주를 보좌할 재능이 없고 가신이 경상卿相의 직무를 맡지 못한다면 그 임용 여부에 대해 말할 것이 없을 것입니다. 그런데도 공자께서 도의 흥폐와 연계하신 까닭이 무엇입니까?

답 이때는 삼도의 성을 무너뜨리고 집에 갑옷을 두거나 사병을 운용하지 못하게 하던 시기였다.[15] 그러므로 도의 흥폐가 여기에 있었을 뿐이다.

曰, 子路非王佐之才, 家臣非卿相之任, 其爲用捨無足言矣, 而孔子以道之興廢繫焉, 何也.

曰, 此墮三都出藏甲之時也, 道之興廢, 故於是乎在耳.

문 후씨는 명命을 천리로 보았는데, 어떻습니까?

답 명命은 천리가 유행하여 만물에 부여된 것을 일컫는다. 하지만 형이상의 것을 리理라고 하고 형이하의 것을 기氣라고 한다. 리의 본체를 두고 말하자면 원元, 형亨, 이利, 정貞의 덕이 일시에 갖추어지고 만고에 바뀌지 않는다. 기의 운행을 두고 말하자면 소식消息과 영허盈虛의 변화가 끝없이 순환한다. 만물은 하늘로부터 명을 받아 생겨나고 그 리의 본체를 얻으므로 인仁, 의義, 예禮, 지智의 덕이 마음에 뿌리를 두고 본성이 된다. 그것이 생겨나면 그 기의 운행을 따르므로 흥폐興廢, 후박厚薄의 변화

---

15 삼도의……시기였다:《공자가어孔子家語》〈상로相魯〉에 나온다.

는 그 상황에서 벗어날 수 없다. 이 장에서 명이라고 한 것은 아마도 기질의 운행을 가리켜 말한 것 같은데, 후씨가 천리로 해석한 것은 두 가지의 구분을 자세히 살피지 않았다고 볼 수 있다.

曰, 侯氏以命爲天理, 何也.

曰, 命者, 天理流行賦於萬物之謂也. 然其形而上者謂之理, 形而下者謂之氣. 自其理之體而言之, 則元亨利貞之德, 具於一時而萬古不易, 自其氣之運而言之, 則消息盈虛之變, 如循環之無端而不可窮也. 萬物受命於天以生, 而得其理之體, 故仁義禮智之德, 根於心而爲性. 其旣生也, 則隨其氣之運, 故廢興厚薄之變, 唯所遇而莫逃. 此章之所謂命, 蓋指氣質之所運爲言, 而侯氏以天理釋之, 則於二者之分, 亦不察矣.

14-39. 子曰, "賢者辟世, 其次辟地, 其次辟色, 其次辟言."

문 39장의 해설 가운데 정백자께서는 일의 대소로 말씀하셨고 장자께서는 사람의 고하로 말씀하셨는데, 두 해설이 다른 까닭은 무엇입니까?

답 옛 성현의 자취와 때에 맞는 행위로 보자면 정자의 해설이 괜찮다. 하지만 장자께서도 '성현이 여기 있다면 자취는 비슷하지만 마음은 다를 것이다.'라고 하셨으니, 사람의 우열만 중심에 놓은 것이 아니라 적절한 때와 일을 겸하여 말씀하신 것이다.

다만 세상을 피하는 사람은 지향과 포부가 매우 커서 한 나라의 일을 달갑게 여기지 않기도 하고 지혜와 식견이 두루 밝아서 천하의 기미를 환하게 보기도 한다. 표연히 사물을 벗어나 죽을 때까지 후회하지 않는 것은 겨우 지역地域을 피하는 사람이 될 수 있을 뿐이다. 사람을 피하는 것은 세상에 상당한 뜻이 있지만 때에 따라 행할 수 없을 뿐이다. 그러므로 정숙자께서는 '멀리까지 비춘다.'라고 하셨고 사씨와 양씨도 모두 그 해설을 더 밝혔으니 나름의 이치가 있다. 윤씨가 세상을 피하는 것에 관해 논하면서 '세상 누구에게도 알려지지 않는다.'라고 한 것은 남에게 버림받고 받아들여질 곳이 없어서 떠나게 된 것이다. 이것은 세상을 피하도록 만든 것이 애초에 나에게 있지 않고 막다른 상황에 몰려 달리 어찌할 수 없었다는 뜻으로, 도리어 지역을 피한 사람보다 심하니 어찌 그렇겠는가.

或問三十九章之說. 曰. 程伯子以事之大小言, 張子以人之高下言, 二說之不同, 奈何.

曰. 以古聖賢之迹與隨時之義考之, 則程子得之, 而張子又謂聖賢於此, 迹相似而心不同, 則亦兼以其時與事言之, 而不專主於人之優劣也. 但避世之士, 或志量宏大, 而不屑一國之事, 或智識明達, 而灼見天下之幾, 飄然事物之外, 以沒其身而不悔, 此則僅能避地. 避人之士, 猶頗有意於當世者, 或有時而不能爲耳. 故程叔子所謂遠照, 而謝氏楊氏又皆發明其說, 亦爲有理. 至尹氏之論避世, 以舉世不見知爲說, 則是見棄於人, 無所自容而後去, 其避之之權, 初不在我, 而窮迫不得已之意, 反甚於避地之人矣, 豈其然哉.

14-40. 子曰, "作者七人矣."

문 장자의 '작자칠인作者七人'에 관한 해설은 어떻습니까?

답 이것은 정확하게 알 수 없으니 일단 두고 천천히 살펴야 할 것이다. 그러나 위아래 문맥으로 미루어 보면 은자를 두고 밝힌 뜻이 대부분이라 생각한다.

或問, 張子作者七人之說, 如何.

曰, 是不可知, 姑存而徐考之可也. 然以上下推之, 意其爲隱者而發之意爲多耳.

14-41. 子路宿於石門. 晨門曰, “奚自?” 子路曰, “自孔氏.” 曰, “是知其不可而爲之者與?”

문 41장에 관한 해설은 어떻습니까?

답 성문지기의 말은 부자를 알지 못하는 것인데도 범씨가 정말로 그렇다고 생각한 것은 잘못이다. 그리고 여러 해설도 그렇지 않음을 밝히지 않았고, 오직 양씨가 ‘무불가無不可’라고 말한 것만은 괜찮은 것 같다. 그런데 바로 자기 생각으로 밝힌 데다가 다른 사람의 설도 끌어 써야 했던 것은, 다만 성문지기가 ‘지기불가知其不可’라고 한 것은 때의 불가함이지만 공자께서 ‘무불가’라고 하신 것은 자신의 무불가였음을 몰랐기 때문이다. 사용된 문자가 같아서 그 뜻이 다름을 살피지 못한 것이니, 호씨 해설의 타당함이 더 낫다. 부자와 같은 성인은 매우 혼란한 세상이라도 군주가 정말로 등용해 준다면 위기를 안정으로, 화를 복으로 변화시키는 것이 손을 뒤집는 것과 같을 것이다. 어떻게 할 수 없는 것이 있음을 알면서도 덮어놓고 구차하게 하려고 하겠는가? 범씨의 다른 말도 어긋난 것이 있다. 가可, 불가不可는 하늘에 달렸다고 하고서 또 하늘은 천하를 버린 적이 없다고 한 것을 그 예로 들 수 있는데, 엉성하기도 하다.

或問四十一章之說.

曰, 晨門之言, 非知夫子者, 而范氏以爲誠然則失之. 而諸說亦莫有明其不然者, 獨楊氏以無不可爲言近爲得之. 乃不直以己意發明, 而必於援引, 殊不知晨門所謂知其不可者, 時之不可, 而孔子所謂無不可者, 己之無不可也. 以其字之同, 而不察其意之異, 蓋不若胡氏之說之爲當也. 夫以夫子之聖, 雖極亂之世, 君苟用之, 則易危爲安, 轉禍爲福, 亦反覆手耳, 豈知其有不可爲而冒昧以苟爲之哉. 范氏他語亦有牴牾不合者, 如旣以可不可爲在天, 又曰天未嘗遺天下, 其亦疎矣.

14-42. 子擊磬於衛, 有荷蕢而過孔氏之門者, 曰, "有心哉, 擊磬乎!" 旣而曰, "鄙哉, 硜硜乎! 莫己知也, 斯已而已矣. 深則厲, 淺則揭." 子曰, "果哉! 末之難矣."

문 '하괴荷蕢'에 관한 해설은 어떻습니까?

답 여러 해설의 뜻은 모두 좋다. 하지만 정자, 사씨, 양씨의 '과재말지난의果哉末之難矣'에 관한 해설, 범씨의 '사이이이斯已而己'에 관한 해설, 여씨의 '말지난의末之難矣'에 관한 해설, 범씨와 윤씨의 '과재果哉'에 관한 해설은 문장의 뜻에 맞지 않는다. 양씨의 경우는 또 성인이 무심하다고 생각했다면 노자와 부처의 뜻으로 흐른 것이고, '성인의 시대에는 가능했을 것이다.'라는 말은 이 장의 뜻에 해당하지 않는다. 성문지기와 삼태기를 멘 사람의 우열을 논한 것은 괜찮은 것 같다.

或問荷蕢之說.

曰, 諸說之意皆善, 但程子謝氏楊氏果哉末之難矣之說, 范氏斯已而己之說, 呂氏末之難矣之說, 范氏尹氏果哉之說, 於文義爲未安. 楊氏又若以聖人爲無心者, 則流於老佛之意, 而以聖之時當其可爲言, 於此章之意, 亦無所當矣, 其論晨門荷蕢之優劣, 則近得之.

14-43. 子張曰, "書云, '高宗諒陰, 三年不言.' 何謂也?" 子曰, "何必高宗, 古之人皆然. 君薨, 百官總己以聽於冢宰三年."

문 '양음諒陰'에 관한 해설은 어떻습니까?

답 공씨는 '양諒은 신임한다[信]는 뜻이고, 음陰은 침묵한다[黙]는 뜻이다.'라고 했다. 형씨는 이것을 해석하여 '신임한다는 것은 총재를 신임한다는 말이다.'라고 했다. 호씨는 이것을 해석하여 '침묵하고 말하지 않을 수 있을 정도로 신임했다는 말이다.'라고 했다. 두 사람은 모두 공씨의 풀이를 따랐지만 해설은 다르다. 정씨는 《예기》에서 또 '양암梁闇'이라 읽었는데, 의려倚廬에서 기거한다는 말이다. 대개 옛날 천자의 거상에 관한 명칭이 이와 같았고, 그 뜻은 고금의 말이 달라서 알 수 없다.

或問諒陰之說.

曰, 孔氏曰, 諒, 信也. 陰, 黙也. 邢氏釋之曰, 信謂信任冢宰. 胡氏釋之曰, 謂其信能黙而不言也. 二家皆用孔訓而爲說不同. 鄭氏於禮記又讀作梁闇, 言居倚廬. 大抵古者天子居喪之名如此, 其義則今古言殊, 不可曉矣.

문 여러 해설은 어떻습니까?

답 범씨의 해설이 괜찮고, 양씨와 후씨의 해설은 비슷하니, 모두 자장이 궁금하게 여겼던 뜻은 아니지만 후씨의 해설이 그나마 더 낫다.

曰, 諸說如何.

曰, 范氏得之, 楊侯之說相似, 皆非子張所疑之意, 然侯爲猶優耳.

문 윤씨가 해설을 남기지 않은 까닭은 무엇입니까?

답 궐문이 있거나, 그렇지 않으면 군주 앞이라 피해야 할 것이 있었던 것 같은데, 군자의 비판을 피할 수는 없다.

曰, 尹氏之無說, 何也.

曰, 是或有闕文焉, 不然, 則有所諱避於君前, 不得免乎君子之譏矣.

14-45. 子路問君子. 子曰, "脩己以敬." 曰, "如斯而已乎?" 曰, "脩己以安人." 曰, "如斯而已乎?" 曰, "脩己以安百姓. 脩己以安百姓, 堯舜其猶病諸?"

문 45장에 관한 해설은 어떻습니까?

답 여러 해설의 요지가 모두 좋고, 정자의 해설은 매우 훌륭하다. 범씨의 '경신敬身'에 관한 해설은 옳지 않고, '요순유병堯舜猶病'을 논한 것은 의미가 옳은 것 같지만 표현이 엉성하다. 사씨가 '안인안백성安人安百姓은 확대한 것'이라고 생각했고, 양씨가 '미루어 나가서 천하를 안정시킨 후에야 지극해진다.'라고 생각했으며, 윤씨가 '미루어 나가서 만물에까지 미친다.'라고 생각한 것은 모두 옳은 것 같지만 사실 이론異論의 여지가 있다.

경敬으로 수양한다는 말은 매우 단순한 것 같지만 제가齊家, 치국治國, 평천하平天下의 근본이 모두 이것에서 시작된다. 자로가 알아듣지 못하고 공자께서 해주신 말씀이 부족하다고 여기자 안인安人, 안백성安百姓으로 풀어서 알려주셨다. 경敬으로 수양한 것이 지극해지면 심기가 화평하고 고요할 때는 텅 비게 되고 감정이 일어날 때는 바르게 되며 행하는 것이 모두 자연스럽게 각자 합당한 이치를 얻게 되므로 그 통치가 미치는 곳의 백성은 모두 평안하게 된다는 말이다. 이것이 모두 경敬으로 수양한다는 말 한마디에 뿌리를 둔다. 그러나 이른바 경이라는 것은 사단의선이 불이 처음 타오르고 샘이 처음 솟아오르는 것으로부터 확장할 수있는 것과 같지 않다. 경으로부터 안인 안백성하는 것은 격물치지로부터 정신급물에 이르는 것처럼 단계마다 확대해나갈 필요가 있는 것과 같지 않다. 남의 노인을 우리 노인처럼 섬기고 남의 아이를 우리아이처럼보살펴서 자신으로부터 타인에게 미치는 것처럼 이 마음을 들어서 상대방에게 적용할 필요가 있는 것이 아니다. 또한 공효가 자연스럽게 다른사람에게 미치는 것이 이와 같음을 말했을 뿐이다.

或問四十五章之說.

曰, 諸說大意皆善, 而程子至矣. 范氏敬身之說非是, 所論堯舜猶病者, 意雖近是, 而語則踈矣. 謝氏以安人安百姓爲擴而大之, 楊氏以爲推而至於天下平然後爲至, 尹氏以爲推而及物, 皆若近是, 而實有可議者. 蓋所謂修己以敬者, 語雖至約, 而所以齊家治國平天下之本, 擧積諸此. 子路不喩, 而少其言, 於是告以安人安百姓之說. 蓋言修己以敬而極其至, 則心平氣和, 靜虛動直, 而所施爲無不自然, 各得其理, 是以其治之所及者, 群黎百姓, 莫不各得其安也. 是皆本於修己以敬之一言. 然所謂敬者, 非若四端之善, 始然始達而可擴, 由敬而安人安百姓, 非若由格物致知以至於正身及物, 有待夫節節推之也, 非若老老幼幼, 由己及物, 而待乎擧斯心以加諸彼也. 亦謂其功效之自然及物者爲然耳.

문 그렇다면 부자의 말씀은 어떻게 그 대략이라도 대소, 원근의 차이가없습니까?

답 경敬으로 수양한다는 것은 상하를 관철하고 원근을 포함하여 통틀어말한 것이다. 안인安人과 안백성安百姓은 자로의 질문을 따라 그 효과가만물에 미치는 것을 말한 것이다. 그러나 안인은 자기 수양이 충분하고

[餘] 경이 지극한 것이고, 안백성은 자기 수양이 지극하고[極] 안인을 끝까지 발휘한 것이다. 이것은 대소와 원근의 차이가 있지만, 모두 경으로 수양한다는 말 한마디에서 벗어나지 않고, 확장한 후에 커지고 미루어 나간 후에 멀어짐을 필요로 하지 않는다.

曰. 然則夫子之言, 豈其略無大小遠近之差乎.

曰. 修己以敬, 貫徹上下, 包擧遠近, 而統言之也. 安人安百姓, 則因子路之問, 而以其功效之及物者言也. 然曰安人, 則修己之餘而敬之至也, 安百姓, 則修己之極而安人之盡也. 是雖若有小大遠近之差, 然皆不離於修己以敬之一言, 而非有待擴之而後大推之而後遠也.

문 정자께서 '공부가 요순의 경지에 이르면 저절로 요순이 행한 일이 있게 된다.'라고 하신 까닭이 무엇입니까?

답 그러므로 자신을 닦아 다른 사람을 편안하게 하고 백성에게 미치는 것은 반드시 정치적 일의 시행이 있을 것이라고 생각하게 된다. 그러나 공자의 말씀이 이와 같으니, 마치 이곳에서 자신을 닦기만 하면 곧바로 남에게 미칠 수 있는 듯이 보인다. 이는 근본을 들어 말단에 연결시키면서 시책施爲의 넓음과 좁음은 모두 그 근본의 깊고 얕음에 따라 달라지는 것이지, 처음부터 외적인 것에 의존하는 것이 아니라고 여긴 것이다.

曰. 程子所謂學至堯舜, 則自有堯舜之事, 何也.

曰. 是以爲修己以安人, 而及於百姓, 必有政事之施焉. 而夫子之言若此, 則疑若修己於此, 而徑可及人者, 蓋擧其本而繫其末, 以爲施爲之廣狹, 皆隨其根本之淺深, 而初無所待於外也.

문 여씨의 해설은 세 선생과 비슷하지 않습니까?

답 그가 자기 수양에서 나아간다고 한 것은 내외 구분이 없다는 말이고, 남을 편안하게 하고 백성을 편안하게 해주는 것에 나아간다고 한다면 잘못이다. 다만 그 말뜻이 분명하지 않아서 결국 쓸데없는 말만 늘어놓았다. 또 '말하지 않아도 믿는다.'라는 것은 '성내지 않아도 위엄이 선다.'라는 것처럼 백성을 교화하는 일이지 백성을 편안하게 하는 일이 아니다. 윤씨의 해설은 경敬으로 수양하는 것을 해야 할 일로 보지 않고, 주로 남에게 베푸는 것을 말한 다음 자기에게로 돌이켜 근본을 구했으니 더욱 이 장의 뜻이 아니다. 여러 해설 외에 호씨가 경으로 수양한다는 말의 의미를 형용한 것도 괜찮다. 【호씨가 말했다. "가장 바랄 만한 것은 선善인데 경敬이 바로 서면 온갖 선이 따르고, 가장 멀리해야 할 것은 바르지 못한 것[邪]인데 경이 바로 서면 온갖 바르지 못한 것이 사라진다. 경은 마음을 보존하는 중요한 방법이고 몸을 단속하는 데 있어 급히 해야 할 일이다. 경을 유지하려면 어떻게 해야 하는가? 군자의 말에 다음과 같은 것이 있다. 마음을 한 곳에 모으는 것을 경이라 하고, 마음이 다른 데로 가지 않도록 하는 것을 일一이라고 한다. 육규六圭를 잡는 듯하고, 물 담긴 대야를 받드는 듯하며, 천둥이 위에 있는 듯하고, 못과 골짜기가 아래에 있는 듯하며, 스승이 앞에 있는 듯하고, 귀신이 좌우에 있는 듯한 것이 바로 경을 유지하는 방법이다."】

曰, 呂氏之說, 不亦三子之類乎.
曰, 彼曰進之則未有內外之分也, 若曰進其所以安人安百姓者, 則失之矣. 但其語意不明, 終費辭說. 又所謂不言而信, 若不怒而威者, 亦化民之事, 而非安民之事耳. 尹氏之說, 不以修己以敬爲所當然之事, 乃主以施於人者以爲言, 而後反之於己, 以求其本, 則尤非此章之意也. 諸說之外, 胡氏形容修己以敬之義, 亦爲得之.【胡氏曰, 可願莫如善, 敬立則百善從, 宜遠莫如邪, 敬立則百邪息. 敬也者, 存心之要法, 檢身之切務歟. 欲持敬者奈何. 曰, 君子有言, 主一之謂敬, 無適之謂一, 如執六圭, 如捧盤水, 如雷霆之在上也, 如淵谷之在下也, 如

師保之在前也, 如鬼神之在左右也, 是則持敬之道也.】

14-46. 原壤夷俟. 子曰, "幼而不孫弟, 長而無述焉, 老而不死, 是爲賊." 以杖叩其脛.

문 46장에 관한 해설은 어떻습니까?

답 정자의 해설이 상세하다. 장자의 안사安死, 적생賊生이라는 해설은 타당하지 않은 것 같다. 범씨와 윤씨는 모두 원양이 말로 깨우쳐 줄 수 있는 사람이 아니어서 정강이를 쳐 깊이 질책했다고 보았는데, 이것도 그렇지 않다. 《예기》에 '60세에 향당에서 지팡이 짚고, 70세에 나라에서 지팡이를 짚는다.'라는 말이 있다. 이 장의 배경은 아마도 공자께서 위나라에서 노나라로 돌아오신 후 지팡이를 끌고 외출하셨다가 마침 원양이 웅크리고 앉아 기다리는 것을 본 것일 텐데, 그의 잘못을 나열하고 나서 마지막에 끌던 지팡이로 그의 정강이를 살짝 쳐서 발을 모으게 하고 웅크리지 않도록 한 것일 뿐이다. 어떻게 말로 깨우쳐 줄 수도 없는데 도리어 분연히 지팡이를 움직여 깨닫도록 할 수 있겠는가.

양씨의 해설도 마찬가지이다. 소씨가 성인께서 다른 사람을 책망하면서 이렇게 노여워하신 적이 없다고 한 것은 잘못이 더 크다. 호씨는 '원양이 모친상을 당해서도 노래한 것을 공자께서는 들은 척도 하지 않으셨는데, 이제 웅크리고 앉은 것을 책망하셨으니 어찌 무거운 것을 버려두고 가벼운 것을 책망하실 수 있을까.' 모친이 돌아가셨는데도 노래 부른 것을 책망하셨다면 원양은 당연히 절교했어야 하지만, 웅크리고 앉은 정강

이를 친 것은 원양이 전부터 알던 사람이었기 때문이다. 훌륭한 덕이 예禮에 부합하는 것은 사람과의 교제에서 드러난다는 것을 여기에서도 볼 수 있다.'라고 하였으니, 이 해설도 좋다. 양씨가 '자기 안에서 스스로 찾고 평판을 마음에 두지 않는다.'라고 한 것은 노장의 영향을 받은 것이니 정자의 말씀과 다르다.

或問四十六章之說.

曰, 程子詳矣. 張子安死賊生之說, 疑或未安. 范尹氏皆以爲壤非可言諭者, 故叩其脛而深責之, 亦不然也. 禮六十杖於鄕, 七十杖於國, 此蓋孔子自衛反魯之後, 曳杖而出, 而適見壤之夷俟也. 因數其失, 遂以所曳之杖, 微擊其脛, 使斂其足而不踞耳. 豈其不可以言喩, 而反可奮然運挺以敺之哉. 楊氏之說亦然. 蘇氏以爲聖人責人, 未有若是之怒者, 則失愈甚遠矣. 胡氏以爲原壤之喪母而歌也, 孔子爲弗聞者矣. 今乃責其夷俟, 何舍其重而責其輕也. 蓋數其母死而歌, 則壤當絶. 叩其箕踞之脛, 則壤猶爲故人耳. 盛德中禮, 見乎周旋, 此亦可見. 其說亦善. 楊氏所謂自索以形骸之內, 不以毁譽經其心者, 則老莊之餘論也, 亦異乎程子之言矣.

문 그렇다면 정자께서는 어떻게 그가 장주와 같은 부류가 아님을 아셨습니까?

답 그가 장주와 같은 부류였다면 부자께서는 반드시 이치로 가르치셨을 것이고, 바로 그 죄를 질책하는 정도에서 그치지 않으셨을 것이다.

曰, 然則程子何以知其非莊周之流也.

曰, 使其爲莊周之流, 則夫子必將以理曉之, 不但直數其罪而已也.

14-47. 闕黨童子將命. 或問之曰, "益者與?" 子曰, "吾見其居於位也, 見其與先生並行也. 非求益者也, 欲速成者也."

문 마지막 장의 해설에서 여러 학자를 따르지 않은 까닭이 무엇입니까?

답 여러 학자의 해설대로라면 공자께서는 동자가 법도를 함부로 넘어서는 것을 좌시하고 가만히 계시면서 바로잡지 않으셨다는 것인데, 성인의 마음이 어찌 그렇겠는가. 호씨는 억제하여 가르치신 것이라고 생각했는데 적절하게 파악했다. 또 《공자가어》의 기록에 따르면 숙중회는 공자보다 쉰 살 어렸고 공선과 나이가 비슷해서 늘 어린아이 취급했다. 【이 구절은 《한서》에서 '여후가 어린아이 취급했다.'[16]라고 한 것과 같다.】 붓을 잡고 부자께서 행한 일을 기록하면서 두 사람이 번갈아 가며 좌우에서 모셨는데, 궐당의 동자가 어찌 이 사람이겠는가.

或問, 卒章之說, 不從諸家, 何也.
曰, 若如諸家之說, 則孔子坐視童子之踰僭, 而恬不之正, 豈聖人之心哉. 胡氏以爲抑而敎之, 得其旨矣. 抑家語記叔仲會少孔子五十歲, 與孔璇年相比, 每孺子之, 【此句猶漢書所謂呂后兒子畜之.】執筆記事於夫子, 二人迭侍左右, 所謂闕黨童子, 豈卽斯人也歟.

---

16 여후가 어린아이 취급했다: 《한서漢書》〈고오왕전高五王傳〉에 나온다.

15. 위령공衛靈公

15-01. 衛靈公問陳於孔子. 孔子對曰, "俎豆之事, 則嘗聞之矣, 軍旅之事, 未之學也." 明日遂行, 在陳絶糧, 從者病, 莫能興. 子路慍見曰, "君子亦有窮乎?" 子曰, "君子固窮, 小人窮斯濫矣."

문 영공이 군사에 관한 일을 여쭙자마자 선생님[夫子]께서 위나라를 바로 떠났습니다. 왜 그렇게 하신 것입니까?

답 나라는 예禮로 다스려야 하며, 전쟁과 군사는 군주가 물어서는 안 된다. 하물며 영공이 무도無道하다는 것을 공자께서 본디 알고 계심에 있어서랴. 다만 위 영공이 공자를 예로 잘 모셨고 이야기를 나눌 정도는 되었으므로, 다른 나라보다 위나라를 자주 왕래했고 기간도 가장 길었고, 이처럼 매우 자세하게 계도하셨다. 선생님의 말씀을 하나도 받아들이지 않고 더 나아가 군사에 관한 것을 여쭈었으니 영공의 관심사가 어떤지 알 만하다. 그래서 '배운 적이 없다.'라고 대답하시고 위나라를 떠나셨다.

그러나 '배운 적이 없다.'라고만 하지 않으시고, 또 제사[俎豆]에 관한 말씀도 하셨으니, 선생님께서 꼭 떠나셔야만 했던 것은 아닌 것 같다. 만약 여기에서 영공이 깊이 깨닫고 이후 고쳐나갔다면 공자께서 떠나심을 두고 누가 '머물지 말고 떠나야만 한다.'라고 평가할 수 있겠는가. 그 래서 《사기》〈공자세가〉에서 '이튿날 공자와 말씀을 나누다가 영공이 날 아가는 기러기를 쳐다보면서 공자께 뜻이 없는 기색을 드러내자, 공자 께서 마침내 위나라를 떠나셨다.'라고 했다. 부자께서 떠나시게 된 것 은 군대에 관해서 물었다는 그 이유만이 아니라, 예법에 따라 제대로 모 시지 않은 것도 이유이다. 공자께서 떠나시고 영공이 죽자, 위나라는 큰 혼란에 빠졌으니, '제사'라고 대답하신 것은 그 뜻이 진정으로 깊다.

或問, 靈公問陳而夫子遽行, 何也.

曰, 爲國以禮, 戰陳之事, 非人君所宜問也. 況靈公無道夫子固知之矣, 特以其 禮際之善, 庶幾可與言者, 是以往來於衛, 爲日最久, 而所以啓告之者, 亦已詳 矣. 乃於夫子之言, 一無所入, 至是而猶問陳焉, 則其志可知矣, 故對以未學而 去之. 然不徒曰未學而已, 猶以俎豆之事告之, 則夫子之去, 蓋亦未有必然之意 也. 使靈公於此有以發悟於心而改事焉, 則夫子之行, 孰謂其不可留哉. 故史記 又云, 明日與孔子語, 見蜚雁, 仰視之, 色不在孔子, 孔子遂行, 則是夫子之行, 又以禮際之不善而決, 不專於問陳一事也. 夫子旣行, 而靈公卒, 衛國大亂, 俎 豆之對, 其旨遠哉.

문 여러 학자의 주장은 어떻습니까?

답 윤씨의 학설이 설득력 있다. 범씨는 '안 될 줄 알면서도 하신 것[知其 不可爲而爲之]'이라는 것을 인용했는데, 전편에서 했던 실수를 반복했다. 사씨의 해석은 부자께서 위나라를 떠나신 뜻과 전혀 부합하지 않는다.

군사에 있어서 진법은 지엽에 속하고, 치도에 있어서 군사는 말단에 속하는 것이다. 부자께서 위나라를 떠나신 것은 치국과 안민安民에 관해서 묻지 않고 군사에 관한 것을 물은 것 때문이지, 위 영공이 전쟁을 잘 치르지 못하면서도 근본이 아니라 군사라는 말단을 물었기 때문이 아니다. 양씨의 주장 역시 옳지 않다. 제사는 본래 유사의 책무이나, 군자가 예禮를 행할 때 제사를 저버리고 예를 잘 행하는 경우는 드물다. 이 부분은 공자의 겸사이고, 제사를 예의 지엽이라고 여겨서가 아니라 군사에 관한 것이라서 대답하지 않은 것일 뿐이다. 만약 영공이 공자의 대답을 듣고 예를 물었더라면 본말이 바로 섰을 것이다. 양씨가 말한대로 '기수器數(기물이나 규정)'에 관해서 깊은 의미를 전적으로 다루어야만 천하의 지색至賾을 구한다고 하겠는가. 또 양씨는 '색賾'을 '심오하다'라는 의미로 썼는데 '색'은 본래 잡되고 어지럽다라는 뜻으로, '깊고 심오한 것'이라는 의미로는 쓰지 않는다.

曰. 諸說, 如何.

曰. 尹氏得之. 范氏所引知其不可爲而爲之, 亦前篇之失也. 謝氏之說, 亦非夫子去衛之意. 蓋以兵而言, 陳固兵之末, 以治道而言, 則兵又治道之末也. 夫子去衛, 乃以其不問治國安民之事, 而問軍旅, 非以其不善戰, 而問兵之末也. 楊氏之說亦非是. 俎豆固有司之事, 然君子於禮, 亦未有舍俎豆而能行者, 況此又孔子之謙辭, 非以爲禮之末而以對夫軍旅之末也. 使靈公聞孔子之對而問禮焉, 則其本末無不擧矣, 豈必專以其藏於器者, 而求夫天下之至賾哉. 且賾, 雜亂也. 亦非隱奧之義.

문 '고궁固窮'[1]에 관한 두 주장 중 어느 것이 옳습니까?

---

1 고궁: '고固'를 고주에서는 '본래', '진실로'라는 의미로 해석하고, 정이천은 '고수固守'라는 의미로 해석한다.

답 문리文理로 보면 구설이 타당하고, 이치를 두고 말하자면 정자의 주장이 낫다. 그러나 '군자가 진실로 곤궁할 때도 소인처럼 몹쓸 짓[濫]은 하지 않는다.'라고 한다면 정자의 뜻은 그 안에 있다.

曰 固窮二說, 孰是.

曰, 以文言之, 則舊說安, 以理言之, 則程說勝. 然曰, 固有窮時, 而不若小人之濫, 則程子之意, 亦在其中矣.

문 자로가 성난 얼굴로 말한 것만으로 어떻게 정자의 학설만 못하다는 것을 파악해 자로의 실수를 찾아낼 수 있습니까?

답 진실로 곤궁하다고 해서 반드시 성을 내는 것은 아니다. 곤궁하다고 바로 몹쓸 짓을 한다면 화조차 낼 수 없다. 그러므로 굳이 정자의 학설을 따르지 않더라도 자로의 실수를 잡아낼 수 있다.

曰, 以子路慍見言之, 則安知其不如程子之說, 以救子路之失乎.

曰, 固有窮時, 則不必慍也. 窮斯濫, 則不可慍也. 是亦不待必如程子之說, 而後可以救子路之失矣.

문 여러 학자의 주장은 어떻습니까?

답 범씨의 학설은 뜻은 좋으나 말이 정밀하지 못하다. 사씨는 '자로가 화를 내기 때문에 안빈安貧할 수 없다.'라고는 해석하고 싶지 않아서, '상하 간에 교류가 없는 것을 싫어하는 것'이라고 해석했다. '성인이 곤궁함을 지킨다는 것를 안다면 곤궁함과 순조로움이 나에게 달려 있지 않다.'라고 했는데, 이 두 주장은 모두 잘못이다. 양씨와 후씨는 '곤궁하면 몹쓸 짓을 한다.'를 부자께서 자로를 경계하신 것으로 여겼으며, 성인의 조심스럽고 깊은 뜻을 볼 수 있다고 했다. 양씨의 주장은 매우 자세하고,

후씨의 주장은 간결하다. 각기 나름의 장점이 있으니, 독자는 깊이 새겨야 한다.

諸說, 如何.

曰, 范說意善, 而語不精. 謝氏不欲以子路之慍, 爲不能安貧, 而以惡上下之無交爲言, 又謂知此則窮達不在我者, 皆失之過也. 楊侯氏皆以窮斯濫爲夫子戒子路, 有以見聖人謹微之意. 然楊氏委曲詳盡, 侯氏切直簡當, 又各有所長也. 讀者宜深味之.

15-02. 子曰, "賜也, 女以予爲多學而識之者與?" 對曰, "然, 非與?" 曰, "非也, 予一以貫之."

문 2장에 관한 학설은 어떻습니까?

답 성인은 '지知'를 타고 나시니 많이 배울 필요가 없다. 자공은 자기 관점으로 부자를 평가해서 '많이 배웠다.[多學]'라고 여긴 것이다. 부자께서는 '일관一貫'으로 답해주셨는데, 이는 성인께만 해당된다. 자신을 빌어 자공에게 말씀하셔서, 배우는 자는 많이 배워야 하기는 하겠지만, '일이관지一以貫之'해야 진정한 배움에 이른다고 알려 주신 것이다. 자공은 박학하여, 사건·사물 각각에 해당하는 '리理의 당연當然'을 파악하고 있으나, 만리萬里가 결국 '하나[一]'라는 것 곧 하나의 '리'가 통하지 않는 곳이 없다는 것을 몰랐다. 이런 상황이라면 뭇 이치의 소재를 안다고 할지라도 전체를 꿰뚫지[統] 못해, 사건을 겪거나 사물을 접할 때 배운 것은 처리할 수 있지만, 배우지 않은 것은 능통하게 처리하지 못한다. 그러므로 하나를 들으면 둘을 아는 데 그쳤고, 곧잘 이치와 부합했더라도 억측에 불과했고, 이치와 어긋나는 것[不中]도 더욱 많았다. 성인께서 이를 알려 주셔, 뭇 이치를 꿰뚫는 하나의 이치가 있다는 것을 알게 하신 것이다. 이로써 관통한다면 천하에 사건과 사물이 많더라도 여기에서 벗어나지 않으니, 두루 통하지 않는 바가 없다.

或問, 二章之說.

曰, 聖人生知, 不待多學, 子貢以己觀夫子, 故以爲亦多學也. 夫子以一貫告之, 此雖聖人之事, 然因己以告子貢, 使知夫學者雖不可以不多學, 然亦有所謂一以貫之, 然後爲至耳. 蓋子貢之學固博矣. 然意其特於一事一物之中, 各有以知其理之當然, 而未能知夫萬理之爲一, 而廓然無所不通也. 若是者, 雖有以知夫衆理之所在, 而汎然莫爲之統, 其處事接物之間, 有以處其所嘗學者, 而於其所未嘗學者, 則不能有以通也. 故其聞一則止能知二, 非以億而言, 則亦不能以屢中, 而其不中者亦多矣. 聖人以此告之, 使之知所謂衆理者, 本一理也. 以是而貫通之, 則天下事物之多, 皆不外乎是, 而無不通矣.

문 자공은 이 말씀을 듣고, 어떻게 힘쓰면 '일이관지'를 할 수 있겠습니까?

답 이 단계에서 자공의 학문을 보면 뭇 이치가 만 갈래[萬殊]라는 것은 철저히 인식하고 깊이 깨달았으나, 여전히 뭇 이치가 하나로 귀결된다는 것은 깨닫지 못했다. 그러므로 부자께서 알려 줄 때가 되어서 말씀을 하셨고, 자공이 이를 듣고 옛날에 자신이 알던 것이 '만수萬殊'라는 것을 홀연히 깨달았다면 그 자리에서 성인의 뜻과 일치하고 더는 의심이 없었을 것이다. 이를 받아들였다면 다시 힘을 써 이른바 '일一'을 구할 필요가 있었겠는가. 또 부자께서 말씀하실 필요가 없는데 헛되이 말씀[浪語]하시겠는가. 증자에게도 사태에 따라 실천한 것이 익숙해진 뒤에야 말씀해 주셔서, 이 실천한 것이 '하나의 이치' 아님이 없음을 알게 하였는데, 증자는 이를 '충서忠恕'로 이해했다. 이른바 충忠은 '하나[一]'이다. '서恕'라는 것은 '하나'로서 사건마다 사물마다 관통하는 것이다. 이 장의 요지도 대체로 이와 같은데 자공은 아직 이를 분명히 알지 못했다.

이른바 '일一'이라는 것은 오직 '리理' 뿐이다. 리가 관통하는 것은 리가 사건·사물마다 적용되면서 통하지 않는 곳이 없기 때문이다. 지시하는 바가 비록 다를 수도 있으나 어찌 이치가 둘[二致]이 있겠는가. 여러 학자의 주장은 모두 좋으나, 대개 박학을 병폐로 여기는 경향이 있는데 후씨가 제일 심하다. 대개 성인을 두고 평가하는 것이라면 '학'으로서 말할 수 없고, 이미 '궁리'라고 이야기했다면 '많이 배운들 무슨 소용이 있느냐?'라고 말할 수 없다. 말의 행간 사이에서 서로 어긋남이 대개 이와 같다. 이는 대개 '일一'을 살피지 않은 것으로 본디 '만萬'에 해당하는 것이다. 만약 '만'이 없다면 곧 '일'이 되는 것이다. 그렇다면 어찌 관통한다고 할 수 있겠는가. 맹자가 '두루 배우고 자세히 설명하는 것은 이후에 핵심을 설명하려는 것[博學而詳說之]'[2]라고 했는데, 이것이 바로 정학正學이다. 양씨의 주장은 좋다. 그러나 안자顔子의 뜻을 인용해 근거로 삼았는데, 맹자의 말씀을 인용한 것이 마땅한 것보다 못하다.

曰, 子貢之聞是言也, 亦將何所致力而能一以貫之耶.

曰, 子貢之學至是, 其於衆理之萬殊者, 固已深知而洞曉矣, 其所欠者, 猶未知是萬之爲一耳. 故夫子當其可告而告之, 彼其聞之, 則亦脫然喩向者之萬殊, 爲今日之一致而無疑耳. 豈容至是而復用力以求其所謂一, 而夫子亦豈不待其可告而浪語之哉. 其於曾子亦以其隨事力行之已熟而告之, 使之知此所行無非一理, 而曾子以忠恕言之, 其所謂忠者, 則一也. 所謂恕者, 則一所以貫乎事物之間者也. 然此章之指, 蓋亦如此, 而子貢未能有以明之. 然所謂一者, 則理而已,

---

2 두루……것: 《맹자》〈이루 하〉에 나온다.

其所以貫, 則是理之行乎事物之間而無不通者也. 其所指而言者, 雖或不同, 然豈有二致哉. 諸說皆善, 但皆有以博爲病之意. 而侯氏爲尤甚. 蓋既謂之聖人, 則不可以學言, 既曰窮理, 則不可謂何用多學也. 其語意之間, 自相牴牾蓋如此. 是蓋不察乎所謂一者, 固所以該乎萬. 若無所謂萬者, 則其爲一也. 亦將何以貫爲哉. 孟子曰, 博學而詳說之, 將以反說約也. 此正學者之事也. 楊氏之說則善矣. 然其引顏子之意爲說, 不若但引孟子之言之爲當也.

15-03. 子曰, "由! 知德者鮮矣."

문 '지덕자선知德者鮮'에 관한 학설은 어떻습니까?

답 《사기》에서 이 말을 윗 장과 연결했는데[3] 같은 시기의 일로 보았다. 그러므로 '진나라와 채나라의 대부가 공자를 몰랐던 것', '자로가 성낸 것', '자공이 부자께서 많이 배우지 않았냐고 의심한 것'은 모두 '덕德'에 대해서 알지 못한 것이다. 여러 학설 중 범씨의 학설만이 이치에 가깝다. 범씨의 의도는 오직 진나라, 채나라의 대부를 가리키는 것 같다. 여러 학설은 대개 '지덕知德'을 '스스로 그 덕을 안다.'라고 해석하면서 '먹어도 맛을 모른다.'라는 것을 근거로 삼았다. 만약 이와 같다면 '도를 아는 것[知道]'은 가능하나, 어찌 '지덕'이라고 할 수 있겠는가. 우선 '덕'이라고 말했다면 곧 자신이 터득한 것을 이른다. 이미 터득하고서 도리어 모른다고 할 수 있겠는가. 후씨가 '덕을 알면 도를 안다.'라고 한 것은 어긋남이 더욱 심하다. 이른바 '도와 덕'을 모르면서 어찌 구별할 수 있는가. 이

---

3 《사기》에서······연결했는데:《사기》〈공자세가〉에 나온다.

는 노자의 '도를 잃은 후에 덕이다.[失道而後德]'[4]라는 주장과 같은 오류를 범한 것이니, 스스로 아는 것이 아니다.

或問, 知德者鮮之說.

曰, 史記以此連上章, 爲一時之語, 然則以陳蔡之大夫, 子路之慍見, 子貢之疑於多學, 皆爲未知德也. 與諸說惟范氏近之, 而其意似專指陳蔡之大夫也. 諸說多謂知德爲自知其德, 而以食不知味爲說, 若是則曰知道可矣. 何知德之云乎. 旣曰德, 則乃己之所得也, 豈有己旣得之, 而反不知者哉. 侯氏所謂知德則知道者, 語尤倒置, 不知其所謂道德者, 如之何而別之也. 豈其陷於老子失道而後德之言, 而不自知也耶.

15-04. 子曰, "無爲而治者其舜也與? 夫何爲哉? 恭己正南面而已矣."

문 '공기恭己'를 '성인이 덕을 존중하는 모습'으로 해석했는데 어떻습니까?

답 '순수하고 경건함이 그치지 않고 조작이나 수양을 하지 않는다.'라는 것이다. 밖에서 보면 그저 공손한 태도[恭己]를 취하는 것처럼 보일 뿐이다.

或問, 恭己之爲聖人敬德之容, 何也.

曰, 純敬不已, 無事乎操修, 自外觀之, 見其恭己而已爾.

문 무위無爲의 치도는 어떤 것입니까?

답 이와 같다면 말을 하지 않아도 믿음이 생기고, 화를 내지 않아도 위

---

4 도를……덕이다:《도덕경》38장에 나온다.

엄이 선다. 그런데 그런 연유를 모르는 경우가 있다.

其無爲而治之道, 何也.

曰, 若是者, 不言而信, 不怒而威, 有不知其所以然者也.

문 여러 학설은 어떻습니까?

답 범씨는 '용인用人'을, 여씨는 '신을 체득하여 천하에 순조로이 통하게 한다[體信達順]'[5]와 '다른 사람과 더불어 선을 행한다.[與人爲善]'를, 양씨는 '봉천奉天'을 근거로 들었다. 모두 참으로 좋으나 부자의 말씀은 이런 것을 언급한 것이 아니다. 예부터 제왕의 다스림은 대개가 이와 같은데, 부자께서 왜 순임금만 칭송하셨겠는가. 부자의 말씀을 자세히 살펴보면 이 장에 관한 여러 학설 중에 후씨와 윤씨가 설득력 있게 주장한 것이 가장 많다. 사씨의 설은 부자께서 순임금만 거론한 뜻이 후씨의 학설과 조금 차이가 나는 듯하나, 두 주장을 합쳐보면 당시 상황과 마음 씀씀이가 한결같음을 알 수 있으니, 성인의 말씀을 충분히 드러내었다. 우연하게 그렇게 주장한 것이 절대 아니다.

諸說如何.

曰, 范氏以用人爲說, 呂氏以體信達順, 與人爲善爲說, 楊氏以奉天爲說, 固皆善矣. 而夫子之言未及乎此也. 自古帝王之爲治, 蓋亦莫不然者, 夫子何獨於舜而稱之乎. 故詳味夫子之言, 則此章之說, 侯尹氏得之爲多, 而謝氏說, 又見其所以獨言舜之意, 雖若與侯氏小異, 然合二說而觀之, 則知其時事心迹無一不然, 而足以見聖人之言, 蓋非偶然而發矣.

---

5 신을……한다: "선왕이 예를 지켜 의리에 통달하고, 신실信實하게 자연의 이치의 순응하면 곧 천하에 태평성세가 도래한다.[先王能修禮以達義, 體信以達順故. 此順之實也.]"《예기》〈예운禮運〉

문 《상서》〈순전舜典〉을 살펴보면, 순임금이 다스릴 때 제후의 조현朝見을 받고, 천하를 순수하며 산에 제사를 지내고, 하천을 준설하고, 팔원八元과 팔개八凱 같은 현신을 등용하고, 사흉四凶을 주살하는 등 일이 없습니다. 그런데 여기서 '무위이치無爲而治'라고 한 것은 왜 그렇습니까?

답 《상서》를 살펴보면, 순임금의 치적은 대개 요임금을 대신해 섭정한 28년간에 관한 것이다. 천자의 자리에 오르시고는 9관九官과 12목十二牧에게 명령한 것밖에 없고 그다음 다른 일이 없었다. 《상서》의 기록은 간결하고 우아하지만 한편 성긴 부분도 있다. 하지만 당시에 별다른 일이 없었다는 것을 충분히 볼 수 있다.

曰. 以書傳考之, 舜之爲治, 朝覲巡狩封山濬川擧元凱誅四凶, 非無事也. 此其

曰. 無爲而治者何耶.

曰. 卽書而考之, 則舜之所以爲治之迹, 皆在攝政二十八載之間, 及其踐天子位, 則書之所載, 不過命九官十二牧而已, 其後無他事也. 雖書之所記, 簡古稀潤, 然亦足以見當時之無事也.

문 그렇다면 그 다스림은 당시의 상황 덕분에 그런 것이지 '공기恭己'의 효과는 아니지 않습니까? 어떻습니까?

답 당시 상황이 그런 것도 있지만, 순임금께서 공손한 태도로 남면하셔, 그 다스림이 더욱 오래가고 쇠퇴하지 않았던 것이다. 만약 후세의 군주라면 무사無事할 때라도 '성인이 공손한 태도로 다스린 도'를 몰라 반드시 나태·방탕·안일 등 깊은 수렁에 빠진다. 그래서 이때의 '무사'라는 것은 환란과 다사多事의 발단이 되는 것이다.

曰. 若是, 則其治也, 乃時事之適然, 而非恭己之效也, 奈何.

曰. 因其時事之適然也, 而舜又恭己以臨之, 是以其治益以長久而不替也. 若後

世之君, 當無事之時, 而不知聖人恭己之道, 則必怠惰放肆, 宴安鴆毒, 而其所謂無事者, 乃所以爲禍亂多事之媒也.

15-05. 子張問行. 子曰, "言忠信, 行篤敬, 雖蠻貊之邦, 行矣. 言不忠信, 行不篤敬, 雖州里, 行乎哉? 立則見其參於前也, 在輿則見其倚於衡也, 夫然後行." 子張書諸紳.

문 5장에 관한 학설은 어떻습니까?

답 정자께서 여기에 직접 해석하신 바가 없으시나 그 뜻을 은미하게 밝혀두셨고, 간혹 이 말을 빌려 학문을 대강을 천명하셨다. 그러므로 정자의 학설을 계승한 이들이 오류를 많이 범했다. 이처럼 이 장의 문답 중에 나온 행간의 뜻은 모두 처자식에게 행할 수 없다는 것이다. 범씨, 사씨, 양씨 모두 '몸소 도를 행할 수 없다.[身不行道]'라고 할 때의 '행行'으로 파악했는데 모두 틀렸다. 범씨는 '도가 어딘들 불가한 곳이 없다.', '보는 것이 도 아닌 것이 없다.'라고 했는데 모두 근거가 없다. 또한 '자장子張으로 하여금 밖에서 안으로 들어오게 하려는 것'이라고 한 것은 더욱 옳지 못하다. '충신독경忠信篤敬'이 어찌 밖에서 안으로 들어가는 것이겠는가. 다만 자장의 학문을 두고 '겉은 넉넉하지만 속은 부족하다.'라고 평가한다면 설득력이 있다. 사씨가 '향기가 서려 기분이 오싹한 것'이라고 해석한 것 또한 지나치다.

'참의參倚'에 관한 학설은 사씨와 양씨가 다르게 주장한 것 같지만[6], 실

---

6 참의에……같지만: 이 부분은 다음 주석을 풀이해야만 가능하다. "사씨가 말하였

15. 위령공衛靈公 199

상 뜻은 같다. 만약 별도로 한 사물을 상정한다면⁷ 분명하지 않고 어렴풋하여, 마치 어떤 형상이 마음과 눈 사이를 왕래하는 것 같아진다. 대개 정자께서 '(눈앞에 참여함을 볼수 있다고 했을 때) 본 것은 어떤 일인가?'라고 하신 말씀에 근거를 두고 있다. 그러나 본문의 뜻은 '앉으면 담벼락에서 요임금이 보이고, 밥을 먹으면 국에서 요임금이 보인다.'⁸라고 한 것에 지나지 않는다. 또한, 정자께서 학자의 의문을 계발하시고자 어떤 사건으로써 빗대어 말씀하신 것뿐이라면, 즉 '충신독경'의 경계에서 벗어나지 않는다라는 것이라면 그 의도는 애초부터 이처럼 사람을 놀라게 하거나 속이는 것에 있지 않았을 것이다. 지금 '잊어서도 안 되고, 잊지 말아도 안 된다.'라고 하는 것은 노자에게 갔다가 석가에게 갔다 들락날락하는 것과 같다. '마음을 바로 잡고 뜻을 성실하게 하면 사건이 있더라도 예단하지 말고, 마음이 아래로 막히지 않아야 도가 보존된다.'라고 한다면, 그것은 단지 아주 짧은 순간에 정신을 가다듬고 생각을 단속하면서 마치 형상이 있는 것을 잡아내는 것처럼 된다. 이것 또한 최근 이단의 학설에

다. '……서 있을 때는 그것이 앞에 나란히 있는 것을 보고, 수레에 있을 때는 그것이 가로대에 기대어 있는 것을 보니, 이것은 충忠, 신信, 독篤, 경敬의 도道를 가르친 것이다.' 양씨가 말하였다. '앞에 나란히 있는 것을 보고, 가로대에 기대어 있는 것을 본다는 것은 반드시 일삼는 바가 있어야 한다는 뜻이다.'[謝曰……立則見其參於前, 輿則見其倚於衡, 此教以忠信篤敬之道也. 楊曰, 見其參於前, 倚於衡, 必有事焉之意.]"《논어정의》

7 만약……상정한다면:《논어정의》에서 경문의 '기其'를 양씨는 '사물을 가리키는 말이다.[指物之辭]'라고 풀었는데, 주희는 구체적 사물을 볼수 없다는 입장에서 이를 비판한다.

8 앉으면……보인다: "전하는 말에 '요임금이 세상을 떠난 후, 순이 그를 3년 동안 앙모하여 앉을 때는 요임금의 환영이 담장에서 보이고 밥 먹을 때는 요임금의 환영이 국에 보였다.'라고 한다.[相傳堯去世後, 舜仰慕三年, 坐則見堯之幻影於牆, 食則見堯之幻影於羹.]"《후한서後漢書》〈이고전李固傳〉

서 비롯한 것이니, 어찌《대학》,《맹자》의 본의라고 할 수 있겠는가. 여러 학설 중에 윤씨가 가장 꾸밈이 없다. 그러나 '권권복응拳拳服膺'을 '앞에 있는 것처럼, 또 수레 횡목에 걸쳐 있는 것을 본다.'라고 해석하면 괜찮지만, 곧바로 '사물이 앞에 있고 수레 횡목에 걸쳐 있는 것'으로 비유하면 안 된다. '권권복응'은 '충신독경'을 저버리지 않는 것이니, 참전의형參前倚衡하면 마음에 새김이 익숙해져 저절로 '충신독경'을 잊지 않을 뿐이다. 부자의 이 말씀은 오직 '충신독경'의 뜻을 명확하게 드러내고자 하신 것으로, 오랜 시간을 두고 거듭해야 효과가 나는 것이지, 하루 만에 요행으로 갑자기 결과가 나기를 기대해서는 안 된다. 그 뜻이 깊다.

或問, 五章諸說, 如何.

曰, 程子於此無所解釋, 而微發明其意, 或借其語以明學問之大概, 故承其說者, 多所謬誤. 如此章問答行字之意, 皆猶曰不行於妻子之行爾. 范謝楊氏乃皆以爲身不行道之行者, 非也. 范說道無往而不可, 所見無非道之云, 亦虛矣. 又曰, 使子張從外而入者, 尤非是. 夫忠信篤敬, 豈從外而入者哉. 獨其論子張之學, 外有餘而內不足者, 得之耳. 謝氏焄蒿悽愴之說亦過之, 參倚之說, 與楊氏語雖不同, 而意實相似也. 若以爲別有一物, 恍恍惚惚, 似有形象而往來乎心目之間, 蓋源於程子所謂所見何事者. 然本文之意, 不過若曰坐則見堯於墻, 食則見堯於羹爾. 程子亦姑欲以此發學者之疑, 而以何事言之, 則固未離乎忠信篤敬之間, 而其意初不若是之怪誕駭人也. 今曰, 忘之不可, 不忘不可, 旣出入乎老佛之間, 其曰, 正心誠意, 必有事焉而勿正, 心不下帶而道存者, 亦但爲頃刻之間, 頓整精神, 檢攝念慮, 以摶取其所謂似有形象者耳. 是亦出於近世異端之餘論, 豈大學孟子與此章之本意哉. 尹氏比諸說最爲平實, 然拳拳服膺之說, 以言其所以至於見其參前倚衡者則可, 直以是爲參前倚衡之事則不可. 蓋拳拳服膺者, 不忘乎忠信篤敬也. 參前倚衡, 則服膺之熟而自不能忘乎是耳. 抑夫子此言, 正欲發明忠信篤敬, 必積累久遠而後有成功, 非可以一朝一夕僥倖倉卒而冀其效也. 其旨深矣.

15-06. 子曰, "直哉史魚! 邦有道, 如矢, 邦無道, 如矢. 君子哉
蘧伯玉! 邦有道, 則仕, 邦無道, 則可卷而懷之."

문 '시간尸諫'[9]의 학설은 어떤 내용입니까?

답 《공자가어》를 보면 다음과 같은 내용이 나온다. "위나라 영공은 거
백옥이 아니라 미자하를 등용했다. 사어가 간언했지만 듣지 않았다. 사
어는 죽음을 앞두고 아들에게 유언을 남겼다. '생전에 임금을 바로 잡지
못했으니, 죽더라도 예법대로 장례를 치르지 마라. 시신을 창 아래 그냥
두어라.' 아들이 그 말을 따랐다. 영공이 조문을 와서 까닭을 물었다. 아
들이 아버지의 유언을 전했다. 영공이 말했다. '이는 과인의 잘못이다.'
마침내 객위에 빈소를 설치하라고 명령했다. 거백옥을 등용하고 미자하
를 물리쳤다." 이것이 그 내용이다.

或問, 尸諫之說.

曰, 按家語, 衛靈公不用蘧伯玉而任彌子瑕, 史魚諫不從, 將卒, 命其子曰, 吾生
不能正君, 死無以成禮, 宜置尸牖下. 其子從之. 靈公弔而問之, 子以父言告, 公
曰, 是寡人之過也. 遂命殯於客位, 而進伯玉退子瑕. 此其說也.

문 여러 학자의 주장은 어떻습니까?

답 양씨가 아주 뛰어나다. 한편 배우는 이는 거백옥을 등용한 이유를
반드시 알아야 한다. 그는 덕성이 깊고 두터우며, 이치에 따라 행동하니
자연히 법도에 맞았다. 처음에는 구구하지 않았으며 묵묵히 실천하고,

---

9 시간: "사어처럼 죽어 시체로 간하여 충직함이 임금을 감동시킨 경우는 없었다.
  '직'이라고 할 수 있지 않겠는가.[未有若史魚死而屍諫, 忠感其君者也, 不可謂直乎.]"
  《공자가어》〈곤서困誓〉

나중에는 재능을 감추고 드러내지 않는 계책[卷懷之計]을 세웠다. 범씨의 대의는 설득력이 있다. 사씨가 '애군愛君'이라고 한 것은 좋다. 하지만 오직 '명철보신明哲保身'만을 근거로 삼은 것은 미진한 부분이 있다. 군자가 들고 날 때 기준은 오직 의義뿐이다. 애초부터 이해관계를 따지는 마음이 없다. 그러나 한 번 법도에서 어긋나면[不中節] 아주 심한 허물을 짓게 된다. 처신에 있어 의에 부합하지 않는다면 비록 '애군'한다고 할지라도 도리어 군주가 신하를 죽이는 죄를 짓게 할 수 있다. 그래서 '곧음[直]'을 행하는 것에서 감히 더 나아가지 않는 것이다. 또한 오직 보신保身을 위한 계책만을 세우지도 않는다. 사씨는 '사어는 곧음만 알고 권도를 모른다.'라고 평가했는데, 사어는 군신 사이의 지켜야 할 바른 도리를 행했을 뿐이다. 간혹 작은 실수가 있을지라도 그것은 권도를 몰랐기 때문만은 아니다.

諸說如何.

曰. 楊氏至矣. 然學者亦當知伯玉所以如此, 蓋其德性深厚, 循理而行, 自然中節, 初非規規然務爲緘黙, 而預爲可以卷懷之計也. 范氏大意得之. 謝氏所謂愛君者善矣. 然專以明哲保身爲說, 則亦有所未盡也. 夫君子之出處, 一於義而已. 初非有計較利害之心也. 然一不中節, 而失於激訐之過, 則在己固爲未合於義, 且雖曰愛君, 而或反陷其君以殺臣之罪, 其所以不敢過於爲直, 亦不專爲保身計也. 侯氏謂史魚知直而不知權. 史魚之事, 於君臣之正, 亦或小失之, 非獨不知權而已也.

15-07. 子曰, "可與言而不與言, 失人, 不可與言而與之言, 失言. 知者不失人, 亦不失言."

문 7장에 관한 학설은 어떻습니까?

답 학설 대부분이 좋다. 그러나 범씨는 '실인失人'을 '그 처할 바를 얻지 못한 것'이라고 풀었는데, 대개 '내가 다른 사람을 대하는 것이 올바르지 않다.'라는 의미로 쓴다. 말뜻이 명확하지 않아, 독자가 의심할 수밖에 없다. '성덕成德'과 '달재達材'를 구분했는데, 덕성과 재능은 본디 우열이 나누어지나, 그 가운데서도 각자 대소의 차이가 있다. 따라서 덕성이 훌륭하다고 해서 말을 나누거나, 또 재능이 부족하다고 해서 말을 섞지 말아야 하는 것은 아니다. 이 장에 관한 학설 중에 사씨가 거의 정확하게 풀었다. 하지만 오직 '교인敎人'으로만 해석한 것은 지나치게 구애된 것이니 사리에도 미진한 바가 있다.

或問, 七章之說.

曰, 諸說多善, 但范氏以失人爲不得其所處, 蓋曰, 我所以處人者, 不得其所耳, 而語意不明, 讀者不能無疑也. 楊氏成德達材之分, 德之與材, 固有優劣, 然其中亦自各有小大之差爾, 不可專以德爲上而可與言, 才爲下而不可與言也. 此章之說, 謝氏庶幾得之, 但專以敎人爲言, 則亦太拘而於事理, 亦有所未盡耳.

15-08. 子曰, "志士仁人, 無求生以害仁, 有殺身以成仁."

문 '살신성인殺身成仁'에 관한 주장은 어떻습니까?

답 정자의 말씀이 가장 뛰어나다. 윤씨의 주장 또한 설득력이 있다. 범씨의 주장은 정밀하지는 않지만, 폭이 넓은 맛이 있다.

或問, 殺身成仁之說.

曰, 程子至矣. 尹氏亦爲得之, 范氏雖不精密, 而亦寬博有味.

문 그렇다면 이 장의 요지를 상세하게 살피면 어떻습니까?

답 '인仁'은 '마음의 덕'으로 모든 이치를 포괄한다. 하나라도 '리理'에 부합하지 않으면 마음이 불안하여 덕을 해치게 된다. 리를 따르고 어기지 않으면 비록 신체가 죽임을 당하더라도 마음의 온전함과 리의 바름은 천지에 가득하니, 그 누구도 없앨 수 없다.

曰. 然則此章之旨, 其詳奈何.

曰. 仁者心之德, 而萬理具焉. 一有不合於理, 則心不能安, 而害其德矣. 順此理而不違, 則身雖可殺, 而此心之全, 此理之正, 浩然充塞天地之間, 夫孰得而亡之哉.

문 여씨의 주장은 어떻습니까?

답 그의 뜻대로 덕이 내 몸에 갖춰진 것으로 푼다면 신체를 해치더라도 지덕至德을 사사롭게 여길 수 없다는 것이 된다. 그러나 죽음을 맞더라도 仁을 완성한다면 이는 비록 지덕을 사사롭게 여기지 않는 것일지라도 결과적으로는 지덕을 사사롭게 여기는 것이 된다. 이 말은 매우 교묘하다.

曰. 呂氏之說, 如何.

曰. 此其意以爲德者, 吾身之所有, 殺其身, 則是不私至德也. 然而殺身以成仁, 則是雖若不私至德, 而乃所以私至德也. 其語亦太巧矣.

문 사씨의 말은 어떻습니까?

답 사씨는 '인인仁人은 삶과 죽음을 가리지 않는다.'라고 했는데, 인인은 인을 마땅하게 여기니, 삶과 죽음에 있어 고통과 즐거움의 구분을 짓지 않고, 죽음을 피할 수 없다면 죽음을 그대로 맞이한다. 부득이해서 삶을 버리고 의義를 취하는 것이 아니다. 그러나 단지 '삶과 죽음을 가리지 않는다.'라고만 한다면 마치 인인은 삶과 죽음에 있어 선택하지 않고 자연을 따른다는 뜻과 비슷하게 된다. 그렇다면 석가의 주장과 다를 바 없으니, 이 장에서 성인께서 말씀하신 본의와 완전히 상반된다. 또 '외물 역시 개입할 수 없다.'라고 한다면 이는 오로지 '심心'으로만 '인仁'을 해석하는 것이 되니, 그저 사건이 가려지는 것만으로 끝나지 않는다. 이처럼 말한다면, 곧 노자나 석가의 학설과 다를 바 없게 된다. 또 '외물 역시 개입할 수 없다.'라고 한다면 돌연 그것을 인으로 여기니, 어찌 타당하겠는가.

曰, 謝氏之說, 如何.

曰, 其曰仁人於死生無擇云者, 蓋以仁人惟仁之安, 而於死生不見其有苦樂之異, 當死則死, 非不得已而捨生以取義也. 然但曰死生無擇, 則似以仁人之於死生, 都無所擇, 而聽其自然耳. 如此, 則與釋氏之說無異, 而於聖人此章之旨, 正相反矣. 又謂外物亦不足以間之者, 則亦有專以心言仁, 而不兼於事之弊. 若如此言, 則老釋之學, 亦有外物不足以間之者, 而遂以彼爲仁可乎哉.

문 지사志士와 인인仁人의 구분은 어떻습니까?

답 양시의 주장이 설득력 있다. 만약 후씨처럼 지사를 인인으로 여긴다면 틀린 것이다.

曰, 志士仁人之分, 何也.

曰, 楊氏之說得之. 若侯氏遂以志士爲仁人 則非矣.

문 '살신성인'을 두고 '의義'라 하고 '인仁'이 아니라고 하는 주장은 어떻습니까?

답 인과 의는 체體는 하나이나 용用이 다르다. 군자는 사건에 있어서,

어떤 경우 인을 기준으로 결단하고, 또 어떤 때는 의를 기준으로 결단한다. 인으로 결단하는 경우가 이 장에서 말씀하는 것이다. 의로 결단하는 것은 맹자께서 '삶보다 더 바라는 것이 없고, 죽음보다 더 싫어하는 것이 없다.'[10]라고 하신 것이다. 대개 인인仁人은 싫다고 해서 '좋음의 체體'를 상하게 하지 않고, 의사義士는 천하다고 해서 '귀함의 의宜'를 가볍게 여기지 않는다.

曰, 其謂殺身成仁, 義也, 非仁也, 奈何.

曰, 仁義體一而用殊, 故君子之於事, 有以仁決者, 有以義決者. 以仁決者, 此章之言是也. 以義決者, 孟子論欲有甚於生惡有甚於死是也. 蓋仁人不以所惡傷所好之體, 義士不以所賤易所貴之宜.

15-09. 子貢問爲仁. 子曰, "工欲善其事, 必先利其器. 居是邦也, 事其大夫之賢者, 友其士之仁者."

문 9장에 관한 학설은 어떻습니까?

답 정자, 양씨의 학설이 설득력 있다. 범씨의 '유기유인설由己由人說'[11]은 소략하다. 저 인자나 현자가 비록 외부에 있다고 하더라도, 벗 삼거나 섬기는 것이 어찌 자신에게서 시작하는 것이 아니라 할 수 있겠는가. 또 《중용》의 '성명誠明'과 '명성明誠'을 인용한 것도 옳지 않다. 안연이 부자

---

10 삶보다……없다: 《맹자》 〈고자 상〉에 나온다.

11 유기유인설: 범씨는 《논어》 〈안연〉의 '위인유기爲仁由己'는 '자성이명自誠而明'으로, 이 장의 '사기대부지현자事其大夫之賢者 우기사지인자友其士之仁者'는 '자명이성自明而誠'으로 보고 있다.

의 말씀을 듣고 그 말씀대로 하길 원했던 것이지, 스스로 성실해서 밝아진 것[誠明]이 아니다. 순임금의 경우를 살펴보면 본성이 진실로 성실해서 아래로 뭇 사람을 선하게 만들었으니, 나중에 스스로 밝아져서 성실한 것이 아니다. 여씨가 '사현우인事賢友仁'을 '달인達仁'으로 본 것은 옳으나, 자신이 이미 인의 경지에 올랐으므로 '달인'하다고 한다면 그것은 인을 실천하는 것이 아니다. 사씨는 공경하는 마음이 생기는 것을 인이라고 하여, 보고 느끼고 절차탁마할 때 모두 생략하고 말하지 않았으니, 경솔하고 쉽게 인의 경지에 오르려는 병폐를 벗어나기 어려울 듯하다. 평소 인을 논하여 그 상관관계를 따지는 것이 대개 이와 같으니, 성현의 본의가 아니다.

或問, 九章之說.

曰, 程子楊氏得之. 范氏由己由人之說疎矣. 彼仁賢雖外, 而所以友而事之者, 獨不由己乎哉. 所引中庸誠明明誠亦非是. 顔淵聞夫子之語而請事焉, 固不得爲自誠而明矣. 若舜之事, 則其本固誠, 而下兼衆善耳. 非自明而誠也. 呂氏以事賢友仁爲達仁是, 以己旣有仁而達之, 非爲仁之事也. 謝氏專以敬心生爲仁, 而於觀感切磋之際, 皆有所略而不道, 恐未免乎容易輕率之病, 蓋其平日所以論仁考類如此, 非聖賢之本意也.

15-10. 顔淵問爲邦. 子曰, "行夏之時, 乘殷之輅, 服周之冕, 樂則韶舞. 放鄭聲, 遠佞人. 鄭聲淫, 佞人殆."

문 상나라와 주나라가 정삭正朔을 고쳤는데도, 어째서 하나라 역법의 올바름만 못합니까?

답 양기가 황종黃鍾(동지에 상응)에서 다시 시작하므로, 그 달을 정월[建子. 현재의 음력 11월]로 삼는다. 하지만 양기가 땅 속에 잠복해 있으니, 아직 생물에 영향을 미치는 것을 볼 수 없다. 정월을 축월丑月에서 인월寅月로 바꾸는 것은 이때 삼양三陽이 처음 시작하기 때문이고[12], 이때 따뜻한 바람이 불어 나무가 성장하는 데 큰 도움이 되며, 춘기도 따라 응하기 때문이다. 옛날 성인은 이를 생물의 시작으로 여기고, 해가 바뀌는 시작으로 보았다.

대개 사람이 같이 본 것으로 말하자면, 시각이 각기 달라 어디서 시작하는지 모르는 경우도 있다. 상나라와 주나라는 정벌을 통해 천하를 차지하고 안정시켰고, 그러면서 정월을 전 시대와 다르게 잡았다. 한 나라의 제도를 정하면서 천하의 모든 사람의 이목을 새롭게 하였으니, '삼통三統'[13]이라는 학설이 생기게 된 것이다. 하늘을 두고 말하면 생물에 영향을 미치지 못하고, 땅을 두고 말하면 해가 바뀐다는 의미를 명확하게 드러나지 않아, 사시와 오행의 질서가 올바른 자리를 잡지 못하게 되니, 공자께서 삼대의 제도를 고찰하시고 반드시 하나라의 역법을 시행해야 한다고 하신 것이다.

或問, 商周之改正朔, 何以不如夏時之得其正也.
曰, 陽氣雖始於黃鍾, 而其月爲建子, 然猶潛於地中, 而未有以見其生物之功也. 歷丑轉寅, 而三陽始備, 於是叶風乃至, 盛德在木, 而春氣應焉.古之聖人, 以是爲生物之始, 改歲之端, 蓋以人之所共見者言之, 未有知其所由始也. 至於商周始以征伐定有天下, 於是更其正朔, 定爲一代之制, 以新天下之耳目, 而

---

12 정월을……때문이고: 12벽괘 중, 지천태괘地天泰卦(☷☰)를 말한다. 아래 3효가 모두 양이라는 뜻이다.

13 삼통: '삼정三正'이라고도 하는데, '하, 상, 주'의 역법을 말한다.

有三統之說. 然以言乎天, 則生物之功未著, 以言乎地, 則改歲之義不明, 而凡四時五行之序, 皆不得其中正, 此孔子所以考論三王之制, 而必行夏之時也.

문 주나라의 '로輅'는 지나치게 사치스러웠다고 하는데, 어째서입니까?

답 무릇 큰 수레[輅]라는 것은 몸이 타는 것이자 발로 밟는 것이니, 그 쓰임새가 천하다. 운행하며 진동하고, 무거운 짐을 싣고 먼 곳까지 이르니, 그 물건됨이 또한 고되다. 그리고 하나의 수레에 여러 장인[工]이 모이니[14], 그 비용이 많이 든다. 쓰임새는 천한데 귀하게 꾸미면 그 물건에 걸맞지 않고, 고된 일을 하는데 화려하게 꾸미면 쉽게 망가지며, 비용이 많이 드는데 또 비용을 더하면 재물을 낭비하게 된다. 이것이 주나라의 큰 수레가 지나치게 사치스럽다고 하는 까닭이다.

曰, 周輅爲過侈, 何也.

曰, 夫輅者, 身之所乘, 足之所履, 其爲用也賤矣, 運行震動, 任重致遠, 其爲物也亦勞矣. 且一器而工聚焉, 則其爲費也廣矣. 賤用而貴飾之, 則不稱物, 勞而華飾之, 則易壞, 費廣而又增費之, 則傷財, 周輅之所以爲過侈與.

문 주나라의 면冕은 사치스럽지 않았다고 하는데, 어떻습니까?

답 면은 머리 위에 올리는 것으로, 체體는 엄중하나 용用은 간소하다. 그 제도를 상세히 살펴보면 직위에 따라 등급이 분명히 정해져 있다. 그래서 주나라의 면은 형식[文]을 잘 갖추더라도 등급을 넘어서지 않는다. 하나라, 상나라의 제도는 살필 수 없으나, 추측하면 제도가 다 갖추어지지 못했을 것 같다.

曰, 周冕之不爲侈, 奈何.

---

14 하나의……모이니:《주례周禮》〈동관冬官 고공기考工記〉에 나온다.

曰, 加之首, 則體嚴而用約, 詳其制, 則等辨而分明, 此周冕所以雖文而不爲過也. 夏商之制, 雖不可考, 然意其必有未備者矣.

문 여러 학설은 어떻습니까?

답 정자, 장자의 주장이 제일 뛰어나다. 범씨는 '요순께서 천하를 다스려 태평성대를 이루었다.'라고만 여겼고, 부자께서 옛 제도를 살펴서 덜고 더한 까닭을 고찰하지 않았으니, 논리에 허점이 많다. 사씨는 '안자에게 이를 경계하라고 한 것은 아니다.'라고 했는데, 그 논의는 〈술이〉에서 '이것이 내 걱정거리다.[是吾憂也]'라는 뜻이다. 양씨는 이를 역시 '주나라를 따르겠다.[從周]'라는 뜻으로 풀었고, '감이대監二代'[15]로 말한 것은 〈팔일〉에서 논의했다. 윤씨는 정자의 뜻과 거의 어긋나지 않는다.

諸說如何.

曰, 程子張子至矣. 范氏但以爲治天下致太平之事, 而不察乎夫子所以損益之意, 則疎矣. 謝氏非使顔子致戒於斯者, 猶其論是吾憂也之意. 楊氏以此爲亦從周之意者, 蓋以其監二代言之, 說見第三篇矣. 若尹氏庶其不失程子之意也歟.

15-11. 子曰, "人無遠慮, 必有近憂."

문 11장에 관한 주장은 어떻습니까?

답 범씨가 상세하게 살폈다. 정자, 범씨, 사씨는 모두 '사事'의 원근으로 설명했는데, 양씨는 '지地'의 원근으로 파악했다. 두 설을 합쳐보면 정확

---

15 감이대: "공자께서 말씀하셨다. '주나라는 하와 은 이대의 예를 보아 본보기로 삼았으니, 찬란하다. 그 문채가! 나는 주나라를 따르겠다.'[子曰, 周監於二代, 郁郁乎文哉! 吾從周.]"《논어》〈팔일〉

한 뜻을 얻을 수 있다.

或問, 十一章之說.

曰, 范氏詳矣. 凡前三說, 皆以事之遠近而言, 楊氏以地之遠近而言, 合而觀之, 則盡矣.

15-12. 子曰, "已矣乎! 吾未見好德如好色者也."

문 12장에 관한 학설은 어떻습니까?

답 범씨가 추론한 것은 설득력 있는데, '자극自克'이라고 한 것은 양씨만 못하다. 양씨가 '성심이 없다면 끝났다.'[16]라고 한 것은 범씨가 주장한 것보다 못하다.

或問, 十二章之說.

曰, 范氏之所推言者得之, 而其所謂自克者, 不若楊氏. 所謂無誠心已矣乎之說, 則楊氏不如范氏之爲得也.

15-13. 子曰, "臧文仲其竊位者與! 知柳下惠之賢而不與立也."

문 13장에 관한 주장은 어떻습니까?

답 범씨, 양씨, 후씨의 주장이 설득력이 있다. 사씨의 주장은 매우 잘못되었다. 장문중의 능력이 그 정도까지는 아니다.

---

16 성심이……끝났다: "양씨가 말했다. '세상에 덕을 좋아함에 성심이 없다면 끝났다는 것을 공자는 알았다.'[楊曰, 世之好德無誠心, 則孔子知其已矣.]"《논어정의》

或問, 十三章之說.

曰, 范楊侯得之. 謝說甚矣. 文仲之賢, 蓋不至是也.

15-14. 子曰, "躬自厚而薄責於人, 則遠怨矣."

문 14장에 관한 주장은 어떻습니까?

답 주장이 모두 좋은데, 범씨가 매우 상세하다. 유독 사씨만이 반대로 해석했는데, 자신을 반성하면 다른 사람을 탓할 수 없다고 한 것은 이 장의 본의가 아닌 것 같다. '자신의 문제점을 찾는 것[求責]'이라고 할 때 '책責'이지, '타인의 허물을 질책하는 것[咎責]'의 '책責'이 아니다. 그 뜻은 '자기 책임은 아주 엄격하게 묻고, 타인에게는 매우 관대하게 대하는 것'[17] 이라고 하는 것과 같다. 이는 사씨와 달리 반대로 해석하는 것이 아니다. 만약 사씨처럼 반대로 해석했다면 곧바로 다른 사람을 책할 수 있는 이치가 없어지므로, '박薄', 혹 '책責' 같은 말을 할 필요가 없다. 또 '원망이 생기지 않게 할 수 없는 것은 자신을 아끼는 방법을 모르기 때문'이라고 한 것은 어떤 의미인지 알 수가 없다. 부자께서 '궁자후이박책어인躬自厚而薄責於人'이라고 하신 것은 리理의 당연함이고, '원원遠怨'이라고 하신 것은 그것의 효과(결과)이다. '자신을 아끼고 다른 사람을 약하게 책망하면서 원망이 멀어지기를 구하는 것'이 아니다. 홍씨의 주장 또한 좋

---

17 자기……것: "옛날 군자는 무겁고 철저하게 자신을 책망하지만, 남을 탓할 때는 가볍고 소략하다. 무겁고 철저하므로 느슨해지지 않고, 가볍고 소략하니 사람들은 즐겁게 선한 행동을 한다.[古之君子, 其責己也重以周, 其待人也輕以約. 重以周故不怠, 輕以約故人樂爲善.]"(한유韓愈, 〈원훼原毀〉)

다. 【홍씨가 말했다. "설령 선을 권하더라도 의義에 따라서 권해야 한다. 또한 자신을 엄하게 다스리는 것을 반드시 근본으로 해야 한다."】

或問, 十四章之說.

曰, 諸說皆善, 而范氏尤詳. 獨謝氏之意, 若以爲橫逆之來, 反己而不以咎人者, 似非此章之指. 蓋此章之云責者, 乃求責之責, 非咎責之責, 其意則猶所謂責己 重以周, 待人輕以約耳, 非爲橫逆而發也. 若以橫逆言之, 則直無責人之理, 不 應猶以薄責爲言矣. 其以不能遠怨爲未知自愛者, 亦不可曉. 夫子所謂躬自厚 而薄責於人者, 乃理之當然, 而遠怨者, 乃其效耳, 非以自愛而厚, 薄責於人, 以 求遠怨也. 洪氏之說亦善. 【洪氏曰, 雖責善, 義所當責, 亦必以自厚爲本.】

15-15. 子曰, "不曰如之何, 如之何者, 吾末如之何也已矣."

문 15장에 관한 학설은 어떻습니까?

답 범씨와 후씨, 윤씨는 옛 학설을 이용했고, 사씨는 다른 주장을 했다. 《집주集註》에는 이 두 주장이 다 쓰이고 있다. 그중 하나는 소씨의 주장 과 비슷하다. 【소씨가 말했다. "……."】 유독 사씨만이 장자의 '과이불회過 而不悔'[18]를 주장했는데, 성인이 본뜻이 아니다. 누가 옳은지 모르겠다. 독자께서 찾아보길 바란다.

或問, 十五章之說.

曰, 范侯尹氏用舊說, 謝氏爲一說, 集註又有兩說, 而其一近蘇氏. 【蘇氏曰云 云.】惟謝氏乃莊生過而不悔之論, 非聖人本意, 他未知其孰是也, 讀者求之.

---

18 과이불회: "그 같은 사람은 실패하여도 후회하지 않고, 일이 합당하게 이루어져도 우쭐거리지 않는다. [若然者, 過而弗悔, 當而不自得也.]"《장자莊子》〈대종사大宗師〉)

15-16. 子曰, "群居終日, 言不及義, 好行小慧, 難矣哉!"

문 16장에 관한 학설은 어떻습니까?

답 군자가 여럿 모이면 도의道義를 이야기하고 덕업을 닦으려 한다. 만약 종일토록 의義를 논하지 않으면 방탕하고 삿된 마음만 키우고, 잔꾀를 부리려 들면 위험한 짓을 하면서 요행을 바라는 기괴한 마음만 커진다. 이는 모두 선심을 보존하고 길러 도와 덕의 경계로 들어가는 것에 도움이 되지 못한다. 자포자기하는 것이 이 지경까지 오면 성인께서도 어찌 깊이 근심하시지 않을 수 있겠는가. '난의재難矣哉'는 도덕의 경계로 들어서지 못하는 것을 걱정한 것으로, 해나 화를 입을까 걱정하셔 은근하게 하신 말씀이다. 모든 학설의 시비 여부與否는 이를 기준으로 판가름해도 괜찮다.

或問, 十六章之說.

曰, 君子群居, 將以講道義進德業也. 今終日之間, 言不及義, 則放辟邪侈之心滋, 好行小慧, 則行險僥倖之機熟, 皆非所以存養善心, 而爲造道入德之資也. 其自暴自棄, 至於如此, 聖人得不爲之深憂哉. 難矣哉者, 憂其不入於道德, 而將罹於患害之微辭也. 諸說之是非, 推此決之可也

문 선생님은 '혜慧'를 '지智'로 푸셨고, 사씨는 '혜는 지와 비슷하지만 같지는 않다.'라고 했는데, 어떻습니까?

답 '혜'는 본디 '밝은 지혜'를 칭하는 말이다. 내가 말하는 것은 글자의 본의이다. 특히 '소혜小慧'라는 것은 의리에 근본을 두지 않고, 이욕을 따지는 사사로움에서 나온 것이다. 사씨가 비판한 것은 작은 것을 두고 논하기 때문이다. 그러나 '혜와 지는 비슷하지만, 실제는 다르다.'라고 한

다면 옳지 않다. 이른바 '지'라고 하는 것은 본디 대소를 반드시 구별해
야 하는 것이다.

曰, 子以慧爲智, 而謝氏乃有與智相似而不同之說, 何也.

曰, 慧之爲言, 固明智之稱也, 吾之所言, 字之本意也. 特所謂小慧者, 則不本於
義理, 而發於計較利欲之私也. 謝氏之所譏, 以其小者而言之也. 然曰與智相似
而實不同者, 亦非是. 所謂智者, 固亦不能無大小之辨也.

문 양씨의 '찰혜察慧', 윤씨의 '재지才智'라는 설은 어떻습니까?

답 '찰혜'는 대개 '찰察'을 '명明'으로 해석하는 것으로, 이 장의 뜻과 다르
다. '재지'는 자질의 아름다움과 덕의 바름을 뜻하는데, 윤씨는 작은 것
이 병폐가 됨을 살피지 않았고, 아울러 이를 끊어버리려 했으니 잘못이
매우 크다.

曰, 察慧才智之說, 如何.

曰, 察慧. 蓋謂以察爲明者, 非此章之意也. 若曰才智, 則又質之美而德之正者,
尹氏不察夫小者之爲病, 而欲倂是絶之, 其失遠矣.

> **15-17.** 子曰, "君子義以爲質, 禮以行之, 孫以出之, 信以成之.
> 君子哉!"

문 17장에 관한 학설은 어떻습니까?

답 정자와 사씨의 주장이 설득력 있다. 양씨가 매우 치밀하다. 하지만
손출孫出에서 신성信成까지[19] 두 구절은 '의義'가 아니라 '예禮'에 주목한

---

19 손출에서 신성까지: "양씨가 말하였다. '……행하되 공손함으로 말하지 않으면 예

것으로, 설령 글의 논리가 이처럼 무리 없이 연결되더라도 마땅히 '의'에 주목해야만 비로소 글이 완전해진다.

或問, 十七章之說.

曰, 程子謝氏得之, 楊氏尤密. 然於孫出, 信成二句, 不主於義, 而主於禮, 雖其文勢相因有如此者, 然亦當歸之於義, 文意始完備矣.

15-19. 子曰, "君子疾沒世而名不稱焉."

문 19장에 관한 학설은 어떻습니까?

답 정자, 범씨, 여씨, 사씨의 주장이 설득력 있다. 정자께서 주장문朱長 文[20]에게 이 장을 인용하여 뜻을 밝혀 준 적이 있는데, 그 의미가 매우 깊다. 《논어정의》에서는 이 부분을 놓쳤는데, 지금 《문집文集》에서 볼 수 있으므로 배우는 이들은 살필 수 있다. 범씨는 양웅의 '명예를 얻어서 부모를 드러나게 하는 것'[21]을 인용했고, 사씨는 열어구禦寇事의 사례[22]를 인용했는데, 모두 타당하지 않다.

或問, 十九章之說.

가 온화하지 않고, 공손하되 신으로써 이루지 않으면 용모와 절도가 헛되이 꾸미기만 한다.'[楊曰……行而不以孫出之, 則禮不和. 孫而不以信成之, 則其爲容節也浮文而已.]" 《논어정의》

20 주장문(1039~1098): 자는 백원伯原, 호는 낙포樂圃, 소주 출신이다.

21 명예를……것: 《양자법언揚子法言》〈학행學行〉에 나온다.

22 열어구의 사례: "사씨가 말하였다. '……후대에 예의가 쇠미하자 덕을 숨기고 빛을 감추어 사십 년 동안 아는 사람이 없었다.'[謝曰……後世禮義衰微, 始有潛德韜光, 四十年無識者.]" '사십년 동안 아는 사람이 없었다.'는 《열자列子》〈천서天瑞〉에 나온다.

曰, 程子范呂謝氏得之矣. 程子又嘗語朱長文引此章之語而發明之, 其意尤切,
而精義失之, 今見文集, 學者可以考也. 范氏引名譽以崇之, 謝氏引列禦寇事,
則皆若有未安者.

15-20. 子曰, "君子求諸己, 小人求諸人."

문 20장에 관한 양씨의 설이 매우 교묘하지 않습니까?

답 비록 교묘하나, 배우는 이에게 도움이 될 것 같아 내가 기록해 둔 것
이다.

或問, 二十章楊氏之說不大巧乎.
曰, 雖巧而有益於學者吾是以著之.

15-21. 子曰, "君子矜而不爭, 群而不黨."

문 21장에 관한 학설은 어떻습니까?

답 범씨가 설득력 있다. 사씨가 '다툼을 기약하지 않는다.', '당파를 기
약하지 않는다.'라고 한 것은 말이 새롭고 기묘한 측면이 있으나, 뜻 하
는 바가 무엇인지 알 길이 없다. 아마도 그 본래의 뜻은 여기에 이르는
것을 원하지 않았던 것 같다. 만약 그렇다면 성인이 하신 말씀의 본의가
아닐 것이다. 양씨가 한 주장은 논리가 치밀하지 못하다. '모난다[崖異]'
고 하더라도, 꼭 다른 사람과 다투는 것은 아니며 그가 '화和'라고 한 것
은 은근히 '화이부동和而不同'을 가리키는 것 같은데, 또 '지화이화知和而

和'의 '화和'와 구별하지 않았다. '글자의 용례가 고인과 다르다.'라는 주장은 설득력이 있다.[23]

或問, 二十一章之說.

曰, 范氏得之. 謝氏所謂不期於爭不期於黨者, 語涉新奇, 無以知其意之所在, 恐其直謂不欲其至於是耳. 若然, 則恐非聖言之本意也. 楊氏語意亦疎, 蓋崖異未必皆與人爭, 其所謂和, 蓋陰指乎和而不同者言之, 而未有以別乎知和而和之和也. 其論古人用字不同之說, 則得矣.

15-22. 子曰, "君子不以言舉人, 不以人廢言."

문 22장에 관한 주장은 어떻습니까?

답 모두 좋다. 특히 범씨가 매우 상세하게 다루었다.

或問, 二十二章之說.

曰, 諸說皆善, 而范氏尤詳

15-24. 子曰, "吾之於人也, 誰毀誰譽? 如有所譽者, 其有所試矣. 斯民也, 三代之所以直道而行也."

---

23 모난다고……있다: "양씨가 말했다. '긍지는 가지되 모가 나지 않기 때문에 다투지 않고, 무리 짓되 조화로움으로써 하기 때문에 당파를 만들지 않는다.……고인들의 글자 사용이 각각 합당한 것이 있으니 하나의 해설로 갖추기 어렵다.'[楊曰, 矜而不爲崖異, 故不爭, 群而以和, 故不黨.……古人用字各有所當, 難以一說該也.]"《논어정의》)

문 24장 관한 여러 학파 학설 중 하나도 취할 것이 없다고 하셨는데, 왜 그렇습니까?

답 이 장에 관한 여러 학설은 그 뜻은 모두 좋다. 그러나 이들은 우선 '훼毀'와 '예譽'를 왜 그렇게 명명하는지를 살피지 않아서, 끝내 '사민斯民'의 '민'이 공자 시대의 '민'을 가리키는지 몰랐다. 그래서 그들의 주장은 경문과 부합하지 않으며 자기 뜻을 곧바로 서술해 독자가 읽게 했다. 의리義理가 분명한 것은 볼 수 있지만, 내적 구조에 결함이 있어[曲有條貫] 경문의 본의를 어디에 맞추려는지 모르겠다. 그래서 글이 옳은지 그른지, 논리가 치밀한지 엉성한지 따질 수가 없다. 하지만 자세히 숙고하면 경문의 본의가 그들이 말한 것과 다르니 취할 수가 없었다.

或問, 二十四章之說, 一無所取於諸家, 何也.
曰, 諸說之於此章, 其意則皆美矣, 然其始旣未察乎毀譽之所以名, 其卒又未知所謂斯民者爲指今日之民也. 是以其爲說也, 類皆不附經文, 而直述己意, 使人讀之, 但見義理粲然, 曲有條貫, 而莫知其果欲置經文本意於何許也. 故其是非疎密之際, 若有不可得而校者, 然熟察之, 則於經文之本意, 似皆未有所指, 是以不得而取耳.

문 그렇다면 '훼毀'와 '예譽'를 어떻게 풀어야 합니까?

답 이전에 간략하게 말한 적이 있다. 다시 상세하게 설명하겠다. 대개 '예譽'는 '선善'이 아직 드러나지 않았지만 미리 칭찬하는 것이고, '훼毀'는 '악惡'이 아직 드러나지 않았는데 돌연 비난하는 것이다. '시試'라고 한 것은 드러날 기미는 있지만, 아직 완전히 드러난 것을 보지 못했을 때 사용하는 말이다. 성인의 마음은 광명정대하고, 각 사물의 정도에 따라 공평하게 베푸시니, 티끌만큼의 차별심도 없다. 그러므로 성인께서는 타인의 선악에 대해서 실상을 조금이라도 넘으신 적이 없이 적합하게 말씀하셨다. 한편, 사람이 선했으면 하는 바람이 있어, 시험하시고 그의 현명함을 알게 되면 그 선함이 아직 드러나지 않더라도 앞서 '칭찬[譽]'하신다. 사람이 악한 행동을 하지 않기를 바라서, 악한 행동이 아직 드러나지 않은 경우에 그가 못된 짓을 할 것을 분명히 아시더라도 갑자기 비난하신 적이 없다. 그래서 칭찬은 하시지만 비난하시지 않았다. 후세에서 '타인의 허물을 말하는 것을 부끄러워해, 흑백이 전혀 드러나지 않는 것'이라고 하는 것과 다르다. 앞서 선함을 칭찬하는 경우가 있더라도 미리 악함을 비난하는 경우는 없다. 이것이 성인의 마음 씀씀이이다.

曰, 然則毁譽之說, 奈何.

曰, 吾旣略言之矣, 請復詳之. 蓋曰, 譽者, 善未顯而亟稱之也. 毁者, 惡未著而遽訛之也. 試云者, 亦驗其將然而未見其已然之辭也. 蓋聖人之心, 光明正大, 稱物平施, 無毫髮之差, 故於人之善惡, 稱之未嘗少有過其實者. 然以欲人之善也, 故但有試而知其賢, 則善雖未顯, 已進而譽之矣. 不欲人之惡也, 故惡之未著者, 雖有以決知其不善, 而卒未嘗遽訛之也. 此所以言譽而不及毁. 蓋非若後世所謂恥言人過而全無黑白者, 但有先褒之善, 而無預訛之惡, 是則聖人之心耳.

문 만약 '예譽'만 있고 '훼毁'가 없다면 성인의 마음에도 '치우침[倚]'이 있는 것이 아닙니까?

답 '유예무훼有譽無毁'는 곧 '선을 좋아하는 것은 빨리하고, 악은 미워하는 것은 더디게 한다.'는 뜻이다. 이를 두고 《상서》에서는 바로 '죄가 의심스러우면 가볍게 하시고, 공이 의심스러우면 무겁게 하셨습니다. 죄 없는 사람을 죽이기보다 차라리 불경한 잘못이 낫습니다.'[24]라고 했고,

---

24 죄가……낫습니다: 《상서》의 원문과 순서가 다르다. 《상서》〈대우모大禹謨〉에는

《춘추공양전》에서 '선한 일을 칭찬하는 것은 길게 하고, 악한 일을 비판하는 것은 짧게 한다.'[25]라고 했는데, 공자께서는 '다른 사람의 선한 점을 말하는 것을 좋아하시고, 악을 들추어내는 것을 싫어한다.'라는 뜻이다. '인仁은 오상五常을 포괄하고, 원元은 사덕四德을 포괄한다는 것'을 발견하고 증험하신 것이다.

성인의 마음은 비록 지극히 공평하시고 사사로운 호오好惡도 없으시나, 이러한 '의意'를 가지시지 않은 적이 없는데, 이는 곧 '천지가 만물을 내는 마음'과 같다. 만약 이를 두고 '치우침'이 있다고 하고. 무관심[超然]하고 무정한 것을 지극하다고 여긴다면 그나마 수준이 높은 자들은 노자와 석가의 황당한 학설에 빠져들 것이고, 수준이 낮은 이들은 신불해, 상앙 같은 참혹한 부류로 흘러 들어갈 것이다.

曰, 若有譽而無毀, 則聖人之心爲有所倚矣.
曰, 有譽無毀, 是乃善善速, 惡惡緩之意, 正書所謂與其殺不辜, 寧失不經, 罪疑惟輕, 功疑惟重. 春秋傳所謂善善長, 惡惡短. 孔子樂道人之善, 惡稱人之惡之意. 而仁包五常, 元包四德之發見證驗也. 聖人之心, 雖至公至平, 無私好惡, 然此意則未嘗不存, 是乃天地生物之心也. 若以是爲有倚, 而以夫超然無情者爲至, 則恐其高者入於老佛荒唐之說, 而下者流於申商慘酷之科矣.

다음과 같이 되어 있다. "(판결 시에) 죄罪가 의심스러울 때는 오직 가볍게 처벌해야 하고, 공功이 의심스러울 때는 오직 무겁게 상을 주어야 한다. (왜냐하면) 죄없는 사람을 죽이기보다는 차라리 (법을) 따르지 않는 실수를 하는 편이 낫기 때문이다.[罪疑惟輕, 功疑惟重, 與其殺不辜, 寧失不經.]"

25 선한……한다: "군자가 선한 일을 칭찬하는 것은 길게 하고, 악한 일을 비판하는 것은 짧게 한다. 악한 일을 비판하는 것은 자신에게 그치고, 선한 일을 칭찬하는 것은 자손에게까지 미친다.[君子之善善也長, 惡惡也短, 惡惡止其身, 善善及子孫.]" 《춘추공양전》소공昭公 20년)

문 '사민斯民'을 '오늘날의 백성'이라고 한 것은 무슨 뜻입니까?

답 이는 한 번에 논의하기 어렵다. 먼저 여러 학파의 주장을 살피고, 경문을 기준으로 득실을 따져보아야 한다. 그런 뒤에야 이 뜻을 말할 수가 있다. 옛 주석[古注]과 범씨, 유씨는 모두 하·은·주 삼대의 임금이 선을 상주고 악을 벌함에 모두 올곧은 도[直道]로써 하여, 마치 공자께서 헐뜯고[毁] 칭찬함[譽]에 사사로움이 없었던 것과 같다고 하였다. 이 설은 좋기는 하지만 만약 그 주장대로 한다면, 경문에서 마땅히 '이것이 삼대가 백성을 올곧은 도로써 다스린 까닭이다.'라고 해야지 지금처럼 말할 수는 없을 것이다.

사씨, 후씨, 윤씨는 '삼대 때 곧은 도를 준거로 사람을 평가했고[毁譽] 또 부자께서 하시는 것과 같았다.'라고 풀었다. 다만 후씨, 윤씨는 '백성을 다스린다.'라고 지시해서 말하지 않았고, 양씨 또한 자기만의 학설을 펼치면서 또 '민民'을 해석했지만 다만 헐뜯고 칭찬하는 자를 한 사람으로 보고, '올곧은 도'로 행하는 자를 다른 한 사람으로 보았을 뿐이다. 이 주장 또한 모두 뜻이 통할 수는 있다. 그러나 주장대로 한다면 경문은 마땅히 '이것이 삼대의 백성이 올곧은 도로써 행한 까닭이다.'라고 해야지 또한 지금처럼 말할 수는 없을 것이다.

여러 주장이 통하지 않는 것은 다른 글로도 미루어 알 수 있다. 예를 들어 이윤伊尹이 '차민此民', '시민是民'라고 한 것 같은 경우 모두 '당시의 백성'을 가리켜 말한 것이다. 더구나 지금 경문에서 먼저 '사민'이라고 하고 뒤에 '삼대'라고 하였다면 이는 바로 지금 당대의 백성을 말하는 것이고, 위로 삼대로 거슬러 올라가 실증한 말이다. 또한 '사민'과 '삼대지소이직도이행三代之所以直道而行'을 대구對句로 읽는다면 이른바 '사민'이라는 것은 '삼대 때 곧은 도를 행했던 백성'을 뜻하게 된다. 어찌 의심할 수 있겠는가.

이 장의 뜻은 잘 드러나지 않고 또 여러 학설이 분분하니, 독자는 겨를이 없더라도 자세히 읽고 상세하게 살펴야 한다. 반고班固는 《한서》에서 이 경문을 인용하고 상찬하면서 진한秦漢 때 백성을 바꾸지도 교화하지도 못한 것을 밝혔으나, 경문의 뜻을 조잡하게 이해했다. 아마도 서한西漢의 여러 학자들이 이렇게 주장하여 하안何晏이 실수한 것 같다.

曰, 斯民之指爲今日之民, 何也.

曰, 此難遽論, 請先考諸家之意, 而以經文訂其得失, 然後此意可得而言矣. 古注范游氏皆以爲三代之君, 賞善罰惡皆以直道, 如夫子之毀譽不私也. 此說善矣. 然如其說, 則經宜云此三代之治民, 所以直道而行, 而不得如今之云也. 謝侯尹氏皆以爲三代之毀譽於人, 皆以直道, 亦如夫子之爲. 但侯尹不指言其爲民, 而楊氏又自爲一說, 亦以民爲言, 但以毀譽者爲一人, 直道而行者爲一人耳. 此其說亦皆可通矣. 然如其說, 則經宜云此三代之民所以直道而行, 而亦不得如今之云也. 凡此數說, 旣不通矣, 則以他文推之, 如伊尹所謂此民是民, 皆指當日之民而言. 況今先言斯民, 而後言三代, 則是正指今日之民, 而上推三代以實之之辭也. 且以斯民對三代之所以直道而行, 則所謂斯民者, 乃三代之時則嘗行其直道之民, 又何疑哉. 此經意隱微, 而衆說雜亂, 是以讀者不暇細讀而詳考之耳. 班固漢書贊引此文, 以明秦漢不易民而化之意, 亦爲粗得其文意者. 豈西漢諸儒嘗有是說, 而何晏失之歟.

문 다른 어떤 이의 주장은 어떻습니까?

답 이는 고주와 범씨, 유씨의 설과 비슷하다. 다만 '사민'은 고금에 통용된다고 했다. 그러나 그 뜻은 앞의 학설과 비교하면 차이가 매우 크므로, 독자는 가려서 읽는 것이 좋겠다.

曰, 或者之一說, 如何.

曰, 是則近於古注范游之說, 但斯民則通古今而言耳. 然其旨味, 比前說差若淵天, 讀者擇焉可也.

15-25. 子曰, "吾猶及史之闕文也. 有馬者借人乘之, 今亡矣夫!"

문 25장에 관한 학설은 어떻습니까?

답 여러 학설이 모두 통하지 않는 부분이 있다. 양씨가 원의에 가까이 다가간 것 같다. 범씨는 '부자께서 견문이 넓으셔서 당시의 역사서에 빠진 부분을 발견하신 것'이라고 추측했는데, 이는 '삼시도하三豕渡河'[26]같은 오류이지만, 이 뜻은 매우 좋다. 하지만 이 구절 바로 아래 '의심스러운 것을 그대로 둔 것은 믿음을 보인 것이다.' 이하는 의심스럽다. 아마도 호씨의 주장에 따라 '빼는 것'이 더 낫다.

或問, 二十五章之說.

曰, 諸說之義, 皆有所未通. 楊氏蓋庶幾焉. 而范氏意謂夫子之見聞, 猶足以及今日史書之所闕者. 蓋如三豕渡河之類, 此意亦善. 但其下所謂闕以示信以下, 則又可疑. 恐不若從胡氏而闕之之爲得也.

---

26 삼시도하: 잘못 필사하여 원뜻과 크게 달라진 것을 말한다. 출전은 다음과 같다. "자하가 위나라에 들렀을 때 어떤 이가 《사기》를 읽으면서 '진나라 군대가 삼시에 하수를 건넜다.[晉師三豕涉河]'라고 하자, 자하가 '아니다. 삼시는 기해의 잘못이다. 기己와 삼三이 서로 비슷하고 시豕와 해亥가 서로 비슷해서 그런 것이다.' 진나라에 이르러 물어보자, '진나라 군대가 기해에 강을 건넜다.'라고 하였다.[子夏之晉過衛, 有讀史記者曰, 晉師三豕涉河. 子夏曰, 非也, 是己亥也. 夫己與三相近, 豕與亥相似, 至於晉而問之, 則曰晉師己亥涉河也.]"(《여씨춘추呂氏春秋》〈찰전察傳〉)

문 26장에 관한 학설은 어떻습니까?

답 교언난덕巧言亂德에서 양씨는 '교언'을 '타인을 향해 하는 말'이라고 풀었는데 설득력이 있다. 다만 '난덕'을 '덕이 있는 것처럼[疑於有德]' 해석했는데[27], 그 아래 '난대모亂大謀'와 범주가 다르다. 범씨, 사씨는 '스스로 교언을 하면 자기 덕을 어지럽힌다.'라고 해석했는데, 내면에는 힘썼지만, 밖은 소홀히 해서 나온 실수이다. 또 아래 '소불인小不忍'과 같은 층위로 묶으려고 했다. 통상 타인이 '교언'을 하는 줄 모르고 들으면, 이 교언 탓에 저절로 자신의 덕을 상하게 된다. 이렇다면 '작은 일을 참지 못해 큰일을 그르치는 것'과 다를 바 없다. 또 '교언'을 하는 사람에게는 애초부터 해칠 만한 덕조차 없다. '교언'의 해가 어찌 '난덕'에만 그치겠는가. '난덕'에 대해서 말하자면 덕을 해치는 것은 비단 '교언'뿐만이 아니다. 윤씨는 '신언愼言'하면 '성덕成德'할 수 있다고 해석했는데, 그렇다면 '난덕'은 '다언多言' 탓이 되고 '교언' 탓이 아니게 된다. 이 주장 역시 통하지 않는다. '소불인'을 범씨와 사씨, 양씨는 '과단성의 재주가 없는 것'으로, 후씨는 '널리 포용하는 도량이 없는 것'이라고 풀었다. 이 두 설을 합쳐야만 비로소 경문의 뜻이 온전히 드러난다.

或問, 二十六章之說.

曰, 巧言亂德, 楊氏所論巧言爲他人之言者得之, 但以亂德爲疑於有德, 則與下

---

27 난덕을……해석했는데: "양씨가 말했다. '교언은 필시 이치를 이룰 수 있기 때문에 덕을 어지럽힐 수 있다. 작은 것을 참지 못하면 의가 용기가 없기 때문에 큰 일을 어지럽힌다.'[楊曰, 巧言必能成理, 故可以亂德. 小不忍則義不勇, 故亂大謀.]"《논어정의》)

文亂大謀者不類矣. 范謝氏以爲自爲巧言能亂己德, 是又務內而略外之失, 而又欲與下文小不忍者同科, 蓋不知彼言之巧, 而我聽之, 則是我以巧言自亂其德, 與小不忍而自亂其大謀者無異矣. 且巧言之人, 何德之可亂, 而巧言之害, 又何止於亂德而已乎. 若以亂德而言, 則其所以亂之者, 又不特巧言而已也. 尹氏以爲愼言可以成德, 則亂德者, 乃多言也, 非巧言也, 其說亦不通矣. 小不忍, 范謝楊以爲無果斷之才, 侯氏以爲無含弘之度, 兼此二說, 乃爲盡其意耳.

문 '부인의 인'과 '필부의 용'은 강약이 같지 않은데도 모두 '불인不忍'하다고 하니, 어떻습니까?

답 '인忍' 자의 뜻은 금하는 바가 있어 드러내지 않는 것이다. 부인이 인仁할지라도 사랑[愛]을 차마 행할 수 없고, 필부가 용기가 있더라도 난폭함을 차마 행할 수 없다. 윤씨가 '인성忍性'이라고 한 것은 이 모두를 겸해서 한 것이다.

曰, 然則婦人之仁, 匹夫之勇, 强弱不同, 而皆爲不忍, 何也.
曰, 忍之爲義, 有所禁而不發焉爾. 婦人之仁, 不能忍其愛也. 匹夫之勇, 不能忍其暴也. 尹氏所謂忍性者, 蓋亦可以兼此矣.

15-27. 子曰, "衆惡之, 必察焉, 衆好之, 必察焉."

문 27장에 대한 학설은 어떻습니까?

답 여러 학설이 대개 비슷한 수준이나, 양씨, 후씨의 설이 제일 좋다. 여기에 대해서 장경부도 의미를 밝혔는데, 뜻이 매우 훌륭하다. 【장경부가 말했다. "일반 사람들이 선악을 판단하는 것은 흑백을 나누듯 간명하다. 뭇사람이 좋아하고 싫어 하는 것은 본래 차이가 없다. 어떤 사건·사태에 선한 것이 있더라도 그 실정은 나쁜 것이 있고, 사건·사태가 선하지 않더라도 그 실정은 취할 것이 있다. 이런 부분은 일반 사람들은 놓치지만 군자는 예리하게 살핀다. 맹자가 중자仲子와 광장匡章에 대해 취했던 것이 좋은 실례이다. 그러므로 뭇 사람이 좋아하고, 뭇 사람이 싫어하는 것은 군자가 다시 살핀다. 다수를 취하고 소수를 살피면 리理가 가려지지 않는다."】

或問, 二十七章之說.
曰, 諸說皆同, 而楊侯尤善. 張敬夫又發明之, 義則益備.【張敬夫曰, 天下之善惡, 有如白黑之易明者, 衆之好惡, 固所同也. 至於事若善而其情則有害, 事若不善而其情或可取, 此衆人之所惑, 而君子之所察也, 如孟子於仲子匡章是已. 故衆人之好惡, 君子必察焉, 取於衆而察於獨, 理斯無蔽矣.】

15-28. 子曰, "人能弘道, 非道弘人."

문 28장에 관한 학설은 어떻습니까?

답 장자께서 의미를 은근히 밝혀 놓으셨다. 대개 사람에게 도가 있고, 도는 사람이 사람인 리理이므로 사람과 도를 나눠 볼 수 없다. 다만 사람에게는 지각과 사유 능력이 있어 모든 리를 크게 확대할 수 있다. 도가 형체도 크기도 없다면[道無方體], 어찌 도에 깃든 사람이 크게 확대할 수 있겠는가. 사씨의 설이 역시 좋다. 다만 '도를 따르면 도가 멀지 않고 도를 구하지 않으면 도는 사람을 구하지 않는다.'라고 한 것은 본문의 뜻과 다른 것 같다. 양씨와 윤씨가 인용한 것은 본문과 범주가 다르다. 그중 양씨의 오류가 더 심하다.

或問, 二十八章之說.

曰, 張子之意, 微而顯矣. 大率人卽道之所在, 道卽所以爲人之理, 不可殊觀. 但人有知思, 則可以大其所有之理, 道無方體, 則豈能大其所託之人哉. 謝說亦善, 但徇道不求道之云, 似非本文之意. 楊尹所引, 皆與此文不類, 而楊氏爲尤甚.

15-29. 子曰, "過而不改, 是謂過矣."

문 29장에 관한 설은 어떻습니까?

답 여러 학설이 모두 좋다. 하지만 본문은 바로 '허물을 고치지 못하는 것'을 강하게 질책하는 말이고, 지금의 여러 학설은 '고치면 허물이 없는 경계로 돌아간다.'라고 해석한 것이다. 이 두 설은 서로 통하지만, 하나는 권면하는 것이고 또 하나는 꾸짖는 것이니, 의도하는 방향이 다르다.

或問, 二十九章之說.

曰, 諸說皆善, 然本文正深責不能改過者之辭, 今諸說乃爲能改則復於無過之說, 是雖若可以互相發明, 然一勸一懲, 意之向背則不同矣.

15-31. 子曰, "君子謀道不謀食. 耕也, 餒在其中矣, 學也, 祿在其中矣. 君子憂道不憂貧."

문 31장에 관한 학설은 어떻습니까?

답 양씨, 윤씨의 설이 설득력 있다. 범씨가 '농사지어도 굶주림이 그 가운데 있고, 학문을 하여도 녹이 그 가운데 있다.'라고 한 것도 좋다. '미필득록 이하는²⁸ 문세文勢가 어긋나 앞과 일관적이지 않다. 또 '근본을 다스리고 말단을 근심하지 않는다.'라고 한 것은, 설득력은 있지만 주장의 근거가 틀렸다. 여씨가 '가난을 걱정하는 것을 도를 걱정하는 것으로 바꿈'이라고 주장한 것은 좋으나, 경문의 본의가 아니다. 사씨가 주장한 '가난에 잘 처하다.' 역시 오류이다. 군자는 가난하고 직위가 낮더라도 마음이 흔들리지 않으니, 그가 말한 대로 '오면 물리칠 수 없는 것'이 아니라, 내가 다시 가난에 처한 연후에도 근심이 되지 않는다는 것이다. 윤씨와 후씨는 '농사지어 먹을 것을 도모하는 것'을 '배움으로 도에 나아가는 것'의 비유로 삼았고, '녹을 구하지 않는 것'으로 '먹을 것을 도모하지 않는다'는 뜻을 풀이했는데, 뜻은 좋으나 문세가 그다지 바르지 않다. 이외에 호씨가 의미를 잘 밝혔다. 【호씨가 말했다. "성인의 가르침은 '작은 재주는 작게, 큰 재주는 크게 이루는 것으로 각각의 재주에 따라 성장하게 한다.' 식량을 구하면서 가난을 걱정하는 것은 수준과 식견이 제일 낮은 것으로, 반드시 가르쳐 비천한 지경으로 추락하지 않도록 해야 한다. 말씀은 평이하나 뜻은 아주 깊다."】

或問, 三十一章之說.

曰, 楊尹之說得之. 范氏所謂餒存焉祿存焉者得之, 其曰, 未必得祿以下, 則於文勢繚戾而不倫焉. 其所謂治本而不恤末者, 雖若得之, 然其所以爲說者, 亦非也. 呂氏易憂貧以憂道者善矣, 然亦非本文之意. 謝氏能處貧之說, 亦非也. 君

---

²⁸ 미필득록 이하는: "범씨가 말했다. '……농부는 배고픔이 있다고 해서 농사짓지 않는 것은 아니고, 군자는 녹을 얻지 못한다고 해서 배우지 않는 것은 아니다. 그러므로 도를 도모하지 먹는 것을 도모하지 않고 도를 근심하지 가난을 근심하지 않는다. 근본을 다스리지 말단을 근심하지 않는다.'[范曰……農夫不爲有餒而不耕, 君子不爲得祿而不學, 故謀道不謀食, 憂道不憂貧. 治其本, 不恤其末也.]"(《논어정의》)

子之於貧賤, 自不足以動其心, 非以其來旣不可却, 而吾復有以處之, 然後不以
爲憂也. 尹侯氏以耕而謀食爲學以進道之譬, 而以不求祿爲不謀食, 意亦善, 但
文勢不甚平正. 此外則胡氏之說, 亦有所發明也.【胡氏曰, 聖人之敎, 小以成
小, 大以成大, 各因其材而發達之. 謀食憂貧, 識趣之最下者, 亦必誘掖使不淪
陷於卑陋也, 言雖平常, 意則高遠矣.】

15-32. 子曰, "知及之, 仁不能守之, 雖得之, 必失之. 知及之,
仁能守之. 不莊以涖之, 則民不敬. 知及之, 仁能守之, 莊以涖
之, 動之不以禮, 未善也."

문 32장에 관한 학설은 어떻습니까?

답 정자의 논의가 정연하니 깊이 음미해야 한다. 범씨, 여씨의 주장 또
한 설득력 있다. 사씨가 주장한 '양인養仁'의 설은 '내면을 중시하고 외물
을 경시하며, 사물을 천하게 여기고 나를 귀하게 여긴다.'라는 뜻이다.
양씨가 '서로 바탕이 된다.[相因]'라고 주장한 뜻은 매우 좋다. 하지만 '동
지불이례動之不以禮' 이하[29]는 타당하지 않다. 통상 '분발시키기를 예로써
하지 않는다면 백성을 교화하고 풍속을 바꾸는 것이 좋은 성과가 나지
않으니', 단지 백성이 따르지 않는 것에만 그치지 않는다. 대저 이 장의
본의는 내외와 본말의 순서를 밝히는 것으로 그 논리가 아주 뛰어나며,
또 그 요지는 '인仁'을 중히 여기는 것이다. 인으로 지킬 수 있다면 대본大

---

29 동지불이례 이하: "양씨가 말했다. '……예로써 백성들을 동원하지 않으면 백성
들은 외모로만 섬기고 마음은 복종하지 않는다. 그러므로 예로써 동원한 다음에
선을 행하는 것이다.'[楊曰……動之不以禮, 則民將貌事之而心不服, 故動之以禮, 然後
爲善.]"《논어정의》

本이 이미 확고히 서므로, 백성을 위엄있게 대하지 않고, 백성을 부리며 예로써 하지 않는다고 해도 아주 말단만 조금 놓칠 뿐이다. 하지만 스스로 경계하고 성찰해서 선과 덕이 온전하도록 해야 한다.

或問, 三十二章之說.

曰, 程子備矣. 宜深玩之. 范呂氏亦爲得之. 謝氏養仁之說, 則又重內而輕外, 賤物而貴我之意也. 楊氏相因之意甚善, 但動之不以禮以下有所未安. 蓋動之不以禮, 乃於化民成俗之具有未盡善者, 非特爲民之不服而已. 大抵此章之意, 發明內外本末之序, 極爲完備, 而其要以仁爲重. 仁能守之, 則大本已立, 雖臨民不以莊, 動民不以禮, 亦其支節之小失耳, 然亦不可不自警省, 以求盡善而全其德也.

문 정자, 범씨는 모두 이 장을 '정치에 임한 처신'이라고 해석했습니다. 어떻습니까?

답 경문에서 말하는 '지知'와 '인수仁守'는 배움의 일[爲學]이고, '자리莊涖'와 '예동禮動'은 정치와 관련된 것이다. 한편, 학자가 정치에 종사하지 않더라도 사건을 처리하는 것이나 가정을 관리할 때 위엄이 서지 않거나 예로써 대하지 않으면 통하지 않는다. 위정자가 전문적으로 학문을 하지 않더라도 지식이 분명하지 않거나 고수하는 것이 견고하지 않으면 정치를 행할 여지가 없다. 이것이 이 장의 요지로, 그래서 주장하는 이들이 이 둘을 모두 말하는 것이다.

曰, 程子范氏皆以此章兼臨政處己而言, 何也.

曰, 知及仁守, 爲學之事也. 莊涖禮動, 爲政之事也. 然爲學者雖未及乎爲政, 至於接物處家之際, 亦非莊涖禮動不能也. 爲政者雖不專於爲學, 然非智識之明, 而持守之固, 則亦無以爲臨政之地矣. 此章之旨, 說者所以兩言之也.

문 주씨가 묻자 정자는 '체인體仁을 못해서 그에 미치지 못합니다.'라고 대답했는데, 이는 예禮에 합당한 것입니까?

답 주씨가 '장리莊涖'라고 한 것은 그것이 경건한 마음이 발한 것임을 모르고 밖에 설치한 담장[藩垣]으로 여겼기 때문인데, 증자의 본의를 살피지 않고 그 말을 오용한 것이다. 이른바 '동지이례動之以禮'라는 것은 경문의 본의를 깊이 살피지 않고, '동動'을 '자신의 거동'으로 오인한 것으로, 체인을 모르는 것에만 그치지 않는다. 정자께서 분별하시지 않은 것은 먼저 큰 실수를 지적하느라 작은 허물을 짚을 겨를이 없어서이다.

曰. 周氏之問. 程子但以爲未能體仁. 而不及乎他. 豈皆以當於禮乎.

曰. 周氏所謂莊涖者. 不知其爲敬心之發. 而以爲外設藩垣. 不考曾子之意. 而誤用其語. 所謂動之以禮者. 又不深考於此文之本旨. 而誤以動爲己之作爲也. 亦不但未知體仁而已. 然程子之不辨者. 蓋姑指其大失. 而未暇悉及其小疵也.

15-33. 子曰, "君子不可小知而可大受也, 小人不可大受而可小知也."

문 33장에 관한 학설은 어떻습니까?

답 정자(명도)의 학설이 제일 뛰어나다. 하지만 정자께서 '사십부동심四十不動心'을 인용하실 때 '대수大受'의 뜻을 밝히면서 '소지小知'에 해당하지 않은 것으로 여겼다면 괜찮으나, '고자가 맹자보다 먼저 부동심의 경지에 이르렀다.'라는 뜻으로 해석하려고 하셨다면 꼭 그런 것 같지 않다. 범씨의 학설 중에 '군자지도대君子之道大' 이하는 설득력이 있으나, 그 앞의 4구[30]는 어의語義가 어긋나고, 논리가 허술하다. 오씨의 주장은 경문의 뜻과 더욱 부합하지 않는다. 경문을 억지로 가可한지 불가不可한지 평가했는데, '군자와 소인에 관한 것'이라는 것에 주안점을 두고자 했던 것 같다. 관점에 대해서 말하는 것임을 몰라서 어림짐작으로 하는 말로 여겼기 때문이다. 이런 사실은 의심할 것이 없다.

사씨는 '대수大受'를 '도를 받아들이다.[受道]'로 풀었는데, 그것이 본디 '대수'의 한 종류이기는 하나, 본문의 뜻을 살피면 '수도受道'를 지시하는 것 같지 않다. 반드시 '수도'로써 말한다면 리理를 귀하게 여기고 물物을 천하게 여긴다는 뜻이다. 그의 다른 말은 명확하지 않으나 자세히 살펴보면 다음과 같은 뜻인 것 같다. "군자는 도에 있어서, '정精'은 취하고 '조粗'는 버린다. 그래서 '대수大受'는 가可하나, '소지小知'는 불가하다. 소인은 도에 있어서, '조粗'에 막혀 '정精'에 미치지 못한다. 그래서 '소지'는 가하나, '대수'는 불가하다." 설령 이와 같은 뜻일지라도 역시 오류일 뿐이다. 그 주장에 따라 글 뜻을 논하면 '소지'가 불가한 것이 그 자체의 논리에서 통하지 않는다. 그 주장을 여러 의리義理에 적용하면 '정精'을 취했다고 해서 '조粗'를 취할 수 없으며, '조'를 취했다고 '정'을 취할 수 없다는 것인데 이런 이치가 도대체 어디에 있는가. 사씨는 또 '상마相馬(말의 품질을 따지는 것)'를 비유로 들었는데, 거기에 대해서는 이미 서문에서 변론했다.

---

30 그 앞의 4구: "범씨가 말했다. '큰 것을 알면 군자가 되고 작은 것을 알면 소인이 된다. 인에 거처하고 위를 따르는 것이 큰 것이고, 자기 한 몸을 이롭게 하는 것이 작은 것이다.'[范曰, 知其大則爲君子. 知其小則爲小人, 居仁由義大也, 利於一己小也.]" 《논어정의》

양씨가 '대체를 기르는 것'이라고 한 것은 이 장의 뜻이 아니고, 범씨가 주장한 첫 4구와 더불어 같은 실수를 했다. 후씨가 '군자가 하기 때문에 소인이 모른다고 해서 소지小知가 될 수 없다.'라고 한 것은 경문의 뜻에 가까우나, 문리가 통하지 않는 부분이 있다. 오직 윤씨만이 경문의 뜻에 근접했다. 그러나 '불가소지不可小知'가 무엇을 뜻하는지 모르겠다. 범씨의 설이 명백하고 의심할 것이 없는 것만 못하다. 이외에 오씨, 장씨의 설이 좋다. 【오씨가 말했다. "순임금께서 천자가 되기 전에 농사지을 때 일반 사람과 같았고, 요임금께 천하를 물려받았을 때도 평소와 같았다. 소인과 조금만 말을 나눠 보아도 그 재목을 알 수 있는데, 이런 이에게 나라를 맡기면 반드시 실패한다." 장경부가 말했다. "군자이면서 '소지小知'하면 용用으로 다 드러나지 않고, 소인이 '대수大受'하면 반드시 일을 그르친다. 이것이 바로 뛰어난 이를 등용하고 능력있는 이를 부리는 것과 차이가 아니겠는가."】

或問, 三十三章之說.

曰, 程子至矣. 但其所引四十不動心者, 若可以明大受之意, 而於小知無所當, 疑或以孟子之不動心, 不及告子之早爲言, 然亦未有以必其然也. 范氏云君子之道大以下得之, 但章首四句, 語意若不倫者, 其亦疏矣. 呂氏於文意尤不合, 蓋其牽於經文可與不可之云, 欲皆主於君子小人之身而言, 殊不知若皆主於觀者而言, 以爲稱量斟酌之語, 則尤無可疑也. 謝氏以大受爲受道, 固大受之一事, 然觀本文之意, 似不指此, 必以此而言, 則亦貴理而賤物之意也. 其他語意不明, 然細考之, 似以爲君子之於道, 得其精而遺其粗, 故可大受而不可小知, 小人之於道, 滯其粗而不及其精, 故可小知而不可大受. 若果如此, 則亦誤矣. 蓋就其說而論其文義, 則不可小知者, 自有所不通, 以其說而折諸義理, 則又安有得其精而決不可以兼其粗, 得其粗而決不可以求其精之理乎. 其以相馬之說爲喩, 則吾已辨於序文矣. 楊氏養其大體之云, 亦非此章之意, 與范氏章首四句, 其失略同. 侯氏以君子所爲, 衆人不識, 爲不可小知, 似亦近之, 而文義亦有小不合者. 惟尹氏爲庶幾得之, 然亦未知其所謂不可小知爲如何, 要不若范氏之說爲明白而無疑耳. 此外吳氏張氏之說亦善.【吳氏曰, 方舜之耕稼時, 視之猶人也, 一旦受堯之天下, 若素有之. 小人有立談之間而其材可知者, 至委以國, 則未有不敗者. 張敬夫曰, 君子而小知, 則不盡於用, 小人而大受, 則必敗於事, 此其爲任賢使能之異也與.】

15-34. 子曰, "民之於仁也, 甚於水火. 水火, 吾見蹈而死者矣, 未見蹈仁而死者也."

🔲 34장에 관한 설은 어떻습니까?

🔲 옛 설에서는 이 장을 인仁과 수화水火 모두 백성이 살아가면서 의지하는 것으로 해석했다. 그러나 내외와 경중이 다르므로, 인이 수화보다 더 다급하다. 수화는 사람을 해칠 수 있으나 인은 사람을 해친 적이 없다. 백성에게 다급한 것을 파악하고, 그 이해利害를 반복함으로써 깊이 깨닫게 하신 것이다. 이는 후씨의 설과 가까운데, 지금 살펴보니 곡절이 매우 많다. 후씨의 설은 치밀하지 못해 범씨의 설득력 있는 주장보다 못한 것 같다. 하지만 범씨의 주장은 복잡하고 어지러운데, 지금 그 일부를 취하면 다음처럼 해석할 수 있다. "백성의 실정을 보면 인을 어렵게 여겨 수화보다 더 두려워한다. 물이나 불에 들어갔다가 죽은 경우도 있는데, 인을 두려워하는 마음이 있다면 이런 짓을 하는 것을 꺼린다. 그러므로 부자께서 '수화는 사람을 해칠 수 있으나 인은 사람을 상하게 하지 못한다.'라고 하시면 교민教民의 방법으로 인을 말씀하신 것이다." 이처럼 말했더라면 말이 간명하고 뜻이 명확했을 것이다.

만약 정자의 의도를 따른다면 '인을 두려워하는 것이 수화보다 심하다.'라고 해석할 수 있고, 반면 범씨의 주장처럼 '도인이사蹈仁而死'를 '살신성인殺身成仁'으로 해석한다면 의심의 여지가 남는다. '인을 실천[蹈仁]'한다고 해서 반드시 죽음에 이르는 것은 아니고, '살신성인'이라는 것은 불행한 일로 만 번에 한 번 있을까 할 정도이다. 성인께서 어찌 인을 기꺼이 실천하려 들지 않으려 이에게 갑자기 책망하면서 죽어서라도 반드시 인을 이루라고 했겠는가. 그렇다면 그 지위가 지나치게 높고 멀어져 버린다.

　　사씨의 주장은 후씨와 비슷하다. 하지만 '수화는 사람을 기를 수도 죽일 수도 있고, 인은 사람을 기르지만 죽인 적이 없어도 수화보다 더 중요하다.'라고 한 것 정도가 차이이다. 양씨의 주장 중 첫 구는 후씨와 같고, 아래 두 구는 정자와 같다. 하지만 그가 '이익을 탐하다.[冒利]'라고 한 것은 조금 다르다. 또 양씨는 '도수화이불도인蹈水火而不蹈仁'을 '이익에는 밝으나 해를 모른다.'라고 해석했는데, 이는 '백성이 이익을 탐하여 물과 불에 뛰어드는 것'에 대해서는 책망했지만 '인을 실천하지 않는 것'에 대해서는 책망하지 않은 것이다.

　　이 장에 대한 후씨의 해석은 진정으로 설득력 있다. 하지만 '사어인시의야死於仁是義也 비인살지야非仁殺之也' 이하 몇 구절은 '살신성인'을 설명한 것과 비슷한데 무엇을 뜻하는지 명확하지 않다. 만약 그 의도가 다음과 같다면, 즉 "'살신성인'이라는 것은 '인을 실천하다 죽음에 이른다.'라는 의미가 아니다. 이치상 죽음이 필요하다면 죽음을 피하지 말아야 하며, 그런 뒤에야 인을 실천할 수 있는 것이다. 그러므로 군자는 목숨을 부지하고자 인을 저버리지 않으며, 달가운 심정으로 죽음을 맞이하

며 덕을 완성한다. 인을 실천하려고 그 목적 탓에 죽음을 맞이하는 것이
아니고, 부득이해서 죽음을 맞는 것이다."라고 해석하려 했다면 그 말이
제대로 전달되지 않는다. 마치 인을 풀어헤치고 의義로 허물을 돌리려는
뜻 같은데, 그렇다면 본의를 놓친 것이다.

或問, 三十四章之說.

曰, 舊爲此章之說, 以爲仁與水火, 皆民之所賴以生者, 然有內外輕重之殊, 故
仁之急, 有急於水火者. 然水火猶或害人, 而仁則未嘗害人, 蓋因民之所急, 而
反復其利害以深曉之. 蓋近於侯氏之說, 然以今觀之, 曲折太多, 似傷巧密, 殆
不若范氏之爲得也. 但其語雜亂, 今節而取之曰, 凡民之情, 以仁爲難, 故畏之
甚於水火. 蓋其蹈水火而死者有之, 而畏仁莫肯爲也. 故夫子言水火能害人, 而
仁不傷人, 所以教民爲仁也. 如此, 則語簡而意明矣. 若程子之意, 則其論畏仁
甚於水火者, 猶范氏而以蹈仁而死爲殺身成仁, 則可疑矣. 蓋蹈仁者, 未必皆致
死也. 殺身成仁, 其亦不幸而萬有一焉耳. 況聖人之於不肯爲仁之人, 而遽責之
而必死於仁乎, 其地位亦大遼濶矣. 謝氏與侯氏略同, 但以水火能養人, 而亦能
殺人, 仁能養人, 而未嘗殺人, 爲甚於水火, 則小異耳. 楊氏首句與侯氏同, 下二
句與程子同, 但其曰冒利者小不同, 而又以蹈水火而不蹈仁, 爲喩利而不知害,
則是責民之蹈水火, 而不責其不蹈仁也.

侯氏於此章之文義, 則固得之矣. 但死於仁是義也, 非仁殺之也以下數語, 與說殺
身成仁處相似, 所不可曉. 蓋其意若曰, 殺身以成仁者, 非以仁致死也. 理在當死必
死, 然後爲仁. 故君子不欲生以害仁, 而甘心赴死以成其德, 非以爲仁之故陷於死
地, 乃不得已而就死也. 然其辭有未達, 似欲爲仁解紛, 歸咎於義之意, 則失之矣.

15-35. 子曰, "當仁, 不讓於師."

문 '당인불양當仁不讓'에 관한 해설은 어떻습니까?

답 스승께 제자는 매사를 양보하고 감히 앞서려고 해서는 안 된다. '인仁'을 자기 임무를 삼았다면 반드시 스스로 노력하면서 용감하게 실천해야 하며 양보해서는 안 된다. 인자仁者는 자기에게 내재한 것을 스스로 행하는 것이지 상대에게 뺏어서 앞서는 것이 아니니, 양보가 있을 수 있겠는가. 이른바 '불양不讓'이라는 것은 정자께서 '가장 중요한 것을 다른 사람에게 양보하지 마라.'[31]라고 하신 것과 같고, 또 구체적 사례로 '순임금은 어떤 사람이며, 나는 어떤 사람인가? 훌륭한 일을 하는 사람은 순임금과 같아질 수 있다.'[32]를 들 수 있다. 34장은 대개 다른 사람에게 인을 실천하라고 권하는 말인데, 백성이 '인'을 모르니, 그들이 실천하기 바라는 마음에서 탄식한 것이다. 이 장은 배우는 이들이 인의 아름다움을 거칠게 알고, 용감하게 실천할 줄 모르기에 하신 말씀으로, 매 상황에서 당연히 하실 말씀을 하신 것이다.

或問. 當仁不讓之說.

曰. 弟子之於師, 每事必讓而不敢先者也. 至於以仁爲己任, 則當自勉而勇爲之, 不可以有讓也. 蓋仁者己之所有而自爲之, 非奪諸彼而先之也, 何讓之有. 所謂不讓者, 則猶程子所謂不可將第一等事, 讓與別人做者, 其事則所謂顔子曰舜何人也. 予何人也. 有爲者亦若是者是已. 大抵此與上章皆勉人爲仁之辭, 上章爲

---

31 가장……마라:《논어정의》에는 이 글이 없고,《근사록近思錄》〈위학爲學〉에 그 일단이 보인다. "제일 높은 경지는 남에게 양보하고, 나는 그저 그 다음 등급이나 하겠다고 말하지 말라. 그렇게 말하는 것 자체가 곧 스스로를 포기하는 것이다. 비록 (그런 마음이) 인仁에 거하지 못하고 의義를 따르지 못하는 자와는 그 등급이 다르다 하더라도 (스스로) 자신을 낮추고 작게 여기는 점에 있어서는 똑같다. (그러므로) 배움을 말하면서 마땅히 도道로써 뜻을 삼아야 하고, (온전한) 사람이 됨을 말하면서 마땅히 성인으로써 뜻을 삼아야 한다.[莫說道將第一等讓與別人, 且做第二等. 才如此說, 便是自棄. 雖與不能居仁由義者差等不同, 其自小一也. 言學便以道爲志, 言人便以聖爲志.]"

32 순임금은……있다:《맹자》〈등문공 상〉에 나온다.

凡民都不知仁, 而憚於爲之者發, 此章爲學者粗知仁之爲美, 而不知勇於有爲者發, 各有所當云爾日.

문 여러 학설은 어떻습니까?

답 정자, 범씨, 사씨, 후씨, 윤씨의 설이 모두 좋다. 하지만 '부자께서 사람들에게 인仁을 힘써 실천하라고 하신' 뜻을 제대로 밝히지 못했다. 여씨의 경우는 크게 어긋났다. 양씨는 '인은 자기에게서 깨닫는 것이니, 양보가 있을 수 없다.'라고 한 것은 그 해석이 매우 뛰어나다. 하지만 '의리는 사사로이 터득하는 것이라고 지나치게 과장하며, 다른 사람과 공유하는 것을 좋아하지 않는 것'이라고 한다면 성인의 본의와 어긋난다. 또 '불양不讓'에 대한 해석이 경문과 부합하지 않는 부분도 있다.

諸說如何.

曰, 程子范謝侯尹之說皆善, 然未有發明夫子勉人勇於爲仁之意者. 若呂氏則固失之. 楊氏又以爲得之於己, 不容有讓, 高則高矣, 然未免乎夸夫義理之爲己私得, 而喜其不可以分人也, 是亦非聖人之本意矣. 且於不讓之文, 亦有所未合云.

15-36. 子曰, "君子貞而不諒."

문 '정貞'과 '량諒'을 어떻게 구별합니까?

답 '의義'에 처함이 깊고 정확해서, 견고해지길 바라지 않더라도 저절로 견고해지는 것이 '정貞'이다. 옳고 그름을 가리지 않고, 반드시 믿고 바꾸지 않는다는 것을 파악하는 것은 '량諒'이다. '량諒'과 '신信'에 대해서는 정자의 해석이 좋다.[33] 하지만 맹자의 말[34]을 인용한 것은 타당하지 않다. 만약 '저쪽의 고집을 빌려 이쪽의 고집을 더 강화한다.'라고 했으면 괜찮았을 것이다. 범씨, 윤씨의 설도 좋다. 하지만 범씨는 곧바로 '신'을 '량'으로 풀었고, 윤씨는 '량'을 '신'에 해당시켰는데, 둘 다 치밀하지 못하다. 양씨와 후씨의 경우, '정'을 '바르지만 견고하지 못하다.'라고 풀기도 하고, 또 '견고하지만 바름에 근본하지 못했다.'라고 풀었는데, 모두 틀렸다. 사씨는 '(정이불량貞而不諒은) 행실을 바르게 하려고 해서가 아니다.'라고 했는데, 매우 지나친 것 같다. 그러나 경문의 뜻과 어긋나는 것은 아니지만, 글 뜻을 해석하는 것이 치밀하지 못하다.

或問, 貞諒之別.

曰, 處義旣精, 不期固而自固者, 貞也. 不擇邪正, 惟知必信而不易者, 諒也. 諒信之別, 則程子得之, 但所引孟子之言爲未安. 若曰借彼之執以甚此之固執, 則可耳. 范尹之說亦善, 但范直以信爲諒, 尹以諒當信, 則爲未密. 至於楊侯或以貞爲正而不及於固, 或以貞爲固而不本於正, 亦胥失之. 謝氏非以正行之說, 似若過高, 然亦不失本文之意, 但以解釋文義爲不切耳.

15-37. 子曰, "事君, 敬其事而後其食."

---

33 량과……좋다: "명도 선생이 말했다. '량諒은 신信과 다르다. 정貞은 대체로 신信에 해당하지만, 량諒은 반드시 (그대로) 행하려는 것이다.' 이천 선생이 말했다. '량諒은 고집固執이다. 량亮 자와 같으며, 옛 글자에서는 통용되었다. 맹자가 말했다. 「군자君子가 믿음[亮]이 없다면 어찌 붙잡는 바가 있겠는가.」'[明道曰, 諒與信異, 貞大體是信, 諒必爲也. 伊川曰, 諒固執也. 與亮同古字通用. 孟子曰, 君子不亮烏乎執.]" (《논어정의》)

34 맹자의 말: "맹자가 말했다. '군자君子가 진실함이 없다면 무엇을 (근본으로) 붙잡겠는가?'[孟子曰, 君子不亮, 惡乎執?]"《맹자》〈고자 하〉"

문 '경사후식敬事後食'에 관한 해설은 어떻습니까?

답 부자의 뜻은 아마도 '일(직분)을 경건히 처리하고 녹봉을 구하는 마음은 뒤로 한다.'라는 것 같다. '경기사敬其事'에 대한 여러 학설은 모두 설득력 있다. 하지만 '모두 일을 먼저 경건히 처리하고 그런 다음에야 녹봉을 받을 수 있다.'라고 해석했다면 모두 오류이다. 한번 범씨의 주장을 가지고 《집주》를 살펴보면 알 수 있다. 사씨는 또 '일을 경건히 처리한 연후에야만 녹봉을 받을 수 있다.'라고 생각한 것 같은데, 그 병폐가 더욱 심하다. 배우는 이들은 아주 작은 차이라도 반드시 살펴야 한다. '가난한 탓에 벼슬을 한다.'는 의혹에 대해서 장경부가 논한 적이 있다. 【장경부가 말했다. "군주를 모실 때 '경敬'에 힘을 다할 뿐이다. '후기식後其食'은 '얻을 것을 뒤로 한다.'라는 뜻이다. 그렇다면 가난 탓에 벼슬하는 것은 어떤가? 공자께서 위리委吏를 역임하시고 '회계를 마땅하게 했을 뿐이다.'라고 하셨다. 이를 보면 '경기사敬其事'를 위주로 한 것을 알 수 있다. 만약 진정으로 가난 탓에 벼슬살이 했다면 오직 녹봉을 구할 뿐이니, 일에 급급해 '의義'를 놓치게 된다."】 양씨가 '여러 관직은 하늘을 대신한 것으로 반드시 경건해야 한다.'라고 한 주장은 옳지 않다. 일은 당연히 경건하게 처리해야 하지, 어찌 하늘을 대신한다고 해서 경건히 하겠는가. 그는 '하늘을 속이는 것이니 기도할 수 없다.'[35]라고 했는데, 이 역시 '대천代天'을 고집하다 말단으로 흘러 이 지경에 이른 것이다.

---

35 하늘을……없다: "양씨가 말했다. '백관들은 천공을 대신하는 것이니 하늘을 대신하는 데 불경할 수 있겠는가? 일을 불경하게 하면서 먹는 것을 우선한다면 이는 하늘을 속여 이익을 추구하는 것이다. 죄를 얻으면 어디에 기도하겠는가.'[楊曰, 庶官所以代天工也, 代天其可不敬乎. 不敬其事而先食, 則是矯誣以徇利耳. 其得罪也, 將安所禱乎.]"《논어정의》)

或問, 敬事後食之說.

曰, 夫子之意, 蓋曰敬於其事, 而後其求祿之心耳. 今諸說於敬其事之說皆得
之, 而皆以爲先敬其事, 而後可以受祿, 則失之. 試以范說考之集註, 則可見矣.
而謝氏之意, 又以爲敬其事, 然後可以得祿, 則其病有甚焉者. 學者於此毫釐之
間, 尤所當察也. 其爲貧而仕之疑, 則張敬夫嘗辨之, 亦可取也. 【張敬夫曰, 事
君者, 主於敬其事而已. 後其食, 猶後獲之意. 然則爲貧而仕, 則奈何. 孔子嘗
爲委吏矣, 亦曰會計當而已矣. 蓋亦敬其事以爲主也. 若止爲貧而仕, 食焉而
已, 遑恤其事, 則失其義矣.】楊氏又以庶官代天, 不可不敬爲說, 亦不然. 但事
自當敬耳, 豈必爲代天而後敬乎. 其曰矯誣而不可禱者, 又因代天而遂支蔓以及
此耳.

15-38. 子曰, "有敎無類."

문 '유교무류有敎無類'에 관한 설은 어떻습니까?

답 여러 학설의 문의文義는 모두 대개 논리가 허술하다. 후씨의 주장은
도무지 이해할 수 없다. 범씨가 '인성人性'을 논했는데, 그것만은 설득력
이 있다. 하지만 '교화가 있어도 악하게 된다.'라는 주장은 잘못이다. '교
敎'는 본디 '가르치는 이가 수양한 후 백성을 교화한다.'라는 뜻으로, 가
르쳐 악에 빠지게 한다면 그것을 두고 어찌 '교'라고 부를 수 있겠는가.
장경부의 학설은 상세하고 지극하나, 글뜻에 있어서는 범씨보다 설득력
이 떨어진다. 【장경부가 말했다. "품부 받은 자질은 비록 다르나, 선이나 악으
로 나뉘는 것은 미리 정해져 있어 변하지 않는 것이 아니다. 사람은 모두 같으
며, 원래 하늘이 주신 본성[降衷]은 모두 선하므로, 성인께서 가르치시면 다시
선으로 돌아가는 것이다. 가르침이 행해지면 어리석은 자는 총명해지고, 유약

한 자는 강해진다. 어찌 기氣가 변하지 않는다고 하는가. 요임금의 아들이나, 순임금의 아들은 모두 불초한데 기질이 약간 차이가 있을 뿐이니 어째서 차이가 나는가? 대체로 기질에는 되돌릴 수 있는 이치가 있고, 사람에게는 되돌릴 수 있는 방법이 있으며, 가르침에는 잘 되돌릴 수 있는 일이 있기 때문이다. 그런데 끝내 돌아갈 수 없다고 주장한다면 자포자기하는 것일 뿐이다."】

或問, 有敎無類之說.

曰, 諸說文義皆疎, 而侯氏尤不可曉, 惟范氏以人性爲言者得之. 但以爲有敎之以惡者, 則非矣. 敎之得名, 本以修道化民爲義, 孰謂導人於惡而可謂之敎乎. 張敬夫說則詳且盡矣. 然其於文義, 則不若范氏之爲得也.【張敬夫曰, 所稟之資雖有不同, 然善惡之類, 未有一定而不可變者. 蓋均是人也, 原其降衷, 何莫非不善, 故聖人有敎焉, 所以反之於善也. 敎之行, 愚者可使之明, 柔者可使之强, 豈有氣類之不可變者乎. 然堯之子不肖, 舜之子亦不肖, 則氣類又若有異, 何也. 蓋氣有可反之理, 人有能反之道, 而敎有善反之功, 其卒莫能反者, 則以其自暴自棄而已也.】

15-39. 子曰, "道不同, 不相爲謀."

문 '도부동道不同'에 관한 학설은 어떻습니까?

답 장자는 38장과 연결해서 말씀하셨는데, 좋다. 범씨 또한 설득력이 있다. 양씨와 후씨의 주장은 문제가 많다. 인인仁人 세 분[36]이 처한 상황은 같지 않으나 같이 도모하지 않은 적이 없다. 지향하는 바가 같다면 도

---

36 인인 세 분: "미자는 떠나갔고, 기자는 (미친 척하여) 그의 노예가 되었으며, 비간은 (그에게) 간하다가 죽었다. 공자가 말했다. '은나라에는 (이렇듯) 세 분의 인자가 계셨다.'[微子去之, 箕子爲之奴, 比干諫而死. 孔子曰, 殷有三仁焉.]"《논어》〈미자〉)

모하는 것이 무슨 해가 되겠는가. 간혹 백이伯夷와 태공太公 같은 관계가 있기는 하지만, 군자와 소인이 결코 작은 일 하나라도 같이 도모하는 것과는 결이 다르다.

或問, 道不同之說.

曰, 張子兼上章而言, 善矣. 范亦得之, 楊侯之說失之矣. 三仁所處不同, 而未嘗不相爲謀也. 蓋歸苟同矣, 則何害其爲謀哉. 雖或有如伯夷之於太公者, 然非如君子小人決無一事之可相爲謀者也.

15-41. 師冕見, 及階, 子曰, “階也.” 及席, 子曰, “席也.” 皆坐, 子告之曰, “某在斯, 某在斯.” 師冕出. 子張問曰, “與師言之道與?” 子曰, “然, 固相師之道也.”

문 마지막 장에 대한 학설은 어떻습니까?

답 범씨, 윤씨의 주장이 설득력 있다. 하지만 범씨, 윤씨가 '사람들에게 홀아비와 과부를 무시하지 않도록 한 것이다.'라고 한 것은 잘못이다. 만약 '여기서 성인의 마음을 엿볼 수 있다.'라고 했다면 괜찮다. 사씨가 주징힌 '불기不欺'는 성인에 해당하는 말이 아닌 것 같다. 양씨의 학설을 장경부가 추론했는데, 이것이 더 자세하다. 【장경부가 말했다. "도는 존재하지 않는 곳이 없고, 성인께서 말씀하시거나 행동하실 때 도에서 벗어난 적이 없으셨다. 각각 상황의 마땅함을 따랐을 뿐이다. 맹인 악사를 만나실 때 그가 계단에 이르면 계단이라고 말씀하시고, 자리에 이르면 자리라고 말씀하셨다. 그가 앉으면 앉아 있는 사람의 면면을 두루 말씀하셨다. 이는 맹인 악사를 대하는 마땅한 도이다. 자장이 이를 엿보고 물었는데, 부자께서 '이는 진실로 악사를 돕는 방법'이라고 말씀하셨다. 말씀은 쉬우나 의미는 매우 깊다. 사건과 사물마다 그 고유한 도가 있으니, 그 당위성은 하늘이 내리는 것이다. 하루 같은 아주 짧은 순간이라도 기거하면 기거의 도가 있고, 음식을 먹으면 음식의 도가 있다. 사람을 만나면 사람을 대하는 도가 있고, 사건과 부딪히면 사건을 처리하는 도가 있다. 도는 만사만물을 잠시도 벗어나지 않는다. 그 마땅함을 한 번 놓치면 이 도는 없어진다. 그래서 군자는 전전긍긍 이를 지키려 하며, 넘어지는 순간, 밥 먹는 짧은 순간이라도 이 도에서 벗어날까 두려워한다. 오직 천하의 지성至誠이라야만 하나로써 꿰뚫을 수 있으며, 도는 마치 그림자가 모체를 따르는 것처럼 없는 곳이 없다."】

후씨는 이를 두고 '성인의 인仁'이라고 해석했는데 매우 좋다. 하지만 성인의 의도를 살펴보면, 계단과 자리를 말씀해주신 것은 그가 앞을 보지 못해 혹 넘어질까 염려한 것이고, 또 자리에 앉은 사람을 소개한 것은 어찌할 바를 몰라 답답하고 무료할까 염려하신 것이다. 다만 맹인 악사가 자기 자리를 지나치지 못하게 도운 신 것은 아니다. 물론 맹인이 악사가 자기 자리를 지나치지 않도록 하려는 의도도 그 안에 들어 있다.

或問, 卒章之說.

曰, 范尹得之, 但范尹敎人不侮鰥寡云者非是. 若曰聖人之仁心, 於是可見, 則可矣. 謝氏不欺之說, 恐非所以語聖人. 楊氏之說, 則張敬夫推之尤詳矣.【張敬夫曰, 道無往而不存, 聖人之動靜語黙, 無往而非道, 蓋各止於其所而已. 師冕之見, 及階則告之階, 及席則告之席, 旣坐則歷告之以在坐者, 蓋待瞽者之道當然耳. 子張窺竊而有問焉, 夫子以爲固相師之道, 辭則近而意亦無不盡矣. 事事物物, 莫不有其道, 蓋所當然者, 天之所爲也. 夫以一日之間, 起居則有起居之道, 飮食則有飮食之道, 見是人則有待是人之道, 遇是事則有處是事之道,

道不可須臾離也. 一失所宜, 則有廢是道矣. 是故君子戰兢自持, 顚沛必於是,
造次必於是, 懼其失之也. 夫惟天下之至誠, 一以貫之, 道之所在, 如影之隨形,
蓋無往而非是也.】侯氏以爲聖人之仁者尤善. 但聖人之意, 告之階席者, 慮其
不見而或至於覆跌, 告之以在坐之人者, 恐其不知所爲而抑鬱無聊也. 不專爲
不使至於有過而已. 然使不至於有過, 固亦在其中也.

16. 계씨季氏

16-01. 季氏將伐顓臾. 冉有季路見於孔子曰, "季氏將有事於顓臾." 孔子曰, "求! 無乃爾是過與. 夫顓臾, 昔者先王以爲東蒙主, 且在邦域之中矣, 是社稷之臣也. 何以伐爲." 冉有曰, "夫子欲之, 吾二臣者皆不欲也." 孔子曰, "求! 周任有言曰, '陳力就列, 不能者止.' 危而不持, 顚而不扶, 則將焉用彼相矣. 且爾言過矣, 虎兕出於柙, 龜玉毁於櫝中, 是誰之過與." 冉有曰, "今夫顓臾, 固而近於費. 今不取, 後世必爲子孫憂." 孔子曰, "求! 君子疾夫舍曰欲之而必爲之辭. 丘也聞有國有家者, 不患寡而患不均, 不患貧而患不安. 蓋均無貧, 和無寡, 安無傾. 夫如是, 故遠人不服, 則脩文德以來之. 旣來之, 則安之. 今由與求也, 相夫子, 遠人不服, 而不能來也, 邦分崩離析, 而不能守也, 而謀動干戈於邦內. 吾恐季孫之憂, 不在顓臾, 而在蕭牆之內也."

문 1장의 주장은 어떻습니까?

답 여러 주장은 모두 문맥에 따라 의의를 풀이하였으나 실제적인 일은 살피지 못했다. 그래서 그 말에 사실에 부합하지 않는 점이 있는 것 같다. 오직 사씨만 두 사람이 노나라를 여위게 하여 삼가三家를 살지게 했다고 하는데 이치에 부합한다. 하지만 호랑이와 들소 및 거북의 등껍질과 옥의 비유는 옳지 않다. 소씨가 추론한 두 견해가 살핀 것이 특히 정밀하다. 【소씨가 말했다. "윗사람은 부유하고 아랫사람이 가난하면 고르지 않고, 임금과 신하가 서로 시기하면 화和하지 않고, 백성이 윗사람을 믿지 않으면 편안하지 않다. 유무가 서로 통하는 것을 '균均'이라고 하고, 군신이 서로 기뻐하는 것을 '화'라고 하며, 상하가 서로 보전해주는 것을 '안安'이라고 한다." 또 말하였다. "구설에 집안의 근심을 양호의 어려움이라고 하였는데, 내가 살펴보니, 정공 5년(B.C.505)에 양호가 처음으로 계씨의 일을 전횡하고 계환자를 가두었다. 정공 9년(B.C.501) 계환자를 죽이려고 하였으나 성공하지 못하고 제나라로 도망갔다. 이 앞에 일어난 일은 계씨가 저지르고 양호는 그것을 따랐으니 염유와 자로 두 사람의 죄는 아니다. 정공 5년이면 공자의 나이 47세다. 염유는 공자보다 29세가 어리니, 이 해는 18세에 불과해서 계씨를 도울 수 없었다. 정공 12년(B.C.498)에 자로가 계씨의 읍재가 되고, 애공 11년(B.C.484)에 염구가 계씨의 읍재가 되었으니 모두 《춘추》에 보인다. 전유를 친 일은 양호가 제나라로 도망가기 전의 일이 아니니, 아마도 계강자의 세대일 것이다. 애공 7년(B.C.488)에 계강자가 주나라를 쳐서 오나라 도적을 불러들였기 때문에 '먼 지방 사람이 복종하지 않는데도 오게 하지 못한다.'라고 한 것이다. 애공 15년(B.C.480)에 공손 숙이 성읍成邑에서 반란을 일으켰기 때문에 '나라가 분열되고 무너져 흩어지는데도 지키지 못한다.'라고 한 것이다. 애공이 삼환의 위세를 걱정하여 월나라를 이용하여 그들을 제거하려고 했기 때문에 '나는 계손의 근심이 전유에 있지 않고 병풍 안 집안에 있을까 두렵다.'라고 한 것이다."】 그러나 '균무빈均無貧', '안무경安無傾', '원인불복遠人不服' 등의 견해는 또한 옳지 않다. 집안의 화는 또한 본래 일반적인 말이니, 애공이 월나라를 이용해서 노나라를 친 일을 미리 내다본 것이 아니다.

或問首章之說.

曰, 諸家之說, 皆隨文釋義, 而未嘗考其事實, 故其言若有無所當者. 惟謝氏以爲罪二子之瘠魯以肥三家者得之, 但虎兒龜玉之譬未然. 而蘇氏所推兩條, 考之尤密.【蘇氏曰, 上富而下貧, 則不均矣. 君臣相忌, 則不和矣. 民不信其上, 則不安矣. 有無相通謂之均, 君臣相悅謂之和, 上下相保謂之安. 又曰, 舊說以蕭牆之憂, 爲陽虎之難, 以吾考之, 定公五年, 陽虎始專季氏, 囚桓子, 至九年, 欲殺桓子, 不克而出奔齊. 前此者, 季氏之所爲, 惟虎之聽, 非二子之罪也. 定公五年, 孔子年四十有七, 冉有少孔子二十有九歲, 蓋年十八而已, 未能相季氏也. 定公十二年, 子路爲季氏宰, 哀公十一年, 冉求爲季氏宰, 皆見於春秋, 則伐顓臾非陽虎出奔之前, 其在季康子之世歟. 哀公七年, 季康子伐邾, 以召吳寇, 故曰, "遠人不服, 而不能來也." 十五年, 公孫宿以成叛, 故曰"邦分崩離析而不能守也." 公患三桓之侈也, 而欲以越去之, 故曰"吾恐季孫之憂, 不在顓臾, 而在蕭牆之內也."】 但均無貧安無傾遠人不服等說, 亦爲不然耳. 蕭牆之禍, 亦本泛言, 非預知哀公以越伐魯之事也.

문 그렇다면 이른바 '균무빈均無貧', '화무과和無寡', '안무경安無傾'은 어떻습니까?

답 이때 계씨가 노나라의 반을 차지하였으나 공실은 한 자의 땅 한 명의 백성도 없었으니 고르지 않음이 심했다.【이때 노나라를 4분하여 계씨가 둘을 취하고 맹씨와 숙씨 두 집안은 각각 하나씩을 가졌다.】고르지 않으면 신하는 임금을 의심하고 가난을 근심으로 삼는다. 가난을 근심하여 계속 부귀를 추구하면 임금이 신하를 의심하여 불화에 이르고, 불화하면 신하는 더욱 스스로 의심하고 무리가 적은 것을 늘 두려워한다. 적은 것을 걱정하여 많은 것을 추구함이 갈수록 심하면 임금은 더욱 의심하여 불안에 이른다. 신하로서 임금에 맞서 불안이 이런 지경에 이르면 제사를 길이 보존하여 무너지거나 위태로운 걱정이 없고자 하더라도 그렇게 할 수 있겠는가. 반드시 통렬히 스스로 반성하여 제후의 천승과 대부의 백승의 제도를 회복하면 고르게 되어 가난을 걱정하지 않게 된다. 군신이 서로 뜻이 맞으면 화和하여 적음을 걱정하지 않게 된다. 자손이 계속 이어져 대대로 자신의 직분을 지키면 안정되어 기울어지지 않게 된다. 이것은 당시에 드러내 놓고 말하기 어려웠기 때문에 공자께서 은근한 말로 고한 것인데, 말은 비록 소략하지만 뜻은 상세하다.

曰, 然則所謂均無貧和無寡安無傾者, 奈何.

曰, 是時季氏據魯之半, 而公室無尺地一民之勢, 不均甚矣.【是時四分魯國, 季氏取其二, 而二家各有其一.】不均, 則臣疑其君, 而以貧爲憂矣. 憂貧而求富不已, 則君疑其臣, 而至於不和矣. 不和, 則臣益自疑, 而常懼於衆少矣. 憂寡而求衆愈甚, 則君益疑之, 而至於不安矣. 以臣亢君而不安至此, 則雖欲長保其祭祀, 而無傾危之患, 其可得哉. 必也痛自貶損, 以復於諸侯千乘大夫百乘之制, 則均而不患於貧矣. 君臣輯睦, 則和而不患於寡矣. 子孫長久, 世守職業, 則安而不至於傾矣. 此在當時, 蓋有難顯言者, 故夫子微辭以告之, 語雖略而意則詳也.

문 그렇다면 여러 주장은 비록 그 실제 일에 맞지 않지만, 득실에 있어 또한 논할 만한 점이 있습니까?

답 범씨의 이른바 "지성은 미리 알 수 있다."와 "귀신과 길흉을 합한다."는 지나치다. 공자의 말은 곧 이미 일어난 일에 근거하여 말한 것이니, 어찌 앞으로 일어날 일을 말했겠는가. "염구가 계씨를 가르쳤을 것이라 의심했다."라고 한 것도 잘못이다. 계씨를 도우려고 공자에게 와서 그 집안의 일을 물었으니, 이것은 같이 도모한 것이 분명하다. 무슨 의심이 있었겠는가. 나를 믿어주지 않을까 억측했다고 한 것은 더욱 말할 것이 없다.

여씨는 계씨가 계책을 꾸며 노나라를 기울게 했다고 하는데, 살핀 것이 또한 그다지 자세하지 않다. 또 계씨는 신하이고 애공은 임금이니 부를 같게 하는 것이 어떻게 가능하겠는가. 처음부터 이 일을 가리켜 말한 것이 아니라고 한 것도 또한 어떻게 같게 하는지도 모른 것이다.

양씨는 염유가 변명한 것이 계씨의 본래 의도라고 여긴 것 같은데, 공자가 구별하여 힐난한 이유를 살피지 못했다. 후씨의 기국과 식견이 좁다는 말은 계씨의 생각이 전유까지 미치지 못하고 다만 집안 안에 있다고 여긴 것 같은데 문장의 의미가 더욱 소활하다.

曰, 然則諸說雖不當其事實, 其得失亦有可論者乎.

曰, 范氏所謂"至誠前知, 與鬼神合其吉凶"者, 過矣. 孔子之言, 乃據其事之已然者言之, 豈前知之謂哉. 其曰"疑冉求敎季氏"者, 亦非也. 求相季氏而以其家事來問, 此其與謀必矣, 何疑之有. 其引億不信者, 尤無謂也. 呂氏之云, 乃爲季氏畫策以傾魯者, 其考之亦太不詳矣. 且季氏臣也, 魯公君也, 等富若何而可等耶. 若曰初不指是而爲言, 亦未知其若何而爲等也. 楊氏眞以冉有之所以爲之辭者, 爲季氏之本謀, 而不察乎夫子之所以辨而詰之也. 侯氏器識窄狹之云, 似以爲季氏之慮不能及顓臾, 而但在蕭墻之內, 其於文義愈疎濶矣.

16-02. 孔子曰, "天下有道, 則禮樂征伐自天子出, 天下無道, 則禮樂征伐自諸侯出. 自諸侯出, 蓋十世希不失矣, 自大夫出, 五世希不失矣, 陪臣執國命, 三世希不失矣. 天下有道, 則政不在大夫. 天下有道, 則庶人不議."

문 2장에 대한 주장은 여씨, 사씨, 양씨, 윤씨가 타당하나 여씨와 양씨는 또 이치와 형세를 겸하여 말하여 그 말이 더욱 완비되었다. 범씨는 천자는 10대에 천하를 잃고 제후는 5대에 나라를 잃고 대부는 3대에 집안을 잃는다고 하였는데, 문세가 통하지 않고, 또 뒤 문장에서 그 주장을 억지로 끌어다가 부합시키니 또한 잘못되었다. "백성들이 함부로 정치의 잘잘못을 논하지 않는다."에 대한 주장은 오직 여씨만 타당하다. 범씨는 피하는 바가 있어 그 말을 우원하게 한 것 같은데, 뜻은 좋으나 경의 본뜻은 아니다. 양씨의 말은 지나치게 고원하여 사실에 부합하지 않는다. 윤씨의 주장은 또 윗 구절을 받아서 말을 하였으나, 또한 반드시 그러한 것은 아닌 것 같다.【여씨, 사씨, 윤씨의 말은 모두 뒷장에 있다.】

或問二章之說.

曰, 世數之說, 呂謝楊尹得之, 而呂楊又兼理勢而言, 語尤完備. 范氏以爲天子十世失其天下, 諸侯五世失其國, 大夫三世其家, 則於文勢有所不通, 而又於後章强牽其說以附合之, 其亦誤矣. 庶人不議之說, 唯呂氏得之. 范氏蓋有所避而迂其說, 意則善矣, 而非經之本旨也. 楊氏之說, 過高而不實. 尹說又蒙上句而爲言, 恐亦不必然也.【呂謝尹說, 倂在後章.】

16-03. 孔子曰, "祿之去公室五世矣, 政逮於大夫四世矣, 故夫三桓之子孫微矣."

문 3장의 해설에 대해 묻습니다.

답 범씨의 과실에 대해서 그 대의는 이미 변별하였고, 세대의 해설 또한 옳지 않다. 복록이 공실을 떠나면 정사는 대부에게 미치지 못하니 장차 어디로 가겠는가? 아마 제후가 5대 만에 나라를 잃는다는 해설에 얽매였기 때문에 아울러 이 장과 함께 잘못되었을 것이다.

或問三章之說.

曰, 范氏之失, 其大意前已辨之矣, 其世數之說, 亦非也. 祿去公室, 則政不及於大夫, 將何之耶. 蓋牽於前諸侯五世而失其國之說, 故併與此而失之耳.

문 소씨는 어떻습니까?【소씨가 말했다. "어떤 사람이 '전상田常[1]과 삼진三晉[2]은 어찌하여 나라를 잃지 않고 유지할 수 있었는가?'라고 묻자 말하였다. '공자의 말은 덕이 없으면서 권세를 부리는 자이다. 만약 그 덕이 있으면 비록 탕왕과 무왕이 제후로서 천자의 권세를 부린다고 하더라도 괜찮다. 만약 전상과 삼진이 비록 말할 만한 덕이 없다고 하더라도 나라를 다스린 것이 어찌 헛되이 그러하겠는가. 계씨가 비유할 바가 아니다.'"】

답 옳지 않다. 공자가 말한 것은 상리常理이니, 《서경》의 "선을 따르면 길하고 악을 따르면 흉하다."나, 《주역》의 "선을 쌓으면 경사가 미치고

---

1 전상: 제齊나라의 대부 진항陳恒이다. 전상이 제나라의 임금 간공簡公을 시해하고 평공平公을 옹립하였다. 《사기》〈사마양저열전司馬穰苴列傳〉에 보인다.

2 삼진: 진晉나라를 말한다. 진나라는 정공定公으로부터 6세 뒤인 정공靖公에 이르러 삼대부三大夫인 한韓, 위魏, 조趙가 진나라 땅을 삼분하여 하나씩 차지하고서 각자 제후가 되었는데, 이때부터 삼진이라고 불렀다.

불선을 쌓으면 재앙이 미친다."라는 말과 같은 것이다. 길흉화복의 운수

가 어그러지면 마땅히 그러하여야 하나 그러지 못하는 경우가 많으니,

누가 가지런히 할 수 있겠는가. 그러나 유자의 지키는 바는 또한 상리가

있다는 것을 알 따름이다. 성패와 득실은 계산할 것이 아니다. 이 때문

에 세상사가 반복하고 수없이 변하더라도 나에게 있는 것은 지킴을 잃은

적이 없다. 하물며 전상과 삼진이 세상에 전해지는 것이 또한 모두 5대

나 6대에 불과함에 있었으랴.

　호씨는 또 후대 찬탈의 자취로 살펴보았으니, 왕망王莽[3], 사마의司馬

懿[4], 고환高歡[5], 양견楊堅[6], 오호십국五胡十國[7], 남조사성南朝四姓[8], 오대팔

씨五代八氏[9]는 모두 나라를 얻은 것이 도리가 아니어서, 혹 그 몸에 그치

3　왕망: 서한 말에 제위를 찬탈하고 국호를 신新으로 바꾼 사람이다.

4　사마의: 중국 삼국시대 위魏나라의 정치가다. 명제明帝가 죽을 때 후사를 보좌할
　　것을 부탁받았으나 조상曹爽에게 밀리자 정변을 일으켜 조상을 죽이고 권력을 장
　　악했다. 이후 손자 사마염司馬炎이 제위帝位를 찬탈할 기초를 닦았다.

5　고환: 북제北齊의 태조太祖다. 북위北魏의 효문제孝文帝가 죽고 동위東魏와 서위西
　　魏로 분열되었을 때 고환은 청하왕淸河王 단亶의 아들 선견善見을 옹립하여 동위
　　를 세웠다. 이후 그의 아들이 찬탈하여 북제를 세운다.

6　양견: 수隋 문제文帝의 이름이다. 남북조시대 북주北周의 어린 임금 정제靜帝를 폐
　　하고 제위를 찬탈한 뒤에 국호를 수隋라 칭하였고, 후에 남조의 진陳나라를 멸망
　　시켜 천하를 통일하였다.

7　오호십국: 오호십육국을 말하는 것 같다. 팔왕의 난과 영가의 난이 일어나고 한족
　　의 지배 하에 있던 각지의 이민족들이 반란을 일으키면서 화북 지방에는 여러 국
　　가가 난립하였다. 오호는 이 당시 화북을 지배했던 흉노匈奴, 선비鮮卑, 저氐, 갈
　　羯, 강羌의 다섯 이민족을 가리킨다. 십육국은 북위 말엽의 사관이 쓴《십육국춘
　　추十六國春秋》에서 유래하는데, 실제로 이 시기에 세워진 나라의 숫자는 16개가
　　넘는다.

8　남조사성: 낭야琅琊 왕씨王氏, 진군陳郡 사씨謝氏, 진군陳郡 원씨袁氏, 난릉蘭陵 소
　　씨蕭氏를 말한다.

9　오대팔씨: 오대는 후당後唐, 후진後晉, 거란契丹, 혹은 대요大遼, 후한後漢, 후주後

고 혹 그 자손에 미쳐서 멀리 4대나 5대를 전하는 데 불과하다고 하였는데 지극하다. 오직 진나라의 운만 조금 길어서 역사에서 원제우성元帝牛姓[10]이라고 하니, 여불위의 자식인 여정이 진나라 영씨의 혈통을 이은 것과 같다. 이로써 논하면 이른바 상리는 또 증명되지 않은 적이 없다. "하늘이 정하면 사람을 이긴다."는 것은 이를 말할 것이다.

曰, 蘇氏如何.【蘇氏曰, 或謂田常三晉何以不失. 曰, 孔子之言, 無其德而用其事者也, 苟有其德, 雖湯武以諸侯用天子之事猶可. 若田常三晉雖不足言, 然其所以有國者, 豈徒然哉. 非季氏之比也.】曰, 不然也. 孔子所言常理也, 猶書之言惠迪吉, 從逆凶, 易之言積善餘慶, 不善餘殃者也. 氣數舛戾, 則當然而不然者多矣, 孰得而齊之. 但儒者之所守, 則亦知有常理而已矣. 其成敗得失, 有非所計者, 是以雖世故反覆, 百千萬變, 而在我者未嘗失其守也. 況田常三晉傳世亦皆不過五六, 而胡氏又以後世簒奪之迹考之, 則如王莽司馬懿高歡楊堅, 五胡十國, 南朝四姓, 五代八氏, 皆得之非道, 或止其身, 或及其子孫, 遠不過四五傳而極矣. 唯晉祚爲差永, 而史謂元帝牛姓, 猶呂政之紹嬴統也. 以此論之, 則所謂常理者, 又未嘗不驗也. 天定勝人, 其此之謂歟.

16-04. 孔子曰, "益者三友, 損者三友. 友直, 友諒, 友多聞, 益矣. 友便辟, 友善柔, 友便佞, 損矣."

周 등 다섯 조대를 말한다. 팔성은 후당後唐 이존욱李存勗(본래 성은 주아朱邪), 이사원李嗣源(본래 성은 모름), 이사원의 양자 이종가李從珂(본래 성은 왕王), 후진後晉 석씨石氏, 요나라 야율씨耶律氏, 후한後漢 유씨劉氏, 후주後周 곽위郭威, 곽위의 양자 시영柴榮 등 8개의 성씨를 말한다.

10 원제우성: 동진東晉을 일으킨 원제元帝 사마예司馬睿를 말하는데, 사마씨가 아닌 우씨의 소생小生이라는 내용이《진서晉書》에 있으므로 이렇게 말한 것이다. 사마예는 진晉의 5대 황제이자, 동진을 세운 황제로 민제愍帝가 잡혀가 진나라가 본토를 잃자 강남으로 천도하여 왕조를 중흥하는 큰 공을 세웠다.

문 유익하고 손해되는 벗 세 가지의 주장에 대해 묻습니다.

답 장자와 윤씨는 타당하다. 사씨의 설은 좋긴 하지만 〈옹야〉에서 자공이 인仁을 묻는 것[11]에 대해 논한 뜻과 같다.

或問三友之說.

曰, 張子尹氏得之. 謝說善矣, 然猶其論子貢問仁之意也.

문 그렇다면 이 장의 뜻은《집주》의 설명에서 다 드러납니까?

답 이 또한 문장의 바른 뜻을 풀이했을 따름이다. 만약 미루어 말한다면 세 가지는 사람들에게 모두 물이 배어들듯 점차 훈도하는 이로움이 있고, 모두 존경하고 두려워하는 이로움이 있으며, 모두 흥기시키고 본받게 하는 이로움이 있다.《집주》에서 말하는 것 이상이다.

曰, 然則此章之旨, 其盡於集註之說而已乎.

曰, 是亦釋其文之正意云爾. 若推而言之, 則三者之於人, 皆有薰陶漸漬之益焉, 皆有嚴憚敬畏之益焉, 皆有興起慕效之益焉, 不但如彼之所言而已也.

문 손해가 되는 벗은 그와 상반되는데 어떻습니까?

답 편벽되면 벗과 사귀기를 잘하는 성실함이 없고, 아첨을 잘하면 굳게

---

11 〈옹야〉에서……것: "자공이 말했다. '만약 (어떤 사람이) 백성들에게 널리 은혜를 베풀고 많은 사람들을 구제할 수 있다면 어떻습니까? 인仁하다고 할 수 있겠습니까?' 공자가 말했다. '어찌 인에만 그칠 일이겠는가. (그 정도라면) 반드시 성인聖人이라야 할 것이다. (성군이신) 요임금이나 순임금께서도 오히려 그렇게 하지 못할까 근심하셨다. 무릇 인한 사람이란 자신이 서고자 하면 남부터 세워주고, 자신이 통달하고자 하면 남부터 통달하게 해주는 것이다. (이처럼) 가까운 나 자신에게서 비유를 취하는 것, 이것이 바로 인을 실천하는 방법이라 할 수 있을 것이다.'[子貢曰, 如有博施於民而能濟衆, 何如? 可謂仁乎? 子曰, 何事於仁. 必也聖乎. 堯舜其猶病諸. 夫仁者, 己欲立而立人, 己欲達而達人. 能近取譬, 可謂仁之方也已.]"《논어》〈옹야〉)

지키는 절개가 없고, 말만 잘하면 관통하는 실제가 없다.

曰, 損者之友, 其相反奈何.

曰, 便辟則無友善之誠矣, 善柔則無固守之節矣, 便佞則無通貫之實也.

16-05. 孔子曰, "益者三樂, 損者三樂. 樂節禮樂, 樂道人之善, 樂多賢友, 益矣. 樂驕樂, 樂佚遊, 樂宴樂, 損矣."

문 '예악을 절도에 맞게 시행하는 것을 좋아하다.'에 대한 해설은 어떻습니까?

답 여러 해설은 모두 예로써 악을 절제하고 악으로 예를 절제하여 흩어지거나 서로 이기지 못하게 하는 것이라 했다. 이런 해설이 좋기는 하지만 아래 두 구절을 예로 삼아 미루어 보면 이 구절은 갑자기 이렇게 엄밀하게 되지는 않을 것이다. 범씨는 "움직일 때마다 반드시 예악을 절도로 삼는다."라고 하여 비록 여러 해설과 다르긴 하지만, 또한 너무 지나친 폐단을 면치 못하고 문세도 또 순하지 않으니 또한 사람들이 의심하지 않을 수 없다. 오직 여씨의 해설이 이 장의 뜻에 가까우나, 또 미진한 점이 있다. 그러므로 삼가 생각건대 이것은 다만 예와 악의 제도를 분명하게 밝히고 재단하여 옳고 그름이 어지럽지 않게 한 것이라 여겨진다.

或問樂節禮樂之說.

曰, 諸說皆以爲以禮節樂, 以樂節禮, 而不使流離相勝, 其說美矣. 然以下文二句例推之, 則此句未應遽至如是之密也. 范氏以爲動必以禮樂爲節, 雖與諸說不同, 然亦未免於太重, 而文勢又不順, 亦不能使人無疑也. 惟呂氏說爲近之, 而復有所未盡. 故竊獨以爲此但爲講明禮樂之制而裁節之, 使其是非不亂而已.

문 '남의 선을 즐겨 말하다.'에 대한 해설은 어떻습니까?

답 공자의 말은 자기에게 이로움이 있다고 생각한 것인데, 여러 해설은 모두 다른 사람에게 이로움이 있다는 것으로 말했으니, 그 뜻을 잃었다. 오직 여씨의 말만 조금 다르긴 하지만 역시 경전의 본래 뜻은 아니다.

曰, 樂道人善之說, 奈何.

曰, 夫子之言, 以其有益乎己也. 諸說皆以益於人言之, 失其旨矣. 惟呂氏爲小異, 然亦非經之本意也.

문 그렇다면 세 가지의 이로움에 대한 해설은 어떻습니까?

답 군자가 예악에 대해 분명하게 밝혀서 내버려 두지 않으면 잘 보존되고, 시비 판단이 잘못되지 않으면 바르게 지켜진다. 잘 보존되면 안으로 엄숙함과 공경함, 그리고 화락함의 실제를 기를 수 있고, 바르게 지켜지면 밖으로 위엄있는 거동과 절주의 문식을 잘 할 수 있다. 남의 선을 말하면 기뻐하고 사모하며 힘쓰는 뜻이 새롭고, 어진 벗이 많으면 정직하고 성실하며 들은 것이 많은 선비들이 모인다. 이 세 가지를 즐기고 그치지 않으면 놓친 마음을 거두어서 선으로 나아가지 않으려고 하여도 그렇게 할 수 없으니, 그 이익됨이 어찌 크지 않겠는가. 손해가 되는 좋아함에 대해서는 범씨가 좋다.

曰, 然則三者之爲益, 何也.

曰, 君子之於禮樂也, 講明不置則存之熟, 是非不謬則守之正. 存之熟, 則內有以養其莊敬和樂之實. 守之正, 則外有以善其威儀節奏之文. 與夫道人善, 而悅慕勉强之意新. 多賢友, 而直諒多聞之士集. 樂是三者而不已焉, 雖欲不收其放心以進於善, 亦不可得矣. 其爲益豈不大哉! 損者之樂, 則范氏得之矣.

문 그렇다면 해로운 좋아함은 어떻습니까?

답 교만하고 즐거우면 불경하고 불화하며, 편안히 놀면 다른 사람의 선을 버리며, 향락에 빠지면 자기보다 나은 벗과 친하기를 꺼린다.

曰, 然則其相反奈何.

曰, 驕樂, 則不敬不和矣. 佚遊, 則棄人之善矣. 宴樂, 則憚親勝己也.

16-06. 孔子曰, "侍於君子有三愆, 言未及之而言謂之躁, 言及之而不言謂之隱, 未見顔色而言謂之瞽."

문 군자를 모실 때 저지르는 세 가지 잘못에 대한 학자들의 해설을 묻습니다.

답 범씨의 해설은 좋으나 각각 치우친 점이 있으니 겸하여 쓰면 좋다. 그렇지 않으면 혹 안을 절제할 수 없거나, 혹 밖을 가지런히 할 수 없어 잘못을 면치 못한다. 여씨와 양씨의 해설은 지나치다. 이 장에서는 이치를 정밀하게 살피지 않아 혹 기질에 가려 말의 절제를 잃을까 경계했을 따름이지, 진실되지 못하다[不忠]거나 사람들의 속을 떠보는[餂人] 뜻이 있는 것은 아니다. 안색을 살피지 않고 말하는 것 또한 '말실수'에 불과하지, 이른바 '인재를 놓치다'는 뜻을 드러낸 것은 아니다. 후씨의 '건愆' 자에 대한 뜻도 옳지 않다. 건은 '과실'이라고 할 때 '과'를 말한다. 물론 모두 '과' 자이긴 하지만, '과실'의 '과'를 '과불급'의 '과'로 풀이하면 안 된다.

或問三愆之說.

曰, 范氏之說善矣, 然各有所偏, 兼而用之可也. 不然, 則或無以節乎內, 或無以齊乎外, 而不免於愆矣. 呂楊說過之, 此章所戒, 以其理察不精, 而或蔽於氣質之偏, 以失言語之節耳, 非有不忠諂人之意也. 未見顔色而言, 亦失言耳, 未見其所謂失人者. 侯氏惌字之義, 亦非是. 惌謂過失之過. 固皆過也, 但便以過失之過, 爲過不及之過, 則不可.

> **16-07.** 孔子曰, "君子有三戒. 少之時, 血氣未定, 戒之在色, 及其壯也, 血氣方剛, 戒之在鬪, 及其老也, 血氣旣衰, 戒之在得."

문 군자의 세 가지 경계할 점에 대한 학자들의 해설을 묻습니다.

답 정자가 이치를 다했다. 범씨도 좋기는 하지만 사례로 든 순과 증자의 일이 그 뜻에 미진한 부분이 있다. 순의 혈기는 비록 쇠하였으나 그 뜻과 절개는 쇠한 적이 없다. 그러므로 하늘에 우를 천거하고 천하 사람들로 하여금 불초한 자식을 사적으로 아끼지 않도록 했으니 보통 사람이 혈기가 쇠하여 이득을 탐하는 것과 달랐다. 증자가 죽기 전에 자신이 누운 자리를 바꿀 수도 없을 정도로 쇠약하여 반드시 들어서 부축한 다음에야 일어날 수 있었으니 혈기의 쇠함이 또한 심하였다. 그러나 그 말이 이와 같았으니 뜻과 절개가 쇠하지 않았다는 것을 알 수 있다. 다만 그 말만 따른다면 순이 증자만 못하게 되니 그 말이 옳겠는가? 여씨, 사씨, 윤씨의 말도 좋으나, 늙어서는 욕심을 경계해야 한다는 것에 대한 해설은 여씨가 양씨만 못하고, 양씨의 '지대지강至大至剛' 이하의 말[12]은 지나

---

12 양씨의……말: "양씨가 말했다. '……지극히 크고 지극히 강하며 곧음으로 길러 해로움이 없다면 천지 사이에 가득차니, 오히려 무슨 성함과 쇠함이 있겠는가?'[楊曰……若夫至大至剛, 以直養而無害, 則塞于天地之間矣. 尙何盛衰之有?]"(《논

치게 고원한 것에 힘썼으니 이 장의 뜻이 아니다. 후씨가 말한 "의로 일을 제어하고 예로 마음을 제어하여 종일 전전긍긍한다."는 것은 경계시킨 말이지 갖추어진 덕이 아니다. 종일 인仁을 어김이 없다는 것은 갖추어진 덕이지 경계시킨 말은 아니다. 반대로 두고 있으니 또한 정밀하지 못한 것이 심하다.

或問三戒之說.

曰, 程子盡矣. 范氏亦爲得之, 但所引舜曾子事, 其意有未盡者. 舜之血氣雖衰, 然其志節則未嘗衰也, 故薦禹於天, 而不以天下私厚其不肖之子, 與常人之衰而貪得者異矣. 若夫曾子之將死, 至於不可以變, 必擧扶而後能起, 則其血氣之衰亦甚矣, 但其言如此, 則其志氣之不衰可知. 若但如其所言而已, 則是謂舜不如曾子也而可乎. 呂謝尹說亦善, 但老而戒得之說, 呂不如楊, 而楊氏至大至剛以下, 則務爲過高, 而非此章之意也. 侯氏所謂制事制心, 終日兢兢者, 是乃所以爲戒也, 非成德也. 無終日之間違仁者, 成德也, 非戒也, 乃反置之, 其亦不精之甚矣.

16-08. 孔子曰, "君子有三畏, 畏天命, 畏大人, 畏聖人之言. 小人不知天命而不畏也, 狎大人, 侮聖人之言."

문 군자의 세 가지 두려워하는 것에 대한 학자들의 해설을 묻습니다.

답 정자의 설이 지극하다. 그 다음은 윤씨가 좋지만, 대인과 성인의 말씀은 모두 천명을 기준으로 볼 때 당연히 두려워해야 하는 바이다. 다른 견해는 의미가 모두 소략하다. 천명에 대한 해설에서는 범씨와 사씨는

어정의》)

타고난 자질의 차이라고 했는데 옳지 않다. 여씨는 "외천명畏天命은 나의 명이 나오는 것이다."라고 말했는데 또한 적당하지 않은 것 같다. 품부 받아 나에게 있는 것을 성性이라 하지 명命이라 하지 않기 때문이다. 대인에 대한 해설에서는 범씨와 여씨는 지위로써 말했고 사씨와 양씨는 덕으로 말했는데, 모두 한쪽에 치우치니 두 해설을 합해야 뜻을 갖출 수 있다. 이 몇 가지 해설은 성글고 부족한 점이 많다.

或問三畏之說.

曰, 程子至矣, 其次尹氏得之, 然大人聖言, 亦天命之所當畏也, 他說語意皆疏, 如天命之說, 范謝以爲天賦厚薄之分者, 非是, 呂氏吾命之云, 似亦未當, 蓋禀之在我, 則謂之性, 而不曰命矣, 大人之說, 范呂以位言, 謝楊以德言, 皆失之偏, 合之而後備耳, 凡此數者, 不止於疏而已也.

16-09. 孔子曰, "生而知之者上也, 學而知之者次也, 困而學之, 又其次也, 困而不學, 民斯爲下矣."

문 기질에 대한 학자들의 주장을 묻습니다.

답 정자가 말한 것이 매우 상세하니, 또한 뒤 편에 갖추어져 있다.[13]

或問氣質之說.

曰, 程子言之已詳, 亦具於後篇矣.

문 네 개의 차등이 있는 것은 왜 그렇습니까?

---

13 뒤 편에 ……있다: 《논어》〈양화〉 2장 '성상근야性相近也 습상원야習相遠也' 부분에 자세히 보인다.

답 사람이 태어남에 타고난 기질이 맑고 밝으며 순수하여 조금의 찌꺼기도 없으면 천지의 성性과 조금의 간격도 없어서 의리의 당연함을 배우지 않아도 마음에 명료한 것이 있다. 이른바 '태어나면서 아는 것'이니 성인이다. 여기에 미치지 못하는 자는 어두움과 밝음, 맑음과 탁함, 바름과 치우침, 순수함과 잡스러움의 정도 차이가 있다. 혹 맑음과 밝음, 순수함을 받았으나 조금의 찌꺼기가 없을 수 없는 사람은 천지의 성과 조금의 간격이 있는 것을 피치 못하나, 그 간격은 쉽게 메우고 그 장애 또한 쉽게 통한다. 그러므로 통하지 못한 점은 반드시 배워서 통할 줄 알고, 배우면 또한 메우지 못하는 경우가 없다. 이른바 '배워서 아는 것'이니, 대현大賢이다. 혹 타고난 것이 어두움과 탁함, 치우침과 잡스러움이 많고 맑음과 밝음, 순수함이 적은 사람은 반드시 막혀서 통하지 않은 다음에야 배울 줄 알고, 또 그 배움은 반드시 통하는 것도 아니다. 이른바 '어려움을 겪고 난 다음에 배우는 것'이니 보통 사람이다. 어두움과 탁함, 치우침과 잡스러움은 매우 많고 맑음과 밝음, 순수함의 기운이 조금도 없으면 비록 통하지 않더라도 멍하니 깨닫지 못하고 당연하다고 여겨 끝내 배워서 통할 줄을 모르니, 이것이 제일 아래에 있는 백성이다.

曰. 其所以有是四等者, 何也.

曰. 人之生也, 氣質之禀, 淸明純粹, 絶無渣滓, 則於天地之性, 無所間隔, 而凡義理之當然, 有不待學而了然於胸中者, 所謂生而知之, 聖人也. 其不及此者, 則以昏明淸濁正偏純駁之多少勝負爲差. 其或得於淸明純粹而不能無少渣滓者, 則雖未免乎小有間隔, 而其間易達, 其礙易通, 故於其所未通者, 必知學以通之, 而其學也, 則亦無不達矣, 所謂學而知之, 大賢也. 或得於昏濁偏駁之多, 而不能無少淸明純粹者, 則必其窒塞不通然後知學, 其學又未必無不通也, 所謂困而學之, 衆人也. 至於昏濁偏駁又甚, 而無復少有淸明純粹之氣, 則雖有不通, 而懵然莫覺, 以爲當然, 終不知學以求其通也, 此則下民而已矣.

문 학자들의 해설은 어떻습니까?

답 범씨의 해설이 또한 좋다. 이 장과 《중용》 본문의 뜻[14]은 비록 오직 권면하고 경계시키려고 말한 것은 아니나, 의미상 앞뒤 기세가 또한 이런 이치가 있는 것 같다. 사씨의 이른바 "사람들은 모두 성인의 자질이 있다."라고 한 것은 또한 옳지 않다. 자질로서 논하자면 이 장은 바로 품부받은 것이 같지 않음을 논했지, 사람들이 모두 성인의 자질이 있다고 말한 것은 아니다. 만약 본성의 이치로써 말하자면 이 장은 사람마다 다른 자질을 논한 것이지 하나의 근원을 가진 본성을 논한 것은 아니다. 또 "성인과 범부의 구분은 다만 생각하는지 생각하지 못하는지, 민첩한지 민첩하지 못한지의 여부에 달렸을 따름이다."라고 했는데, 태어나면서 아는 자가 어찌 기품이 처음부터 보통 사람과 차이가 없고, 다만 생각과 민첩함만으로 성인이 될 수 있겠는가. 또 "어려움을 겪고 난 다음에 배우는 자는 힘써 처음의 본성을 회복하려 한다."라고 했는데, 배우는 자는 물론 처음의 본성을 회복하려고 한다. 그러나 앞의 문장으로 살펴보면 아는 것의 대상은 아마도 이 의리를 아는 것이지, 갑자기 처음의 본성을 회복하는 일까지는 미치지 못할 것이다. 해설이 성글고 부족한 점이 많다.

曰. 諸說如何.

---

14 《중용》 본문의 뜻: 《중용》 20장의 다음 내용을 가리킨다. "어떤 사람은 태어나면서부터 그것을 알고, 어떤 사람은 배워서 그것을 알며, 어떤 사람은 애써 노력하여 그것을 안다. 그러나 그것을 알게 됨에 이르러서는 (결과가 모두) 같다.[或生而知之, 或學而知之, 或困而知之, 及其知之, 一也.]"

曰, 范氏之說亦善, 此與中庸本文之意, 雖非專爲勸戒而發, 然其語意上下之
勢, 似亦有此理者. 謝氏所謂人皆有聖質者, 亦非也. 若以資質而論, 則此章正
論其所禀之不齊, 而非謂其皆有聖質. 若以性之理而言, 則此章乃論其不齊之
質, 而非論其一源之性也. 又謂'聖愚之分, 特在念不念敏不敏耳'. 夫生而知之
者, 豈其氣禀初不異於衆人, 特以念與敏而得爲聖人耶. 又謂'困而學者, 勉强
以求復其初'. 夫學者固求以復其初也, 然以上文考之, 所知者殆爲知此義理而
已, 未遽及乎復其初之事也. 不止於疏而已也.

16-10. 孔子曰, "君子有九思. 視思明, 聽思聰, 色思溫, 貌思
恭, 言思忠, 事思敬, 疑思問, 忿思難, 見得思義."

문 군자의 아홉 가지 생각에 대한 학자들의 해설은 어떻습니까?

답 어지럽게 생각할 것이 아니라, 한 가지 일에 한 가지 생각을 해야 한
다는 것이다. 【다음에 궐문이 있다.】

或問九思.

曰, 不是雜然而思, 當這一件上, 思這一件. 【下有闕文】

문 사람은 구체적인 일에 따라 생각해야지, 만약 구체적인 일이 없이
생각한다면 이는 망상이 아니겠습니까?

답 한가할 때 의리를 생각하지 않는다면 일을 만나서는 생각이 이미 미
치지 못한다. 단지 홀로 자신의 몸뚱이만 지키다가 일이 생겨서야 생각
하게 되면 한가할 때는 오히려 생각이 없을 것이니, 이는 매우 쉬워서 다
만 이 구절만 지키면 족하다. 성인이 아무리 말을 한들 여기서 무슨 소용
이 있겠는가. 일마다 비록 우선 이해하고 알더라도 행하고 실천해야 한

다. 무엇 때문에 《중용》에서는 오히려 '독행'을 먼저 말하지 않고 '박학', '심문', '신사', '명변'을 먼저 말했겠는가. 또 《대학》에서는 무엇 때문에 '정심', '성의'를 먼저 말하지 않고 '치지'를 먼저 말했겠는가. 이는 왜 그렇겠는가.

답 아홉 가지 생각은 물론 각각 그 한 가지 일만을 말하였다. 하지만 마땅히 생각해야 할 것만을 따라서 생각하면 또한 산만하여 통일성이 없다. 만약 '경敬'의 뜻을 위주로 한다면 경계하고 조심하며 혼자 있을 때를 삼가하여 잠시의 잘못도 없은 다음에 마땅히 생각해야 할 것만을 따라서 생각할 수 있으니, 【여기에 궐문이 있다.】 또한 좋다. 【장경부가 말했다. "선을 보기를 미치지 못할 듯이 한다는 것은 의를 좋아하는 것이 빠르다는 뜻이고, 불선을 보기를 뜨거운 물건을 만지듯이 한다는 것은 불인을 싫어하는 것이 한 점의 거짓이 없다는 뜻이다. 이런 일은 스스로 좋아하는 데 독실한 사람이 잘한다. 은거해 살면서 자신의 뜻을 추구하고, 의를 행하여 자신의 도를 펼치는 것은 관직에서 물러났을 때 의리의 편안함을 행하는 방법이며, 관직에 나아갔을 때 천하에 도를 미루어 행하는 방법일 따름이다. 펼쳐야 할 도는 곧 추구해야 할 뜻이다. 이것은 대인의 일이기 때문에 '그 사람을 보지 못했다.'라고 말한 것이다."】[15]

或問, 人當隨事而思, 若無事而思, 則是妄想.
曰, 若閒時不思量義理, 則臨事而思已無及. 若只塊然守自家箇軀殼, 直至有事方思, 閒時却莫思量, 這却甚易, 只守此一句足矣. 聖人說千千萬萬在這裏何用. 事事雖先理會知得了, 方做得行得. 何故中庸却不先說篤行之, 却先說博學之. 審問之, 謹思之, 明辨之. 大學何故不先便說正心誠意, 却先說致知, 是如

---

15 장경부가……것이다: 장경부의 내용은 다음 장의 내용이 착간된 것이다.

何. 又曰, 九思固各專其一, 然隨其所當思而思焉, 則亦泛然而無統矣. 苟能以
敬義爲主, 戒懼謹獨, 而無頃刻之失, 然後爲能隨其所當思而思之矣.【此有闕
文】亦善.【張敬夫曰, 見善如不及, 好義之速也. 見不善如探湯, 惡不仁之誠也.
此篤於自好者能之. 至於隱居以求其志, 行義以達其道, 則其退也, 所以安其
義之所安, 而其進也, 所以推其道於天下耳. 蓋其所達之道, 卽其所求之志也.
此大人之事, 故曰未見其人也.】

16-13. 陳亢問於伯魚曰, "子亦有異聞乎." 對曰, "未也. 嘗獨
立, 鯉趨而過庭. 曰, '學詩乎.' 對曰, '未也.' '不學詩, 無以言.' 鯉
退而學詩. 他日, 又獨立, 鯉趨而過庭. 曰, '學禮乎.' 對曰, '未
也.' '不學禮, 無以立.' 鯉退而學禮. 聞斯二者." 陳亢退而喜曰,
"問一得三, 聞詩聞禮, 又聞君子之遠其子也."

문 진항의 물음에 대해 묻습니다.

답 정자와 양씨가 좋다. 범씨가 시에서 흥하기 때문에 시를 배우면 말
할 수 있다고 한 부분은 문장의 의미에서 그다지 절실하지 않다. 나머지
해설은 좋다. 사씨의 시와 예에 대한 해설은 각각 한 쪽만 얻었다. "시를
배우면 심기가 평안하고 사리가 밝아지며, 예를 배우면 덕성이 이루어
지고 분수가 정해진다."라고 한 해설은 본말이 갖추어져서 빠지는 것이
없다. 소씨의 해설도 좋다.【소씨가 말했다. "시를 배우지 않고 말하면 그 말
은 모두 감정을 그대로 드러내나 예의가 없는 문장이다."】

후씨의 해설은 내가 선생님께 들은 것과 비슷하지만, 이처럼 거리낌이
없고 산만하지 않았다. "진항은 사실 사사로운 마음으로 공자에게 기대

하는 마음이 있었기 때문에 이런 질문을 했으며, 백어의 말을 듣고 또 공자가 자식을 멀리했다고 여겼다."라고 말한 부분은 사사로운 생각을 마음에서 잊지 못하여 성인이 일부러 그 자식을 멀리했다고 생각한 것이다. 이것은 성인에게 이런 마음이 없고 다만 사람을 가르치는 방법이 이와 같았다는 것을 몰랐기 때문이다. 자식을 사사로운 정으로 대하는 세상 사람들의 관점에서 보면 또한 경계하는 바로 삼을 수 있다. 이런 뜻은 비록 후씨의 해설과 비슷한 점이 있긴 하지만 기상은 같지 않다.

或問陳亢之問.

曰. 程子楊氏得之. 范氏以爲興於詩, 故可以言者, 於文義殊不切, 而其他說則善. 謝氏詩禮之說, 各得其一偏. 若曰學詩則心氣平而事理明, 學禮則德性成而分守定, 則本末兼擧, 無所遺矣. 蘇氏之說亦善.【蘇氏曰, 不學詩而言, 則其言皆直情無禮義之文也.】侯氏之說, 愚所聞於師者近之, 但不如是之放肆而慢者耳. 蓋曰陳亢實以私己之心期孔子, 故有此問, 及其聞伯魚之說, 而又以孔子爲遠其子, 則以其私意之未忘, 而以爲聖人故推其子而遠之也, 殊不知聖人曷嘗有是心哉. 但其敎人之法, 不過如此, 而自世人之私厚其子者觀之, 則亦可以有警云爾. 此意雖與侯說有相近者, 然其氣象則不同矣.

16-14. 邦君之妻, 君稱之曰夫人, 夫人自稱曰小童, 邦人稱之曰君夫人, 稱諸異邦曰寡小君, 異邦人稱之亦曰君夫人.

문 마지막 장의 주장에 대해 묻습니다.

답 이 장은 오씨의 해설을 따라야 한다. 여러 학자들은 모두 정명正名으로 설명했는데 지나치다. 당시 방군의 처에 대한 칭호는 바르지 않은 적이 없었다. 오직 후씨의 '아버지의 첩을 부인이나 소군으로 부르는 경우

가 많았다.'는 해설이 비교적 본래의 뜻에 가깝다. 그러나 또 이 구절이

명백히 공자의 말이라는 것을 어떻게 알겠는가.

或問卒章之說.

曰. 此當如吳氏說, 諸家皆以正名爲言過矣. 當時邦君之妻稱號, 未嘗不正. 唯
侯氏妾母之說爲近之, 然又安知此必爲孔子之言耶.

17. 양화陽貨

17-01. 陽貨欲見孔子, 孔子不見, 歸孔子豚. 孔子時其亡也, 而往拜之. 遇諸塗. 謂孔子曰, "來! 予與爾言." 曰, "懷其寶而迷其邦, 可謂仁乎." 曰, "不可." "好從事而亟失時, 可謂知乎." 曰, "不可." "日月逝矣, 歲不我與." 孔子曰, "諾, 吾將仕矣."

문 혹자가 1장의 해설에 대해 물었다. "정자와 윤씨는 공자가 겸손한 말로 화를 피했다고 했고, 사씨와 양씨는 공연히 허락한 것이 아니며 자신의 뜻을 굽힌 것이 아니라고 했는데, 이처럼 견해가 다른 것은 왜 그렇습니까?"

답 공자가 미생무에게 말하고 장저와 걸익에게 변명한 말을 살펴보면 성인이 스스로 한 말은 그 이치를 바르게 하고 분명하게 변별하지 않은 적이 없었다. 양화에게 말한 것은 묻는 말에 따라 답한 것이 메아리와 같아서 대략 자명한 뜻은 없으니, 또한 양화가 난폭하여 말할 만하지 못하다는 것을 보고 잠시 공손한 말로써 답했다. 그러나 그 뜻을 음미해보면 모두 의리가 바르고 진실한 마음에서 한 말이니, 이는 처음부터 자신의 뜻을 굽히지 않은 것이다. 네 사람의 해설은 각각 하나의 뜻으로 밝힌 것이니, 본래 다른 것 같지만 실은 다른 뜻이 없다.

或問首章之說曰, 程子尹氏以爲夫子孫辭避禍, 謝楊氏以爲非苟然諾, 而無所訕, 若是不同, 何也.
曰, 觀夫子所以告微生畝與夫辨長沮桀溺之語, 則聖人之自言, 未嘗不正其理而明辨之也. 至於告陽貨則隨其所問, 應答如響, 而略無自明之意, 則亦見陽貨之暴而不足告, 而姑孫辭以答之, 然味其旨, 則亦無非義理之正, 與其心中之實然者, 則是初亦未嘗訕也. 四家之說, 各以其一意明之, 固若有異, 然實則無不同也.

문 범씨와 윤씨는 모두 공자가 양화를 끊지 않았다고 했는데 참으로 그렇습니까?

답 이는 대개 정자의 해설을 근본으로 한다. 정자의 해설은 다른 책에는 보이지 않고 유독 범씨의 해설에만 실려 있으니, 아마도 범씨가 정자에게서 직접 들어서 알았을 것이다. 그러나 정자와 범씨는 성인이 양화를 피하지 않은 것으로 인해 말했다면 괜찮다. 윤씨의 경우, "공자는 본래 양화를 끊을 생각이 없었고, 자신을 만나주지 않을 것이라 양화가 이처럼 의심한 것이다."라고 말했다. 그렇다면 양화가 공자를 만나보고자 했지만 만나지 못하자, 공자가 사례하러 가면서 그가 없는지 살핀 것은 또 왜 그렇겠는가?

曰, 范尹氏皆以夫子之不絶陽貨也, 諒乎.
曰, 是蓋本程子之說. 程子之說, 不見於他書, 而獨載於范氏之說, 豈其所親聞而識之與. 然程范因聖人之不避陽貨而發則可, 尹氏乃以夫子本無絶貨之意,而貨疑其如此, 然則欲見而不見, 往拜而闞亡, 又何爲哉.

다른 설은 어떻습니까?

양씨는 '공자가 양화를 피하지 않은 일은 양화로 하여금 집에 없는
지 공자가 살핀 이유를 알게 한 것'이라 했다. 성인은 애초에 이런 생각
이 없었으니, 이렇게 한 다음에야 그가 집에 있는지 없는지 공자가 살폈
다는 사실을 양화가 반드시 안 것은 아닐 것이다. 그러나 양웅의 말을 변
별한 것은 타당하다. 후씨는 '내가 장차 관직에 나아가겠다.[吾將仕]'를 관
직이 나에게 있는 것'이라고 했는데, 또한 옳지 않다. 대개 다른 사람과
말을 하다가 자기의 일에 미치면 나[吾]라고 말하지 않는 경우가 없으니,
어찌 유독 여기서만 권한이 나에게 있는 것이 되겠는가. 이외에 호씨와
장씨의 설이 좋다. 【호씨가 말했다. "공자가 양화에게 자신을 굽혀서 도를 폈
다.'라고 양웅이 말했는데, 양웅은 대체로 자신과 도를 두 가지 사물로 여겼다.
이 때문에 제 마음대로 행하여 왕망과 유흠의 사이에서 힘쓰고, 《논어》와 《주
역》을 흉내 내어 공자에게 자신을 갖다 대었으니 어찌 잘못이 아니겠는가." 장
경부가 말했다. "성인이 악인을 대함에 말은 공손하나 이치는 굽은 적이 없다.
다른 사람의 경우, 공손하게 말하면 혹 이치를 해치고 이치를 곧게 펴면 혹 말을
위태롭게 한다. 오직 성인은 조용히 주고받으면서 자연스럽게 도에 합한다."】

曰, 他說如何.

曰, 楊氏以不避陽貨, 爲使知所以闞亡者, 恐聖人無此意, 而亦不必如此, 然後
彼知我闞亡也. 然其辨揚雄之語則當矣. 侯氏以吾將仕爲仕在我者, 亦非. 蓋
與人言而及己事, 無不曰吾者, 何獨此爲權在我耶. 此外則胡張之說善矣.【胡氏
曰. 揚雄謂孔子於陽貨, 爲詘身以伸道, 雄之意, 蓋以身與道爲二物也. 是以其
自爲也, 黽勉莽歆之間, 而擬論語周易以自附於夫子, 豈不謬哉! 張敬夫曰, 聖

人之待惡人, 言雖孫而理未嘗枉, 若他人孫言則或至於害理, 直理則或至於危言, 惟聖人則從容酬酢, 而自然中道也.】

17-02. 子曰, "性相近也, 習相遠也."

문 2장의 설에서 이른바 '기품지성氣稟之性'이란 어떻습니까?

답 장재의 말에 "형체로 드러난 이후에 기질의 성이 있고, 그것을 잘 회복하면 천지의 성이 여기에 보존되기 때문에 기질의 성을 군자가 성으로 여기지 않는다."라고 했다. 대개 천지가 물物을 낳는 소이는 리理이고, 물을 낳는 것은 기氣와 질質이다. 사람과 만물이 이 기질을 얻어 형체를 이루고 그 리가 여기에 있는 것을 성性이라고 한다. 그러나 이른바 기질이란 편정, 순박, 혼명, 후박의 다름이 있기 때문에 본성이 여기에 있는 것은 그 종류가 또한 하나가 아니니 이른바 기질지성氣質之性이다. 고자가 말한 "태어난 것을 본성이라 한다."와 정자가 말한 '타고난 자질의 성', '품부받은 성', '재才'라는 것이 모두 이것을 말한다. 그러나 본연의 이치는 순수하고 지선할 따름이니, 이른바 '천지지성天地之性'이다. 맹자가 말한 '성선性善', 정자가 말한 '성지본性之本', '근본과 근원을 지극히 한 본성'이 모두 이것을 말한다.

공자가 이 장에서 본성을 논함에 서로 가까운 것으로 말한 것은 본래 기질을 가리켜 말한 것이다. 그러므로 정자 이래로 그 설이 이와 같다. 여씨는 대개 그 설을 근본으로 삼았으나 말의 의미가 완전하지 않은 점이 있다. 범씨, 윤씨는 이치를 잃었다. 이미 '선이 지극하다.'고 말해 놓고, 또 어찌 서로 가까운 것으로 말하는가. 사씨의 설은 이 두 사람 이후에 나왔으니 말의 의미가 또한 이것을 따랐다.

或問: 二章之說, 所謂氣禀之性者, 何也.

曰, 張子有言, "形而後有氣質之性, 善反之, 則天地之性存焉, 故氣質之性, 君子有弗性者焉." 蓋天地之所以生物者, 理也. 其生物者, 氣與質也. 人物得是氣質以成形, 而其理之在是者, 則謂之性. 然所謂氣質者, 有偏正純駁昏明厚薄之不齊, 故性之在是者, 其爲品亦不一. 所謂氣質之性者也. 告子所謂生之謂性, 程子所謂生質之性所禀之性, 所謂才者, 皆謂是也. 然其本然之理, 則純粹至善而已, 所謂天地之性者也. 孟子所謂性善, 程子所謂性之本, 所謂極本窮原之性, 皆謂此者也. 若夫子此章論性, 而以相近而言, 則固指其氣質而言之矣. 故程子以來, 爲說如此. 呂氏蓋祖其說, 而語意有不完者. 若范尹則失之矣. 夫旣曰善至矣, 而又何以相近言也. 謝氏說在後, 語意亦放此. 若夫子此章論性, 而以相近而言, 則固指其氣質而言之矣. 故程子以來, 爲說如此.

문 그렇다면 공자는 왜 본성의 근본을 말하지 않았습니까?

답 《주역》〈계사전〉에 상세하다.[1]

曰, 然則夫子不言性之本, 何也.

曰, 於易大傳詳矣.

문 왜 습관에 따라 멀어지는 것입니까?

답 항상된 것에서 말하자면 본성이 선한 자는 선을 익혀서 날로 고명함에 나아가고, 본성이 악한 자는 악을 익혀서 날로 더럽고 낮은 곳으로 흐른다. 그 변하는 것에서 말하자면 본성이 선한 자가 혹 악을 익혀서 그

---

1 《주역》〈계사전〉에 상세하다: 〈계사전繫辭傳 상〉 5장 일음일양지위도장一陰一陽之謂道章과 〈설괘전說卦傳〉 1장 궁리진성이지어명장窮理盡性以至於命章을 말하는 것 같다. 여기에 본성에 관한 설명이 자세하다.

선을 잃고, 본성이 악한 자가 혹 선을 익혀서 그 악을 잃는다. 무릇 이 네 가지는 처음에는 모두 서로 가까우나 끝내는 멀어진다.

曰, 其習而相遠, 何也.

曰, 自其常者而言之, 則性之善者, 習於善而日進乎高明. 性之惡者, 習於惡而日流乎汙下. 自其變者而言之, 則性之善者, 或習於惡而失其善. 性之惡者, 或習於善而失其惡也. 凡此四者始皆相近而終則遠矣.

17-03. 子曰, "唯上知與下愚不移."

문 3장의 해설은 어떻습니까?

답 정자가 자세히 갖추었다.

或問三章之說.

曰, 程子備矣.

문 그렇다면 상지上知와 하우下愚의 품등이 이와 같이 다르다면 서로 가깝다고 할 수 있습니까?

답 그 품등은 본래 현격하게 다르지만, 처음 타고났을 때는 또한 서로 가깝지 않은 적이 없었다. 다만 서로 가까운 가운데, 또 원근의 차이가 절로 생겨서 이것이 매우 멀어진다.

曰, 然則上知下愚之品, 不同如此, 則可謂相近耶.

曰, 其品固相絶矣, 然其稟生之初, 則亦未嘗不相近也. 但就其相近之中, 又自有遠近之殊, 而此爲甚遠爾.

문 변하지 않는다면 끝내 익히더라도 변하는 것이 없습니까?

답 선을 익히면 날로 고명함에 나아가고, 악을 익히면 날로 더럽고 비천한 것으로 흐르는 것은 본래 모두 그것을 가지고 있다. 하지만 선한 자는 악을 익혀서 선을 잃지 않으며 악한 자는 선을 익혀서 악을 잃지 않을 따름이다.

曰, 其不移也, 則終不以習而有所變耶.

曰, 其習於善而日進乎高明, 習於惡而日流乎汙下者, 固皆亦有之, 但善者不習於惡而失其善, 惡者不習於善而失其惡耳.

문 그렇다면 끝내 옮길 수 없습니까?

답 성인의 말로 살펴보면 변하지 않는다고 말했을 따름이지 변할 수 없다고는 하지 않았다. 정자의 말로 살펴보면 옮기려고 하지 않기 때문에 옮길 수 없다고 말했을 따름이다. 대개 성인의 말은 본래 모두 타고난 기질로 말했으니, 그 품등은 '하지 않으려는 것'과 '할 수 없는 것'의 구별에 대해서는 언급하지 않았다. 정자의 말은 사람들이 변할 수 없음을 책망한 것이라 했으나, 그 근본을 천천히 구해보면 타고난 것이 매우 달라서 변하려고 하지 않는 것이지 타고난 것이 달라서 변할 수 없는 것은 아니다.

여러 학자의 해설에서, 장자, 범씨, 사씨는 모두 습관에 의해 이미 서로 멀어진 다음에 변하지 않는다고 했는데 대개 모두 이 장의 뜻을 잃었다. 윤씨는 재능의 정도와 자포자기한 것으로 말했으니, 본래 정자의 설과 다르다. 그러나 또 "처음 태어났을 때 얻은 것이 아니다."라고 하여 또 사씨의 말을 섞어서 취하였으니, 장자나 범씨의 뜻과 같다. 두 해설은 혹 서로 들어가지 못하여 어떻게 합할지 모른다.

曰, 然則終不可移也耶.

曰, 以聖人之言觀之, 則曰不移而已, 不曰不可移也. 以程子之言考之, 則曰以其不肯移, 而後不可移耳. 蓋聖人之言, 本皆以氣質之稟而言, 其品第未及乎不肯不可之辨也. 程子之言, 則以人貴其不可移也. 而徐究其本焉, 則以其稟賦甚異而不肯移, 非以其稟賦之異而不可移也. 若諸家之說, 張子范謝氏皆以爲習旣相遠, 而後不移, 蓋皆失之. 至尹氏以才分暴棄而言, 則固同於程子之說. 然又曰非得於有生之初, 則又雜取謝氏之言, 而同乎張范之意矣. 二說不容相入, 不知其何以合之也.

문 유씨의 해설은 어떻습니까?

답 성현이 본성에 대해 언급한 것의 차이를 논하면서 "근본을 탐구하는 것이 있다."고 말한 것은 옳다. "잠시 다른 사람의 소견에 근거해서 말했다."고 하고는, '본성은 서로 비슷하지만 습관에 의해 서로 멀어진다.'나 '측은지심'과 같은 말로 거기에 해당하게 하는 것은 잘못이다. 본성이 서로 가까운 것은 기질이 다르기 때문이다. 측은지심은 본성이 움직여 정情으로 발한 것이다. 두 가지는 이미 다르지만 성현이 또한 어찌 다른 사람의 소견에 잠시 근거해서 이것을 가리켜 본성이라고 했겠는가. "도는 애초부터 이름이 없으니, 사물에 움직여 나오면 선의 이름이 서고, 사물에 의탁해서 나오면 본성의 이름이 선다."고 했는데. 이것은 노자와 불교의 말로써 도와 선, 본성을 나누어 세 가지 사물로 여긴 것이다. 형체가 신神을 가지고 있으면서 각각 의칙儀則이 있는 것을 일러 본성이라고 한다는 것은 비록 장주의 말에서 나오긴 했지만, 이른바 '의칙'은 오히려 유자의 뜻이 있다. 지금 그 말을 끌어와 본성을 논하고는 단지 버려두고, 또 유독 '나가서는 일하고 들어와서는 쉬며, 목마르면 마시고 배고프면 먹는다.'고 말한 것은 이른바 본성에 더 이상 의칙이 없고 오로지 불교와 노자의 '작용시성作用是性'의 말만을 위주로 한 것이다. 이것은 비록 그 고묘함을 지극히 하여 말하려고 하였으나 그것을 가리켜 성性이라고 하는 까닭을 모르고, 오히려 정신과 혼백의 사이에서 막혔다. 이것은 근래 본성을 말한 큰 폐단이니 배우는 사람이 변별하지 않을 수 없다. 또 이른바 "사물에 의탁해서 나왔다."는 것은 또 먼저 이 사물이 있고 본성이 그것에 의탁해서 태어난다고 한 것이니 부처의 '수태탈음'[2]의 해설과 같다. 이른바 "몸을 돌이켜 성실하다."는 본성을 이루는 것을 사람들이 만들어 나가는 것으로 여겼다. 그 해설은 또한 모두 잘못이다.

曰, 游氏之說如何.

曰, 其論聖賢言性之不同, 曰有探其本者, 是矣. 其曰有姑據人所見而言, 而以性智遠近惻隱之心之類當之, 則非也. 性之相近, 以氣質之不同也. 惻隱之心, 性之感而發於情者也, 二者旣不同矣, 然聖賢亦曷嘗姑據人所見, 而指是爲性哉. 若曰道未始有名, 感於物而出, 則善之名立, 托於物而生, 則性之名立, 此則老佛之言, 而分道與善性爲三物矣. 至於形體保神, 各有儀則, 謂之性者, 雖出於莊周之言, 然所謂儀則者, 猶有儒者之意也. 今引其言, 以論性, 而特遺之, 且獨以出作入息飢食渴飮者爲言, 則是其所謂性者, 無復儀則, 而專用佛老作用是性之言爲主矣. 是雖欲極其高妙而言, 而不知其所指以爲性者, 反滯於精神魂魄之間也. 此近世言性之大弊, 學者不可以不辨. 且所謂托於物而生者, 是又以爲先有是物, 而性托之以生, 如釋氏受胎奪陰之說也. 所謂反身而誠者, 是以成性爲人之所爲也, 其說亦皆誤矣.

문 양씨의 설은 어떻습니까?

답 대의는 좋다. 하지만 '옮기지 않는다.'는 뜻을 자못 밝히지 못하고 오로지 옮길 수 있다는 것을 말로 삼았으니 또한 소략하다. 그 하나에 또 종언從彦이라 한 것은 문인 나중소羅仲素(중소는 나종언의 자字) 공이다. 인

---

2 수태탈음: 부인이 임신하면 한 생명체의 정신이 자연히 그 속에 존재하는 것인데, 죽은 사람의 혼백이 그 속으로 밀치고 들어가 기존旣存한 정신을 축출해 버리고 자기가 도리어 부인의 혈음血陰을 받고 태어나는 것을 말한다.

용한 바 '천지지성 가운데 사람이 귀하다.'는 이치를 얻었다. 그러나 양씨가 고한 까닭은, 장자의 말은 지극하지 않지만 단지 배우는 사람에게 이로움이 있어서 보존했을 따름이다. 그러나 앞 문장의 "가볍게 논의할 수 없다."는 설과 다르니 기록한 것이 혹 잘못된 것 같다.

曰, 楊氏之說如何.

曰, 其大意則善矣, 然殊不發明所以不移之意, 而專以可移爲言, 亦疎矣. 其一又曰從彦者, 其門人羅公仲素也. 所引天地之性人爲貴者, 得之矣. 而楊氏所以告之者, 是以張子之言爲未至, 特以其有益於學者而存之耳, 然與上文不可輕議之說不同, 恐記錄之或誤也.

> **17-04.** 子之武城, 聞弦歌之聲. 夫子莞爾而笑曰, "割雞焉用牛刀." 子游對曰, "昔者偃也聞諸夫子曰, '君子學道則愛人, 小人學道則易使也.'" 子曰, "二三者! 偃之言是也. 前言戲之耳."

문 4장의 해설은 어떻습니까?

답 범씨와 윤씨가 이 장의 뜻을 얻었다. 다만 범씨의 이른바 '자유의 대답을 제자들에게 보인 것이다.'는 이런 뜻은 없는 것 같다. 윤씨는 "공자가 참으로 자유를 비웃었다."고 했는데 공자의 말이 농담인 줄 모른 것이다.

或問四章之說.

曰, 范尹氏得之, 但范氏所謂觀子游之對者, 恐無此意, 而尹氏以爲夫子眞笑子游, 而不知其爲戲也.

문 여러 해설은 어떻습니까?

답 예악의 쓰임은 상하에 통하며 대소의 차이가 없다. 한 개인에게는 한 개인의 예악이 있고, 한 집안에는 한 집안의 예악이 있으며, 한 읍에는 한 읍의 예악이 있어서, 그로써 천하에 미루어 가면 천하의 예악이 있으니, 또한 대소에 따라 그 쓰임을 이룰 따름이지 반드시 공이 커지고 이름이 드러난 이후에야 베푸는 것은 아니다. 지금 여씨는 "자유가 베푸는 것이 작고 효과도 미미하여 적당하지 않아서 공자가 웃었다."라고 했는데, 이 예악은 수신제가에 더욱 쓸 수 없고, 반드시 천하에 베푼 다음에 마땅한 것이 되니 어찌 성인의 뜻이겠는가. 또 "그것을 변별하면 오히려 의혹됨이 있고 변별하지 않으면 해로움이 없어서 단지 받아들여 농담으로 삼았다."고 했는데, 이 해설도 모두 비교하고 계산하는 사사로움에서 나와 행동거지와 주선하는 것이 예禮에 절로 맞는 성인의 일이 아니다.

사씨의 잘못이 대개 또한 이와 비슷하긴 하지만 이처럼 심한 지경에 이르지는 않았다. 그러나 "성인의 호오가 다른 사람과 같다."고 해서 공자가 자유가 한 일을 싫어했다고 한 것은 알 수가 없다. 군자와 소인에 대해 말한 것[3]도 본문의 뜻이 아닌 것 같다. 양씨는 또 '완이莞爾'를 현가絃歌를 듣고서 기뻐한 것이라 하고, 자유의 재주를 소 잡는 칼에 비유하였는데, 그 뜻이 또한 좋다. 하지만 과연 이와 같다면 자유의 대답은 완전히 공자의 말을 깨닫지 못한 것 같으니 이 해설도 통하지 않는다.

曰. 諸說如何.

曰. 禮樂之用. 通乎上下. 無小大之殊. 一身有一身之禮樂. 一家有一家之禮樂.

---

3 군자와……것: "사씨가 말했다. '……군자가 도를 배우면 사람을 아끼고 소인이 도를 배우면 부리기 쉽다. 현가로 인하여 군자는 현가로써 선을 좋아하고 소인은 잘못을 관찰한다는 것을 말했다.[謝曰……君子學道則愛人, 小人學道則易使, 因絃歌而言君子以好善, 小人以聽過也.]"《논어정의》

一邑有一邑之禮樂, 以至推之天下, 則有天下之禮樂, 亦隨其大小而致其用焉耳, 不必其功大名顯而後施之也. 今呂氏以爲孔子笑子游施小而效微爲未當, 則是禮樂者, 尤不可用於脩身齊家, 而必施之於天下然後爲當也, 豈聖人之意哉. 又以辨之則反惑, 不辨則無害, 而徒受以爲戲, 則亦皆出於較計之私, 而非聖人動容周旋中禮之事也. 謝氏之失, 蓋亦類此, 而不至若此之甚. 但其曰好惡與人同, 若以孔子爲惡子游之爲者, 爲不可曉, 而君子小人之云, 恐亦非文意也. 楊氏又以莞爾爲喜聞絃歌, 而以牛刀嗤子游之才, 其意亦善, 但果如此, 則子游之對, 似全不領略夫子之言者, 其說亦不通矣.

17-05. 公山弗擾以費畔, 召, 子欲往. 子路不說, 曰, "末之也已, 何必公山氏之之也." 子曰, "夫召我者, 而豈徒哉. 如有用我者, 吾其爲東周乎."

문 5장의 해설은 어떻습니까?

답 정자의 해설이 좋지만 동주東周는 마땅히 구주舊註와 장자의 설을 따라야 한다. 미진한 뜻은 소씨가 바른 뜻을 얻었다. 【소씨가 말했다. "공자가 반란을 일으킨 사람을 돕지 않았다는 것은 천하가 안다. 반란을 일으키고 공자를 불렀을 때 그 뜻은 반드시 악에 있지는 않았다. 그러므로 공자가 공산불요에게 선한 마음이 있었기 때문에 그것을 받아들여 절로 끊어지지 않게 했을 따름이다. 공산불요가 동주를 만들 수 없었던 것은 또한 분명했으나, 공자를 쓰면 동주의 도를 행할 수 있었다. 그러므로 공자가 공산불요에게 가려고 한 것은 이 도가 있었기 때문이고, 끝내 가지 않은 것은 필히 행할 수 없었다는 것을 알았기 때문이다."】

사씨의 잘못은 장경부가 변별하였다. 【장경부가 말했다. "공산불요는 인군에게 명을 받지 않고 대부에게 반란을 일으켰으니 반역이다. 이로써 난을 극복하려고 하니 난으로 난을 바꾼 것이고 또 더욱 심해진 것이다. 후대에 난신적자가 헛된 명성을 빌려 찬탈하려는 계책을 행한 것은 대부분 여기서 나왔다. 공자가 어찌 이 일로 가려고 했겠는가."】 윤씨는 "공자가 공산불요에게 가려고 한 것은 허물을 피하기 위한 것이다."라고 했는데, 《주역》의 〈상전象傳〉[4]에 그것이 있지만 공자를 논한 것은 아니다. 범씨의 충신忠信과 독경篤敬의 해설 또한 이와 같으니 이미 〈자한〉에서 논했다.

或問五章之說.

曰. 程子之說善矣, 但東周當從舊註及張子說. 其頗未盡者蘇氏得之.【蘇氏曰. 孔子之不助畔人, 天下之所知也. 畔而召孔子, 其志必不在於惡矣. 故孔子因其有善心而收之. 使不自絶而已. 弗擾之不能爲東周亦明矣, 然而用孔子, 則有可以爲東周之道. 故子欲往者, 以其有是道也, 卒不往者, 知其必不能也.】謝氏之失, 則張敬夫辨之矣.【張敬夫曰. 弗擾不禀命於君, 而叛其大夫, 逆也. 欲以是克亂, 是以亂易亂, 而又加甚爾. 後世亂臣賊子, 所以借虛名而爲篡奪之計者, 多出於此. 夫子豈以是而欲往耶】尹氏辟咎之說, 雖易象有之, 然非所以論孔子. 范氏忠信篤敬之說亦然, 已論之於第九篇矣.

> **17-06.** 子張問仁於孔子. 孔子曰, "能行五者於天下爲仁矣." "請問之." 曰, "恭寬信敏惠. 恭則不侮, 寬則得衆, 信則人任焉, 敏則有功, 惠則足以使人."

---

4 《주역》의 〈상전〉: 《주역》 규괘睽卦 초구효初九爻의 〈상전〉에 "악인을 만남은 허물을 피하려는 것이다.[見惡人, 以辟咎也.]"라고 한 것을 말한다.

문 6장의 해설은 어떻습니까?

답 정자가 지극하다. 하지만 "한 번 공경하면 인仁의 도가 다 한다."고 한 것은 또한 지나치게 단정하였으니, 기록이 혹 잘못된 것 같다. 대개 공경을 인을 구하는 큰 근본으로 여긴다면 괜찮으나, 인도를 다 했다고 여긴다면 괜찮지 않다. '불모不侮'는 또한 다른 사람을 모욕하지 않다는 것을 말할 따름인데, 범씨의 해설은 이와 같지 않은 것 같다. 또 "미더우면 의심하지 않기 때문에 다른 사람이 일을 맡긴다."고 했는데 또한 옳지 않다. "자장이 간략하게 지킬 수 없었기 때문에 다섯 가지로 알려 주었다."고 했는데, 성인이 치우침을 바로잡고 병을 치료하는 뜻이 더욱 아니다.

사씨는 다섯 가지를 행하는 것을 인을 행하는 방법으로 여겼는데 옳다. 그러나 갑자기 다섯 가지의 효과를 인이 발현된 것으로 여긴다면 또한 너무 급하고 차례가 없다. 양씨의 해설은 또 자공의 '박시제중博施濟衆'에 대해 논한 해설과 같다. 사인士人 가운데 사방이 벽으로만 둘러싸인 방에 거처하면서 향려로 나간 적이 없는 자가 또 어찌 인을 얻겠는가. 후씨와 윤씨는 다섯 가지를 인에 속하는 것이라고 했는데, 동류가 아닌 것이 있다. 만약 인이 네 가지를 포함하는 것으로 말한다면 또 어찌 이 다섯 가지에만 그치겠는가. 후씨는 또 이 다섯 가지를 성인의 인으로 여겼으니 이 장의 뜻을 잃은 것이 더욱 심하다. 이것은 공자가 자장에게 말한 것이지, 어찌 성인의 일이겠는가. 자장이 고원하게 말하기를 좋아하면서 문리를 살피지 않는 것이 대개 이와 같다.

或問六章之說.

曰, 程子至矣, 然曰一恭而仁道盡者, 似亦太快, 恐其記錄之或差也. 蓋以恭爲

得求仁之大本則可. 以爲盡仁道則未可. 不侮亦謂不侮人耳. 范氏之說, 恐未然
也. 又謂信則不疑人任其事, 亦非是. 其曰子張未能守也故告之以五者, 尤非聖
人救偏藥病之意也. 謝氏以行五者爲所以爲仁是也, 而遽以五者之效爲仁之發,
則亦太急而無序矣. 至於楊氏之說, 則又子貢博施濟衆之論也. 士有居環堵之
室, 而足跡未嘗出於鄕閭者, 則又若何而得仁乎. 侯尹以五者爲仁之屬, 則有非
其類者, 若曰以包四者而言, 則又豈止於此五者耶. 侯氏又以爲聖人之仁, 則失
之益甚. 此夫子所以告子張者, 豈聖人之事哉. 其好爲高說, 而不顧文理類如此.

17-07. 佛肹召, 子欲往. 子路曰, "昔者由也聞諸夫子曰, '親於
其身爲不善者, 君子不入也.' 佛肹以中牟畔, 子之往也, 如之何."
子曰, "然, 有是言也. 不曰堅乎, 磨而不磷, 不曰白乎, 涅而不
緇. 吾豈匏瓜也哉. 焉能繫而不食."

문 7장의 해설에 대해 묻습니다.

답 정자의 해설이 좋다. 다만 '포과불식匏瓜不食'의 뜻은 타당하지 않은
것 같다. "자로에게 적跡으로 보여주었다."라는 말은 이미 《논어》〈공야
장〉에서 논했다.[5] 양씨의 말도 좋다. 자로가 "그가 공자에게서 들은 말
을 중시했다."고 한 말을 논하자면 더욱 좋다. 윤씨는 대개 정자의 해설
을 숭상했으니, 이른바 '선으로 옮겨갈 수 없도록 사람을 끊지 않았다.'
는 것은 더욱 정자가 밝히지 못한 뜻을 얻었다. 장자의 해설은 문장의 뜻
과 일의 도리에서 모두 타당하지 않다. 범씨의 "성인은 결국 자기 몸을

---

5 이미……논했다: 《논어》〈공야장〉의 "도가 행해지지 않으니 뗏목을 타고 바다를
   건너고 싶다.[道不行, 乘桴浮于海.]"를 말한다.

깨끗하게 하는 데로 돌아간다.'라고 했는데, 이것만 가지고 성인이라 말할 것은 아니다. 장경부는 양씨의 해설을 미루어 밝혔는데, 그 뜻이 또한 좋다. 【장경부가 말했다. "자로는 대개 공산불요가 공자를 부른 것을 기뻐하지 않았는데, 이때 다시 말한 것은 마음속에 의심하여 비록 성인의 말을 듣긴 들었지만 스스로 돌이켜보아 끝내 타당하지 않다고 여겼기 때문에 물어서 분별하며 감히 마음에서 내려놓지 못했으니, 또한 잘 배웠다고 할 수 있다. 그러나 기뻐하지 않은 것은 대개 자신의 관점에서 성인을 보았지, 성인의 관점으로 성인을 보는 것을 몰랐기 때문이다."】

或問七章之說.

曰, 程子之說善矣, 但匏瓜不食之義, 恐未安. 而示人以跡之說, 則已論於第五篇矣. 楊說亦佳, 其論子路尊其所聞之說爲尤善. 尹氏蓋祖程說, 而所謂不絶人者, 尤得程子所未發也. 張子說於文義事理皆所未安. 范氏歸潔其身之云, 非所以語聖人. 張敬夫推明楊氏之說, 其意亦善.【張敬夫曰, 子路蓋不悅公山之召矣, 及此而復有言者, 則以中心所疑, 雖聞聖人之言, 而自反終未能安, 故問以辨之而不敢釋, 亦可謂善學矣. 然其不悅者, 蓋以己觀聖人, 而未知以聖人觀聖人耳.】

17-08. 子曰, "由也! 女聞六言六蔽矣乎." 對曰, "未也." "居! 吾語女. 好仁不好學, 其蔽也愚, 好知不好學, 其蔽也蕩, 好信不好學, 其蔽也賊, 好直不好學, 其蔽也絞, 好勇不好學, 其蔽也亂, 好剛不好學, 其蔽也狂."

문 8장의 해설에 대해 묻습니다.

답 정자가 지극하다. 범씨, 양씨, 후씨는 모두 참으로 여섯 가지 덕이 있더라도 배울 줄 모르기 때문에 폐단에 이른다고 하였다. 정자의 말로 살펴보면 그 잘못을 알 수 있다. 사씨는 "여섯 가지가 실제인 것 같지만 아니기 때문에 폐단이 있다."고 했는데 범씨, 후씨의 해설과 정반대이며 또한 옳지 않다. 대개 폐단이 그것을 좋아하는 마음에서 근원한 것이지, 저 여섯 가지의 잘못된 것을 좋아해서 생긴 것이 아니다. 다만 배우지 않았기 때문에 폐단을 면치 못하여 외형은 비슷하지만 실제는 아닌 사이비에 빠졌을 따름이다. 지금 "여섯 가지가 실제인 것 같지만 아니기 때문에 폐단이 있다."고 했는데, 이때의 이른바 '폐단'은 또 어리석음, 어지러움, 해침, 각박함, 방탕함, 경솔함의 밖에 있다. 이른바 '명선明善'만 홀로 이 장의 뜻을 얻었다

或問八章之說.

曰. 程子至矣. 范楊侯氏皆以爲眞有六德. 而不知學. 故至於蔽. 以程子之言觀之. 其失可見. 謝氏以六者似是而非. 故有蔽. 則與范侯說正相反矣. 而亦非也. 蓋本其好之之心. 非好夫六者之僞也. 但以其不學. 故不免於有蔽. 而陷於似是而非之域耳. 今曰〈似是而非故有蔽〉. 則是所謂蔽者. 又在於愚亂賊絞蕩狂之外也. 其所謂明善者. 則獨爲得之.

17-09. 子曰. "小子何莫學夫詩. 詩. 可以興. 可以觀. 可以群. 可以怨. 邇之事父. 遠之事君. 多識於鳥獸草木之名."

문 9장의 해설에 대해 묻습니다.

답 '가이흥可以興'에 대한 해설은 학자들이 모두 이치를 얻었으나 정자와

사씨의 견해가 더욱 좋다. '가이관可以觀'에 대해서는 여러 해설이 모두 타당하지 않다. 공자의 뜻은 대개《시경》의 내용에는 사방의 풍속과 천하의 일 및 고금의 치란과 득실의 변화에서 인정과 물태物態의 은미한 것까지 있으니 모두 살펴서 알 수 있다는 것이다. 그러나 장자는 사람들의 뜻[志]을 살필 수 있다고 했고, 범씨는 사람들의 정情을 살필 수 있다고 했으며, 여씨는 일의 변화를 살필 수 있다고 했고, 양씨는 "사물과 견주고 비슷한 부류를 상징하여 천하의 심원한 도리를 궁구하는 바가 있다."고 했는데, 모두 그 한쪽만 얻었다. 사씨와 윤씨는 "막힘이 없고 이치를 살핀 것이 절로 분명하다."고 했는데, 이는 정치의 득실을 살필 수 있는 이유가《시경》에 있지 않고《시경》을 배운 사람이 이치를 명확하게 이해한 다음에 있다고 한 것이니, 본래의 뜻을 잃은 것이 멀다.

'가이군可以群', '가이원可以怨'에 대한 해설은 모두 이 장의 뜻을 얻었지만 여씨는 소략하다. '사부事父'와 '사군事君'에 대해서는 범씨의 해설도 소략하다. 충효는 본래 인도人道의 큰 것이긴 하지만《시경》이 어찌 이것만 다루었겠는가. 여씨의 의견이 좋지만《시경》이 군신 부자 관계에 대해서만 또한 다루었겠는가. 사씨, 양씨, 윤씨의 해설은 크게 밝힌 것도 없지만, 또한 지나친 것도 없다. 마지막 구절에 대해서는 장자와 여씨의 해설이 이 장의 뜻을 얻었다. 정자와 양씨의 해설은 너무 고원한 것 같다. 본문의 뜻을 자세히 살펴보면 여기까지는 언급하지 않은 것 같다.

或問九章之說.

曰, 可以興, 諸說皆得, 而程子謝氏尤善. 可以觀, 則諸說皆未安. 夫子之意, 蓋謂詩之所言, 有四方之風, 天下之事, 今古治亂得失之變, 以至人情物態之微, 皆可考而知也. 而張子以爲觀衆人之志, 范氏以爲觀衆人之情, 呂氏以爲察事變, 楊氏以爲比物象類, 有以極天下之賾, 皆各得其一偏. 而謝尹氏以爲無所底滯, 而閑理自明, 則是所以可觀者, 不在於詩, 而在於學詩之人明理之後也. 其失遠矣. 可以群, 可以怨, 諸說皆得之, 而呂氏疎矣. 事父事君之說, 范氏亦疎, 忠孝固人道之大, 然詩豈獨爲是而已哉! 呂氏之意則善, 然詩於君臣父子之際, 亦不但如此而已也. 謝楊尹說則無大發明, 而亦未有過. 末句之說, 則張子呂氏得之, 程子楊氏之說, 似已過高, 詳本文之意, 恐未及是也.

17-10. 子謂伯魚曰, "女爲周南召南矣乎. 人而不爲周南召南, 其猶正牆面而立也與."

문 〈주남周南〉과 〈소남召南〉을 어찌해서 《시경》의 첫 부분으로 삼았습니까?

답 〈주남〉의 시는 문왕의 후비가 행한 규문의 교화를 말했고, 〈소남〉의 시는 제후국의 부인과 대부의 처가 문왕 후비의 교화를 입어 덕을 이룬 일을 말했다. 대개 문왕이 기산을 다스리자 교화가 장강과 한수 유역까지 행해지니 북에서 남으로 갔다. 그러므로 그 악장을 '남南'으로 이름을 붙이고, 향인에게 쓰고 방국에 써서 천하 후대에 성의誠意, 정심正心, 수신修身, 제가齊家의 도를 가르쳤으니, 대개 《시경》의 정풍이다.

或問, 二南何以爲詩之首篇也.

曰, 周南之詩, 言文王后妃閨門之化. 召南之詩, 言諸侯之國夫人大夫妻被文王后妃之化而成德之事. 蓋文王治岐而化行於江漢之域, 自北而南, 故其樂章以南名之, 用之鄕人, 用之邦國, 以敎天下後世誠意正心修身齊家之道, 蓋詩之正風也.

문 여러 해설은 어떻습니까?

답 정숙자의 뜻이 좋다. 하지만 '불연不然' 이하[6]는 문사가 부족한 것 같은데, 기록한 사람이 빠뜨린 것 같다. 윤씨가 말한 "몸을 닦아 집안을 다스리고자 하면서, 〈주남周南〉과 〈소남召南〉을 배우지 않으면 담장을 대하고 서 있는 것과 같다."로 부족한 뜻을 보충하면 의리가 갖추어진다. 정백자는 말이 잡스럽고 범씨는 뜻이 넓으니, 이들은 모두 그 일의 명백한 뜻을 보이지 않았다. 장자가 "집안 사람에게 〈주남〉과 〈소남〉의 일을 행하게 한다."라고 한 것은 지나친 것 같다. 오직 이것으로 해설을 삼았으니, 이 때문에 이른바 '담장을 마주하는' 것을 집안을 다스리는 도에 밝지 않다고 하지 않고 나라를 다스리는 일에 통하지 않는다고 했다. 그 뜻을 정밀하게 하고자 하였으나 그 해설이 오히려 소략하다. 여씨의 해설도 뜻이 이와 같다.

사씨의 "〈주남〉과 〈소남〉의 시는 정에서 발하고 예의에 그친다."는 말은 〈주남〉과 〈소남〉을 말하기에 부족하다. '본성을 다하여 천명에 이르는 일'이라고 말한 것 역시 지나치다. 대개 '본성을 다하여 천명에 이르는 일'은 본래 〈주남〉과 〈소남〉을 벗어나지 않는다. 다만 말하는 차례가 갑자기 이것을 언급해서는 안 될 따름이다. 어찌 또한 가깝고 작은 〈주남〉과 〈소남〉의 일은 소홀하게 대하면서 반드시 그 말만 아름답게 하여 진성지명盡性至命에 이른 다음에야 마음에 흡족하겠는가. 그렇다면 성인의 이 장의 뜻과 서로 반대가 된다. 양씨는 바른 문을 얻어 들어가지 못

---

6 불연 이하: "'인이불위주남소남'은 백어를 위해 말한 것이다. 집안을 다스리는 도를 다하지 못할까 두려워했기 때문이다. 사람이 천하국가를 다스리고자 하면 먼저 수신과 제가로부터 시작해야 한다. 그렇지 않으면 바로 담장을 마주 보고 서 있는 것과 같다.[人而不爲周南召南, 此乃爲伯魚而言, 蓋恐其未盡治家之道也. 人欲治天下國家, 先須從身修家齊來. 不然, 則是猶正牆面而立也.]"《논어정의》

한 것으로 설명했는데, 또한 말을 잘못 차용했다. 이 장은 안을 밝혀서 바깥에 도달하지 못한 것이니, 어찌 반대로 바깥에서 안으로 들어가고자 하는가. 이것은 나오는 것을 싫어하고 들어가는 것을 기뻐한 뜻이니, 앞에서 말한 고원한 것을 좋아하고 비근한 것을 소홀히 하는 것과 대략 비슷하다. 노자와 불교의 폐단에 젖은 것 같다.

曰, 諸說如何.

曰, 程叔子之意善矣, 但不然以下, 辭若有所不足, 疑記者之失之也. 以尹氏所謂〈欲身修而家齊, 苟不爲周南召南, 則猶面牆而立〉者足之, 則其義備矣. 若程伯子則語雜, 而范氏意寬, 皆未有見其端的. 至張子所謂爲二南之事者, 則似過之. 惟其以是爲說, 是以其所謂正牆面者, 不以爲不明乎治家之道, 而以爲不通乎治國之事者也. 其意欲密, 而所以爲說者反疎矣. 呂氏之說, 意亦同此. 謝氏止乎禮義之說, 未足以語二南. 其曰盡性至命之事, 則亦過之. 蓋盡性至命之事, 固不外此, 但語之之序, 則未當遽及此耳. 豈亦忽二南之近小, 而必美其言以至於此, 然後厭於心歟. 然則與聖人此章之意, 正相反矣. 楊氏以不得其門而入爲言, 亦借用他語之過. 此章正爲不能明之於內以達乎外耳, 豈反欲其自外而入哉. 此其惡出而喜入之意, 與前所謂好高而忽下者, 大略相似, 恐習於老佛之餘弊也.

17-11. 子曰, "禮云禮云, 玉帛云乎哉. 樂云樂云, 鐘鼓云乎哉."

문 예악에 대한 해설은 어떻습니까?

답 정자의 말이 지극하다. 《예기禮記》〈악기樂記〉에서 말하는 "하늘은 높게 있고 땅은 낮게 있으며 만물이 흩어져 달리 있자 예의제도가 이에 행해졌다. 천지만물이 흐르면서 멈추지 않고 융합하여 변화하자 악이

이에 행해졌다."고 한 것이 바로 이것을 말한다. 자세히 음미하고 깊이
체득하면 예악의 근본에 가까울 것이다.

或問禮樂之說.

曰, 程子之言至矣. 樂記所謂〈天高地下, 萬物散殊, 而禮制行矣. 流而不息, 合
同而化, 而樂行焉〉者, 正謂此也. 詳味而深體之, 則於禮樂之本, 其庶幾乎.

문 범씨와 윤씨가 예禮를 경敬으로 해석하여 정자와 다른데 어떻습니
까?

답 정자는 예의 체體를 예로써 말했는데, 두 사람은 예의 쓰임[用]을 사
람으로 말했다. 두 해설은 비록 달라서 각자 가리키는 바가 있지만, 이
장의 뜻은 정자의 해설을 타당한 것으로 삼아야 한다.

曰, 范尹之言禮也以敬, 其異乎程子者, 何也.

曰, 程子以禮言禮之體也, 二氏以人言禮之用也, 二說雖殊, 而各有所指. 但此
章之旨, 則當以程子之說爲當.

17-12. 子曰, "色厲而內荏, 譬諸小人, 其猶穿窬之盜也與."

문 12장의 해설에 대해 묻습니다.

답 범씨와 윤씨의 뜻이 같고 사씨는 절로 하나의 해설이 되니, 이들 해
석을 합하여 보면 그 뜻이 다 갖추어진다. 양씨는 범씨와 비슷하나 조금
다르고, 후씨가 '얼굴빛은 위엄이 있으면서 마음은 약한 것은 남을 해치
는 도이다.'라고 한 것은 옳지 않다.

或問十二章之說.

曰, 范尹之意同, 謝氏自爲一說, 合而觀之, 其意乃盡. 楊氏似范氏而小不同,
侯氏說賊害者, 非是.

17-13. 子曰, “鄕愿, 德之賊也.”

문 13장의 해설에 대해 묻습니다.

답 범씨가 이 장의 뜻을 얻었고 소씨의 해설도 타당하다. 【소씨가 말했
다. “《중용》과 비슷하나 아니기 때문에 '덕을 해친다.'고 했다. 맹자는 '한 고을
이 모두 점잖은 사람이라고 한다면 어디를 간들 점잖은 사람이 되지 않는 경우
가 없다.'라고 했는데《중용》과 비슷하며, 분명 광견狂狷과 서로 멀다. 광자는 나
아가 취하고 견자는 하지 않는 바가 있다. 향원鄕原은 나아가 취하지 않으면서
하지 않는 바가 없는 자이다. '광견'의 뜻은《중용》과 멀지만 공자는 강한 의지를
취했으니, 그들을 끌어와 도에 나아가게 할 수가 있다. 향원은 중용과 가까우나
공자는 그것을 싫어했으니, 비루함을 편안히 여겨 함께 일을 도모할 수 없음을
싫어한 것이다.”】하지만 이른바 “비루함을 편안히 여겨 함께 일을 도모할
수 없다.”고 한 것은 향원의 병폐에는 맞지 않는다. 여씨와 사씨는 각각
다른 해설이 되니 여러 해설들과 다르다. 하지만 모두 옳지 않다.

或問十三章之說.

曰, 范氏得之, 而蘇氏之說亦當.【蘇氏曰, 以其似中庸而非也, 故曰德之賊. 孟
子曰, 一鄕皆稱原人, 無往而不爲原人. 與中庸相近, 必與狂狷相遠. 狂者進取,
狷者有所不爲, 鄕原者未嘗進取而無所不爲者也. 狂狷與中庸相遠, 而孔子取其
志之强, 可以引而進於道也. 鄕原與中庸相近, 而夫子惡之, 惡其安於陋而不可
與有爲也.】但其所謂安於陋而不可與有爲者, 未中鄕原之病也. 呂謝各爲一說,

與衆說異, 然皆非是.

17-14. 子曰, "道聽而塗說, 德之棄也."

문 14장의 해설에 대해 묻습니다.

답 여러 해설의 의미는 모두 명백하지 않다. 지금 그 뜻을 자세히 살펴
보면, 범씨와 양씨는 더욱 알 수 없으니 잠시 그대로 두고 나머지 해설을
논해야 한다. 윤씨는 "덕이 있는 사람은 취하지 않는다."[7]고 해석한 것
같으며, 사씨와 후씨는 스스로 그 덕을 버린 것이라고 해석한 것 같다.
두 해설 가운데 어느 것이 맞는지 모르겠다. 하지만 두 글자의 기세와 앞
장 '덕德' 자의 예로 살펴보면 윤씨의 견해가 낮고, 앞뒤 구절로 뜻을 찾
아보고 앞장 '적賊' 자의 예로 미루어 보면 사씨와 후씨의 말이 이 장의
뜻을 얻은 것 같으나 미진한 점이 있다. 대개 그 일로 말하면 본래 그 덕
을 버린 것이 된다. 그러나 '덕을 버렸다.'고 하지 않고 '덕의 적이다.'라
고 말한 것은 덕이 버려진 것이 향원이 덕을 해쳐서 '덕의 적이다.'라고
말하는 것과 같기 때문이다. 윤씨의 해설과 같이 덕이 있는 사람에 의해
버려졌다고 한다면 앞의 장 '덕지적德之賊' 또한 덕이 있는 사람에 의해
해를 당했다고 해야 하는데, 가능하겠는가?

或問十四章之說.

曰, 諸說文義皆不明白, 今詳其意, 范楊尤不可曉, 且當置之而論其餘. 尹氏似

---

7 덕이……않는다:《논어정의》에서 윤씨는 군자가 취하지 않는다고 하였다. "윤씨가
  말하였다. '배움에 자득함이 없으면 군자는 취하지 않는다.'[尹曰, 學無自得, 君子所
  不取.]"

以爲有德者之所不取. 謝氏侯氏似以爲自棄其德, 二者未知其孰是. 然以二字
文勢及上章德字之例觀之, 則尹氏勝. 以上下句相求, 而以上章賊字之例推之,
則謝侯說似得之, 而有未盡也. 蓋以其事言之, 則固爲棄其德矣, 然不曰棄夫
德, 而曰德之棄, 蓋德之所以見棄, 猶鄕原之賊夫德, 而以爲德之賊也. 若如尹
氏之說, 謂其爲有德者之所棄, 則上章德之賊者, 亦曰爲有德者之所賊可乎.

17-15. 子曰, "鄙夫可與事君也與哉. 其未得之也, 患得之. 旣得
之, 患失之. 苟患失之, 無所不至矣."

문 15장의 해설에 대해 묻습니다.

답 범씨와 후씨, 사씨가 이 장의 뜻을 얻었고, 소씨 또한 그 사실을 살
필 수 있다. 【소씨가 말했다. '얻을 것을 근심한다.'는 '얻지 못할까 근심한다.'
고 말해야 하니, 글자가 빠진 문장이다. 비루한 사람은 사리私利를 꾀하는데 그
치지만, 그 해로움은 나라를 망하게 하는 지경에 이른다. 이사가 호해를 옹립하
고[8] 장우가 왕씨를 도왔는데[9], 그 계책은 모두 잃을까 봐 걱정한 데서 시작되었
다. 그러므로 공자가 매우 두려워하여 '못 할 짓이 없다.'고 말했으니, 반드시 나

---

8   이사가……옹립하고: 이사李斯는 전국시대 초나라 사람으로 일찍이 순경荀卿에게
    서 수학하고, 뒤에 진秦나라의 객경客卿으로 있으면서 진시황의 천하 통일을 도와
    승상에 올랐다. 그 후 시황이 죽었을 때 간신 조고趙高의 꾀를 따라 시황의 조서
    를 위조하여 태자 부소扶蘇를 폐하여 죽이고 2세 호해胡亥를 세웠다가, 마침내 조
    고의 계략에 의해 모함을 당해 함양咸陽의 시중市中에서 요참형腰斬刑을 당했다.
    《사기》〈이사열전李斯列傳〉
9   장우가 왕씨를 도왔는데: 장우도 전한前漢 성제成帝 때의 정승으로, 외척 왕씨王氏
    가 정권을 장악하자 관직에서 물러났지만 자신의 부귀를 보존하기 위해 왕씨의 전
    횡을 묵인하였다. 《한서漢書》〈광장공마전匡張孔馬傳〉

라를 망하게 하는 지경에 이른다는 것을 말했다."】그러나 '얻을 것을 근심한다.'도 문장의 뜻은 절로 통하니 글자를 더할 필요는 없다. 지금 《공자가어》에는 또한 '환불득지患不得之'로 되어 있으니, 아마도 다른 것을 논한 문장인 것 같다. 여씨는 "일을 맡는 것을 꺼렸기 때문에 일을 맡는 것을 근심한다."고 했으며, 홍씨는 "일을 맡아 감당할 수 없을까 근심했다."고 말했는데, 또한 모두 잘못이다. 저 비루한 사람은 또한 얻는 데 뜻을 두었을 따름이니, 어찌 일을 맡기 꺼리고 일을 감당하지 못할까 근심했겠는가. 양씨의 해설은 문제가 없으나 말의 뜻이 자못 소략하다. 이미 '못 할 짓이 없다.'고 했다면 또 어찌 충忠만 다할 수 없었겠는가.

或問十五章之說.

曰, 范侯謝氏得之, 而蘇氏亦足以驗其事實.【蘇氏曰, 患得之, 當云患不得之, 闕文也. 鄙夫止於營私, 其害至於亡國. 李斯之立胡亥, 張禹之右王氏, 其謀皆始於患失. 故孔子深畏之, 曰無所不至者, 言其必至於亡國也.】但患得之, 文義自通, 不必增字. 今家語亦作患不得之, 恐或他論之文耳. 呂氏以爲憚於任事故患得, 洪氏以爲患其得之而不能當, 亦皆誤矣. 彼鄙夫者, 亦志於得而已矣, 豈憚於任事而患其不能當耶. 楊說無病, 而語意頗疎, 旣曰無所不至, 則又豈但不能盡忠而已哉.

17-16. 子曰, "古者民有三疾, 今也或是之亡也. 古之狂也肆, 今之狂也蕩, 古之矜也廉, 今之矜也忿戾, 古之愚也直, 今之愚也詐而已矣."

문 16장의 해설에 대해 묻습니다.

답 윤씨가 이 장의 뜻을 얻은 것이 많다. 범씨의 '긍矜'의 뜻이 본래 뜻을 얻었으나 광자가 진취적이기 때문에 작은 예절에 구애받지 않는다고 한 것은 적절하지 않고, 어리석은[愚] 자를 '본성을 따른다.'고 한 것은《중용》에서 말한 것과 맞지 않는다. 사씨의 '긍矜'과 '우愚'에 대한 말은 이 장의 뜻을 얻었으나 '광狂'을 '중을 지나치다.'로 본 것은[10] 또한 범범하여 적절하지 않다. 대개 '광'은 본래 중을 지나치나, 행함이 중을 지나친 사람은 '광'에만 그치지 않는다. 만약 '견狷'을 중을 지나쳤다고 한다면 어찌 '작은 예절에 얽매이지 않는 것[肆]'에 간여하겠는가. 또 '탕蕩'을 제멋대로 하는 것이라고 한다면 '탕蕩'과 '사肆'는 또한 차이가 없다. 양씨는 '사' 자의 뜻을 풀지 않고, '탕' 자에 근거해서 드러내었으니 이치에 참으로 부족함이 있다.

'렴廉' 자에 대한 해설은 더욱 조리가 없다. 대체로 '사肆'와 '렴廉', '직直' 세 글자는 모두 좋고[美] 나쁜[惡] 두 가지 뜻을 동시에 가지고 있다. '렴'은 분별함이 있되 각박한 과실이 있다. 분별함이 있되 각박하여 남을 해치지 않게 되면 이는 대현大賢 이상의 온전한 덕이며, 기蘷가 가르침으로 삼고 고요가 사람을 취한 덕목이니 지나친 것이 아니다. 지금 사물과 통할 수 없는 것을 '렴'이라고 하면 분별함이 있다는 뜻을 취하지 않고 크게 폄하하는 것이며, 또 '각박하여 해치지 않다.'는 뜻으로 풀이하면 또 각박함의 병폐를 드러내지 않아 크게 칭찬하는 것이니, 나아가나 물러나나 근거할 바가 없다. '우' 자의 뜻도 이와 같으니, 곧은 사람은 본래 사리에 통

---

10 광을……것은: "사씨가 말했다. '광은 중을 지나친 것을 말한다. 이해관계가 그를 구속할 수 없기 때문에 사하니, 곧 방탕하면 마음대로 방자한 것이다.[謝曰, 狂者 過中之謂, 利害不得而拘之, 故肆, 蕩則自恣矣.]"《논어정의》)

달하지 못하고 남을 간사하게 속이지 않지만, 또 힘써서 선할 수 있다는 것은 아직 드러내지 못했다. 속임수를 행하는 것은 또한 단지 그 수단이 좋지 못할 따름이다. 이른바 '어리석음'은 애초에 하우下愚의 '우'가 아니니, 어찌 변하지 않는다고 해서 갑자기 끊겠는가. 이것은 또 인용을 잘못해서이며, 이와같은 잘못에 빠졌으면서도 스스로 알지 못하는 것이다.

후씨의 '사肆', '탕蕩', '긍矜' 자의 뜻은 이 장의 뜻을 얻었으나, 다만 이른바 "함께 인을 행하기 어렵다."고 한 것은 적절하지 않고, '어리석음[愚]'의 '직直'과 '사詐'에 있어서 또한 뜻이 미진하다. 대개 '직'을 '진실하고 숨김이 없다.'고 해석하면 병폐를 드러내지 못하고, '사詐'를 '직直'의 반대의 뜻이라고 해석하면 이 두 가지가 우愚에서 생겨남을 드러내지 못한다. 어리석으면서 남을 속이는 사람이 어찌 사마천의 이른바 "새후 직불의直不疑는 정밀하고 뛰어나다.[塞侯微巧]"[11]와 같겠는가.

或問十六章之說.

曰, 尹氏得之爲多. 范氏矜字之義得之, 而謂狂者以進取而肆則不切, 以愚者爲率其性, 則與中庸之所謂者不協矣. 謝氏矜愚之說則得之, 而以狂爲過中, 則亦汎而不切. 蓋狂固過中, 然行之過中者, 不止於狂也. 若以狷而過中, 則何與於肆哉. 又以蕩爲自恣, 則蕩之與肆, 亦無以異矣. 楊氏不釋肆字之義, 而因蕩字以見之, 於理固有所不足, 至於廉字之說, 則尤支離矣. 大抵肆廉直三字, 皆具美惡二意, 如廉者, 則有分辨而失於峭刻耳, 至於廉而不劌, 則是大賢以上全德之事, 夔之所以爲敎, 皐陶之所以取人, 不是過也. 今以不足通物爲廉, 則不取其有辨之意而太貶, 又以不劌者當之, 則又不見其峭刻之病而太褒, 進退無所據矣. 愚字之義亦然, 其直者本但爲不達事理, 而不爲姦欺耳, 未見其可强而善也. 至其爲詐, 亦但其疾之不美耳. 所謂愚者, 初非下愚之愚也, 安得遽以不移絶之哉. 此又牽於援引之失, 至於如此而不自知耳. 侯氏肆蕩矜字之義得之, 特

---

11 새후……뛰어나다:《사기》〈만석장숙열전萬石張叔列傳〉에 나온다.

其所謂難與並爲仁者, 爲未切, 而於愚之直詐, 亦有未盡. 蓋以直爲眞實不隱, 則未見其爲疾. 以詐爲直之反, 則未見其生於愚也. 愚而詐者, 豈若史氏所謂塞侯微巧者歟.

문 18장의 해설에 대해 묻습니다.

답 범씨와 윤씨는 이 장의 뜻을 얻었으나 미진한 점이 있고, 사씨의 '말 잘하는 입이 나라를 뒤덮다.'라는 해설[12]은 천착하였고, 양씨는 더욱 알 수 없다. 대개 사물의 부류에는 사邪도 있고 정正도 있다. 사와 정은 달라서 반드시 서로 해를 끼치니 이는 필연의 이치다. 그러나 현저히 다른 것은 서로 해를 끼치지만 쉽게 드러난다. 실제는 다르지만 이름이 서로 비슷한 것은 해를 끼치지만 알기 어렵다. 쉽게 드러나는 해로움은 사람들이 알아서 피할 수 있으나 알기 어려운 해로움은 성인의 지혜가 아니면 살필 수 없다. 이에 성인이 이 세 가지에 대해 매우 싫어하여 강하게 주장했다는 것을 알 수 있으니 경계한 것이 밀다.

지금 양씨는 세 가지에 대해 아무 이유 없이 각각 두 등급으로 나누어 해를 끼칠 수 없는 것과 해를 끼칠 수 있는 것이 있다고 했다. 이미 문장의 뜻과 일의 이치에 있어 맞지 않는 것이 있으며, 또 "해를 끼칠 수 없는

---

12 사씨의……해설: "사씨가 말했다. '복은 복모(덮다)의 복의 뜻이다. 사람들로 하여금 편안히 깨닫게 하지 못하고 마음대로 방자하게 한다는 것이다.[謝曰, 覆猶覆冒之覆, 使人恬然不知悟以自肆也.]"《논어정의》)

것은 멀리할 수 있지만, 알기 어려운 해로움은 반드시 해를 끼칠 수 있은 다음에야 성인이 싫어한다."라고 했는데, 저가 이미 해를 끼칠 수 없는데도 또 어찌 멀리하는 것을 일삼겠는가. 만약 반드시 해를 끼칠 수 있은 다음에야 싫어한다면 나는 뒤의 나라를 다스리는 자가 정나라 음악을 듣고 말 잘하는 이를 가까이하면서 "이것은 아악을 어지럽히고 나라를 전복시킬 수 없다."고 말할까 두렵다. 후씨의 처음 세 구절은 또한 양씨의 잘못과 같지만, 이른바 "겉으로는 비슷하지만 속은 다르다."는 본래의 뜻을 얻었으나, 애석하게도 뜻을 미루어 나간 것에 미진함이 있다. 이른바 "다른 사람을 기쁘게 하고 쉽게 현혹되게 할 수 있다."는 정나라 음악과 말 잘하는 사람이 끼치는 해로움에 대해 또한 사정에 꼭 맞아 떨어진다.

或問十八章之說.

曰, 范尹得之而未盡, 謝氏覆冒之說鑿矣, 楊氏則尤不可曉也. 蓋凡物之類, 有邪有正, 邪之與正不同而必相害, 此必然之理也. 然其顯然不同者, 雖相害而易見, 唯其實不同而名相似者, 則害而難知. 易見之害, 衆人所能知而避之, 難知之害, 則非聖智不能察也. 是知聖人於此三者, 深惡而力言之, 其垂戒遠矣. 今楊氏乃於三者之中, 無故各分二等, 以爲有不能爲害者, 有能爲害者, 旣於文義事理有所未協. 而又曰, 不能爲害者, 遠之可也, 必能爲害, 然後聖人惡之. 彼旣不能爲害矣, 而又何以遠爲哉. 若必其能爲害者, 而後惡之, 則吾恐後之有國家者, 將有日聽鄭聲親利口, 而曰此未足以亂雅而覆邦也. 侯氏章首三句, 亦楊氏之失, 而所謂似是而非者則得之, 惜乎其推之有未盡也. 所謂足以悅人而易惑, 於鄭聲利口之害, 亦切中於事情矣.

17–19. 子曰, "予欲無言." 子貢曰, "子如不言, 則小子何述焉." 子曰, "天何言哉. 四時行焉, 百物生焉, 天何言哉."

문 19장의 해설에 대해 묻습니다.

문 정자, 장자, 사씨의 말이 지극하다. 배우는 자들이 자세히 읽고 깊이 음미해야 한다. 다만 장자의 뒷부분의 해설은 이 장의 뜻을 바르게 해석한 것이 아니고, 그 말 또한 조금 의심스럽다.

或問十九章之說.

曰. 程子張子謝氏之言至矣. 學者宜熟讀而深味之. 但張子後說. 非以正解此章之意, 而其語亦小可疑也.

문 정자가 '산하대지山河大地'에 대해 말[13]한 것은 어떻습니까?

답 불교가 여기에 대해 말한 것이 많은데, 지금은 무엇을 가리키는지 모르겠다. 앞의 문장으로 구해보면 아마도 또한 '공허함'을 말했을 것이다.

曰. 其曰山河大地之說, 何也.

曰. 釋氏之言此多矣, 今不知其何指也. 以上文求之, 豈亦幻妄之云乎.

문 범숙공이 "한지국韓持國(한기韓琦)은 눈을 감고 앉기를 좋아했는데, 마치 천하에 한 치의 땅도 없다고 생각하였다."라고 하였으니, 진실로 이것을 병폐로 여겼기 때문입니다. '참으로[信]'라는 것은 '선禪을 깨달았다.'는 뜻인데, 이것은 어떻습니까?

---

13 정자가……말: 항주杭州 흥교사興教寺의 소수선사小壽禪師가 쌓아 놓은 장작이 떨어지는 소리에 깨달음을 얻어 게송偈頌을 지은 내용을 가리킨다. "장작이 떨어진 것은 다른 물건이 아니고, 종횡으로 흩어진 것은 티끌이 아니네. 산하와 대지는 온전히 법왕의 몸을 드러내었네.[樸落非他物, 縱橫不是塵. 山河及大地, 全露法王身.]" 여기에 대해 정명도가 《논어정의》에서 다음과 같이 말했다. "선학자는 결국 억지로 일을 꾸미니, 산하대지가 공허하다는 해설은 다른 산하대지이니 또 너의 일과 무슨 관계가 있겠는가.[禪學者總是强生事, 至於山河大地之說, 是他山河大地, 又干你何事.]"

답 만약 이와 같다고 한다면 그것은 도를 아는 것이어서 저들의 헛된 말과는 상관이 없다는 뜻일 뿐, 결코 그들이 이른바 '선禪'이라고 하는 것을 진실로 안다고 여긴 것은 아니다. 문장의 끝부분에 있는 몇몇 글자는 아마도 빠졌거나 잘못된 글자일 수 있어서, 그 뜻을 제대로 알기 어렵다.

范蜀公有言, "持國好閉目而坐, 想大地無寸土." 蓋信乎其以是爲病矣. 其曰信是會禪, 何也.

曰, 此亦假借之辭, 以曉韓公, 若曰如此則其爲知道而無事乎彼之虛言, 非眞以爲知彼之所謂禪也. 其卒章數字, 則疑其闕文誤字而不可曉矣.

문 여러 해설은 어떻습니까?

답 범씨가 "말이 있으면 둘로 들어간다."[14]라고 한 것은 장자의 말이다. 공자가 말하는 것을 면치 못했으나 바야흐로 말하지 않는 것에 뜻이 있다고 했는데, 이 또한 성인을 말하기에 부족하다. 여씨는 덕이 다른 사람을 감화시켰기 때문에 말하지 않아도 미덥다고 했는데, 또한 공자의 뜻이 아니다. 그 말과 같다면 이는 공자가 덕이 다른 사람을 감화시켜서 말하지 않음으로써 다른 사람을 믿게 하고자 한 것이다. 자기를 달관한 사람이라고 여겨 지극히 큰 사람으로 여긴 것이[15] 이와 같으니, 성인의 기상이 반드시 이와 같지 않을 것이다.

---

14 말이……들어간다: "이미 하나가 되었다면 또 무슨 말이 있을 수 있겠는가. 그러나 이미 '하나'라고 했다면 또 말이 없을 수 있겠는가. 하나와 말이 둘이 되고 둘과 하나가 셋이 된다. 이로부터는 아무리 역법에 뛰어난 사람도 알 수 없을 텐데 하물며 보통 사람이겠는가.[既已爲一矣, 且得有言乎. 既已謂之一矣, 且得无言乎. 一與言爲二, 二與一爲三. 自此以往, 巧曆不能得, 而況其凡乎.]"《장자》〈제물론齊物論〉

15 자기를……것이: "공자는 그가 자신을 달관한 사람이라고 여겨 지극히 큰 사람으로 여기며 자신을 사랑한 나머지 지나치게 슬퍼할까 염려하였다.[仲尼恐其廣己而造大也, 愛己而造哀也.]"《장자》〈산목山木〉

양씨는 자공이 말은 잘 하지만 이치상 말로 논할 수 없는 것이 있었기 때문에 공자가 이것으로 일깨워주었다고 말했다. 무릇 공자가 참으로 이 말로 자공을 일깨워준 것이라고 한 것은 분명하다. 그러나 이치가 실로 사물들 사이에 드러나서 논의가 언설에서만 반드시 얻어지는 것은 아니다. 대개 논할 수 없는 이치는 없기 때문이다. 성인이 여기에서, 다만 자공이 언어 사이에서만 구하고 실천하고 행하는 실제에서 살피지 않았기 때문에 이것을 말하여 일깨워 주고 말로 논하는 것이 사실 여기에 있음을 보인 것이지, 자공이 말을 잘하나 여기서는 논할 수 없다고 말한 것은 아니다. 그러므로 자공이 아직 깨우치지 못한 것으로 인해 다시 사계절이 운행하고 만물이 생겨나는 것으로 깨우쳐 주었다. "하늘은 말하지 않지만 사계절이 운행하고 만물이 자란다."는 다만 말하지 않아도 이치가 절로 드러나는 난다는 뜻이지, 어찌 논할 수 없는 이치를 말했겠는가.

또 인용하여 해설한 것 가운데, 예를 들어《주역》〈계사전繫辭傳〉의 "말 없이 이루고 말하지 않아도 미덥다."와《예기》〈예기禮器〉의 "천도는 지극한 가르침이고 성인은 지극한 덕이다."라는 말이 어찌 논할 수 없는 이치를 말했겠는가. 또 "이치에 논할 수 없는 것이 있다."라고 굳이 말한 것 또한 노자와 불교의 뜻에 불과하다. 이미 '리理'라고 말했으면 인의예지와 군신부자 간에 말할 수 없는 것은 없고, 다만 오로지 말에서만 구하고 그 실제를 살피지 않았다고 한다면 안 된다. 사실 또 말하지 않아도 드러나는 것이 있으니, 어찌 일상의 도리 바깥에 별도로 하나의 사물이 있어서 황홀하여 육근육진六根六塵을 멀리 벗어나서 말로는 논할 수 없다고 했겠는가. 반드시 이 해설을 따르면 가까이로는 본문의 뜻을 잃어 본래의 의미를 찾아갈 수 없고, 멀리로는 천리에 어긋나서 이단으로 흐르니 깊이 살피지 않을 수 없다.

윤씨가 "성인은 천지와 덕을 같이 하기 때문에 이 말로써 자공을 일깨워 주었다."라고 했는데 또한 잘못이다. 성인은 본래 천지와 덕을 같이 하지만 스스로 자기가 천지와 덕을 같이 한다고 생각해서 말하지 않음으로써 스스로 드러내려고 한 것은 아니다. 이것은 그 병폐가 또 여씨보다 심한 것이 있다. 하지만 그 뜻이 이렇게 어긋나지는 않았을 것이나, 다만 문사로 전달하지 못하여 이런 잘못에 빠진 것 같다.

諸說如何.

曰, 范氏所謂有言則入於二者, 莊生之說也. 以爲夫子未免於有言, 而方有意於不言, 是亦不足以言聖人矣. 呂氏以爲德孚於人, 故不言而信者, 亦非夫子之意. 若如其說, 則是孔子以爲德孚於人, 而欲不言以信之也, 其廣己而造大如此, 聖人氣象其必不然矣. 楊氏以子貢能言, 而理有言之不能論者, 故夫子以是發之. 夫謂夫子固以是發子貢者, 信矣, 然理之實形於事物之間, 而其論不必得於言說之際, 蓋無不可論之理也. 聖人於此, 但以子貢專求之於言語之間, 而不察諸踐履事爲之實, 故言此以發之, 以見夫言之所論者, 其實在此, 而非以爲子貢能言, 而於此有所不能論也. 故因子貢之未喩, 而復以四時行百物生曉之. 夫天之不言, 而四時行百物生者, 特不待言而理自著耳, 豈言不能論之謂耶. 且其所引以爲說者, 如曰默而成之, 不言而信, 天道至敎, 聖人至德, 夫豈言不能論之謂耶. 且必以爲理有不可論者, 是亦老佛之意耳. 夫旣曰理矣, 則仁義禮智, 君臣父子之間, 無不可言者, 特以爲專求之言, 而不察其實, 則爲不可. 而其實則又有不待言而顯者耳, 夫豈以爲日用彝倫之外, 別有一物, 恍恍惚惚, 逈脫根塵, 而不可以言論耶. 必由是說, 近則失其文義, 而不可尋繹, 遠則乖於天理, 而流於異端, 不可以不深察也. 尹氏謂聖人與天地同德, 故以是發子貢, 亦非也. 夫聖人固與天地同德矣, 然非自以爲己與天地同德, 而欲以無言自表也. 此其爲病, 又有甚於呂氏者, 然恐其意不至如是之差. 特其辭有未達而陷於此耳.

17-20. 孺悲欲見孔子, 孔子辭以疾. 將命者出戶, 取瑟而歌, 使
之聞之.

문 20장의 해설은 어떻습니까?

답 대강의 내용은 정자가 파악했다. 사씨와 양씨는 각각 새로 밝힌 바
가 있으나 모두 미진한 점이 있다. 대개 예禮로 대하는 것이 불선한 것은
살필 수가 없으니 지적하여 말하기 어렵다. "유비는 만나볼 만하지 못하
다."라고 한 것은 더욱 성인의 마음을 말한 것이 아니다. 오직 오씨가 본
래의 뜻을 비교적 잘 파악했기 때문에 지금《집주集註》에서 그 문장을 취
하고 사씨와 양씨의 뜻으로 자못 보충하였다. 대개 성인의 문하에는 오
는 자는 막지 않았다. 만약 별다른 일이 없으면 이처럼 각박하게 물리친
적이 없는데 이 일은 알 수가 없다. 홍씨와 호씨는 모두 사상례士喪禮를
배운 것이 이 이후의 일이라고 하여 성인이 끝내 유비를 끊지 않았다고
하니, 또 오씨의 견해와 조금 다르다.[16]

或問二十章之說.

曰. 其大旨則程子得之矣. 謝楊各有發明, 而皆有未盡者. 蓋禮際不善, 無所稽
考, 難以指言, 而以爲不足見者, 尤非所以言聖人之心也. 惟吳氏得之爲多, 故
今集註取其文, 而頗以謝楊之意足之. 蓋聖人之門, 來者不拒, 儻非有故, 未有

---

16 홍씨와……다르다: 오씨와 홍씨, 호씨의 견해는《논어정의》에는 보이지 않아 정
   확한 내용을 알 수는 없으나,《논어집주》에 다음의 내용이 있는 것으로 보아 주희
   는 오씨의 해설을 받아들여 유비가 공자에게 상례를 배운 것을 이 장 이전의 일
   로 보고 있음을 알 수 있다. "유비는 노魯나라 사람이다. 일찍이 공자에게 사상례
   士喪禮를 배웠는데, 이때 분명 죄를 지은 것이 있었을 것이다. 그러므로 병이 있다
   고 거절하고는, 또 그로 하여금 병 때문에 거절한 것이이 아님을 알게 하여 그를
   일깨워 주었다.[孺悲, 魯人, 嘗學士喪禮於孔子. 當是時, 必有以得罪者. 故辭以疾, 而又
   使知其非疾, 以警敎之也.]".

却之如此其峻者, 而其事則不可知耳. 洪氏胡氏皆以爲學士喪禮乃此後事, 聖人蓋不終絶之, 又與吳氏小異云.

> **17-21.** 宰我問, "三年之喪, 期已久矣. 君子三年不爲禮, 禮必壞, 三年不爲樂, 樂必崩. 舊穀旣沒, 新穀旣升, 鑽燧改火, 期可已矣." 子曰, "食夫稻, 衣夫錦, 於女安乎." 曰, "安." "女安則爲之! 夫君子之居喪, 食旨不甘, 聞樂不樂, 居處不安, 故不爲也. 今女安則爲之!" 宰我出. 子曰, "予之不仁也! 子生三年, 然後免於父母之懷. 夫三年之喪, 天下之通喪也, 予也有三年之愛於其父母乎!"

문 21장에 대한 학자들의 해설 가운데, 어떤 사람은 재아의 물음이 가까운 친족은 기년으로 마친다는 예禮의 전문가들의 말을 들었기 때문에, 이로써 공자에게 물은 것이지 직접 상을 치르면서 기간을 줄이려는 것은 아니라고 하는데 어떻습니까?

답 이는 대개 재아가 성인의 무리로써 이런 질문을 하지 않아야 한다고 생각했기 때문에 그를 위해 잘못을 감춰주고자 한 것이다. 그 뜻이 진실하고 두텁지만, 삼년상은 인심에서 나오는 것이지 밖에서 들어오는 것은 아니며, 예의 전문가들에게 삼년상을 치른다는 해설이 이미 있었다. 재아가 기년으로 마친다는 말을 실로 듣고도 시비를 살피고 곡절을 다 할 수 없었다면 부모님을 사랑하는 마음이 박하다는 것을 또한 알 수 있다. 비록 스스로 상기를 줄인 것은 아니지만 그 실정이 또한 무엇이 다르겠는가.

或問, 二十一章諸家之說, 有謂宰我之問, 蓋聞禮家至親期斷之言, 故以質之夫子, 非自執喪而欲短之也, 如何.

曰, 此蓋以宰我爲聖人之徒, 不應問此, 而欲爲之文其過也, 其意則忠且厚矣, 然三年之喪, 生於人心, 非由外至, 而禮家固亦已有加隆之說矣. 設使宰我實聞期斷之說, 而不能察其是非, 盡其曲折, 則其愛親之薄, 亦可知矣, 雖非自短其喪, 然其情亦何以異耶.

문 또 재여가 이치를 살피지 못하고 인仁을 모르며 애친의 도도 모르는 사람이라고 하는 해설도 있는데 그렇습니까?

답 이 해설은 "재여가 부모님을 사랑하지 않은 것은 아니지만, 다만 이치를 살피지 못하고 도를 알지 못했을 뿐이다. 불인은 아니고 다만 인을 몰랐다."라고 말한 것 같다. 이 또한 그를 위해 잘못을 감추어 준 말에 불과하다. 그러나 사람이 부모에게 삼 년의 사랑이 있는 것은 대개 마음에서 그만둘 수 없기 때문이니, 알기 어려운 이치가 있는 것은 아니다. 이 마음을 보존하면 인이 되고 잃으면 불인이 되니, 그 사이가 대개 한 터럭도 용납하지 못할 만큼 좁다. 그러나 보존하고 보존하지 못하는 것은 또 알고 난 다음에야 힘쓸 수 있는 것이 아니라, 내 마음의 후박厚薄이 어떠한지에 달려 있을 따름이다. 재아가 쌀밥을 먹고 비단옷을 입으면서 스스로 편안하다고 여긴다면 부모님을 사랑하는 마음이 없는 것을 알 수 있으니, 공자가 그를 배척한 이유 또한 분명하다. 말하는 사람이 이것을 곡진하게 숨기려고 하였으나 불인과 불효의 죄를 줄이지는 못했다. 이 때문에 그 말이 다만 말만 허비했지 실제를 가릴 수 없었다.

曰, 又有以宰予爲不察理, 不知仁, 而不知愛親之道者, 信乎.

曰, 是其意若曰, 予非不愛親也, 特不察理而不知其道也, 非不仁也, 特不知仁也, 是亦爲之文其過之言耳. 然人之有三年之愛於父母, 蓋心之不能已者, 而非有難明之理也, 是其存焉則爲仁, 失之則爲不仁, 其間蓋不容髮, 而其存不存, 又不待於知之而後能勉也. 亦係於吾心之厚薄如何耳. 宰我食稻衣錦, 自以爲安, 則其無愛親之心可見, 而夫子所以斥之者亦明矣. 說者乃欲曲爲之諱, 而未減其不仁不孝之罪, 是以其說徒爲辭費, 而不足以掩其實也.

문 "상기를 줄이는 것이 박함이 되는 줄 재아가 모르지는 않았으나 다만 의심스러운 점이 있었기 때문에 감히 공자에게 자신의 생각을 숨기지 못했다. 단지 이렇게 숨기지 못한 것은 성인이 만든 것이다."라고 어떤 사람이 말하는데, 어떻습니까?

답 재아의 마음이 비록 박하지만 감히 자신을 숨기지 못한 것은 오히려 성인 문하의 기상이 있으니 괜찮다. 숨김이 없다고 하면서 바로 성인의 '거짓이 없음[誠]'으로 허여한 것은 진정을 속이고 거짓을 꾸미는 세상의 사사로움에서 다시 격발한 것인데 그 말이 지나치다는 것을 스스로 몰랐다. 그러나 이 장의 바른 뜻은 삼년상에 대해 묻는 데 있으나 삼년상이 슬픔을 위주로 하는 것은 또 외부에서 온 것이 아니다. 지금 이 점은 논하지 않고 곁가지의 번쇄한 말만 가져다가 이미 죽은 사람인 재아가 속죄할 수 없는 잘못을 지었다고 여기니, 또한 무슨 이로움이 있겠는가.

曰, 或謂宰我非不知短喪之爲薄, 直以有疑, 故不敢自隱於夫子, 只此無隱, 便是聖人作處, 如何.

曰, "言宰我之心雖薄, 而其不敢自隱者, 猶有聖門氣象可也. 謂之無隱而直以聖人誠處許之, 則又激於世俗矯情飾詐之私, 而不自知其言之過矣. 然此章正意, 在於問喪, 而喪之主於哀者, 又非自外而至, 今不論此, 而摘其旁支瑣細之說, 以爲已死之人, 文不可贖之過, 亦何益哉.

문 공자가 '네가 편안하다면 행하라.'고 한 말이 다른 사람에게 거짓을 행한 것이 아니라고 어떤 사람이 말하는데 맞습니까?

답 이것은 '무은無隱'의 해설에 근거했는데, 또 뜻을 잃은 것이 심하다. 성인은 본래부터 다른 사람에게 거짓을 행하지 않는다. 그러나 "불초한 자는 발돋움하여 닿으려고 힘써야 한다."라고 말하지 않고. "편안하면 그렇게 하라."고 한 것은 깊이 질책하고 통렬히 끊는 말이다. 어찌 정말로 편안하게 여겨 마침내 그렇게 하도록 한 것이겠는가. 만약 그 말과 같다면 성인이 후대에 가르침을 세운 것이 처음부터 일정한 원칙이 없고, 다만 세상 정의情意의 후박厚薄에 따라 사람들로 하여금 각자 예禮를 행하도록 하면서 법과 기강을 무너뜨리고 어지럽히는 것이 자신으로부터 시작함을 고려하지 않은 것이다. 악정자춘의 말을 인용한 것은 그럴듯하지만, 악정자춘의 일이 어머니께 정을 쓰지 않고 예를 지나치게 했기 때문에 후회하여 예제의 격을 낮출 것을 생각했음을 살피지 못한 것이다. 재여의 정이라면 또 어찌 마침내 상기를 줄일 수 있겠는가.

曰, 或謂夫子之言, 女安則爲之, 爲不與人爲僞者, 信乎.
曰, 是因無隱之說, 而又失之之甚也. 夫聖人固不與人爲僞矣, 然不曰不肖者跂而及之乎. 其曰安則爲之者, 乃深責而痛絶之辭也. 豈使之眞以爲安, 而遂爲之也哉. 若如其言, 則聖人之所以垂世立敎者, 初無一定之則, 直徇世俗情意之厚薄, 使人之自爲禮, 而不慮夫壞法亂紀之原自我始也. 其引樂正子春之言則似矣, 而亦未察乎子春之事, 乃其不用情而過於禮者, 故悔而思有以俯就之耳. 若宰予之情, 則又烏可用而遂短其喪也.

문 재아가 후하게 해야 할 것을 박하게 한 것에 대해 불인不仁이라고 한 해설은 어떻습니까?

답 이 또한 상례를 단축하는 것만으로도 이미 크게 불인한 일임을 알지 못한 것이다. 반드시 (삼년상을 폐하여) 모든 상례를 박하게 만든 뒤에야 비로소 불인이라 하는 것이 아니다. 아마도 '효제孝弟가 인仁의 근본이다.'라는 설에 익숙하다가 그 뜻을 잘못 이해한 것이 아니겠는가.

曰, 若以宰我之無所不薄爲不仁, 如何.

曰, 是亦未知其短喪之已爲不仁之甚, 不待至於無所不薄然後爲不仁也, 豈習於孝弟爲仁之本之說而失之與.

문 그렇다면 여러 해설 가운데 어느 것이 좋습니까?

답 범씨의 해설이 인심에 마땅한 바가 있다. 사씨는 단지 현자가 중中을 지나칠까봐 걱정해서 삼년복으로 마쳤다고 했는데 또한 옳다. 홍씨가 말하는 "예악이 붕괴된다."는 뜻도 좋다. 【홍씨가 말했다. "예악의 실제는 바로 부모를 섬기고 형을 따르는 것에서 나오는데, 재아는 중요한 것을 경시하고 말단을 아까워했기 때문에 공자가 근본을 미루어서 알렸다."】 그러나 또한 미진한 부분이 있다. 대개 예악은 없는 곳이 없으니, 상喪에는 본래 상의 예가 있다. 오직 악樂만 상에서 쓰이지 않는다. 그러나 상을 당하여 즐거워하지 않는 것이 악이 악이 되는 이유다. 만약 상을 당하여 옥과 비단이 앞에 펼쳐지고 종과 북의 소리가 연주되면 예와 악이 무너지는 것이 더욱 심해질 것이다. 그러나 재아가 한 말의 잘못은 말하지 않아도 깨우칠 수가 있으므로 공자는 답하지 않고 다만 차마 하지 못하는 단서로 알려준 것이다.

이 장의 뜻을 풀이한 것에는 이씨의 해설이 더욱 공헌이 있다. 【이씨가 말했다. "재여는 삼년상에 대해 피할 수 없다는 것을 스스로 헤아렸으나, 또 어디선가 기년상으로 마친다는 논의를 들었기 때문에 의심하여 물었다. 그러므로 공자는 먼저 군자의 마음이 편치 못하다는 것을 보여주어 재아가 자신의 생각에서 나오기를 기다린 다음에, 부모가 삼 년 동안 자식을 품 안에 두는 것을 말하여 부모의 마음을 자신의 마음으로 여길 줄 알게 하니, 편한 마음과 편치 않은 마음이 정말 각각 그 마땅한 바가 있게 되었다. 제 선왕이 상기喪期를 줄이려고 하자 맹자가 공손추에게 말한 것이 또한 효제를 가르친 것에 불과했다.[17] 이는 상기를 줄이는 것이 안 된다는 것을 알렸을 뿐 아니라, 효와 제의 참된 정을 보여주어 삼년상의 유래를 알게 했음을 말한다."】다만 '회懷'를 '회념懷念'의 회로 해석한 것은 본문의 뜻에 합당하지 않다.

이 뜻을 미루어 범씨와 사씨의 해설 가운데 좋은 부분과 합하여 안팎의 뜻이 되게 한다면 이 장의 뜻은 거의 빠짐없이 갖춰질 것이다.

然則諸說孰爲得之.

曰, 范氏之說, 爲有當於人心矣. 謝氏特恐賢者過中以上亦然. 洪氏所謂禮壞樂崩之意亦善.【洪氏曰, 禮樂之實, 乃自事親從兄而出, 宰我輕所重而惜其末, 故夫子推本以告之.】然亦有所未盡. 蓋禮樂無所不在, 喪固有喪之禮矣, 唯樂爲無所用於喪者, 然當喪而不樂, 是乃樂之所以爲樂也. 若當喪而玉帛陳焉, 鍾鼓作焉, 則其壞禮而崩樂也. 益以甚矣. 然其言之失, 有不待言而喩者, 故夫子之不答, 而直以不忍之端告之. 此章之通義, 則李氏之說尤爲有功.【李氏曰, 宰予於三年之喪, 自度其有不能免者, 又聞期斷之論, 是以疑而問之. 故夫子先示之以君子之所不安, 待其出也, 而後言父母於其子之懷, 使知以父母之心爲心, 則安與不安, 固當自有處矣. 齊宣王欲斷喪, 孟子謂公孫丑, 亦敎之孝弟而已, 言非徒告之以短喪之不可, 當示之以孝弟之眞情, 使知其所由來也.】但其以懷爲懷念之懷, 則於文義爲未當耳. 推而合於范謝說之善者, 使相表裏焉, 則此章之旨, 庶乎其無所遺矣.

17 　제 선왕이……불과했다:《맹자》〈고자 상〉의 제선왕욕단상장齊宣王欲短喪章을 말한다.

17-22. 子曰, "飽食終日, 無所用心, 難矣哉! 不有博奕者乎. 爲
之猶賢乎已."

文 22장의 해설에 대해 여쭙습니다.

답 이씨 가 말하는 것이 이 장의 뜻을 얻었다. 여러 해설은 참으로 박혁
博奕을 할 만한 일이라고 여겼으나 옳지 않다.

或問二十二章之說.

曰, 李氏說得之, 諸說眞以博奕爲可爲, 則失之矣.

17-23. 子曰, 子路曰, "君子尙勇乎." 子曰, "君子義以爲上, 君
子有勇而無義爲亂, 小人有勇而無義爲盜."

文 23장의 해설에 대해 묻습니다.

답 정자, 범씨, 사씨, 윤씨의 해설이 좋은데 윤씨가 특히 좋다. 여씨는
군자는 덕이 있는 것을 일컫는다고 했는데 잘못이다. 만약 덕으로 말한
다면 어찌 의가 없어 난을 일으키는 지경에 이르겠는가. 육권鬻拳이 무
기로 간하는 일[18]이 세상에 더러 있기는 하지만 또한 드문 일로써 성인
이 할 말이 아니다.

양씨는, 군자는 덕과 지위가 있는 것을 두루 일컫는 말이라고 했는데,

---

18 육권이……일: 육권(?~B.C.675)은 초나라 종실 후예로, 춘추시대 초나라 관리였
다. 초 문왕이 잘못된 정사를 행하자 육권이 그를 간했다가 초 문왕이 따르지 않
자 병기로 초문왕을 협박하여 고치도록 했다. 이 일 이후에 병기로 임금을 협박
한 것은 자신의 죄라고 인정하고 자신의 두 발꿈치를 베었다.

'군君' 자와 '자子' 자, 두 글자의 뜻을 풀이한 것이 매우 좋다. 대개 옛날에는 불초함으로 현명함을 다스리지 않고 현명함으로 불초함을 섬기지 않아, 윗사람은 임하고 다스리는 사람들보다 반드시 현명했다. 그러므로 후대에 군자를 덕 있는 사람이라고 일컬었으니, 그 뜻이 처음에는 다르지 않았으나 다만 정사를 시행하는 대상이 달랐다. 이 장에서 '군자君子'라고 말하는 것이 세 번이고 '상上'이라고 말한 것이 두 번인데, 모두 덕으로 말했다. 소인小人에 대해서는 모두 지위로 말했을 따름이다. 용기를 해석하는데 '수약守約'과 '수의守義'를 상대하여 말한 것은 《맹자》의 본래 의미와도 맞지 않는 부분이 있다. 의義가 없으면 난을 일으킨다는 해설도 잘못이다. '난을 일으킨다.'는 말은 포함하는 범위가 매우 넓어서 반드시 인군을 경시하는 자가 난을 일으키는 것은 아니고, 다만 옛일을 끌어와 증명하는 데 얽매이느라 이렇게 해석했을 것이다.

或問二十三章之說.

曰, "程子范謝尹氏得之, 而尹氏爲尤善. 呂氏之意, 以君子爲有德之稱, 則誤矣. 若以德言, 則豈至於無義而爲亂哉. 鬻拳兵諫, 世或有之, 然亦鮮矣, 非聖人之通言也. 楊氏以君子爲有德位之通稱, 而釋二字之義甚善. 蓋古者不以不肖治賢, 不以賢事不肖, 凡在上者, 必其賢於所臨所治之人也. 故後世因以君子爲有德之稱, 蓋其義初不異, 但所施有不同者. 如此章言君子者三, 其上二者, 以德言之也, 其對小人者, 則皆以位言之耳. 其以守約對守義而言, 於孟子之文義, 亦有所未安者. 爲亂之說亦非也. 爲亂之名, 所包甚廣, 非必皆後其君者之所爲, 顧亦牽於援據而至此耳.

17-24. 子貢曰, "君子亦有惡乎." 子曰, "有惡. 惡稱人之惡者, 惡居下流而訕上者, 惡勇而無禮者, 惡果敢而窒者." 曰, "賜也亦有惡乎." "惡徼以爲知者, 惡不孫以爲勇者, 惡訐以爲直者."

문 24장의 해설에 대해 묻습니다.

답 다른 사람의 악을 말하면 자신에게는 경박하고 각박한 마음이 자라고 다른 사람에게는 선을 권면하고 악을 부끄러워하는 마음이 없어진다. 이 때문에 군자는 다른 사람의 선을 말하기를 즐겨하고, 다른 사람의 잘못을 들으면 자기 부모님의 이름을 듣는 것과 같이하여, 귀로는 들을 수 있으나 입으로 말해서는 안 된다. 아래 자리에 있으면서 윗사람을 헐뜯으면 사람들에게 인군을 높이고 윗사람과 친하게 지내는 성의는 엷어지고 도리에 어긋나고 난을 일으키는 화가 싹트게 한다. 이 때문에 군자는 임금 앞에 나아가 말하고 나와서는 다른 사람에게 사실을 고하지 않으며, 자신이 거처하는 곳에서는 그 나라의 대부를 비난하지 않는다.

호씨는 '하류下流'를 비천한 사람으로 보고, '상上'을 자기보다 현명한 사람으로 보았다. 그러나 자기 위에 있는 모든 사람을 합쳐서 말했다면 괜찮으나, 어떤 한가지 견해로써 나머지 다른 해석들을 모두 없애려고 하면 한쪽으로 치우치게 된다. 그러나 이 두 구절(惡稱人之惡者 惡居下流而訕山者)의 말은 아마도 말이 많고 다른 사람과 비교하기 좋아하는 자공의 결점을 구제하려고 했을 것이다. 용勇은 재주와 힘이 강맹한 것을 말하지만, 과감하면 재주와 힘이 반드시 다른 사람보다 뛰어나지는 않지만 일에 임해 과감하게 행한다.

범씨의 해설도 이 두 구절에 대해서는 이 장의 뜻을 파악했으나 나머지는 소략하다. '산訕'을 '간하다[諫]'로 풀이한 것은 더욱 이치를 파악하는데 해롭다. '산'이라는 이름은 바로 윗사람에게는 알리지 않고 사람들에게 말하는 것이다. 사씨의 '산상訕上'과 '무례無禮', '요徼'와 '불손不孫', '알訐'에 대한 해설은 이 장의 뜻을 얻었다.[19] 그러나 "세상을 속이고 풍속을 어지럽히기 때문에 단지 싫어한다."라고 말한 것은 그 이름을 얻게 된 바른 뜻을 살피지 않아 용의用意가 좋지 않다. 양씨의 해설은 좋다. 후씨의 처음 두 구절은 매우 좋으나 그 아래 해설은 서로 이어지지 않는 것 같다. "다만 사람들은 혹 사사로움에 가려져 잘못을 저지르나 오직 성현은 싫어하게 된 동기로써 바름을 잃지 않으니, 이것이 이른바 '오직 인자만 사람을 미워할 수 있다.'라는 것이다."라고 말한다면 이 장의 뜻을 얻는다. '자者' 자는 대개 사람을 가리켜 말한다. 윤씨는 자공이 싫어하는 일이 자기에게 해당하는 일이라고 오해했기 때문에 공자가 싫어하는 것과 자공이 싫어하는 것의 구별이 있게 되었다. '요徼'를 엿보는 것이라 해석한 것은 대개 홍씨의 설에 근본한다. 고주는 '요'를 '베끼다[抄]'로 해석했고, 소씨는 '요'를 '요행僥倖'으로 해석했는데, 모두 홍씨의 설보다 못한 것 같다.

---

19 사씨의……얻었다: "사씨가 말했다. '다른 사람의 선을 말하기 좋아하기 때문에 다른 사람의 나쁜 점을 말하기 싫어한다. 어떤 읍에 거하면 그곳의 대부를 비방하지 않기 때문에 낮은 지위에 있으면서 윗사람을 비방하는 것을 싫어한다. 용감하면서 예가 없으면 반드시 난을 일으킨다. 과감하면서 꽉 막히면 함께 할 수 없다. 엿보는 것은 아는 것과 비슷하고, 불손한 것은 용감한 것과 비슷하고 다른 사람의 잘못을 들추어내는 것은 곧음에 가깝다. 모두 세상을 속이고 풍속을 어지럽힐 수 있기 때문에 싫어한다.'[謝曰, 樂道人之善, 故惡稱人之惡者. 居是邑不非其大夫, 故惡居下流而訕上者. 勇而無禮則必爲亂, 果敢而窒則不可與群. 徼似知, 不孫似勇, 訐者幾於直, 皆足以欺世亂俗, 故皆惡之.]"《논어정의》

或問二十四章之說.

曰, "稱人之惡, 在己則長浮淺刻薄之心, 於人則絶勸勉愧恥之意, 是以君子樂道人之善, 聞人之過, 如聞父母之名, 耳可聞而口不可道也. 居下流而訕上, 使人尊君親上之誼薄, 悖逆作亂之釁萌, 是以君子造辟而言, 詭辭而出, 居是邦不非其大夫也. 胡氏以下流爲卑穢之人, 上謂賢於己者, 然擧凡在己上者而兼言之則可, 欲以一說遂廢其餘則偏矣. 然此兩言者, 豈亦以救子貢多言方人之失與. 勇謂材力强猛, 果敢則其材力未必過人, 而臨事敢爲者也. 范氏之說, 於此二句亦爲得之, 他則疎矣. 其以諫爲訕, 尤害於理, 訕之得名, 正其以不告於上, 而顯言於衆耳. 謝氏訕上無禮, 似是而非之說得之. 然謂特惡其欺世亂俗, 則未察乎其取名之善, 而用意之不臧耳. 楊氏之說則善矣. 侯氏章首兩句甚善, 而其下文意若不相屬者. 若曰但衆人或蔽於私而失, 惟聖賢則不失其所惡之正, 所謂惟仁者能惡人者也, 如此則得之矣. 者字, 蓋指人而言之, 尹氏誤以爲在己之事, 故有二者之別. 以徼爲伺察, 蓋本洪氏之說, 古註以徼爲抄, 蘇氏以徼爲僥倖, 似皆若不如洪氏之說.

17-25. 子曰, "唯女子與小人爲難養也, 近之則不孫, 遠之則怨."

문 25장의 소인이 미천한 아랫사람이 된다는 것을 어떻게 압니까?

답 악행을 행한 소인을 군자가 멀리하되 오직 엄격하지 못할까 근심할 따름이지, 소인의 원망은 또한 걱정할 바가 아니다. 여러 학자의 해설은 모두 맞지 않다.

或問, 二十五章之小人, 何以知其爲僕隷下人也.

曰, 若爲惡之小人, 則君子遠之惟恐不嚴, 怨亦非所恤矣. 諸家說皆失其旨也.

17-26. 子曰, "年四十而見惡焉, 其終也已."

문 마지막 장의 해설은 어떻습니까?

답 이 장에 대해서는 다른 뜻이 없다. 다만 '기종야이其終也已'의 해석에 있어, 윤씨는 '이已' 자를 중요하다고 여긴 것 같은데, 본문의 의미는 아닌 것 같다. 후씨의 해설은 더욱 엉성하다. 오직 양씨의 해설이 이 장의 뜻에 가까울 따름이다. 사씨의 해설 또한 타당하지 않다. '들리는 바가 없다.[無聞]'[20]는 것은 단지 칭찬할 만한 선이 없다는 것이고, '미움을 받는다.[見惡]'는 것은 또 악행이 있어 싫어할 만한 것이니 또한 같을 수가 없다.

或問卒章之說.

曰, 此無異義. 但其終也已. 尹氏似以已字爲重, 恐非文義. 侯氏之說尤疎. 惟楊氏說爲庶幾耳. 謝說亦未安. 無聞, 特無善可稱耳. 見惡, 則又有惡而可惡焉, 亦不得爲同矣.

---

20 들리는 바가 없다: "공자께서 말씀하셨다. '후생이 두려울 만하니, 후생의 장래가 지금의 나만 못할 줄 어찌 알겠는가. 그러나 사십, 오십 세가 되도록 알려짐이 없으면 두려울 것이 없다.'[子曰, 後生可畏, 焉知來者之不如今也. 四十五十而無聞焉, 斯亦不足畏也已.]"《논어》〈자한〉

18. 미자微子

18-01. 微子去之, 箕子爲之奴, 比干諫而死. 孔子曰, "殷有三仁焉."

문 세 사람은 모두 진실되고 측은한 마음이었다는 것을 볼 수 있지만, 무엇으로 그들이 적절하게 처신했는지 알 수 있습니까?

답 《사기》의 〈은본기〉, 〈주본기〉, 〈송세가〉에 기록된 것을 살펴보면 그 일의 선후가 모두 다르다. 오직 〈은본기〉만 미자微子가 먼저 떠났고, 비간比干이 이어서 간언하다가 죽자, 기자箕子가 미친척하여 노예로 살다가 주왕紂王에게 잡혔다고 하는데, 그것이 맞는 것 같다. 대개 미자는 제을帝乙의 원자元子로서 선왕의 종사를 중시해야 하니 의리상 일찍 떠나야 했고, 또 결국 주왕에게 간할 수 없는 것을 알았으므로 마침내 떠났지만 잘못이라고 여기지 않았다. 비간은 소사小師여서 의리상 힘써 간언해야 했다. 간언할 수 없다는 것을 알았더라도 그만 둘 수 없었으므로 간언하다가 죽어도 끝내 후회하지 않았다. 비간이 죽자 기자는 간언할 수 없는 것을 알았고, 자기도 죽어서 주왕에게 누를 끼치는 일을 차마 할 수 없었다. 미자가 떠난 것을 보고는 자신이 떠날 필요가 없는 것을 알았으며 자신도 떠나서 군주를 배신하는 일을 차마 할 수 없었다. 그래서 미친 척하여 노예가 되었지만 치욕이라 여기지 않았다. 이 세 사람의 인한 행동은 이들의 입장이 바뀌었어도 모두 그렇게 했을 것이다. "기자가 하늘이 내려준 구주九疇를 전하지 않아서 감히 죽을 수 없었다."라고도 했는데, 그 해설은 문제가 많다. 그들을 함께 인하다고 말하는 것은 그들 모두 사사로움이 없고 각각 이치에 합당하기 때문이다. 사사로움이 없었으므로 마음의 체體를 얻어서 그것을 거스르지 않았고, 이치에 합당했으므로 마음의 용用을 얻어서 그것을 잃지 않았다. 이는 그 마음의 덕德을 온전히 하는 것이라서 인이라고 하는 것 같다.

或問, 三子之心, 同出於至誠惻怛, 則可見矣, 抑何以知其所處之各適其可耶. 曰, 按史記殷周紀宋世家所記, 此事先後皆不同, 惟殷紀以爲微子先去, 比干乃諫而死, 然後箕子佯狂爲奴, 爲紂所囚者近是. 蓋微子, 帝乙元子, 當以先王宗祀爲重, 義當早去, 又決知紂之不可諫也, 故遂去之而不以爲嫌. 比干少師, 義當力諫, 雖知其不可諫, 而不可已也, 故遂以諫死而不以爲悔. 箕子見比干之死, 則知己之不可諫, 且不忍復死以累其上也. 見微子之去, 則知己之不必去, 且不忍復去以背其君也, 故佯狂爲奴而不以爲辱. 此可以見三仁之所當爲, 易地皆然矣. 或以爲箕子以天界九疇未傳而不敢死, 則其爲說迂矣. 同謂之仁者, 以其皆無私而各當理也. 無私, 故得心之體而無違, 當理, 故得心之用而不失, 此其所以全心之德而謂之仁與.

문 그렇다면 세 사람의 일에 대한 《사기》의 기록과 공자의 말이 선후가 다른 까닭은 무엇입니까?

답 《사기》에 쓴 것은 일의 사실로 한 것이고, 《논어》에 기록한 것은 세 사람이 겪은 일의 어려움을 순서로 정했을 뿐이다.

曰, 然則史記三子之事, 與夫子之言, 先後不同, 何也.

曰, 史所書者, 事之實, 此所記者, 以事之難易爲先後耳.

문 여러 해설은 어떻습니까?

답 범씨의 해설은 엉성하다. 세 사람의 인仁이 어찌 천하를 차지할 만큼 능력이 있어서 이름난 것이겠는가. 여씨와 사씨는 그 뜻이 같지만 사씨의 해설이 치밀하다. 다만 세 사람은 인을 알기만 했을 뿐이 아니다. 사씨는 인을 논할 때 대부분 이와 같았으니,[1] 제대로 알지 못했기 때문이다. 아마도 이 장의 처음에 본래 '지知'자가 있으므로 그 아래의 문장이 이와 같은데, 대개 독자는 후씨의 말처럼 이해한다면 괜찮다.

유씨가 '인한 사람은 마음을 쓸 때 다만 상황에 따라서 인이 있으면 그 대로 따르지 그 원인을 따지지 않는다.'라고 했는데 이는 인을 알고 한 말이 아닌 듯하다. 대개 인은 마음의 덕이니 이 마음을 가지고 그 덕을 잃지 않으면 그런 사람을 인한 사람이라고 한다. 한 때에 이와 같다면 한 때의 인이고, 한 가지 일이라도 이와 같다면 한 가지 일의 인이다. 때와 일이 비록 다르더라도 인이라고 하는 것은 항상 앞서 말한 것에 있지 다른 것에 있는 것이 아니니, 대개 앞서 말한 여기에서 시작하고 여기에서 마치기 때문이다.

만약 유씨의 말대로 한다면 바로 인한 사람이라고 하는 것은 인과 저

---

1 사씨는……같았으니: 사씨는 "이는 인을 안 것이다.[斯知仁矣]"라고 했다. 《논어정의》

절로 두 가지가 되니, 사람은 항상 여기에 있고 인은 저기에 있어서 사람이 인을 따라가는 것이다. 유씨가 "백이·숙제는 오직 수양산에서 굶어 죽음으로써 인을 구했다."라고 말한 것은 더욱 심하다. 저 백이와 숙제는 또한 '이렇게 하지 않으면 그 마음의 편안을 얻지 못하고 덕을 해칠 뿐'이라고 한 것이지, 어찌 '인이 저기에 있으니 굶어 죽더라도 인을 구해야 한다.'고 말했겠는가. 그가 재아의 물음을 논한 것은 내가 그 장에서 이미 변증했다.[2]

양씨와 윤씨의 해설은 모두 괜찮지만, 윤씨가 해야 하는 것이라고 말한 것은 이 장 앞부분의 해설과 통한다.

曰, 諸說如何.

曰, 范氏疏矣, 三子之仁, 豈以足以有天下而名之耶. 呂謝意同, 而謝密矣, 但三子之於仁, 非但知之而已, 謝氏之論仁多如此, 蓋不可曉. 或其章首本有知字, 故其下文如此, 蓋謂讀者言之, 如侯氏之云則可耳. 游氏所謂仁人之用心, 惟仁所在則從之, 不論所以者, 似非知仁之言. 蓋仁者心之德, 有是心而不失其德, 則謂之仁人. 一時如此, 則一時之仁也, 一事如此, 則一事之仁也, 其時與事雖有不同, 而所謂仁者, 則常在此而不在彼也, 蓋始出乎此, 而終合乎此耳. 若如游氏之言, 則是所謂仁人者, 與仁自爲二物, 人常在此, 仁在彼, 而以人往從乎仁也. 其曰彼獨以是求仁焉, 則又甚矣. 彼夷齊者, 亦曰不如是則無以得其心之所安而賊夫德耳, 豈曰仁在於彼, 而餓死以求之哉. 其論宰我之問, 則予於本章已辨之矣. 楊尹氏則皆得之, 而尹氏所謂當爲者, 則當以予前說通之耳.

18-02. 柳下惠爲士師, 三黜, 人曰, "子未可以去乎?" 曰, "直道而事人, 焉往而不三黜? 枉道而事人, 何必去父母之邦?"

---

2 그가……변증했다: 《논어혹문》 〈공야장〉 18장에 관련 내용이 있다.

문 유하혜는 벼슬하면서 여러 번 쫓겨났습니다. 쫓겨난 다음 다시 벼슬한 것이 세 번이나 되었는데도 떠나지 않은 것은 무엇 때문입니까?

답 유하혜는 나아가서 그 현명함을 숨기지 않고 반드시 그 도로 행했으니, 삼공의 벼슬을 주어도 그 기개를 바꾸지 않았다. 이것이 그가 세 차례나 쫓겨난 까닭이다. 뜻이 꺾이고 몸이 치욕을 당해도 붙잡아 머물게 하면 머물렀고, 비록 자신의 옆에서 옷을 벗고 있어도 더럽힐 수 없다고 했으니,[3] 이것이 쫓겨나도 다시 벼슬하여 세 번 쫓겨난 뒤에도 끝내 떠나지 않은 까닭이다.

或問, 柳下惠仕而屢黜, 黜而復仕, 至於三黜, 而又不去焉, 何也.
曰, 進不隱賢, 必以其道, 不以三公易其介, 所以屢黜而至於三也. 降志辱身, 援而止之而止, 雖袒裼裸裎於我側, 不以爲浼, 所以黜而復仕, 旣三黜遂不去也.

문 유하혜는 도를 그대로 행하면 반드시 쫓겨날 것을 알고도 떠나지 않았습니다. 그렇다면 도를 굽혀 윗사람을 섬기지 않겠습니까?

답 그렇지 않다. 유하혜의 뜻은 '내가 다만 도로 그대로 행해서 다른 사람을 모실 수 있다면 정말로 노魯를 떠나서 다른 나라로 갈 필요가 없겠지만, 도를 굽혀서 다른 사람을 모셔도 노를 떠나 다른 나라로 갈 필요가 없다.'라고 말한 것이다. 그 말은 데면데면하여 가리키는 것이 없는 듯한데 대개 화평한 사람의 기상은 이와 같지만, 그 뜻은 정말로 그가 도를 굽혀 다른 사람을 모실 수 없는 것을 스스로 믿은 것이다. 이 때문에 3번 쫓겨난 뒤에 비록 떠나는 것을 달갑게 여기지 않았지만 또한 마침내 다시 벼슬하지 않기를 마음먹었으므로, 〈미자〉 8장에서 공자가 일민逸民의

---

3 붙잡아……했으니:《맹자》〈공손추 상〉에 나온다.

목록에 열거할 수 있었다.

여러 해설 중에서는 윤씨의 해설이 괜찮고, 사씨가 "세상을 업신여기고 공손하지 않았다."라고 말한 해설도 좋다. 사씨가 "옛 사람들은 다른 나라로 가는 것을 신중하게 여겼다."고 한 것부터는 유하혜의 뜻이 아니다.

양씨는 공자가 〈미자〉 8장에서 "해야 할 것도 없고 하지 말아야 할 것도 없다."라고 한 것이 화和에 가깝다고 했는데, 이 해설도 틀렸다. 대개 해야 할 것이 없다고 말한 것은 청淸에 가깝고, 하지 말아야 할 것이 없다고 말한 것은 화에 가까우니, 이 때문에 공자는 백이와 유하혜에 대하여 그 장점을 집대성해서 때에 맞춰 행했다. 어찌 해야 할 것도 없고 하지 말아야 할 것도 없다고 말한 것을 도리어 한쪽에 치우친 화에만 가깝다고 하겠는가. 대개 이 해설을 주장한 사람은 마음과 행동이 유하혜의 풍모에 가까웠으므로 공자의 말을 살피지 않고, 모두 유하혜의 행위와 같다고 생각했다. 마원馬援[4]은 한漢 고조高祖를 칭송하여 해야 할 것도 없고 하지 말아야 할 것도 없다고 했는데, 공자의 뜻에 부합하지 않은 것이 이와 같았다. 양씨가 한 편의 취지를 새롭게 밝혀낸 것은 좋지만 또한 견강부회한 것으로 의심되는 점이 있다.

후씨가 "온화하면서도 절개가 있다."라고 말한 것은 좋지만 '절개의 역량'이라고 한 것은 명확하지 않다. 아마 정자가 '청자지량淸者之量'이라고

---

4 마원(14~49): 후한後漢의 개국공신으로, 왕망王莽 정권과 외효隗囂의 막하에서 벼슬하다가 광무제光武帝의 휘하에 들어가 외효를 토벌할 때 공을 세웠다. 후한 건국 이후에는 이민족 토벌에서 공을 세웠고 복파장군伏波將軍에 임명되어 교주交州를 토벌했고, 45년에는 북방 이민족을 토벌했다. 말년에 남방으로 출정하다가 진중에서 병사했다.

한 것을 따라서 잘못한 것 같다. 만약 화和를 지킨다고 한다면 괜찮을 것
이다. "공자가 '뜻이 꺾이고 몸이 치욕을 당한 것'이라고 한 것은 그 유속
流俗을 끊으려 한 말이다."라고 말한 것 또한 틀렸다. 선생께 들으니 "유
하혜가 도를 그대로 행한 것은 스스로를 깊이 알고 독실하게 믿은 것이
니, 이는 《주역》 건괘乾卦의 '확고하여 동요시킬 수 없다.'에 해당한다.
아마 칠조개가 자신을 믿지 못한 것은 그가 이러한 경지에 이르지 못할
것을 스스로 헤아린 것이다."라고 하셨다. 대체로 범씨와 윤씨의 해설도
뜻이 같다.

장경부가 말했다. "공자가 '어디에 가도 세 번 쫓겨나지 않았겠는가.'
라고 한 말은 또한 맹자의 '공손하지 않은 것[不恭]'에 가깝다." 장경부의
말은 사씨의 뜻과 서로 비슷하다.

或曰, 惠知直道之必黜而不去, 然則其將枉道以事人乎.
曰, 不然也. 惠之意, 若曰我但能直道事人, 則固不必去魯而適他國矣, 若能枉
道以事人, 則亦不必去魯而適他國也. 其言汎然, 若無所指, 蓋和者之氣象如
此, 而其意則固自信其不能枉道而事人矣. 是以三黜之後, 雖不屑去, 然亦意其
遂不復仕, 故孔子得以列之於逸民之目. 諸說尹氏得之, 謝說玩世不恭之意, 亦
善. 重適他邦以下, 則非柳下惠之意. 楊氏以孔子無可無不可爲近於和, 亦非也.
夫無可者近於淸, 無不可者近於和, 是以孔子之於夷惠, 集其大成而時出之, 豈
曰無可無不可, 而反獨近於一偏之和歟, 蓋爲是說者, 其立心制行, 有近於柳下
之風者, 故未察乎孔子之言, 而竝以爲亦若惠之爲也. 馬援稱漢高祖無可無不
可, 其失夫子之意, 亦若此耳. 楊氏發明一篇之旨則善, 然亦有疑於牽合者. 侯
氏和而介者善矣, 所謂介之量, 則不可曉, 豈放程子淸者之量而失之歟. 若曰
和之守, 其庶幾乎. 其以降志辱身爲絶其流, 亦非也. 聞之師曰, 柳下惠之直道,
其自知甚審, 其自信甚篤, 所謂確乎其不可拔者也. 若漆雕開之未能自信, 豈其
自度有未至於斯者歟. 蓋范尹之意同. 張敬夫曰, 其曰焉往而不三黜, 則亦幾
於不恭矣, 此與謝氏意亦相發. 侯氏和而介者善矣, 所謂介之量, 則不可曉, 豈

放程子淸者之量而失之歟. 若曰和之守, 其庶幾乎. 其以降志辱身爲絶其流, 亦非也. 聞之師曰, 柳下惠之直道, 其自知甚審, 其自信甚篤, 所謂確乎其不可拔者也. 若漆雕開之未能自信, 豈其自度有未至於斯者歟. 蓋范尹之意同. 張敬夫曰, 其曰焉往而不三黜, 則亦幾於不恭矣, 此與謝氏意亦相發.

18-03. 齊景公待孔子曰, "若季氏, 則吾不能, 以季孟之間待之." 曰, "吾老矣, 不能用也." 孔子行.

문 3장의 해설은 어떻습니까?

답 정자와 윤씨의 해설이 괜찮고, 범씨가 절충折衷의 뜻을 논한 내용도 좋다. 양씨가 "경공은 공경을 다해서 예禮를 갖추지 못했다."라고 하고, "또 그 말을 행하지 못하여 공자가 떠났다."라고 한 말은 맹자의 말에 부합하는 점이 있다. 하지만 경문의 뜻을 살펴보고 정자와 윤씨의 해설을 참고하면 양씨의 해설은 적당하지 않은 듯하다. 저 계씨가 오로지 힘으로 분수를 넘어 핍박하는 것은 공자가 매우 싫어했으니, 하필 관직에 나아갈 이유로 자처하여 다른 사람이 자신을 따르지 않는다고 책망했겠는가.【양씨의 해설은 다음 장에 보인다.】

或問三章之說.

曰. 程子尹氏得之矣. 范氏所論折衷之意亦善. 楊氏以景公不能致敬有禮, 又不能行其言, 而孔子去, 則有合於孟子之云矣. 然以文意考之, 而參以程子尹氏之說, 則恐未安也. 夫季氏之專強僭逼, 夫子所深惡也, 又何必以是自處, 而責人之不我從也耶.【楊說見下章】

18-04. 齊人歸女樂, 季桓子受之, 三日不朝, 孔子行.

문 《사기》에는 공자가 노를 떠날 때 "저 여인의 입이 사람을 쫓아낼 수 있구나."라는 노래를 만들었다는 내용이 수록되어 있습니다. 그런데 지금 윤씨가 노의 군주와 재상이 현자를 공경하는 마음이 없는 것을 알고 공자가 떠났다고 말한 것[5]은 무엇 때문입니까?

답 제나라 사람의 계획은 본래 여악女樂으로 공자를 막으려 한 것이다. 대개 여자로 노의 군주와 재상을 이간시키고자 하면 먼저 그들의 눈과 귀를 현혹시켜 그 심지心志를 움직이게 하고, 마침내 그 틈을 타 진언해서 마땅히 해야 할 일을 막는다. 이것이 심하면 아마도 끝내 생각할 수 없는 화를 끼쳤겠지만, 공자가 먼저 깨닫고 빨리 떠날 것은 생각하지 못했다. 하지만 공자는 그들에 대해서 안 것은 단지 현자를 공경하는 마음이 없어서 함께 큰일을 하기에 부족한 것을 알았을 뿐이었는데, 그 화가 장차 미칠 것은 정말로 이 밖에 있는 것이 아니다. 윤씨의 말은 다른 것을 언급하지 않았지만 공자의 초심을 터득한 듯하다. 범씨가 《맹자》〈고자〉에 있는 번육膰肉의 일[6]을 인용한 것은 또한 그 본뜻을 터득했다.

---

5 윤씨가……것: 윤씨는 "그들이 현자를 공경하는 마음이 없는 것을 알아서 공자가 떠난 것이다.[其無欽賢之心可知矣, 夫子所以行也.]"라고 했다. (《논어정의》)

6 번육의 일: 내용은 다음과 같다. "(맹자가) 말씀하였다. '공자가 노의 사구가 되었는데, 말씀이 쓰이지 않고 이어서 제사지낼 때 제사고기가 오지 않자 관을 벗지 않고 떠났다. 사정을 알지 못하는 자들은 고기 때문에 떠났다고 했지만, 아는 자들은 무례해서 떠났다고 했다. 그러나 공자는 하찮은 죄를 핑계로 떠나고자 해서 구차하게 떠나려고 하지 않으신 것이니 군자가 하는 것을 보통 사람들은 진실로 모르는 것이다.'[曰, 孔子爲魯司寇不用, 從而祭, 膰肉不至, 不稅冕而行. 不知者, 以爲爲肉也, 其知者, 以爲爲無禮也. 乃孔子則欲以微罪行, 不欲爲苟去, 君子之所爲, 衆人固不識也.]"

或問, 史記載孔子之去魯也, 有彼婦之口, 可以出走之歌. 今尹氏直以爲知魯之
君相無敬賢之心而去, 何耶.

曰, 齊人之謀, 固欲以是沮孔子矣. 蓋欲以女子爲間於魯之君相, 使之先有以熒
惑其耳目, 感移其心志, 遂乘間而進說, 以沮敗其所爲, 甚則或遂中以不測之
禍, 而不慮孔子之覺之早去之速也. 然孔子之覺之也, 直以其無敬賢之心, 知其
不足與有爲耳, 而其禍之將至者, 則固亦不外乎此也. 尹氏之言, 不及其他, 其
有得於孔子之初心與. 范氏所引膰肉事, 亦得其旨.

18-05. 楚狂接輿歌而過孔子曰, "鳳兮鳳兮! 何德之衰? 往者不
可諫, 來者猶可追. 已而已而! 今之從政者殆而!" 孔子下, 欲與
之言. 趨而辟之, 不得與之言.

문 5장의 해설은 어떻습니까?

답 다른 해설이 없지만 후씨는 봉황의 덕이 쇠퇴한 것을 공자가 당시에
쓰이지 못한 것으로 풀이한 듯한데, 옛 해설만 못한 듯하다.

或問五章之說.

曰, 此無他說, 但侯氏似以鳳德之衰, 爲孔子之不見用於時, 恐不如舊說之善也.

18-06. 長沮桀溺耦而耕. 孔子過之, 使子路問津焉. 長沮曰,
"夫執輿者爲誰?" 子路曰, "爲孔丘." 曰, "是魯孔丘與?" 曰,
"是也." 曰, "是知津矣." 問於桀溺. 桀溺曰, "子爲誰?" 曰, "爲
仲由." 曰, "是魯孔丘之徒與?" 對曰, "然." 曰, "滔滔者天下皆
是也, 而誰以易之? 且而與其從辟人之士也, 豈若從辟世之士

哉?" 耰而不輟. 子路行以告. 夫子憮然曰, "鳥獸不可與同群, 吾非斯人之徒與而誰與? 天下有道, 丘不與易也."

문 6장의 해설은 어떻습니까?

답 여러 설이 모두 좋지만 범씨와 윤씨의 해설은 더욱 자세하니 반복하여 익혀야 한다. 다만 정자와 장자가 경문의 '누구와 그것을 바꾸겠는가?'라는 구절을 해설한 것은 문장의 뜻이 조금 적당하지 않은 부분이 있다. 대개 걸익桀溺은 "천하가 모두 혼란스러우니 공자는 장차 누구와 함께 그것을 바꾸겠는가?"라고 말했다. 그러므로 공자가 해명하여 "만약 천하에 도가 있다면 내가 쓰여서 다른 사람과 그것을 바꿀 일이 없을 것이다."라고 했다. 여기에서 '누구[誰]'라고 한 것은 바로 세상 사람을 가리켜 말한 것이고, '바꾼다[易]'라고 한 것은 모두 공자를 주로 해서 말한 것이다. 지금 '누가 바꿀 수 있겠는가.'라고 하고, 또 '누가 공자의 도를 즐겨 자신의 행할 것을 바꾸겠는가.'라고 한다면 모두 공자를 주로 하여 말한 것이 아니다. 또 '어찌 그것을 바꾸겠는가.'라고 한다면 '누구'가 어떤 사람인지 보이지 않는다.

양씨가 "공자는 사람을 피한 자가 아니다."라고 말했다. 그런데 '짐승과 같은 무리가 될 수 없다.'라는 경문을 공자가 사람을 피하지 않은 것에 대해서 스스로 변명한 말로 여겼으니 잘못되었다. 공자는 노魯를 떠나 위衛로 갔고, 위를 떠나 진陳으로 갔는데, 수수한 옷을 입고 송宋을 지나갈 때 환퇴桓魋의 난을 피했으니 정말로 다른 사람을 피하는 일을 면하지는 못했다. 걸익은 이미 세상을 피했다고 자처했으므로 공자가 세상을 피할 수 없어 한갓 사람을 피한다고 비웃은 것이다. 하지만 사람을 피한다고 하면서 의리로 거취를 정했을 뿐이지 결국 다른 사람과 단절한 적이 없었다. 만약 세상을 피했다면 결국 다른 사람과 단절한 것이니 바로 짐승과 같은 무리가 되는 것이다. 그러므로 공자가 '짐승과 같은 무리가 될 수 없다.'라고 한 말은 바로 걸익이 세상을 피하여 다른 사람과 단절한 것을 비웃은 것일 뿐이지, 사람을 피하지 않았다고 스스로 해명한 것이 아니다.

或問六章之說.

曰, 諸說皆善, 而范尹氏尤詳, 可熟復也. 但程子張子誰以易之一句, 文義微有未安. 蓋桀溺言天下皆亂, 夫子將誰與變易之, 故夫子解之曰, 若天下有道, 則我無用與人變易矣. 是所謂誰者, 乃指世人而言, 而所謂易者, 皆主夫子而言之也. 今曰誰可以易之, 又曰誰肯以夫子之道, 易己所爲, 則皆不主夫子而言. 又曰如何變易之, 則又不見誰字之爲何人也. 楊氏謂夫子爲非辟人者, 而以鳥獸不可同群, 爲夫子自辨其不辟人之辭, 則失之. 夫子去魯適衛, 去衛適陳, 至於微服而過宋, 以辟桓魋之難, 則固不免於辟人矣. 桀溺旣以辟世自處, 故譏孔子之不能辟世而徒辟人也. 然辟人者, 特以義去就, 而未嘗遂與人絶. 若辟世則遂與人絶, 直與鳥獸同群矣. 故夫子所謂鳥獸不可與同群者, 乃所以譏桀溺之辟世而與人絶耳, 非以自解其不辟人也.

18-07. 子路從而後, 遇丈人, 以杖荷蓧. 子路問曰, "子見夫子乎?" 丈人曰, "四體不勤, 五穀不分. 孰爲夫子?" 植其杖而芸. 子路拱而立. 止子路宿, 殺雞爲黍而食之, 見其二子焉. 明日, 子路行以告. 子曰, "隱者也." 使子路反見之. 至則行矣. 子路曰, "不仕無義. 長幼之節, 不可廢也, 君臣之義, 如之何其廢之? 欲絜其身, 而亂大倫. 君子之仕也, 行其義也. 道之不行, 已知之矣."

문 7장의 해설은 어떻습니까?

답 여러 설이 모두 좋지만 범씨가 '이름이 그 사람을 얽맬 수 없다.'라고 한 말은 옳지 않다. '장인丈人'이라는 명칭은 우연히 경전에 보이지 않을 뿐이니, 자신을 얽매지 않으려고 그 이름을 숨긴 것을 무엇으로 알겠는가? '세상을 부지하고 가르침을 세운다.'라고 말한 것 또한 옳지 않다. 대체로 범씨가 성인의 일을 논한 것이 대부분 이와 같은 것은 앞 장의 아래에서 이미 변증했다.

사씨는 '하夏와 상商이 쇠퇴할 때는 세상을 피하는 사士가 없었다.'라고 했는데, 이는 다만 우연히 성인의 경전에 보이지 않았을 뿐이지 글로 전해져 수록된 것에는 정말로 많이 있으니, 이 편의 큰 본지도 여기에 달려 있는 것이 아니다. 또 '자신과 세상의 차이를 알지 못하는 것이 성인의 무아無我이다.'라고 한 것도 그렇지 않은 듯하다. 무아라고 하는 것은 다만 피아의 사사로움이 없을 뿐인데, 어찌 내가 다른 사람이고 다른 사람이 나라고 오인한 적이 있겠는가. 양씨가 자로가 만난 장인의 처신을 논한 내용은 그 곡절을 잘 터득했고, 후씨의 해설은 엉성하다.

或問七章之說.

曰, 諸說皆善, 但范氏所謂名不足以累之者, 非是. 丈人之名, 偶不見於經耳, 何以知其不累於名而固匿之耶. 所謂扶世立敎者, 亦非是. 大抵范氏所論聖人之事多如此, 已辨於前章之下矣. 謝氏以夏商之衰, 未有辟世之士, 但偶不見於聖人之經耳, 書傳所載, 固多有之, 而此篇大旨, 亦初不在是也. 又以不知身世之有間, 爲聖人之無我, 恐亦未然. 所謂無我者, 但爲無彼我之私耳, 曷嘗誤以我爲人而認人爲我哉. 而楊氏論子路丈人處, 尤得其曲折也, 侯說疏矣.

문 그렇다면 도가 행해지지 않을 것을 알면서도 그냥 벼슬하는 것은 괜찮습니까?

답 벼슬은 의義를 행하는 것인데, 의에는 할 수 있는 것이 있고 할 수 없는 것이 있다. 의에 부합하여 따르면 도는 정말로 행해지지 않을 것을 걱정하지 않고, 부합하지 않아서 떠나면 도가 비록 행해지지 않더라도 의는 또한 없어진 적이 없다. 이 때문에 군자는 비록 도가 행해지지 않을 것을 알더라도 벼슬하지 않은 적이 없고, 또한 사사로운 마음을 품고 녹봉을 구하여 일시의 편안함만을 구한 적이 없다. 이를 통해서 본다면 도와 의는 서로 떨어진 적이 없음을 또한 볼 수 있을 것이다.

曰. 然則知道之不行矣, 而徒仕可乎.

曰. 仕所以行義也, 義則有可不可矣, 義合而從, 則道固不患於不行, 不合而去, 則道雖不行, 而義亦未嘗廢也. 是以君子雖知道之不行, 而未嘗不仕, 然亦未嘗懷私徇祿, 而苟一時之安也. 由此觀之, 道義之未嘗相離也, 亦可見矣.

문 접여接輿 이하 몇 사람은 윤씨가 모두 소은素隱이라고 했지만, 양씨가 다만 장인丈人은 뜻을 구한 것이니 소은이 아니라고 한 것은 어떻습니까?

답 덕이 없는데 은거한 사람과 이유가 없는데 은거한 사람을 모두 소은이라 한다. 만약 양씨의 뜻과 같다면 장인은 덕이 없는데 숨은 것을 면할 것이다. 그러나 그는 자로의 현명함을 알아서 그를 머물게 했지만 한 마디 말도 자로가 요구한 뜻에 미친 적이 없으니, 또한 어찌 윤씨의 비웃음을 피할 수 있겠는가.

曰. 接輿以下數子, 尹氏以爲皆素隱者, 而楊氏獨以丈人爲求志, 而非素隱, 何也.

曰. 無德而隱, 無故而隱, 皆素隱也. 若楊氏之意, 則丈人者, 庶其免於無德之隱矣. 然其知子路之賢而止之宿, 乃未嘗一言以及其所求之志也, 則又安得而逃夫尹氏之譏哉.

18-08. 逸民, 伯夷, 叔齊, 虞仲, 夷逸, 朱張, 柳下惠, 少連. 子曰, "不降其志, 不辱其身, 伯夷叔齊與!" 謂柳下惠少連, 降志辱身矣, 言中倫, 行中慮, 其斯而已矣. 謂虞仲夷逸, 隱居放言, 身中淸, 廢中權. 我則異於是, 無可無不可.

📋 8장의 뜻은 어떻습니까?

📋 범씨와 사씨, 윤씨의 해설이 괜찮다. 여씨가 경문의 '사려에 맞는다.[中慮]'라는 구절에 대해서 말한 것은 옳지 않다. 양씨가 행동을 제어하여 서로 구제하는 것을 변증한 내용은 이 장에서 밝혔지만, 《맹자》〈만장 하〉 1장에서 논한 내용만 못하니 그 설을 말한 까닭 또한 《맹자》의 자세하고 분명함만 못하다. 후씨는 백이와 숙제를 인仁에 근접한 사람이라고 했는데 '인을 구하고 인을 얻은 사람'이라고 하는 것과는 다를 것이다. 그가 경문의 '해야 할 것도 없고 하지 말아야 할 것도 없다.'라는 구절에 대하여 논한 것은 괜찮다.

或問八章之意.

曰, 范謝尹氏得之. 呂氏中慮之說非是. 楊氏制行相救之辨, 於此章發之, 不若其於孟子第十篇首章論之之當, 而其所以爲說者, 亦不若彼之詳且明也. 侯氏以夷齊爲鄰於仁者, 與所謂求仁得仁者異矣. 其論無可無不可者, 則得之.

18-09. 大師摯適齊, 亞飯干適楚, 三飯繚適蔡, 四飯缺適秦, 鼓方叔入於河, 播鼗武入於漢, 少師陽, 擊磬襄, 入於海.

📋 어떻게 아반亞飯이 음식을 권하는 관리인 줄 아셨습니까?

답 《백호통白虎通》에서 "왕은 동틀 때 먹고, 정오에 먹고, 오후에 먹고, 해가 저물 때 먹으니 모두 4반飯이고, 제후는 3반, 대부는 2반이다."라고 했다. 그러므로 노魯의 악관樂官은 아반 이하로 대개 모두 3반이다. 여러 해설 중에서는 장자와 사씨의 해설이 괜찮다.

정자는 "이 몇 사람이 떠난 것을 악樂을 바로잡은 것으로 인하여 노에서 쓰지 않고 버렸다."라고 했는데, 노가 바른 악을 쓸 수지 없어서 현자를 버린 것인지, 아니면 노의 악이 이미 바르게 되어서 이 사람들을 쫓아낸 것인지 모르겠다. 앞의 해설과 같다면 장자와 다르지 않지만, 뒤의 해설과 같다면 이 편에 기록된 내용은 모두 몸을 깨끗이 하여 세상에서 은둔한 사士들이니 관위가 비고 직무가 실행되지 않아서 음악의 몽매함이 자기 몸에 끼어들지 않도록 해야 한다는 내용을 담고 있다. 그 말은 지나치게 간략하여 그 형편을 살필 수 없다. 이 때문에 논의만 하고 그대로 둔다.

범씨는 "악樂이 폐해진 유래를 기록했다."라고 했지만 애초에 그런 뜻이 없는 듯하다. 또 "간언한 말이 쓰이지 않아 떠났다."라고 한 것도 틀렸다. 이 장의 여러 해설은 대체로 근거가 없다. 하지만 일반적으로 해석하려고 하는 자들이 이런 입장을 취하는 경우가 가혹 많은데, 이 장에서 가리킨 것이 지나치게 치우치니 꼭 그렇다고 할 수는 없다.

양씨는 "이 장을 저술하여 주공의 은택을 입은 것을 드러냈으니, 그 뜻이 아래 장에도 통한다."라고 했는데, 또 매우 치우쳐서 천착에 가깝다.

或問, 何以知亞飯爲侑食之官也.

曰, 白虎通曰, 王者平旦食晝食晡食莫食, 凡四飯, 諸侯三飯, 大夫再飯, 故魯之樂官, 自亞飯以下, 蓋凡三飯也. 諸說則張子謝氏得之. 程子以爲此數人之去,

由樂正, 魯不用而放棄之, 則未知其爲魯不能用正樂而棄賢耶, 抑以爲魯樂旣
正而黜此人也. 如前之說, 則與張子不異, 如後之說, 則此篇所記, 皆潔身遯世
之士, 不應以曠官失職淫樂之矇, 參於其間也. 其辭太簡, 無以考其歸趣, 是以
論而闕之. 范氏以爲記樂所由廢, 恐初無此意, 又謂諫不用而去者, 亦非也. 此
章之說, 大抵本無所據, 但其寬平廣博者取數或多, 此章所指太偏, 未有以必其
然耳. 楊氏以爲著之以見周公之澤, 而通其意於下章, 則又太偏而近於鑿矣. 范
氏以爲記樂所由廢, 恐初無此意, 又謂諫不用而去者, 亦非也. 此章之說, 大抵
本無所據, 但其寬平廣博者取數或多, 此章所指太偏, 未有以必其然耳.

18-10. 周公謂魯公曰, "君子不施其親, 不使大臣怨乎不以. 故
舊無大故, 則不棄也. 無求備於一人!"

문 경문의 '시施'를 '이弛'로 읽는 것은 어째서입니까?

답 육덕명陸德明의《경전석문經典釋文》에서 그렇게 말했다. 오씨가 개원
開元 연간의 오경五經 문자를 살펴보자 또한 '이弛'로 쓰여 있었으니 이는
당대唐代 판본이 애초에 틀린 적이 없는 것이다. 하지만 공영달의 해설
은 이것을 '바꾼다는 뜻[易]'으로 훈고했는데, 한대漢代 판본은 이것을 '시
施' 자로 써놓고《한서漢書》〈위관전衛綰傳〉에서 '이역施易'이라고 한 것과
같이 읽었다.【여순如淳은 음이 '이移'라고 했고, 안사고顔師古는 '익弋과 시豉의
반절음'이라고 했다.】[7] 이는 명확히 알 수 없지만 '이弛'라고 쓴 것이 경문

---

7 《한서》……했다: 자세한 내용은 다음과 같다. "경제가 검을 하사하자 위관이 '선제
께서 제게 하사하신 검이 모두 6자루이니, 감히 조칙을 받들지 못하겠습니다.'라고
했다. 황제가 '검은 사람들이 바꿀 수 있는 것인데 지금까지 가지고 있는가?'라고 했
다.[上賜之劍, 綰曰, 先帝賜臣劍, 凡六劍, 不敢奉詔. 上曰, 劍人之所施易, 獨至今乎.]"

의 뜻에 맞는 것 같다. 그러므로 정백자는 이 세 구절을 반복하여 말했는데, 그 뜻이 아마 여기에서 나왔을 것이다. 다만 그 말이 간략하여 그것이 반드시 그러한지는 알 수 없다. 여씨는 '시'를 '이'로 읽어야 한다고 분명히 말했는데 다만 《경전석문》과 《사기》를 인용하여 증거로 삼지 않았으니, 어찌 우연히 들어맞은 것이 아니겠는가.

或問, 施之爲弛, 何也.
曰, 陸氏釋文云爾. 而吳氏考開元五經文字, 亦作弛, 是唐本初未嘗誤也. 然孔說已訓爲易, 則漢本已作施, 而讀如衛綰傳之施易者耳.【如音移, 顔音弋豉反.】此不可曉, 然作弛者於義爲得, 故程伯子以三句反復而言, 恐其意或出此, 但其辭簡略, 未有以驗其必然耳. 至於呂氏則固明言之, 但不引二書爲證, 豈其暗合也與.

문 여러 설은 어떻습니까?

답 정이천의 말처럼 '시施'[8]를 '시여施與(베풀어준다)'의 '시'라고 할 수 있다면 그 친척을 사사로이 대하지 않았다고 말한 것이다. 하지만 경문을 살펴보면 사사로이 하지 않았다는 글은 보이지 않으니, 만약 그런 문장이 있다면 융통성이 없어 쌀쌀하고 은혜가 없는 것 같다. 그 친함을 잃지 않았다고 할 수 있다면 여씨의 해설과 비슷하다. 하지만 그 뜻이 분명하지 않으니 그것이 과연 무엇을 '시'의 해설로 삼았는지 알 수 없다.

사씨의 말처럼 '시'를 보답하여 왕래하는 뜻이라고 할 수 있다면 친친親親의 은혜를 해치는 까닭은 보답을 바라는 것에 있지 베푸는 것에 있지

---

8   시: 이 부분은 정이가 "시는 준다는 뜻이니, 그 친밀함을 사사로이 하지 않은 것을 말한다.[施, 與也, 言不私其親昵也.]"라고 한 내용을 비판한 것이므로, 여기에서는 '시'로 읽어야 한다.

는 않다. 지금 보답을 바라는 것을 책망하지 않고 베풀지 않았다고만 한다면 문세의 경중이 이와 같지는 않을 것이다. 이는 모두 《경전석문》을 살피지 않은 과실이다.

또 어떤 사람은 '시'를 '시형施刑(형벌을 시행하는 것)'의 '시'라고 하여, 《춘추좌전》노魯 소공昭公 14년에 진晉에서 형후邢侯를 사형할 때와 《한서》에서 성제成帝가 제후들에게 형벌을 집행하려 할 때의 말을 인용하여 증거로 삼았다. 그리고는 《서경》을 근거로 해서 '노공魯公의 기상이 엄하고 급한 것을 사람들이 근심해서 주공周公이 경문의 이 네 가지 말로 경계했으니 그 뜻이 아름답다.'라고 말했다. 그러나 '시형'의 '시'라는 설은 지나치게 심한 듯하다. 군자가 친친의 도를 행하는 것이 어찌 죽이지 않는 것뿐이겠는가. 경문을 친친親親, 경대신敬大臣, 독고구篤故舊, 관중寬衆의 순서로 말한 것은 또한 여씨의 말이 좋다. 범씨는 노가 이때부터 쇠락한 과정을 기록한 것이라고 말했는데, 반드시 이러한 뜻이 있는 것 같지는 않다.

曰, 他說如何.

曰, 有以施爲施與之施者, 言不私其親暱也. 然考之於經, 未見不私之文, 則疑於不通有無, 而超然無恩者. 有以謂無失其爲親者, 則似呂氏之說矣. 然其旨不分明, 則未知其果以何爲說也. 有以施爲施報往來之意者, 則人之所以害其親親之恩者, 其失在於望報, 而不在於施, 今不責其望報, 而徒曰不施, 恐文勢之輕重, 不應如此也. 是皆不考於釋文之過也. 又有謂施爲施刑之施, 而引左傳晉施邢侯漢書成帝欲施諸舅之語爲證, 以爲考之於書, 魯公氣象, 頗傷嚴急, 故周公以此四言者戒之, 其意美矣. 然施字之說, 則恐過深. 君子所以爲親親之道, 豈但當不殺之而已哉. 至於四言之序, 則亦呂氏得之, 范氏以爲記魯之所由衰者, 恐亦未必有此意也.

19. 자장子張

> **19-01.** 子張曰, "士見危致命, 見得思義, 祭思敬, 喪思哀, 其可已矣."

문 첫 장의 해설은 어떻습니까?

답 여러 해설이 모두 좋고, 사씨의 해설은 더욱 힘이 있다. 범씨는 말뜻이 복잡하여 이해하기 어렵다. 또한 '이已'를 '그만두다[止]'의 뜻이라고 본 것은 자장의 뜻이 아니다. 양씨가 〈헌문〉의 성인成人과 이 장의 사士가 다른 것을 분별한 것은 너무 지엽적이다.

或問首章之說.

曰, 諸說皆善, 而謝氏尤有力. 范氏語意繁複. 蓋不可曉. 而又以已爲止, 非子張之意. 楊氏分別成人與士之別, 則已支矣.

문 '그만하면 되었다.[其可已矣]'라는 것이, 어찌 〈학이〉 15장의 이른바

'가야可也[1]'와 같지 않겠습니까?

답 '가可'가 '괜찮다[可]'는 점에서는 같지만, '가야可也'라고 말하면 그 어조가 '억抑(낮춤)'이고, '기가이의其可已矣'라고 말하면 그 어조가 '양揚(높임)'이니, 여기에 또 다른 점이 있기에 독자가 마땅히 분별해야 한다.

曰, 其可已矣, 豈不猶首篇之十五章所謂可也者歟.

曰, 可之爲可則同, 然曰可也, 則其語抑, 曰其可已矣, 則其語揚, 此又有不同者, 讀者所當辨也.

19-02. 子張曰, "執德不弘, 信道不篤, 焉能爲有? 焉能爲亡?"

문 '홍弘'이 넉넉하고 넓다고 한 것은 어떻습니까?

답 이는 사람의 도량을 가지고 말한 것이다. 대개 사람이 도를 체득하는 것은 덕을 보존하는 것에 있고, 덕을 지키는 것은 도량을 보존하는 것에 달려 있다. 도량에는 크기의 다름이 있으므로 사람이 덕을 지키는 것은 넓은 경우가 있고 넓지 않은 경우가 있다. 저 여러 말을 총괄하고 여러 이치를 갖추어도 스스로 넓지 않다고 여기고, 온갖 선을 겸하고 여러 아름다운 것을 갖추어도 스스로 터득했다고 여기지 않으며, 지혜가 만물에 두루 미치기에 충분해도 천하의 일에 대하여 깊이 살피지 않은 것이 있다고 여기고, 재주가 여러 일을 성취하기에 충분해도 천하의 일에

---

1 〈학이〉……가야: 《논어》 〈학이〉 15장의 내용은 다음과 같다. "자공이 '가난하지만 아첨하지 않고, 부유하지만 교만하지 않으면 어떻습니까?'라고 묻자, 공자는 '괜찮지만, 가난해도 도를 즐기고 부유해도 예를 좋아하는 것만 못하다.'라고 했다.[子貢曰, 貧而無諂, 富而無驕, 何如. 子曰, 可也, 未若貧而樂, 富而好禮者也.]"

대하여 달갑지 않은 것이 있다고 여기면서 그 가슴 속이 여유로워 항상 남은 것이 있는 듯하면, 이것이 그 도량이 크지 않다면 그 덕을 지킨 것이 누가 이와 같이 넉넉하고 넓게 할 수 있겠는가.

《주역》건괘乾卦〈문언전文言傳〉에서 "너그럽게 처신한다."라고 한 것과 증자가 "천하의 중임을 맡길 수 있다."라고 한 것은 바로 이것을 말했을 뿐이다. 그 도량이 작은 사람은 한 가지 선을 얻으면 우선 위주로 하면서 받아들일 것이 없는 것처럼 하고, 한 가지 일이 마땅하면 기뻐하며 자부하면서 더할 일이 없는 것처럼 하고, 조금 아는 것이 있으면 반드시 그 아는 것을 쓰려 하고, 조금 재주가 있으면 반드시 그 재주를 시험해 보려 한다. 덕을 지킨 것이 넓지 않다고 말하는 사람은 대개 이와 같으니, 비록 지키는 것이 견고하여 만약 빼앗을 수 없는 것 같다고 하더라도 또한 어찌 유무를 생각할 수 있겠는가.

정자의 말은 경문과 조금 어긋난 것 같지만, 자장은 타고난 자질의 아름다움을 말했으므로 덕을 지켜서 넓히는 것을 주로 하였고, 정자는 학문에 나아가는 순서를 말하였으므로 독실하게 도를 믿는 것을 주로 하였다. 이미 본연의 자질도 아니고 게다가 도를 믿는 것도 독실하지 않으면 그 지키는 것이 무엇으로 말미암아 계속 쌓이고 확충되어 넓어지겠는가.

범씨는 "강함을 발하여 굳세게 된 뒤에야 덕을 지킬[執] 수 있다."라고 했으니, '집執' 자의 뜻이 도리어 '홍弘' 자보다 중요하다. 덕을 지킨 뒤에야 도를 믿을 수 있다고 한다면 그 선후천심先後淺深의 순서에 대해서 터득하지 못한 것이 있다. 사씨가 "마음이 넓지 못하다."라고 한 것은 경전의 본지에 가장 가깝다. 다만 범씨가 "용납하기에 부족하면 비루하게 속이는 마음이 들어간다."라고 한 것과 사씨가 "다른 사람들이 이길 수 없다."라고 한 것은 절실하지 않은 듯하다. 하지만 넓히지 않으면 비루하고 얄팍하거나 교묘한 마음이 생기고, 게다가 시비와 이해와 득실이 밖에서부터 와서 그 지킨 것을 빼앗을 수 있으니 익숙하도록 반복하고 깊이 체득해야 그 뜻을 볼 수 있다.

양씨가 "도량이 용납하기에 부족하다."라고 한 것과 후씨가 "용납할 것이 없다."라고 한 것은 말이 너무 간략하고, 또 범씨의 아래 문장이 생각해 볼만해서 더 낫다. 그러므로 무엇을 가리키는지 알 수 없으니 내 생각에는 혹시 물건을 용납할 때의 '용容'의 뜻인 것 같다. 사물을 용납하는 것은 진실로 '홍弘'의 일이지만 '집덕執德'이라는 글자에 대해서는 해당하는 것이 없다. 만약 '용' 자가 '지킨 덕[執德]'을 가리켜 말한 것이라면 아래 구절의 '도를 독실하게 믿지 않으면'이라는 내용과 서로 어울리지 않으니, 이것을 해설로 삼을 수 없을 듯하다.

或問, 弘之爲寬廣, 奈何.

曰, 此以人之量而言也. 蓋人之所以體道者存乎德, 而其所以執德者存乎量. 量有大小之不同, 故人之所以執德, 有弘而有不弘也. 夫總群言該衆理, 而不自以爲博, 兼百善具衆美, 而不自以爲得, 知足以周萬物, 而於天下之事, 有不深察, 才足以濟衆務, 而於天下之事, 有不屑爲, 恢恢乎其胸中常若有餘地焉, 此非其量之大, 則其所以執德者, 孰能如是之寬廣而不迫哉. 易所謂寬以居之, 而曾子所謂可以任天下之重者, 正謂此耳. 其量之小者, 一善之得, 則先爲主, 而若不可以有所容, 一事之當, 則喜自負, 而若不可以有所加, 小有知, 則必欲用其知, 小有才, 則必欲試其才. 所謂執德不弘者蓋如此, 雖其所守之固, 若不可奪, 然亦安能爲有亡哉. 程子之言, 雖若與經文小戾, 然子張以天資之美爲言, 故以執德弘爲主, 程子以進學之序爲言, 故以信道篤爲主也. 夫旣非其資禀之本然, 而又信之不篤, 則其所守, 何由積累充擴, 以至於弘哉. 范氏以爲發强剛毅, 而後能執德, 則執字之義, 反重於弘, 以有執德, 然後能信道, 則於其先後淺深之序, 又有未得者. 謝氏所謂心不廣者, 最爲近之. 但范氏所謂不足有容, 則鄙詐入之. 謝氏所謂物莫能勝, 則若有不切者. 然不弘則鄙簿纖巧之心生, 而是非利害得喪之自外至者, 足以奪其所守, 要熟復而深體之, 乃可見其意耳. 楊氏所謂大不足以有容, 侯氏所謂無所容, 立語旣約, 而又不若范氏之下文有可考者, 故未有以知其所以指, 意者或但爲容物之容乎. 容物固弘之事, 然於執德字無所當, 若以容字指夫所執之德而言, 則與下句信道不篤者, 又不相類, 恐不得以是爲說也.

문 '언능위유焉能爲有'와 '언능위무焉能爲亡'의 해설은 어떻습니까?

답 양씨와 윤씨의 해설이 괜찮다. 그러나 덕을 지키지만 넓히지 못하고 도를 독실하게 믿지 못하는 사람은 경중을 따질 만한 것이 없다고 말한 것이다. 그 밖의 내용은 장자와 사씨의 해설이 한 가지 해설이 되고, 범씨와 후씨의 해설이 한 가지 해설이 되지만, 모두 경문의 본지를 얻지 못한 듯하다.

曰, "焉能爲有亡之說, 如何."
曰, "楊尹得之, 但言其人不足爲輕重耳. 其他則張子謝氏爲一說, 范氏侯氏爲一說, 似皆未得其旨也."

문 윤씨가 말한 '나가고 들어가는 것'은 '도를 믿는 것이 독실하지 않으면 유무를 평가할 수 없다.'라고 한 것에 대해서는 괜찮습니다. '집덕불홍執德不弘'에 대해서는 어떻게 말해야 합니까?

답 그 덕을 넓게 지키지 않은 것이 앞에서 말한 것과 같다면 비록 출입이 없이 그 마땅한 것을 굳게 지키더라도 '유무有亡'를 따지는 기준에 부족할 것이다.

曰, 尹氏所謂一出一入者, 其於信道不篤, 不能爲有亡者, 則得之矣. 執德不弘,則又何以言之耶.

曰, 其執德也不弘, 如前所云者, 則雖不出不入, 固守其所, 而亦無所係於有亡之數矣.

19-03. 子夏之門人問交於子張. 子張曰, "子夏云何." 對曰, "子夏曰, 可者與之, 其不可者拒之." 子張曰, "異乎吾所聞, 君子尊賢而容衆, 嘉善而矜不能. 我之大賢與, 於人何所不容. 我之不賢與, 人將拒我, 如之何其拒人也."

문 3장의 해설에 고주古注는 자하와 자장이 사귐[交]을 논한 것에 널리 사귀는 것과 골라서 사귀는 것의 차이가 있다고 했고, 윤씨도 그 해설을 따랐습니다. 정자는 이에 대해서 처음 배우는 자[初學]와 덕을 이룬 자[成德]의 다름이 있다고 하였는데, 두 해설 중 어느 것이 옳습니까?

답 사람의 교제는 정말로 친하고[親] 소원하며[疏], 두텁고[厚] 엷음[薄]의 다름이 있지만 차이가 있지만 처음에는 용납되어도 나중에 거절되는 경우는 없다. 포씨의 해설은 여기에서 통하지 않는다. 초학자는 정말로 자하의 해설을 따라야 하지만 자신에게서 구하지 않고 갑자기 다른 사람을 거절하는 것을 마음으로 삼는다면 자신에게는 급하고 다른 사람에게는 너그러운 도가 아니다. 덕을 이루는 것은 정말로 자장의 해설과 같아야 하지만 시비와 선악에 대하여 하나도 가리는 바가 없다면 또한 '인자仁者는 사람을 좋아하고 미워할 수 있다.'는 마음에 해당되지 않는다. 이로써 본다면 정자의 해설에도 맞지 않는 것이 있다.

或問, 三章之說, 古注以二子論交, 有泛交擇交之異, 而尹氏亦用其說, 程子乃
以爲有初學成德之不同, 二說孰是.

曰, 人之交際, 固有親疏厚薄之不同, 然未有容之於始, 而拒之於終者. 包氏之
說, 於此爲不通矣. 初學固當從子夏之說, 然不求諸己, 而遽以拒人爲心, 則非
急己緩人之道. 成德固當如子張之說, 然於是非善惡之間, 一無所擇, 則又非
所謂仁者能好惡之心矣. 以此觀之, 則程子之說, 亦若有未安者焉.

문 그렇다면 어떻게 합니까?

답 자하와 자장의 해설은 각기 치우친 점이 있는데, 내가 이미 그것을
논했다. 성인의 '중도中道'로 판단해 보면 초학자는 대략 자하의 말과 같
아야 하지만, 사귈만하지 않은 사람에 대하여는 또한 소홀히 할 뿐이지
거절한다면 교제의 도에 해를 끼칠 것이다. 덕을 이루는 것은 대략 자장
의 해설과 같아야 하지만 그렇다 할지라도 큰 잘못이 있는 자에 대해서
는 또한 관계를 끊지 않을 수 없다. 이로써 처신하면 맞을 것이다.

曰, 然則奈何.

曰, 二子之言, 各有所偏, 吾旣已論之矣. 折以聖人之中道, 則初學大略當如子
夏之言, 然於不可者, 亦疏之而已, 拒之則害乎交際之道. 成德大略當如子張之
說, 然於其有大故者, 亦不得而不絶也. 以是處之, 其庶幾乎.

문 다른 해설은 어떻습니까?

답 범씨가 이미 공자께서 받아들이는 경우도 있고 거절하는 경우도 있
다고 하여 자하의 말과 부합하게 하였고, 또 호향互鄕을 만나고 원양原壤
을 거절하지 않을 것을 가리켜 자장의 도가 넓음을 밝혔으니 앞뒤가 서
로 어긋나 매우 이해하기 어렵다. 대개 그가 자하를 비판한 까닭은 공자
가 손익을 말한 것과 다름 없는데 이 때문에 그 말의 뜻이 이어지지 않고

억양의 힘이 없을 뿐이다. 사씨는 이미 교제는 자장과 같아야 한다고 했다. 그렇다면 보통 사람이 모두 이와 같아야 하지만 또 '매우 현명하지 않으면 할 수 없다.'고 하였으니, 이는 또 보통사람이 미칠 바가 아닌 듯하여, 그 또한 스스로 모순된다. 양씨는 대체로 정자의 학설을 따르면서 자하와 자장의 말에 서로 '선후先後 관계'의 뜻이 있다고 여긴 듯한데 (만약 그렇다면) 이는 당초의 뜻이 아닐 것이다.

曰, "他說, 如何."

曰, 范氏既以爲孔子有所與有所拒, 以合乎子夏之言, 而又稱其見互鄕不絶原壤, 以明子張之道廣, 首尾衡決, 殊不可曉. 蓋其所以病子夏者, 未有以異乎夫子損益之云者, 是以其語意不屬, 而無抑揚之力耳. 謝既以交際當如子張, 則是凡人皆當如此, 而又謂非大賢不能, 則又若非衆人所及者, 其亦自相矛盾矣. 楊氏蓋用程子之說, 而似以爲二子之言, 有相爲先後之意, 則非當日之本意矣.

19-04. 子夏曰, "雖小道, 必有可觀者焉, 致遠恐泥, 是以君子不爲也."

문 어째서 농사, 의술, 점술, 기교의 부류를 작은 도라고 한 것입니까?

답 작은 것은 큰 것에 대비되는 명칭이다. 마음을 바르게 하고 몸을 닦아서 다른 사람을 다스리는 것은 도의 큰 것이고, 일가의 업만을 오로지 하여 다른 사람을 다스리는 것은 도의 작은 것이지만, 이는 모두 세상에서 쓰는 것으로 없어서는 안 된다. 그 시작은 정말로 모두 성인의 일이지만 각각 한 가지 일의 이치가 있으니 이 때문에 반드시 볼 만한 것이 있어야 한다. 그러나 이것(작은 도)에 대해서는 잘 하지만 간혹 저것(큰 도)

에 대해서는 할 수 없으면 모두 군자의 대도에 도달할 수 없으니, 이 때문에 멀리 나아가는 데는 막힐까 염려되어 군자는 하지 않는 것이다. 범씨와 양씨의 해설은 대개 이것에 근본한다. 사씨의 처음 뜻도 대개 이를 말한 것이었으나, 그 뒤에 장자, 노자, 불교의 내용을 받아들여 그 해설이 저절로 모순되어 통하지 않게 되었다.

대개 '큰 길의 갈래'라고 한다면 이단을 이르는 것이 아니지만, '이단'이라고 한다면 그 볼 만한 것의 경우라도 정말로 볼 만한 것이 아니고, 또한 먼 곳에 이르기를 기다리기도 전에 이미 행할 수 없는 것이니, 어찌 그것을 모두 큰 길의 갈래라 하여 따를 수 있겠는가. 후씨의 잘못 또한 이것과 비슷하다. 윤씨는 비록 작은 도가 이단이 되는 것이라고 분명하게 말하지 않았지만 사람을 미혹시키기 충분하다고 했으니 사씨의 뜻과 같다.

或問, 何以言小道之爲農圃醫卜技巧之屬也.

曰, 小者, 對大之名. 正心脩身以治人, 道之大者也, 專一家之業以治於人, 道之小者也, 然是皆用於世而不可無者. 其始固皆聖人之作, 而各有一物之理焉, 是以必有可觀也. 然能於此者, 或不能於彼, 而皆不可以達於君子之大道, 是以致遠恐泥, 而君子不爲也. 范楊之說, 蓋本於此. 若謝氏初意, 蓋亦謂此, 而其後乃以莊老釋氏當之, 則其說將有自矛盾而不可通者矣. 蓋曰坦途之支別, 則非異端之謂, 謂之異端, 則其所可觀者, 非眞可觀, 亦不待致遠而已不可行矣, 豈可謂其皆坦途之支別, 而可由乎. 侯氏之失, 近亦類此. 尹氏雖不明言小道之爲異端, 然曰足以惑人, 則猶謝氏之意也.

19-05. 子夏曰, "日知其所亡, 月無忘其所能, 可謂好學也已矣."

문 5장의 해설은 어떻습니까?

답 윤씨의 해설이 가장 괜찮다. 범씨의 말은 피차와 선후의 순서에 있어 둘 다 놓쳤다. 게다가 모르는 것을 아는 것이 새로운 것을 아는 것이라고 한 말은 괜찮지만, 잘 하는 것을 잊지 않는 것이 옛 것을 익히는 것이라고 한 말은 안 된다. 대개 옛 것을 익히는 것은 그 잊혀진 것을 생각해 반복하여 익히는 것이고, 잘 하는 것을 잊지 않는 것은 본 것을 명확하게 하고 지킨 것을 단단하게 하여 반복하여 익히지 않더라도 저절로 잊을 수 없는 것이다. 윤씨가 "학문을 좋아하는 사람이 날마다 새롭게 하면 실수하지 않는다."라고 한 말을 보면 그 득실을 알 수 있다.

사씨는 배움에 비유하면 독서하지 않는 것을 말한다고 하고, 평상시를 체體로 하고 변화를 다한다고 말했으니 잘못이 매우 크다. 자하의 말은 그 잊지 않을 것을 아는 사람은 정말로 강습하고 묻고 분별하는 것으로 보탬이 될 뿐이니, 어찌 갑자기 이처럼 커져서 매일 쓰여도 궁하지 않은 것이 없겠는가. 비록 변화에 응하는 것[應變]에서 비롯되더라도 그 이치는 애초에 정해져 있지 않은 것이 아니니, '모르는 바[所亡]'가 될 수 없다. 대체大體에서 '벗어나지 않는 것'이 정말로 '체體는 항상하다.'는 것이지만, 이는 사람의 지력으로 미칠 수 있는 것이 아니니 '능한 바[所能]'가 될 수 없다. 게다가 사람이 할 수 있는 것이 아니라고 한다면 이는 일반적으로 독서하는 사람이 모두 다른 사람을 위한 학문을 하는 것이다. 이는 대개 '사물에 빠져 뜻을 잃어버리는 것[玩物喪志]'을 경계하여, 그것을 분수에 지나치게 미루어 생각하여, 이른바 '위기지학'과 '위인지학'이라는 것이 대개 그 마음을 가지고 말하는 것임을 살피지 못한 것이다.

양씨와 후씨가 날마다 더한다고 말한 것은 날마다 그 없는 것을 아는 점은 괜찮지만 잘하는 것을 잊지 않는 것에 대해서는 미진한 점이 있다. 양씨는 또 익히고 살피는 것을 말했는데, 경문의 내용과 매우 다르니 아마도 그 뜻은 '일지소망日知所亡'을 '습習'으로 삼고, '무망소능無忘所能'을 '찰察'로 삼은 듯하다. 이와 같다면 두 문장의 뜻에 대하여 모두 통하지 않는 점이 있다.

或問, 五章之說.

曰, 尹氏最爲得之. 范氏之云, 則於彼此先後之序, 兩失之矣. 且以知所亡爲知新者猶可也, 以無忘所能爲溫故則不可. 蓋溫故者, 慮其遺忘而溫習之, 無忘所能, 則其見之之明, 守之之固, 無待於溫習, 而自不能忘矣. 觀尹氏不失之云, 則可見其得失也. 謝氏謂學非讀書之謂, 而以體常盡變爲言, 則失之過高矣. 子夏之言, 所謂知其所亡者, 正以其講習問辨而有所益耳, 豈遽若是之大, 而無當乎夫日用不窮者. 雖因於應變, 然其理則初未嘗不素定也, 不得爲所亡, 不離大體, 固所謂體常, 然非人之智力所及也, 不得爲所能. 又曰非爲人者能之, 則是凡讀書者, 皆爲人之學也. 此蓋懲於玩物喪志之一言, 而推之過於其分, 不察乎所謂爲己爲人者, 蓋以其心而言耳. 楊·侯氏日益之云, 以之言日知所亡則可, 而於無忘所能, 則有所未盡也. 楊氏又以習察爲言, 與此殊不相似, 疑其意以日知所亡爲習, 以無忘所能爲察也. 若是, 則於彼此文義之間, 皆有所不通矣.

19-06. 子夏曰, "博學而篤志, 切問而近思, 仁在其中矣."

문 6장의 해설에서 마음이 밖으로 달려 나가지 않으면 일에 모두 유익함이 있다는 것은 무엇 때문입니까?

답 정백자의 말은 마음이 밖으로 달려 나가지 않는 것을 말했고, 정숙자의 말은 일에 모두 유익함이 있다는 것을 말했다. 마음이 밖으로 달려 나가지 않으면 인仁의 체體가 보존되지 않음이 없고, 일에 모두 유익함이 있으면 인의 용用은 얻지 못하는 것이 없을 것이다.

或問六章之說, 以爲心不外馳而事皆有益者, 何也?

曰, 程伯子之言, 心不外馳之謂也. 叔子之言, 事皆有益之謂也. 心不外馳, 則仁之體無不存, 事皆有益, 則仁之用無不得矣.

문 두 정자께서 말씀하신 '근사近思'는 그 뜻이 또한 다른 점이 있는 듯한데 어째서입니까?

답 이는 또한 앞의 해설이 다른 것과 같다. 정백자의 뜻은 대개 생각하는 것을 멀리서 하지 않는 것일 뿐이지만, 정숙자가 "비슷한 것을 미루어 간다.[類推]"라고 말한 것은 생각에 차례가 있는 것이 가깝다고 한 것이다. 정백자의 말은 정말로 또한 그 근본을 얻은 것이지만 정숙자의 "비슷한 것을 미루어간다."라는 해설을 참고하지 않으면 일을 버리고[損事], 사물을 포기하며[棄物], 오로지 반성하고[反思] 묵묵히 이치를 탐구하는 것을 공부로 삼아 자신도 모르게 '이단'에 빠지게 될 것이니, 이 때문에 두 선생의 해설이 다르더라도 요컨대 한쪽에만 치우쳐서 다른 것을 폐해서는 안 되는 것이다.

曰, 兩程子所謂近思, 其義亦若有不同者, 奈何.

曰, 是亦如其前說之殊也. 伯子之意, 蓋曰思之以不遠乎已耳. 叔子所謂類推者, 則以思之有序爲近也. 伯子之言, 固亦得其本者, 然不參以類推之說, 則將有捐事棄物, 專以反思默造爲功, 而不自知其陷於異端者, 是則二子之說雖殊, 要之不可以偏廢也.

문 선생님의 말씀대로라면 일반적으로 인仁이 그 가운데에 있다고 말하는 것이 모두 이것에서 구하고 저것에서 얻는다는 말이 되니, 이 4가지는 또한 인을 구하는 일이 아닙니까?

답 4가지의 효과는 비록 끝내 인을 얻는 것으로 귀결되지만 그 말은 강학하는 일이니 애초에 인을 구하려는 뜻이 없다. 성현의 말에 인을 구하는 것은 반드시 실천에 근본하는 것이지 공허한 말로 할 수 있는 것이 아니라고 하였다. 하지만 강학하는 것에 대하여 자하가 말한 것처럼 할 수 있으면 우리의 마음에 제어하는 것이 있어 방종하지 않게 되고, 일의 이치에 합당한 것이 있어 어긋나지 않게 된다. 강학에 뜻을 두면 '인'을 행할 수 있으니 또한 이것에서 구하여 저것을 얻는 것이 무슨 해로울 것이 있겠는가.

曰, 如子之言. 凡言在其中者, 皆爲求此而得彼之辭. 則此四者, 亦不爲求仁之事耶.

曰, 四者之效, 雖卒歸於得仁, 而其言則講學之事, 初未有求仁之意也. 聖賢之言, 求仁必本於實踐, 而非空言之所可與. 然於講學之間, 能如子夏之云, 則於吾之心有所制而不放, 於事之理有所當而不差矣. 志於講學而可以爲仁, 亦何害其爲求此而得彼哉.

문 그렇다면 보고 듣고 말하고 행동하는 것은 반드시 예禮로 하고, 거처하고 일을 집행하는 것은 반드시 공손하고 또 삼가며, 다른 사람과 함께할 때는 반드시 충성스럽게 하는 것은 또한 그 이치에 마땅히 하는 것이지만, 인仁을 구하는 뜻이 없는데 또한 이것에서 구하고 저것에서 얻어도 괜찮습니까?

답 내가 정말로 이미 말한 것이다. 저것은 실천하는 실질적인 일로 인을 묻는 말이라 고하는 것이니, 이것은 강습이라고 말하지 본래 인을 구하는 마음이 있는 것은 아니니 대개 같을 수 없다.

曰, "然則視聽言動之必以禮, 居處執事之必恭且敬, 與人之必以忠, 亦其理之
所當爲, 而非有求仁之意也, 則亦可以爲求此而得彼乎?"

曰, "吾固嘗言之矣, 彼以履踐之實事, 而告夫問仁之言, 此以講習爲言, 而非本
有求仁之心也, 蓋亦不得而同之矣."

문 여러 해설은 어떻습니까?

답 범씨는 4가지를 나눈 것이 범범하여 절실하지 않다. 사씨의 '마음이
밖으로 달려 나가지 않는다.'는 내용은 괜찮지만, '널리 배우는 것이 내
가 절실하게 묻고 가까이 생각하는 이치를 이룬다.'라고 한 말은 틀렸다.
대개 4가지의 순서는 이와 같으니 만약 절실하게 묻고 가까이 생각하여
내가 널리 배우는 공을 이룬 것이라고 한다면 괜찮지만 이제서야 비로소
널리 배우면 또한 어찌 뒷날에 절실하게 묻고 가까이 생각하는 것을 미
리 이루겠는가. 이는 대개 널리 배우는 것이 마음이 밖에 달려 나가는 일
이 아니라는 것에 미혹된 것이고, 게다가 사물에 빠져서 뜻을 잃는 것을
징계한 말이므로 곡절하게 말한 것이 이와 같다. 또 어찌 맹자와 장자의
말을 듣지 않는가. 맹자는 '널리 배우고 자세하게 말하는 것은 장차 돌이
켜 간략하게 말하기 위해서이다.'[2]라고 했고, 장자는 '책은 이 마음을 유
지해 주는 것이다. 일시라도 내려놓으면 일시에 덕성에 게으름이 생기
니 독서는 이 마음을 항상 있게 한다.'라고 했다. 이 두 말을 보면 사물에
빠져 뜻을 잃고, 마음이 밖으로 달려 나가지 않는다는 두 해설의 의문점
이 풀릴 수 있을 것이다.

양씨는 인을 행하는 것은 자신에서 말미암는다고 했고, 윤씨는 나의

---

2 맹자는……위해서이다:《맹자》〈이루 하〉에 나온다.

인을 이룬다고 했으니 아마도 모두 내가 강학하는 까닭은 자신을 위하여 인을 구하는 것에 뜻을 두었다고 말한 듯하다. 그렇지만 이 장의 본지가 아니다.

曰. 諸說如何.

曰. 范氏四者之分, 泛而不切. 謝氏心不外馳者得之, 而以博學爲成吾切問近思之理, 則失之矣. 蓋四者之序如此, 若曰切問近思, 所以成吾博學之功則可矣, 今方博學, 則又何以預成乎後日之切問近思哉. 是蓋惑於博學爲非心不外馳之事, 而又懲乎玩物喪志之言, 故曲爲之說如此. 且獨不聞孟子張子之言乎. 孟子曰, 博學而詳說之, 將以反說約也. 張子曰, 書所以維持此心, 一時放下, 則一時德性有懈. 讀書則此心常在. 觀此二言, 則玩物喪志心不外馳二說之疑, 可釋然矣. 楊氏爲仁由己, 尹氏成吾之仁, 似皆以爲吾之所以講學者, 爲己有意於求仁, 非此章之旨也.

19-07. 子夏曰, "百工居肆以成其事, 君子學以致其道."

문 7장의 해설은 어떻습니까?

답 범씨와 양씨는 학문이 중요하다고 했고, 사씨와 윤씨는 도를 지극히 하는 것이 중요하다고 했는데, 각각 일리가 있지만 반드시 합하여 보아야지 그 뜻이 비로소 구비될 뿐이다. 사씨는 학문이 도를 지극히 할 수 없는 것을 공인이 제도를 믿지 못하는 것에 비유했으니 틀렸다. 대개 제도를 믿는 것은 기물을 만들기 전에 달려 있지만 도를 지극히 하는 것은 학문을 한 다음에 달려있으니 그 비유를 취한 것이 또한 정밀하지 못하다. 또 두 사람이 모두 숨어 살며 일삼은 것이 없다고 한 것도 틀렸다. 공인이 제도를 믿지 않는 것은 바로 일이 있지만 법도가 없는 것을 말한 것이고, 학문이 도를 지극히 하지 못한 것은 일이 있지만 그 완성을 요하지 않았을 뿐이니, 어찌 일삼은 것이 없다고 말하겠는가.

후씨의 해설은 또한 거칠다. 대개 학문은 정말로 그 적중하지 못한 것을 갈고 닦아야 하지만 적중하지 못한 것을 갈고 닦는 것이 학문을 다하는 것이라고 하면 안 되고, 적중하는 것은 정말로 도를 형상화한 것이지만 적중하는 것을 도를 다한 것이라고 하면 안 된다. 하물며 본문에는 애초에 이러한 말이 없는데 억지로 더하기를 기필하는가.

或問七章之說.

曰, 范楊以學爲重, 謝尹以致道爲重, 亦各有理, 然必合而觀之, 其義始備耳. 謝氏以學不能致道, 爲工不信度之比, 則非也. 蓋信度在作器之前, 而致道在爲學之後, 其取譬亦不精矣. 又以二者皆爲逸居而無所事, 亦非也. 工不信度, 正謂有事而無法, 學不致道, 則爲有事而不要其成耳, 豈無所事之謂哉. 侯氏之說亦疏. 蓋學固所以琢磨其所未中, 然以琢磨未中爲盡乎學則不可, 中固所以形道, 然以中爲盡乎道則不可. 況本文初無是語, 而必强加之乎.

19-08. 子夏曰, "小人之過也必文."

문 8장의 해설은 어떻습니까?

답 범씨가 인증한 것은 매우 좋고, 사씨와 후씨의 해설도 괜찮은 것이 있지만, 또한 서로 득실이 있다. 대개 사씨는 소인의 정을 깊이 터득했지만 옛날에 실수한 것과 지금 잘못한 것이라고 한 것은 후회하거나 염려하거나 부끄러워하는 뜻이 전혀 없으니 또한 매우 가볍고 쉽게 여겼을 것이다. 후씨의 해설은 군자의 뜻을 잘 발휘했지만 실수를 부끄러워하여 잘못을 저질렀다고 말한 것은 또한 반드시 꾸미려 한다는 일을 다 설명하지 못했으니 합하여 본다면 거의 두 해설이 괜찮을 것이다. 양씨의 해설은 문장의 뜻에 그 좋은 점을 다하지 못한 것이 있다. 만약 군자가 스스로를 책망하므로 잘못을 고칠 수 있다고 하면 괜찮지만 지금 잘못을 고쳐서 우선 스스로를 책망한다고 한다면 순서가 뒤바뀐 것이다. 실수를 부끄러워하는 것은 또한 사람들의 평범한 정이지만 군자는 부끄러워하면 그것을 고치고 소인은 부끄러워하면 그것을 꾸미니 다르다. 지금은 오로지 실수를 부끄러워하는 것을 소인의 일이라고 했으니 또한 적절하지 않다.

或問八章之說.

曰, "范氏引證甚善, 謝·侯說亦爲得之, 但亦互有得失. 蓋謝氏深得小人之情, 而所謂昔過今非者, 殊無悔懼愧恥之意, 似亦太輕易矣. 侯說善發君子之意, 而所謂恥過作非者, 亦爲未盡必文之事也, 合而觀之, 則庶乎兩得矣. 楊說文意有未盡善者, 若曰君子自訟, 故能改過則可, 今以改過先自訟, 則倒置矣. 恥過亦衆人之常情, 但君子恥而改之, 小人恥而文之, 則不同矣. 今專以恥過爲小人之事, 亦未安也."

19-09. 子夏曰, "君子有三變, 望之儼然, 卽之也溫, 聽其言也厲."

문 9장의 해설을 묻습니다.

답 정자의 말이 매우 좋지만 그가 "예禮가 아니면 말하지 말라."고 한 것은 "말하지 않는다."고 한 것일 뿐이니 전한 사람이 잘못한 것이다. '우물거리는 것[囁嚅]'으로 '확실하게 말하는 것[屬]'을 두드러지게 했는데 더욱 명백하다. '마땅히 입을 열 때'라고 한 것은 또한 '이치의 당연함'을 말했을 따름이다. "번오기樊於期에 대한 일은 의리상 말할 수 있는 것이 아니다."라고 한 것은 대개 "그 일을 말하기 어려운데도 말한다."는 뜻을 취한 것이지 이치상 마땅히 말해야 한다는 뜻은 아니다. 그가 '공자만이 온전하였다.'고 한 것은 대개 공자가 그것을 이루었기[明] 때문인데, 어떤 사람이 이를 근거로 자하의 말은 공자를 위하여 말한 것이다.'라고 하였다.

여러 해설 중에서는 양씨와 사씨, 윤씨의 해설만 괜찮고, 범씨의 해설은 대개 정자의 해설에 근본했지만 '공경히 뜻을 세운다.'는 내용 이하는 군더더기를 붙인 것이다. 엄숙함을 내면을 곧게 하는 것이라고 한다면 말이 확실한 것이 어찌 내면을 곧게 하는 것에서 나오겠는가. 말이 확실한 것을 외면을 바르게 하는 것이라고 한다면 엄숙한 것이 어찌 외면을 바르게 하는 일이 아니겠는가. 외롭지 않은 것이 온화한 것이라고 말한다면 더욱 마땅한 것이 없으니, 어찌 외로운 것[孤]을 특출나다[孤特]고 할 때의 '고孤' 자라 하겠는가. 그 또한 틀렸다. 사씨의 두 번째 해설은 다만 가벼이 말하지 않는 것을 확실한 것이라 했지만, 정자의 해설에 근본하면 이치를 결단할 수 없고 한갓 말하지 않는 것에 힘쓴 것이니 또한 그 뜻이 미진한 듯하다.

或問九章之說.

曰, "程子至矣, 其曰非禮勿言者, 蓋曰不言云爾, 而傳者失之. 以囁嚅形屬之反, 尤爲明白. 所謂合開口者, 亦曰理之所當然耳. 樊於期事, 非理之所得言者, 蓋取其事之難言而猶言之, 非以爲理之當言也. 其曰孔子全之者, 蓋以孔子明之, 而或者因以爲子夏之言, 正爲孔子發也. 諸說唯楊·謝·尹爲得之, 范氏蓋本程子之說, 而自敬義以下, 則其附益之贅也. 以儼然爲直內, 則言屬者獨不由直

內而出乎? 以言屬爲方外, 則儼然者獨非方外之事乎? 以不孤爲溫, 則尤無所
當, 豈以孤爲孤特之孤乎? 其亦誤矣. 謝氏第二說, 但以言不輕發爲屬, 蓋本程
子之說, 然不決於理, 而徒務於不言, 似亦未盡其意也."

19-10. 子夏曰, "君子信而後勞其民, 未信, 則以爲厲己也. 信而後諫, 未信, 則以爲謗己也."

문 10장의 해설은 어떻습니까?

답 정자, 양씨, 윤씨는 모두 오로지 신뢰는 자신에게 달려 있다고 했고, 사씨는 오로지 신뢰는 다른 사람에게 달려 있다고 했는데, 문세로 미루어 보면 모두 미진한 듯하다. 오직 범씨가 성의誠意와 교부交孚의 뜻이 있다고 했는데 그것이 괜찮은 듯하다. 사씨는 헤아린 뒤에 들어간다는 것을 인용했는데, 또한 《예기》의 본지가 아닌 듯하다.

或問十章之說.

曰, 程子楊尹氏皆專以信爲在己, 謝氏專以信爲在人, 以文勢推之, 恐皆未盡. 唯
范氏爲有誠意交孚之意, 斯得之矣. 謝氏所引量而後入者, 恐亦非禮記之本旨也.

문 그렇다면 반경의 천도와 비간의 간언은 어떻습니까?

답 자하의 말은 또한 그 보편적인 이치를 논했을 뿐이다. 일에 간혹 변고가 있으면 그 경중의 사이에 또한 권도라고 하는 것이 있으니 한 가지 논의만을 집행할 수 없다.

曰, 然則盤庚之遷, 比干之諫奈何.

曰, 子夏之言, 亦論其常理耳, 事或有變, 則其輕重之間, 又有所謂權者, 不可以

執一論也.

19-11. 子夏曰, "大德不踰閑, 小德出入可也."

문 11장의 해설은 어떻습니까?

답 정자와 장자의 해설이 매우 좋다. 다만 장자의 해설은 또한 서로 인용하여 글을 썼을 뿐이다. 사씨는 성인에 이르지 못한 경우를 말했으니 장자와 상반된다. 만약 그렇다면 출입은 바로 스스로를 용서하여 벗어날 수 없는 것이니 자하가 괜찮다고 여긴 것이 아니다. 범씨와 윤씨의 해설도 이러한 병폐가 있지만 사씨가 '학자는 대체大體를 아는 것을 귀하게 여긴다.'고 한 것 이하는 좋다. 양씨는 정자의 뜻을 터득했을 뿐이다.

或問十一章之說.

曰, 程子張子至矣, 但張子之說, 又相因而爲文耳. 謝氏以未至於聖爲言, 正與張子相反, 若然, 則出入乃其自恕而不能勉者, 而非子夏之所可矣. 范尹之說亦有此病, 然謝氏學者貴知大體以下則善, 而楊氏爲得程子之意耳.

19-12. 子游曰, "子夏之門人小子, 當洒掃應對進退, 則可矣, 抑末也. 本之則無, 如之何." 子夏聞之, 曰, "噫! 言游過矣! 君子之道, 孰先傳焉. 孰後倦焉. 譬諸草木, 區以別矣, 君子之道, 焉可誣也. 有始有卒者, 其唯聖人乎!"

문 12장의 해설에서 정자가 쇄소응대灑掃應對는 바로 이 형이상의 일이라고 한 것은 무엇 때문입니까?

답 쇄소응대는 저 형이하의 일을 익히는 것이고, 정의입신精義入神은 저 형이상의 이치를 탐구하는 것이다. 그 일의 대소는 본래 다르지만, 이치를 가지고 말하면 크고 작은 차이가 있었던 적이 없고, 어디에도 있지 않음이 없다. 정자의 말은 뜻이 대개 이와 같다. 다만 비로소 쇄소응대의 한 끝을 예로 든 일이 정의입신을 말한 것에 미치지 못한 것은, 이치는 크고 작은 맺음이 없는 것과 통하므로 그 말이 부족한 듯하고 끝 또한 분명해지기 어려울 뿐이다. 그 단서를 천천히 풀어서 이 해설을 통하게 하면 그 말이 구비되고 뜻을 얻을 수 있을 것이다.

또한 정자의 뜻은 바로 이치에는 대소가 없다는 것을 말한 것이므로, 군자의 학문은 그 순서를 따르지 않을 수 없고 이로써 작은 것과 가까운 것을 다한 뒤에 멀고 큰 것에 나아갈 수 있을 뿐이다. 그러므로 '그 요지는 다만 신독愼獨에 있을 뿐이다.'라고 말했으니, 이는 작은 것도 소홀히 하면 안 된다는 것을 깊이 말한 것이다. 질문한 사람은 도리어 이치에는 크고 작은 것이 없다고 했으므로 배운 것이 바로 이 작은 것이지만 그 큰 것을 아울러 예로 든다면 잃는 것이 클 것이다. 그가 바로 이것이라고 한 것도 또한 이것에서 벗어나지 않을 뿐이라고 한 것이니 바로 이것이 형이상이 되는 것은 아니다.

或問. 十二章之說. 程子所謂灑掃應對. 便是形而上之事. 何也.

曰. 灑掃應對. 所以習夫形而下之事. 精義入神. 所以究夫形而上之理也. 然其事之大小. 固不同矣. 然以理言. 則未嘗有大小之間而無不在也. 程子之言. 意蓋如此. 但方擧灑掃應對之一端. 未及乎精義入神之云者. 而通以理無大小結之. 故其辭若有所不足. 而意亦難明耳. 徐繹其緒. 而以是說通之. 則其辭備而意可得矣. 抑程子之意. 正謂理無大小. 故君子之學. 不可不由其序. 以盡夫小者

近者, 而後可以進夫遠者大者耳. 故曰其要只在愼獨, 此甚言小之不可忽也. 而說者反以爲理無大小, 故學者卽是小者, 而可以幷擧其大, 則失之遠矣. 其曰便是云者, 亦曰不離乎是耳, 非卽以此爲形而上者也.

문 쇄소응대가 불가의 말없이 처하는 것과 합치한다고 한 것은 어째서입니까?

답 불교는 말[言]과 설說이 있는 것을 둘로 여기지만 묵묵히 말하지 않는 것은 불이법문不二法門[3]이라 하고, 또 "저 이치의 전체에 들어맞는 것이 있다."라고도 했다. 하지만 이는 또한 세상의 불교에 익숙한 사람들을 위해 말한 것으로, 불교의 말을 인용하여 이 이치를 형용했을 뿐이지 이 이치가 곧 불교의 말이라고 한 것은 아니다. 대개 내가 쇄소응대를 말한 것은 그 이치가 하나이니 시비와 당부의 사이에 터럭만큼도 잃어버릴 수 없는 것이 있고, 불교에서 말한 묵연은 없어져서 시비와 선악의 구분이 없으니 불교와 우리는 다른 점이 또한 심할 것이다. 정백자의 말은 대부분 이와 같으니 〈양화〉의 "나는 말을 하지 않으려 한다."라는 구절에 대한 해설은 또한 불교에서 익힌 것을 말했을 뿐이다. 지금 독자들이 깊이 살피지 않는 듯하니, 믿음이 과하면 끝내 유교와 불교의 귀결점에 실로 두 가지 도달이 없고, 믿지 않는 것이 심하면 또한 바로 불교의 오묘함을 몰래 취하여 우리 유학의 고고함을 도왔다고 말한 것을 질책한다. 두 가지는 그 향배와 출입의 형세가 비록 다르더라도 그 본지를 잃은 것은 같을 것이다.

3　불이법문: 불교에서 언어로 표현할 수 없는 경지 또는 그에 대한 가르침을 뜻하는 용어이다. 《유마경維摩經》에서 유래했다.

曰, 其曰與佛家默然處合, 何也.

曰, 佛氏以有言有說爲二, 而以默然無言爲不二法門, 亦曰有以契夫理之全體 云爾. 然此亦爲世之習乎彼者言之, 因以彼之言, 形此之理爾, 非以爲此之理, 卽彼之言也. 蓋吾之所謂灑埽應對者, 其理則一, 而是非當否之間, 毫釐有不可 失者, 彼之所謂默然者, 則泯然而無是非善惡之分焉, 其不同也亦審矣. 程伯子 語多如此, 如第十七篇予欲無言之說, 亦爲夫習於彼者而言之耳. 今讀者類不 深察, 信之過者, 則遂以爲儒佛之歸, 實無二致, 不信之甚者, 則又直詆以爲竊 取釋氏之妙, 以佐吾學之高. 二者其向背出入之勢雖殊, 然其爲失旨均矣.

문 이미 이치에는 대소가 없다고 하고 또 사람을 가르치는 것에 순서가 있다고 한 것은 어째서입니까?

답 크고 작은 것이 없는 것은 이치이고, 순서가 있는 것은 일이다. 바로 이치는 크고 작은 것이 없고, 없는 곳이 없다. 이 때문에 사람을 가르치 는 사람은 그 순서를 따르지 않을 수 없지만 빠뜨리는 것이 있다. 대개 그 순서를 따르면 일의 본말과 크고 작은 것이 각기 그 이치를 얻지 못하는 것이 없고, 이치에 크고 작은 것이 없는 경우에는 그 소재에 따라 빠뜨린 것이 없다. 그 순서를 따르지 않아 가까운 것을 버리고 먼 곳에서 구하 며, 아래에 있으면서 높은 곳을 엿보면 망령되이 뜻한 것도 없을 수 없을 뿐 아니라 이치의 전체가 정말로 절실히고 가까우며 미세한 가운데에 이 지러졌을 것이다. 이에 이치는 대소가 없는 것이니 다른 사람을 가르치 는 사람은 더욱 그 순서를 따르려고 해야 한다. 자유의 해설은 대개 이러 한 것을 잘못했다. 그러므로 이치에 대소가 없는 것을 알지 못했다면 쇄 소응대는 말단이니 근본이 없고, 다른 사람을 가르치는 것에 순서가 없 는 것을 몰랐기 때문에 문인 소자들에게 곧바로 정의입신의 일을 가르치

려 하여 이로써 저 형이상의 전체를 형용하는 것을 다한 것이다. 자하와
정자의 이 조항 해설은 대개 바로 그 순서가 있는 것을 말했지만 그 순서
에 바꿀 수 없는 것이 있는 까닭은 또 반드시 정자의 선후 여러 해설로
미루어 본 뒤에 그 설을 터득할 수 있다.

曰, 旣以爲理無大小而又以爲敎人有序, 何也.
曰, 無大小者, 理也, 有序者, 事也. 正以理無大小而無不在, 是以敎人者不可以
不由其序, 而有所遺也. 蓋由其序, 則事之本末鉅細, 無不各得其理, 而理之無
大小者, 莫不隨其所在而無所遺. 不由其序, 而舍近求遠, 處下窺高, 則不惟其
所妄意者不可得, 而理之全體, 固已虧於切近細微之中矣. 此所以理無大小, 而
敎人者尤欲必由其序也. 子游之說, 蓋失於此, 故不知理之無大小, 則以灑埽應
對爲末而無本, 不知敎人之有序, 故於門人小子而欲直敎之精義入神之事, 以
盡夫形而上者之全體也. 子夏與程子此條之說, 蓋直以其有序者言之, 然其所
以有序而不可易者, 則又必以程子先後諸說推之, 而後得其說也."

문 그러한 것과 그렇게 되는 까닭에 대한 해설은 어떻습니까?
답 쇄소응대의 일은 그러한 것이니 형이하의 것이다. 쇄소응대의 이치
는 그렇게 되는 까닭이니 형이상의 것이다. 형이하에서 말하자면 쇄소
응대와 정의입신은 본말과 정조精粗는 동일하게 말할 수 없을 것이다. 저
형이상에서 말한다면 애초에 그 일이 다르니 여기에서는 남음이 있고 저
기에서는 부족한 것이 아니다.

曰, 其然所以然之說, 奈何.
曰, 灑埽應對之事, 其然也, 形而下者也, 灑埽應對之理, 所以然也, 形而上者
也. 自形而下者而言, 則灑埽應對之與精義入神, 本末精粗, 不可同日而語矣.
自夫形而上者言之, 則初未嘗以其事之不同, 而有餘於此不足於彼也.

문 그가 사물에는 본말이 있지만 본말은 나눌 수 없다고 한 것은 무엇

때문입니까?

답 본말이 있는 것은 그러한 일이고, 나눌 수 없는 것은 그렇게 되는 까닭의 이치를 모두 갖춘 것이다.

曰. 其曰物有本末. 而本末不可分者, 何也.

曰. 有本末者, 其然之事也. 不可分者, 以其悉具所以然之理也.

문 춤추고 활쏘는 것[舞射] 이하 3조목의 해설이, 모두 이것이 성인의 일이 된다고 한다면 어떻습니까?

답 또한 그 이치가 여기에 있으니 이로 말미암아 저기에 이를 수 있는 것을 말한 것이다. 만약 익히고 살피며 또 힘써서 그 지극한 것에 나아간다면 길을 고치지 않고도 성인에 일에 이를 수 있을 뿐인데, 어찌 쇄소灑掃와 응대應對 한 번에서 그 절차를 잃지 않는 것으로 마침내 곧바로 성인을 자처한다고 말하겠는가.

曰. 舞射以下三條之說. 若皆以卽此便爲聖人之事, 何也.

曰. 亦言其理之在是. 而由是可以至於彼. 苟習焉而察. 而又勉焉, 以造其極. 則不俟改塗而聖可至爾, 豈曰一灑埽一應對之不失其節, 而遂可直以聖人自居也哉.

문 여러 해설은 어떻습니까?

답 장자의 '먼저라 하여 전하고 나중이라 하여 게을리하겠는가.'라는 구절에 대한 해설은 문장의 뜻을 구해보면 통하지 않는 곳이 있다. 그가 말한 학문을 시작하는 사람이 반드시 계승하지 못하고 망령되이 큰 도를 가르치면 이는 속이는 것이니, 그것을 얻었으면 또한 근세 학자들의 잘못이 깊을 것이다.

범씨는 정자의 해설에 가까웠지만 '먼저라 하여 전하고 나중이라 하여 게을리하겠는가.'라는 말에 대하여 뜻이 조금 다르다. 대개 어느 것은 그 가한 것에 우선되는 것이 있어 전하고, 어느 것은 그 불가한 것에 나중이 되는 것이 있어 가르치기를 게을리하는 것을 초목에 비유하면 구별이 있는 것과 같으니, 또한 그 가한 것을 헤아렸을 뿐이다. 이 뜻도 좋으니 그 거취를 다시 살펴봐야 할 것이다.

사씨의 해설은 정자의 뜻에 근원하지만 잘못이 크다. 저 아래로부터 배워서 그 도를 지극히 하는 것은 정말로 위에 도달하는 것이지만, 이는 바야흐로 아래로부터 처음 배우는 것을 논한 것이지, 갑자기 그 도를 지극히 하여 위에 도달한다는 뜻을 언급한 것이 아니다. 위에 도달하는 것은 정말로 스승이 관여할 수 있는 것이 아니지만, 이는 바야흐로 스승이 다른 사람을 가르치는 순서를 논한 것이지 갑자기 스승이 그에게 관여하지 않는 오묘함을 언급한 것이 아니다. 인색하지 않은 마음은 하나이지만 일금一金과 천하는 그것을 버리는 것에 어렵고 쉬운 차이가 있고, 두려워하지 않는 마음은 하나이지만 평지와 높은 건물은 그것을 익히는 것에 선후의 순서가 있다. 반드시 사씨의 말과 같다면 장차 배우게 하는 사람은 먼저 획득한 뒤에 어려워지고, 아래로부터 배우는 것에 대하여 불안해하며 위에 도달하는 것에는 망령된 뜻을 품는다. 또 배우는 도리에 쇄소, 응대, 진퇴를 다하지만, 다시 격물格物, 치지致知, 수신修身, 제가齊家의 일은 없다고 말하는 것이다. 사씨와 자하, 정자의 뜻은 정말로 서로 반대된다.

曰. 諸說如何.

曰. 張子先傳後倦之說, 求之文義, 有所不通. 其所謂始學之人, 未必能繼, 妄以大道敎之, 是誣之也, 則得之, 而亦深中近世學者之失矣. 范氏於程子爲近, 但先傳後倦, 意小不同, 蓋曰孰有先其可而傳之, 孰有後其不可而倦敎, 譬諸草木, 區以別矣, 亦度其可而已. 此意亦善, 更審其去取可也. 謝說則源於程子之意, 而失之遠矣. 夫下學而極其道, 固上達矣, 然此方論下學之始爲, 未遽及夫極其道而上達之意也. 上達固非師之所能與, 然此方論爲師敎人之序, 未遽及夫師無與焉之妙也. 不吝之心一也, 而一金天下, 則其捐之有難易之殊, 不懼之心一也, 而平地高臺, 則其習之有先後之序. 必如謝氏之說, 將使學者先獲而後難, 不安於下學, 而妄意於上達, 且謂爲學之道, 盡於灑埽應對進退之間, 而無復格物致知修身齊家之事也. 其與子夏程子之意, 正相反矣.

문 정자 또한 항상 이치에는 크고 작은 것이 없으니 '쇄소응대(물 뿌리고 청소하며 응대하는 것)'와 '정의입신(정밀한 곳에 들어가 신묘함에 이르는 것)'은 다르지 않다고 했는데, 무엇이 사씨의 뜻과 달라서 상반된다고 하셨습니까?

답 정자가 반드시 그러한 까닭이 있다고 한 것은 이치의 저절로 그러한 것에서 나온 것과 같다고 말한 것이다. 사씨가 "(쇄소응대는) 반드시 정심正心, 성의誠意 이후에 할 수 있다."라고 했는데, 이는 (쇄소응대와 정심성의가) 똑같이 마음이 시키는 데서 나왔다고 생각한 것이다. 정자가 신독을 말한 것은 감히 그 작은 것을 소홀히 하지 않는 것으로 이치의 당연한 것을 구하는 것이다. 사씨는 다만 마음을 붙이는 것을 말했는데, 또한 안자의 극기克己, 증자의 귀도貴道 설을 논한 것과 같으니, 처음부터 이치의 시비를 따지지 않고 오직 나의 마음이 바라는 것만 행한 것이지만 이는 그 잘못의 작은 점일 뿐이다. 정자는 비록 이치에 크고 작은 것이 없다고 말했지만 그 뜻은 저 작은 것을 근면히 하지 않으면 그 큰 것에 해를 끼치게 되는 것이 명확하니, 작은 것을 다하지 않으면 큰 것에 나아갈 수 없고 다른 사람이 그 작은 것을 근면하도록 하게 하여 그 큰 것에 이르도록 가르치기를 바랄 뿐이다. 사씨의 말과 같다면 도리어 다른 사람이 그 작은 것을 믿고 크다고 자처하게 할 것이다. 그가 말한 저 큰 것은 정말로 이와 같은 것에 불과하니 이것이 어찌 상반되는 것이 심하지 않겠는가.

曰, 程子亦常以理無大小, 而灑掃應對·精義入神者不異, 何以異於謝氏之意, 而以爲相反, 何也.

曰, 程子所謂必有所以然者, 以爲同出於理之自然也. 謝氏以必正心誠意而後能者, 則以爲同出於心之使然也. 程子所謂愼獨者, 則不敢忽其小者, 以求其理之所當. 謝氏獨以着心爲言, 則又如其論顔子克己曾子貴道之說, 初不問理之是非, 而唯吾心之所欲爲也, 然此其失之小者耳. 程子雖以理無大小爲言, 然其意則以明夫小不謹則將害其大, 小不盡則不可以進於大, 而欲使人謹其小者, 以馴致其大者耳. 如謝氏之云, 則反使人恃其小者以自大, 而謂夫大者之眞不過如此也, 此豈非相反之尤者哉.

문 그와 자하가 상반되는 것은 또 무엇입니까?

답 자하는 바로 차서次序를 말했고, 사씨는 차서가 없는 것을 말했다. 자하는 초목에 비유하여 구별된다는 것을 말했고, 사씨는 바로 곡직曲直은 하나라고 말했다. 자하는 오직 성인이 시작과 끝이 있다고 하였고, 사씨는 성인과 사람들의 구분이 없다고 했으니 이에 그 상반됨을 또한 볼 수 있다.

曰, 其與子夏相反者, 又何也.

曰, 子夏正以次序爲言, 而謝氏以爲無次序. 子夏以草木爲區別, 而謝氏乃以爲曲直則一. 子夏以唯聖人爲有始卒, 而謝氏則無聖人衆人之分, 此其相反, 亦可見矣.

문 양씨는 어떻습니까?

답 양씨는 경문의 '어느 것을 먼저라 하여 전하고 어느 것을 나중이라 하여 게을리하겠는가.'라는 구절에 대한 해설을 잘못한 것이 장자와 같다. 성인이 말한 성性과 천도天道 이하의 몇 마디 말은 비록 엄밀한 듯해도, 또한 다만 소학小學을 알아서 다시 대학大學의 병통을 없애는 것에 있다. 윤씨의 해설은 좋기는 하지만, "대소와 본말이 모두 도가 되니, 초목이 대소가 다르지만 실제로는 초목에 구별이 없는 것과 같다."라고 한 말은 합당하지 않다. 또한 사씨의 잘못을 면하지 못한 듯하다.

호씨가 자유와 자하의 학문을 논한 것은 그 뜻이 또한 좋다.【호씨가 말했다. "사람의 자품은 다르므로 공자가 끌어당겨서 나아가게 하는 술법도 한 가지가 아니다. 자유와 자하의 말을 음미하면 자유는 도를 듣는 것에 민첩하지만 작은 일에 소홀한데 무성에서 베푼 것이 일례이다. 자하는 작은 일에 종사하여 그 뒤에 얻은 것이 있으면 소자에게 베푼 것이 일례이다."】

曰, "楊氏如何?"
曰, "楊氏先傳後倦之失, 同於張子. 聖人所謂性與天道以下數語, 雖似嚴密, 然亦有但知小學而無復大學之病. 尹氏說則善矣, 而大小本末, 皆所以爲道, 雖有不同, 而實無草木之別者數語爲未安, 似亦未免謝氏之失也. 胡氏論游·夏之學, 其意亦善.【胡氏曰, "人之資禀不同, 故夫子引而進之之術不一, 味游·夏之言, 子游敏於聞道, 而脫略於小物, 施之武城者一也. 子夏從事小物, 而後有得, 施諸小子者一也."】

문 소씨의 해설에 만약 순수하지 못한 것이 있으면 선생님께서 그것을 취하기에 어떻습니까?

답 이는 성인의 문하에서 가르치고 배우는 차서의 뜻을 말한 것이다. 정말로 그것을 알지 못하면 나 또한 근세 학자들의 폐단이 깊은 것을 취했을 뿐이다. 저들이 중中에 받는 것이 있다고 말한 것을 내가 미루어 볼 수 있으면 또한 그 순서를 따라 점차 나아가고, 고루 젖어 관통하게 되고 나서 스스로 터득했다고 말할 뿐이다. 또 자하가 '어찌 속일 수 있겠는가.'라고 한 것은 오로지 가르치는 것에서 말한 것이니 스승과 생도가 서로 속이는 것을 설로 삼은 것 또한 작은 병통이다. 하지만 가르치는 사람이 이미 그 생도를 속였다면 그 가르침을 받은 사람이 속임을 당하는 것도 당연한 이치이다.

曰, 蘇氏之說, 若有未醇者, 子之取焉, 何也.

曰, 是其所言於聖門教學次序之意, 固未爲知之者, 然吾亦取其有以深中近世學者之弊而已. 彼所謂中有以受之者, 以吾能推之, 則亦由其序而漸進, 至於浹洽貫通而自得之之謂耳. 又子夏所謂焉可誣者, 專自教者而言, 而以師生相欺爲說, 亦其小疵. 然教者旣欺其徒, 則受教者以欺應之, 亦必然之理也.

19-13. 子夏曰, "仕而優則學, 學而優則仕."

문 13장에서 '벼슬을 먼저하고 학문을 뒤에 한다.'라고 하였는데, 어째서입니까?

답 벼슬하고 남은 힘이 있으면 배우는 것은 이미 벼슬한 사람을 위하여 말한 것이다. 대개 때때로 반드시 벼슬하고 배우지 않는 경우에 원백로 原伯魯[4]와 같은 사람이 있으므로 이러한 말이 생겼다. 배우고 남은 힘이

---

4 원백로(?~?): 춘추시대 주周 경왕景王의 대부다. 조曹 평공平公의 장례에 참여할 때 어떤 사람이 그가 배우기를 좋아하지 않은 것을 보았는데, 그의 아들이 자조子朝의 반란에 참여하여 가문이 멸망당한 일화가 있다.

있으면 벼슬하라는 것은 아직 벼슬을 하지 않은 사람을 위하여 말한 것이다. 대개 수기치인修己治人의 도를 밝히지 않으면 벼슬할 수 없기 때문이다. 자산이 자피에게 비단옷을 짓는다고 비판한 것과, 공자가 또한 칠조개의 응대를 기뻐한 것과, 자로의 아첨을 싫어한 것과, 정자가 소년 시절에 과거를 높은 등급으로 통과하고 세력에 의지하여 좋은 벼슬을 하는 자를 불행이라 여긴 것은 그 뜻이 또한 이와 같을 뿐이다. 자하가 이 장에서 선후의 차례를 미룬 것은 그 본의가 대개 이와 같다. 그 나머지 뜻을 미루어 보면 또한 벼슬하고 남은 힘이 없는 것이 명확한데 배운다면 공적인 것을 등지고 사적인 것을 따르는 잘못을 면할 수 없고, 배우고 이미 남은 힘이 있는데 벼슬하지 않는다면 또한 몸을 아끼고 일을 잊어버리는 폐단을 면할 수 없으니, 당시에는 간혹 이 뜻을 겸한 듯하다.

或問, 十三章之言先仕而後學, 何也.

曰, 仕優則學, 爲已仕者言也, 蓋時必有仕而不學, 如原伯魯者, 故有是言, 學優而仕, 爲未仕者言也, 蓋未有以明乎修己治人之道, 則未可以仕耳. 子産於子皮有製錦之譏, 而夫子亦悅漆雕之對, 惡子路之佞, 程子以少年登高科席勢爲美官者爲不幸, 其意亦猶是耳. 子夏此章, 以先後之次推之, 其本意蓋如此, 而推其餘意, 則又以明夫仕未優而學, 則不免有背公徇私之失, 學已優而不仕, 則亦不免有愛身忘物之累, 當時恐或兼有此意也.

문 여러 해설은 어떻습니까?

답 정자는 '배우고 남은 힘이 있으면 벼슬한다.'라는 구절에서, 여씨는 '벼슬하고 남은 힘이 있으면 배운다.'라는 구절에서 이미 그 올바른 뜻을 얻었다. 정자는 '벼슬하고 남은 힘'이라는 구절에서, 여씨는 '배우고 남은 힘'이라는 구절에서 그 나머지 뜻을 얻었다. 범씨는 남은 힘이 있는 뒤에 다른 사람에게 미칠 수 있다고 했고, 양씨는 처음부터 끝까지 배우는 것을 전범으로 했는데, 모두 배우는 것을 위주로 한 것이니 더욱 그 큰 뜻을 얻었다. 후씨가 경문의 '우優'를 한가할 때[暇時]라고 한 설도 좋지만, 대개 반드시 거센 비처럼 충분히 다른 사람보다 뛰어나다고 말한 것은 아니다. 사씨는 별도로 한 가지 뜻이 있지만 또한 지나치게 고고하여 자하의 뜻을 잃어버렸다. 이는 배움을 말한 것이고 또한 학문의 뜻일 뿐이다.

曰. 諸說如何.

曰. 程子學優則仕, 呂氏仕優則學之, 旣得其正意. 程子仕優, 呂氏學優, 得其餘意. 而范氏有餘而後可以及人, 楊氏念終始典于學, 皆以學爲主, 尤爲得其大意. 侯氏暇時之說亦善, 蓋非必謂其沛然充足有以過人也. 謝氏別爲一意, 亦過高而失子夏之意矣. 此所謂學, 亦學文之意耳.

19-14. 子游曰, "喪致乎哀而止."

문 14장의 해설은 어떻습니까?

답 사씨와 양씨의 해설이 좋다. 하지만 양씨가 《논어》와 《예기》를 인용한 것은 모두 부득이하여 그것을 없앤다는 뜻인데, 지금 단지 '슬픔을 다하고 그친다.'라고만 한다면 장차 곧바로 정情이 행하는 대로 행동하는 잘못이 생겨, 그 폐단이 극자성棘子成의 말처럼 될 것이다. 자유가 작은 일에 소홀한 증거를 여기에서도 볼 수 있다.

범씨의 해설은 더욱 잘못되었다. 자유의 말은 본래 그 슬픔의 감정에는 미치지 못하면서 형식적인 꾸밈[文飾]이 지나친 자를 위한 것이었을 뿐이다. 범씨는 이에 감히 '그 슬픔의 감정을 넘어서지 못한다.'라는 것을 설로 삼았으니, 그 해설은 '다한다[致]'는 뜻에 부합하는 바가 없다.

或問十四章之說.

曰, 謝楊之說善矣. 然所引二言, 皆不得已而去之意, 今直以爲致哀而止, 則將有直情徑行之失, 其弊將有如棘子成之言者矣. 其脫略小物之驗, 於此亦可見也. 范氏之說, 則又失之. 子游之言, 本爲不及其情而過於文飾者耳. 范氏乃以不敢過其情爲說, 則於致字之義, 爲無所當矣.

19-15. 子游曰, "吾友張也爲難能也, 然而未仁."

문 15장의 해설은 어떻습니까?

답 양씨는 '지나치기[過] 때문에 아직 인仁하지 못하다.'라고 했는데, 그 말에 미진한 것이 있는 듯하다. 만약 후한 것에 지나치다면 또한 그것이 인을 행함에 어찌 해로움이 있겠는가. 또 자유가 이른바 '하기 어려운 것[難能]'이라고 한 것은 대개 그를 칭찬하는 말이지만 그를 비판하는 뜻도 있다. 그러므로 다시 '그러나 아직 인하지 못하다.'라고 했으니, 정말로 이것(지나친 것) 때문에 인하지 못하다고 한 것이 아닐 것이다. 양씨는 그 말과 뜻의 사이에 있는 곡절을 다 파악하지 못한 듯하다.

或問十五章之說.

曰, 楊氏以爲過之故未仁, 詞若有未盡者, 若過於厚則亦何害其爲仁耶. 且子游之所謂難能者, 蓋美之之辭, 而有譏之之意, 故又曰然而未仁, 則非直以是爲未仁矣. 楊氏於其語意之間, 似亦未盡其曲折也.

19-16. 曾子曰, "堂堂乎張也, 難與並爲仁矣."

문 16장의 해설은 어떻습니까?

답 정자, 범씨, 윤씨의 해설이 괜찮다. 증자가 당당堂堂하다고 한 것은 자유가 어려운 일을 잘 한다고 말한 것과 같을 뿐이다. 사씨는 이에 그 해를 끼치지 않는 것이 인이라고 했으니 그 잘못이 양씨의 앞장 해설과 바로 상반된다. 범씨의 말은 근엄하지 않아 그 잘못이 더욱 깊다. 양씨는 이 장에 대하여 다시 장중하여 친해지기 어려운 것이 자장의 병통이라고 한 것 또한 그렇지 않은 듯하다. 장중한 것은 스스로를 견지하는 것에 해를 끼치지 않으니 인의 병통이 아니다. 이것이 병통이 되면 염치를 지키지 않는 것이 만연하여 사람마다 모두 친압하여 쉽게 대하게 되니 또한 인이라 할 수 있겠는가. 두 사람의 논의는 모두 기상의 치우침에서 나온 것이니 배우는 사람은 깊이 살피지 않으면 안 된다.

경문의 '함께 인을 행하기 어렵다.'라는 구절은 사씨와 양씨 모두 증자는 저 자장의 도와서 인을 행할 수 없는 것을 병통으로 여겼다고 했다. 문장의 뜻으로 구해 보면 대개 그 소략하고 거만한 것이 병통이니, 자신에 대하여는 간절하고 자상한 보탬과 눈으로 보고 마음으로 느끼는 도움이 없을 뿐이다. 대개 증자의 학문은 자신을 성실하게 하는 것을 주로 하므로 그 뜻이 비록 장자의 인하지 않음을 병통이라 여기더라도, 그 말은 반드시 자신을 돌아보는 것이니 자유와는 조금 다른 듯하다. 만약 자장은 도와서 인을 행할 수 없다고 했다면 또 어찌 나에 대하여 병통이라 했겠는가. 또 증자의 연배는 자장이 그의 선배가 되는 것으로 보이니, 또한 이처럼 직접 기롱하는 것으로 응하지 않았을 것이다.

或問十六章之說.

曰, 程子范尹得之. 曾子堂堂之云, 亦猶子游難能之意耳. 謝氏乃以其不害爲仁, 其失與楊氏前章之說正相反, 然范氏辭不謹嚴, 其失爲尤甚也. 而楊氏於此章, 又以莊而難親爲子張之病, 似亦未然. 莊不害於自持, 非仁之病也, 以是爲病, 則夫漫然無廉隅之守, 使人人皆得狎而易之者, 又可以爲仁乎. 二家之論, 皆出於氣象之偏, 學者不可不審察也. 難與並爲仁, 則謝楊皆謂曾子病夫子張之不可輔而爲仁也. 以文意求之, 蓋病其疏略簡倨, 而於己無切偲之益觀感之助耳. 蓋曾子之學主於誠身, 故其意雖病子張之未仁, 而其言必反於己, 與子游若小異焉. 若曰子張之不可輔而爲仁, 又何與於我而病之耶. 且曾子之年輩, 視子張爲先進, 亦不應直譏之如此.

19-17. 曾子曰, "吾聞諸夫子, 人未有自致者也, 必也親喪乎!"

문 17장의 해설은 어떻습니까?

답 정자의 해설은 본래 맹자의 산 사람을 봉양하고 죽은 사람을 보내는 뜻에서 나온 것이지 바로 이 장의 뜻을 풀이한 것이 아니다. 대개 증자의 뜻은 본래 보편적인 일의 큰 정을 통론한 것이지 가르침을 세워 다른 사람을 깨우쳐주는 말이 아니다. 그것과 맹자의 산 사람을 봉양하고 죽은 사람을 보내는 뜻과는 지향하는 점이 또한 다르다. 양씨가 인용하여 설로 삼은 것은 또한 적당하지 않은 듯하다. 사씨가 반드시 믿고 반드시 성실해야 한다고 말한 것도 그 잘못이 또한 그러하다. 오직 윤씨가 부모의 상에 스스로를 다해야 한다는 말을 인용한 것이 증자의 뜻과 합치한 듯하지만 그 아래에서 "이에 대해 성실하지 않으면 어찌 그 성실함을 쓰겠는가."라고 한 것은 증자의 뜻으로 미루어보면 부인이 당연히 해야 하는

데 그렇지 않은 것을 책망했을 뿐이지, 바로 이 장의 뜻이 여기에 이른 것은 아니다.

或問十七章之說.

曰, 程子之說, 本爲孟子養生送死之義而發, 非正以釋此章之意也. 蓋曾子之意, 本以通論常物之大情, 而非立敎喩人之語也. 其與孟子養生送死之云, 所指亦不同矣. 而楊氏乃引以爲說, 恐亦未安. 謝氏所謂必信必誠者, 其失亦然. 唯尹氏所引親喪自盡之言, 疑與曾子意合, 而其下所謂於此不誠, 惡乎用其誠者, 則推曾子之意, 以責夫人之當然而不然者耳, 非正以此章之意爲及此也.

19-18. 曾子曰, "吾聞諸夫子, 孟莊子之孝也, 其他可能也, 其不改父之臣與父之政, 是難能也."

문 등씨의 18장 해설을 자세히 들을 수 있겠습니까?

답 등씨가 말했다. "맹헌자孟獻子는 3대의 군주에 걸쳐 50년 동안 재상을 지내 노나라 사람들이 사직의 신하라고 불렀으니 그 가신들은 반드시 현명하고 그 정치도 반드시 좋았을 것이다. 맹장자孟莊子는 나이가 적을 때 자리를 이었고 또한 계손숙季孫宿과 함께 조정에 있었는데, 계손숙과 문자文子는 공실에 충성했지만 계손숙은 그것을 모두 지킬 수 없어 바꿨다. 맹장자는 이에 홀로 그 아버지의 가신과 정책을 평생 동안 바꾸지 않을 수 있었으니, 이 때문에 공자가 어렵다고 말한 것이다. 만약 아버지의 가신과 정책이 좋지 않은데도 바꾸지 않으면 이는 아버지의 악업을 완성했을 뿐이니 어찌 효도라 하겠는가."

或問, 鄧氏十八章之說, 其詳可得聞乎.

曰, 鄧氏之言曰, 獻子歷相三君五十年, 魯人謂之社稷之臣, 則其臣必賢, 其政必善矣. 莊子年少嗣立, 又與季孫宿同朝, 宿父文子忠於公室, 宿皆不能守而改之, 莊子乃獨能不改其父之臣與父之政, 而終身焉, 是孔子之所謂難也. 若父之臣與父之政, 有不善而不改, 則是成其父之惡耳, 惡得爲孝哉?

문 여러 해설은 어떻습니까?

답 범씨와 여씨는 아마도 철종哲宗의 연호 원우元祐(1086~1094)를 신종神宗의 연호 희녕熙寧(1068~1077)으로 바꾸었기 때문에 상常을 말하지 않고 갑자기 변變을 바름으로 삼았을 것이다. 이는 비록 군자의 잘못은 그러한 마음이 하나라도 치우치면 그것을 이처럼 가릴 수 없으니, 배우는 사람은 또한 이를 통하여 스스로를 경계하고 성찰할 수 있을 것이다. 사씨의 과실은 이미 첫 장에서 논했다. 양씨와 후씨의 해설은 그 일을 살펴보면 자세하지 않지만 그 설로 삼은 것이 또한 가만히 참고 미룬 잘못을 면할 수 없다. 대개 선천적인 자질이 간략하고 고요하며 온화하고 두텁더라도 그것을 번잡스럽게 고친 것에 대하여 탄식했으므로 그 말이 이와 같으니, 내가 이미 〈선진〉 13장에서 논한 것이다.[5] 윤씨의 해설은 일반적으로 논한 것은 좋지만 맹장자의 일에 대해서는 또한 헤아린 것이 자세하지 않다.

曰, "諸說如何."

曰, 范呂蓋嫌於元祐之改熙寧也, 故不及道其常, 而遽以變爲正也, 此雖君子之過, 然心一有偏而其不可揜者如此. 學者亦因可以自警省矣. 謝氏之過, 已論於首篇矣. 楊侯說, 則考其事之未詳, 而所以爲說, 亦未免於隱忍遷就之失也. 蓋

---

5 내가……것이다:《논어집주》〈선진〉13장에서 왕안석의 말을 인용한 것을 말한다. "창고를 고치면 백성이 고단하고 재물이 손상되니 어쩔 수 없는 일이 아니면 옛것을 그대로 하는 일의 좋은 점만 못하다.[改作, 勞民傷財, 在於得已, 則不如仍舊貫之善.]"

其天資簡靜和厚, 而憚於改作之煩, 故其言如此, 吾已論之於長府之章矣. 尹氏之說, 以之泛論則善矣, 然於孟莊子之事, 則亦考之未詳也.

문 19장의 해설은 어떻습니까?

답 범씨, 사씨, 윤씨의 해설이 괜찮다. 다만 윤씨가 기뻐하기에는 부족하다고 한 것은 그 말이 작은 것을 일삼아 기뻐하기에는 부족하다는 뜻이라면 틀렸다. 증자의 뜻은 바로 가엽게 여기는 마음이 깊어 차마 하지 못하는 것이 있다고 했을 뿐이다. 지금 부족하다는 말은 달라서 옛 사람이 두려워 조마조마하고 측은해 하던 뜻이 보이지 않는다. 양씨와 후씨는 모두 정치가 혼잡하여 백성이 유망하는 것을 인용하여 설을 삼았으니 또한 옳지 않다. 백성이 흩어진다는 것은 다만 그 생업이 두텁지 못하기 때문이다. 교화가 닦이지 못하면 안으로는 군주를 높이고 윗사람을 친애하는 마음이 없어지고 밖으로는 부모를 모시고 자식을 기르는 것에 힘입음이 없어진다. 이 때문에 은혜가 적어지고 의리가 얄팍해져 서로 잡아맬 것이 없게 되면 날로 흩어지는 마음만 있을 뿐이다.

或問十九章之說.
曰, 范謝尹氏得之, 但尹氏所謂不足喜者, 其辭若以爲事小而不足乎喜之意, 則非也. 曾子之意, 正以爲深可哀矜而有所不忍耳. 今日不足, 殊不見古人怵惕惻隱之意. 楊侯氏皆引政散民流爲說, 亦非是. 所謂民散, 特以其生業不厚, 教化不修, 內則無尊君親上之心, 外則無仰事俯育之賴, 是以恩疏義薄, 不相維繫, 而日有離散之心耳.

19-20. 子貢曰, "紂之不善, 不如是之甚也. 是以君子惡居下流, 天下之惡皆歸焉."

문 20장의 해설은 어떻습니까?

답 범씨, 사씨, 윤씨의 해설이 괜찮다. 하지만 세 명 중에 범씨는 너그럽고, 윤씨는 두려워하며 삼갔지만, 사씨는 깨달은 것이 적어 거칠다. 여씨와 양씨의 해설은 더욱 적당하지 않은 듯하다.

或問二十章之說.

曰, 范謝尹氏得之, 然三者之中, 范氏寬平, 尹氏畏謹, 而謝氏少覺粗厲矣. 呂楊之說, 則尤恐未安也.

19-21. 子貢曰, "君子之過也, 如日月之食焉, 過也, 人皆見之, 更也, 人皆仰之."

문 21장의 해설은 어떻습니까?

답 성현이 과실을 고치는 것을 귀하게 여긴 것이 이와 같다. 《논어》라는 책은 대개 거기에 거듭하여 뜻을 두었지만 또한 부득이하게 스스로 새로운 길을 열었을 뿐이다. 지금 사씨는 '덕성은 하늘에서 온 것이니 지나치거나 부족하면 없어지지만, 과실을 고칠 수 있으면 또한 어찌 온전한 덕을 손상시키겠는가.'라고 했다. 이는 배우는 사람의 마음이 가볍고 오만하며 방자하게 하여 다시는 그 처음의 뜻을 조심하지 않도록 하는 것이니, 배우는 사람들은 깊이 살펴야 한다. 범씨와 양씨의 뜻도 이러한 부류지만 그 해설이 이처럼 심한 지경이 되지는 않았을 뿐이다.

후씨와 윤씨의 해설은 좋지만 윤씨가 더욱 정밀하고 간략하다. 그는 사람은 모두 군자의 뜻을 보아 곧바로 그 과실을 드러내니 가릴 수 없는 것이 있다고 논했으니 문장의 뜻을 가장 잘 터득했다. 범씨는 과실이 적으므로 사람들이 모두 그것을 본다고 했고, 그가 설로 삼은 것에 또 군자의 잘못은 명백히 드러나서 쉽게 볼 수 있으니 꾸며내어 가리는 사사로움이 없으므로 사람들이 모두 그것을 볼 수 있다고 했는데, 또한 이와 같을 필요는 없을 듯하다. 사람들이 모두 우러러보면 또한 그 보편적인 것으로 돌아간 것일 뿐이다. 범씨는 고쳐서 더욱 빛난다고 했고, 양씨는 성탕成湯의 일에 해당한다고 했는데, 또한 옳지 않은 듯하다.

或問二十一章之說.

曰, "聖賢之貴改過如此, 論語一書, 蓋屢致意焉, 然亦不得已而開其自新之路耳. 今謝氏乃謂德性天也, 過不足以梏亡之, 過而能改, 則亦何傷於全德. 則使學者之心, 輕慢放肆, 而不復有謹於其初之意矣, 學者宜深察之, 范·楊意亦類此, 但其說不至如是之甚耳. 侯·尹之說爲善, 而尹氏尤精約. 其論人皆見之之意, 直以其過失暴著, 有不可揜者, 最得文意. 范氏以爲寡過, 故人皆見之, 說者又有以爲君子之過, 顯白易見, 無文飾揜蔽之私, 故人皆得而見之, 恐亦不必如此. 人皆仰之, 亦復其常耳. 范氏以爲改而益光, 楊氏以成湯之事當之, 似亦非是.

> **19-22.** 衛公孫朝問於子貢曰, "仲尼焉學." 子貢曰, "文武之道, 未墜於地, 在人. 賢者識其大者, 不賢者識其小者, 莫不有文武之道焉. 夫子焉不學, 而亦何常師之有."

문 22장의 해설은 어떻습니까?

답 범씨는 문장의 뜻에 대해서는 절실하지 못하지만, 기상은 올바르니 그 보존한 것을 보면 충분하다. 양씨와 후씨의 해설에는 과실이 있다.

或問二十二章之說.

范氏於文意不切, 而氣象平正, 亦足以見其所存矣. 楊侯之說, 則有過之者.

문 어째서 문왕과 무왕의 도가 주周의 예악이 되었다고 말한 것입니까?

답 이는 정말로 높은 것을 좋아하는 사람이 즐겨 듣지 않는 것이지만 그 문장의 뜻은 이와 같은 것을 지나지 않는다. 경문에서 '땅에 떨어지지 않았고 사람들에게 있다.'라고 한 것을 살펴 보면 볼 수 있을 것이다. 만약 "도는 가는 곳마다 아닌 것이 없다. 취하여 얻는 것이라면 또한 언제 땅에 떨어졌겠는가?"라고 한다면 또한 어찌 반드시 현명한 자가 그 큰 것을 알고 현명하지 못한 자가 그 작은 것을 안 뒤에야 스승을 얻었겠는가. 여기에서 사람을 말한 것은 바로 노자老子, 장홍萇弘[6], 담자郯子[7], 사양師襄[8]의 무리를 말했을 뿐이다. 만약 '태묘에 들어가면 매번 일을 묻는다.'라고 한다면 태묘의 축사祝史도 또한 그 스승의 한 사람이다. 대체로 근세의 학자는 도교와 불교의 말에 익숙하여 모두 사실을 싫어하여 박대하며 탐오하고 고원한 뜻이 있으므로 그 설이 항상 이와 같으니 경계하지 않으면 안 된다. 하지만 저들이 도는 가는 곳마다 아닌 것이 없다고 하면 또한 어찌 문상과 예악의 사이에서 떨어졌겠는가. 다만 자공의 본의는

---

6 장홍(?~B.C.492): 춘추시대 주周의 대부로, 공자에게 악樂을 가르쳤다. 천문과 귀신의 일에도 밝았다고 한다.

7 담자(?~?): 춘추시대 담郯의 국군으로 노魯 소공昭公에게 조회하러 왔을 때 숙손소자叔孫昭子와의 일화를 공자가 칭송했다.

8 사양(?~?): 춘추시대 노魯의 관리라고도 하고 위衛의 관리라고도 한다. 경쇠와 거문고 연주에 뛰어났으며, 공자가 그에게 거문고를 배웠다고 한다.

바로 그 사실을 가리켜 말한 것이니, 이들의 공허하고 허황되어 근거없는 것과는 같지 않다.

曰, 何以言文·武之道爲周之禮樂也.

曰, 此固好高者之所不樂聞, 然其文意不過如此, 以未墜在人之云者考之, 則可見矣. 若曰道無適而非, 惟所取而得, 則又何時墜地, 且何必賢者識其大, 不賢者識其小, 而後得師耶. 此所謂人, 正謂老聃萇弘郯子師襄之儔耳. 若入大廟而每事問焉, 則廟之祝史, 亦其一師也. 大率近世學者, 習於老佛之言, 皆有厭薄事實, 貪鶩高遠之意, 故其說常如此, 不可以不戒也. 然彼所謂無適而非者, 亦豈離於文章禮樂之間哉. 但子貢本意, 則正指其事實而言, 不如是之空虛恍惚而無所據也.

> **19-23.** 叔孫武叔語大夫於朝曰, "子貢賢於仲尼." 子服景伯以告子貢, 子貢曰, "譬之宮牆, 賜之牆也及肩, 闚見室家之好. 夫子之牆數仞, 不得其門而入, 不見宗廟之美, 百官之富. 得其門者或寡矣, 夫子之云, 不亦宜乎!"

문 23장의 해설은 어떻습니까?

답 범씨의 해설이 괜찮지만, "성인이 어찌 알기 어려운 것으로 스스로를 세상에 표현했겠는가."라고 말한 것은 해당하는 것이 없을 뿐이다. 장경부의 해설도 좋다.【장경부가 말했다. "숙손무숙叔孫武叔 또한 어찌 정말로 자공을 알 수 있는 자이겠는가. 만약 과연 알고자 했다면 공자의 문에 들어가는 방법을 찾기에도 겨를이 없었어야 할 것이다."】

或問二十三章之說.

曰, 范氏得之, 唯聖人豈以難知而自表見云者, 爲無所當耳. 張敬夫說亦善.【張

敬夫曰. 武叔亦豈眞能知子貢者. 使果知之則於夫子之門, 當求其所以入者而
不暇矣.】

> **19-24.** 叔孫武叔毀仲尼. 子貢曰, "無以爲也! 仲尼不可毀也.
> 他人之賢者, 丘陵也, 猶可踰也, 仲尼, 日月也, 無得而踰焉. 人
> 雖欲自絶, 其何傷於日月乎. 多見其不知量也."

문 24장의 해설은 어떻습니까?

답 이는 다른 해설이 없지만, 범씨가 "(성인을 알기 어려워) 비난하는 사
람이 많고, 보지 않으려는 사람은 성인과 단절시키는 것이다."[9]라고 했
는데, 경문의 뜻이 아닌 듯 하다. 사씨는 대항이 격한 폐단이 있으니 더
욱 성현의 마음이 아닐 뿐이다. 대저 사씨의 해설은 대부분 이러한 뜻이
있으니, 1편의 뜻부터 이미 이와 같았다. 경문에서 해와 달에 비유한 내
용은 그 지극히 높은 것만 취했으니 범씨와 양씨의 해설은 모두 옳지 않
다. 윤씨는 많이 보인다는 뜻으로 경문의 다견多見을 해설했는데, 문장
의 뜻을 살펴보면 고주가 '다만[祗]'이라고 훈고한 것만 못하다. 또 자서字

---

9   범씨가……것이다: 후세 사람들은 공자를 제대로 보려고 하지 않았다는 의미이다.
    범씨 해설의 전문은 다음과 같다. "현자는 보기 쉬워서 명예로운 일이 많으며 성인
    은 알기 어려워 비난받는 일이 많다. 그래서 공자의 시대에 제후들은 그의 성스러
    움을 알고도 등용하지 않는 경우가 있었고, 또 어떤 제후는 그 성스러움을 몰라서
    비난하는 경우가 있었다. 칭찬해도 더하지 못하고 비난해도 덜어내지 못하는 것이
    해와 달의 밝음과 같아 사람들이 넘을 수 없다. 성인을 보려고 하지 않는 자는 스
    스로를 성인과 단절하는 것이다.[賢人易見, 故多譽, 聖人難知, 故多毀. 故孔子之時, 諸
    侯有知其聖而不用, 又有不知其聖而毀之者. 譽不加益, 毀不加損, 如日月之明, 人無得而踰
    焉. 其不欲見者, 是自絶而已.]"《논어정의》

書의 말이 이와 같으니, 반드시 유래한 것이 있을 것이다.

或問二十四章之說.

曰, 此無他說, 惟范氏所謂多設不欲見者, 恐非文意. 而謝氏抗激之弊, 尤非聖賢之心耳. 大抵謝說多有此意, 自首篇之旨已如此矣. 日月之喩, 但取其至高, 范楊說皆非是. 尹氏以益見解多見, 以文義考之, 不若古注之訓祗也. 且字書說本如此, 其必有所自矣.

> **19-25.** 陳子禽謂子貢曰, "子爲恭也, 仲尼豈賢於子乎." 子貢曰, "君子一言以爲知, 一言以爲不知, 言不可不愼也. 夫子之不可及也, 猶天之不可階而升也. 夫子之得邦家者, 所謂立之斯立, 道之斯行, 綏之斯來, 動之斯和, 其生也榮, 其死也哀, 如之何其可及也."

문 마지막 장의 해설은 어떻습니까?

답 정자와 장자의 해설이 매우 좋고, 범씨와 양씨의 해설은 괜찮다. 양씨는 경문의 "계단으로 오를 수 없다."라는 구절을 매우 좋다고 논했고, 안자 또한 그 탁월함이 보였다고 했는데, 그가 안자에 대해 안 것은 또한 얄팍하다.

或問卒章之說.

曰, 程張至矣. 范楊得矣. 楊氏論不可階而升者甚善, 而曰顔子亦見其卓爾而已, 則其知顔子也亦淺矣.

20. 요왈堯曰

> **20-01.** 堯曰, "咨! 爾舜! 天之曆數在爾躬, 允執其中. 四海困窮, 天祿永終." 舜亦以命禹. 曰, "予小子履敢用玄牡, 敢昭告于皇皇后帝, 有罪不敢赦. 帝臣不蔽, 簡在帝心. 朕躬有罪, 無以萬方, 萬方有罪, 罪在朕躬." 周有大賚, 善人是富. "雖有周親, 不如仁人. 百姓有過, 在予一人." 謹權量, 審法度, 脩廢官, 四方之政行焉. 興滅國, 繼絶世, 擧逸民, 天下之民歸心焉. 所重, 民食喪祭. 寬則得重, 信則民任焉, 敏則有功, 公則說.

문 요가 순에게, 순이 우에게 제위를 물려준 데 대해서 모두 역수歷數[1]에 관한 설이 있습니다. 범씨의 설은 '역법을 다스려 때를 밝히는 것을

---

1 역수: 역법은 크게 뜻이 둘로 나뉜다. 하나는 '달력, 절기[曆法]' 같은 의미이고, 또 다른 하나는 '제왕의 제위 순서[古謂帝王代天理民的順序]'를 뜻한다. 범씨는 전자를, 사씨는 후자를 따른다.

임금의 일'로 여긴 것 같고, 사씨는 역수가 돌아갈 곳이 있다고 했으니, 마치 후대의 참위학讖緯學을 비판하는 것 같습니다. 그들의 논의가 다른 이유는 어째서입니까?

답 글의 뜻으로 살펴보면 사씨가 옳다. 대개 제왕이 서로 계승하는 것은 그 차례의 수가 역법의 연·월·일의 시간과 같아서, 또한 선후의 순서가 있다. 그런데 성인이 그 순서가 누구에게 속하는지 알 수 있는 것은 그 사람의 덕으로 아는 것이지 참위讖緯의 설처럼 단지 그 성명이 도록圖錄에 나타났기 때문에 말한 것이 아니다. 범씨는 아마 이러한 점을 피하여 자신의 설에 억지로 맞추면서도 유독 '덕'을 가지고 말하는 것인 줄 몰랐으니, 자연히 '후세가 요망하다.'는 혐의는 없으나, 임금의 일이 어찌역법을 다스려 때를 밝히는 한 가지일 뿐이겠는가.

或問, 堯舜禹之相授, 皆有歷數之說. 范氏之意若以治歷明時爲人君之事者, 而謝氏以歷數有歸而言, 則又若後世讖緯之學者, 其論不同, 奈何.
曰, 以文意考之, 則謝氏得之矣. 蓋帝王相承, 其次第之數, 若歷之歲月日時, 亦有先後之序也. 然聖人所以知其序之屬於此人, 則以其人之德知之, 非若讖緯之說, 徒以其姓名見於圖錄而爲言也. 范氏蓋避此而遷就其說, 殊不知以德而言, 則自無後世妖妄之嫌, 而人君之事, 豈特治歷明時之一端而已哉.

문 '집중執中'에 관해서 정자, 범씨, 유씨, 양씨의 주장이 모두 다릅니다. 어떻게 보아야 합니까?

답 정자의 해설이 (의리를) 두루 갖추었다. 대체로 성현聖賢이 말씀하시는 '중中'은 뜻이 두 가지이다. 하나는 '대본大本'으로, '희노애락이 아직 드러나지 않았을 때의 리理'를 가리키며, 그 기상이 이와 같다. 또 하나는 '중용中庸'으로, '리'가 '사事'에 내재하면서 '과過'도 '불급不及'도 없는 것을 뜻한다. 경문에서 '윤집기중允執其中'이라고 한 것은 아마 '사'에 내재한 것을 두고 말한 것 같다. 만약 '천하의 대본'이라면 '잡을[執]' 수 없다. 그리고 성인의 도는 때로는 멈추고, 때로는 나아가는 것이지, 어찌 덩어리처럼 움직이지 않는 상태를 옳다고 여겨 그것을 지키겠는가. 그러므로 정자께서 모든 일, 모든 사물에 대해 말하면서 또 '윤집궐중'이 그것을 행하는 방법이라고 하였으니, 이로써 보면 세 사람(범씨, 유씨, 양씨)의 잘못을 분명히 알 수 있다. 유씨의 해설 중 '적당기가이이適當其可而已' 이하는 정자의 학설과 다르지 않은데, 비유를 들면서 다시 (두 관점을) 겸하여 말하였는데, 아마도 그 의미를 세밀하게 가리지 못하여 두 가지 뜻을 하나로 섞어버린 듯하다.

曰, 執中之說, 程子范游楊氏之說不同, 如何.

曰, 程子備矣. 蓋聖賢所言中, 有二義. 大本云者, 喜怒哀樂未發之時之理, 其氣象如此也. 中庸云者, 理之在事而無過不及之地也. 此曰, 允執其中, 蓋以其在事者而言, 若天下之大本, 則不可得而執矣. 且聖人之道, 時止時行, 夫豈專以塊然不動者爲是而守之哉. 故程子以事事物物言之, 而又曰允執厥中, 所以行之. 以是而觀, 則三家之失亦可見矣. 游氏自適當其可以下文, 與程子之說不異. 而其取譬復兼言之, 豈其擇之有未精者, 遂合二者而一之與.

문 '사해곤궁四海困窮'이란 구절에 대해서[2], 범씨는 아마 공안국의 《서전書傳》 뜻을 인용하여 말한 듯한데, 선생님은 따르지 않았습니다. 왜 그렇습니까?

답 본문을 살펴보면 그렇지 않다는 것을 알 수 있다. 만약 ('사해곤궁'을)

---

2 사해곤궁이란……대해서: '사해곤궁四海困窮 천록영종天祿永終'에 대해서 고주는 "사해 끝까지 천록이 영원히 이어지리라."라고 해석하고, 주희는 "사해가 곤궁해지면 천록이 영원히 끊어질 것이다."라고 해석한다. 여기에 대한 질문이다.

경계하는 말로 본다면 본문의 뜻은 일관되게 이어져 있어 결코 중간에 끊어지거나 빠진 부분이 없다. 만약 공씨《서전》의 해설대로 한다면 '곤궁' 다음에 바로 '천록영종天祿永終'으로 이어질 뿐 애초부터 간곡하게 부탁하는 뜻이 사라지게 된다. 만약 범씨의 주장대로 한다면 이른바 '각득기소各得其所'라는 내용은 정작《상서》에서 애초부터 그런 내용이 보이지 않는다.

曰, 四海困窮, 范氏蓋推孔氏書傳之意言之, 子之不從, 何也.

曰, 亦以文考之而知其不然也. 蓋以爲戒之之辭, 則辭意連屬, 初無間斷空闕之處, 若如孔傳之說, 則困窮之下, 便言天祿永終, 初無丁寧付囑之意. 若如范氏之說, 則所謂各得其所者, 於書之文, 初亦未嘗有所見也.

문 탕임금의 말을 해석함에 있어서 여러 설이 분분합니다. 왜 그렇습니까?

답《상서》를 보면 장자가 틀렸고, 범씨의 설이 더 설득력 있다. 다만 '간재제심簡在帝心'을 "그가 이와 같이 하기 때문에 감히 사사로이 할 수 없다."라고 해석하면 이 또한 잘못이다. 대체로 이것(簡在帝心)은 또한 '감히 사사로이 하지 않고 하늘의 명을 따른다.'라는 것을 말하는 것일 뿐이다.

曰, 述湯之語, 諸說不同, 何也.

曰, 以書考之, 則張子失之, 而范說爲得矣. 但以簡在帝心爲以其如此, 故不敢自私, 則亦失之. 蓋此亦謂不敢自私而聽天所命耳.

문 '주유대뢰周有大賚(주나라에 큰 하사가 있었다.)'에 관한 학설은 어떻습니까?

답〈모시서毛詩序〉에 '뇌대봉어묘야賚大封於廟也(큰 봉토를 묘에 내려주었다.)'라고 하였다. '뇌賚'는 '여주(주다)'라는 뜻으로, 선인善人에게 재화를 주는 것을 말한다. 이는 곧 상나라를 정벌하고 논공할 때, 《예기》〈악기〉에서 '장수를 제후에 봉한 일'을 가리킨다. 그렇다면 범씨의 주장 또한 맞다고 하겠다.

曰. 周有大賚之說. 如何.

曰. 詩之序曰. 賚大封於廟也. 賚. 予也. 言所以錫予善人也. 蓋克商賞功之時. 樂記所謂將帥之士. 使爲諸侯者也. 然則范氏亦得之矣.

문 '주친周親'에 관한 설은 어떻습니까?

답 문자를 살펴보면 그렇게 보는 것이 옳다. 범씨는 윗구절을 근거로 '주친周親'을 '주실지친周室之親(주나라 왕실의 친족)'으로 해석했는데, 그 의도는 괜찮으나 문장 자체의 의미와는 부합하지 않는다.

曰. 周親之說. 如何.

曰. 以書文考之當然. 范氏之說. 因上文而以周親爲周室之親. 其意亦善. 但於書文爲不合耳.

문 '근권량謹權量' 이하에 관해서 사씨와 양씨의 주장 중 어느 것이 더 낫습니까?

답 두 분 다 밝혀 놓은 것이 많아 우열을 따질 수 없다. 하지만 '민식상제民食喪祭'에 대해서, 사씨가 '백성의 3가지 일'이라고 한 것이 양씨의 해석보다 좋다. 그러나 양씨가 《맹자》를 인용한 뜻도 좋다. '관즉득중寬則得衆' 이하 해석은 두 분 다 좋다. 하지만 양씨가 '신즉민임기사信則民任其事(신뢰가 있으면 백성이 그 일을 맡는다.)'라고 한 것 같은 것은, '임任'은 '의장倚仗(의지한다)'이니 이는 본문의 뜻을 다소 벗어난 것 같다. 또 '공즉열公

則說'이라고 한 것도 지나치다. '민임民任'에 관한 학설은 이미 〈양화〉6장에서 다루었다. 공정하면 인사와 행정이 인심과 부합하므로 인민이 저절로 따르고 좋아한다. 마치 '관중이 병읍을 뺏은 것'[3] 같은 것이 좋은 사례이다. 이때까지만 해도 왕도王道와 패도覇道의 구별이 없었다.

曰, 自謹權量以下, 謝楊之說孰優.

曰, 是亦多相發明者, 未可以優劣論, 但民食喪祭, 謝氏以爲民之三事, 爲愈於楊, 而楊引孟子之意亦佳也. 寬則得衆以下, 二說皆善. 但楊若以爲信則民任其事者, 任, 倚仗也, 恐失文意. 而公則說之云則亦過矣. 民任說, 見第十七篇第六章. 公則擧措合於人心, 而人自說服, 如管仲奪騈邑者, 蓋亦近之, 未有王霸之辨也.

문 사씨의 '성인존심聖人存心(성인이 마음을 보존하는 방도)'에 관한 설은 어떻습니까?

답 어조에 다소 부드럽지 못한 부분도 있지만, 그래도 학자에게 도움이 될 만한 점이 있다. 다만 (사씨가) 이를 "부자께서 성인의 말씀을 일일이 열거했다."라고 보는 것은 양씨가 '기록하는 자가 옛 성인의 말을 모아 실어, 이 스무 편의 큰 취지를 밝히려 한 것'이라고 해석하는 것만 못하다. 소씨는 이 장이 순서에 문제가 있다고 여겼는데 아마도 그런 측면이 있는 것 같다. 【소씨가 말했다. "이 장은 《상서》〈대우모大禹謨〉, 〈탕고湯誥〉, 〈태서太誓〉, 〈무성武成〉 등에 나오는 글을 뒤섞어 싣고 있는데, 뒤죽박죽 순서가 어그러져 다시 바로잡을 수 없다. 이로 미루어 본다면 《논어》는 공자의 유서遺

---

3 관중이……것: 어떤 이가 자산子産에 대해 물으니, 공자께서 말씀하셨다. "은혜로운 [惠] 사람이었다." 자서子西에 대해 물으니, 말씀하셨다. "그 사람 말인가. 그 사람." 관중에 대해 물으니, 말씀하셨다. "(그는) 인물이었다. 백씨佰氏의 변읍 삼백三百을 빼앗았으나, (백씨는) 거친 밥을 먹으면서도 죽을때까지 원망하는 말이 없었다." 《논어》〈헌문〉)

書이기는 하나, 전해 내려오면서 죽간의 줄이 끊어져 간책이 흩어지면서 알 수 없는 부분이 있게 된 것 같다. 이를테면 '주팔사周八士', '주공어노공周公語魯公', '방군부인邦君夫人'과 같은 칭호 등은 《논어》가 공자와 제자의 언행만을 실은 것이 아니라는 점을 보여준다."】

曰, 謝氏聖人存心之說, 如何.

曰, 是其詞氣有不和者, 然於學者亦有益矣. 但以爲夫子歷叙數聖人之語, 則不若楊氏以爲記者所載, 以明二十篇之大旨者爲得也. 蘇氏疑此章有顚倒失次者, 恐或有之.【蘇氏曰, 此章雜取大禹謨湯誥太誓武成之文, 而顚倒失次, 不可復考, 由此推之, 論語蓋孔子之遺書, 簡編絶亂, 有不可知者. 如周八士, 周公語魯公, 邦君夫人之稱, 非獨載孔子與弟子之言行也.】

문 사씨가 진실로 '민심을 결집한다.[固結民心]'라고 한 것은 '일부러 조작해서 그렇게 하는 것[有爲而爲之]'에서 벗어나지 못하는 것 같습니다. 어떻습니까?

답 이 말 자체만 보면 참으로 병폐가 있는 것 같다. 하지만 이어지는 구절에서 '도가 마땅히 이와 같다면 도를 어기지 않고 (천하를) 다스릴 수 있다.'라고 한 것이 저절로 해명되기 충분하다. 정자께서 말씀했듯이 '성인의 공평무사함'을 두고 평가하면 참된 정성으로 천하 사람들과 친근하기를 구하여 백성을 편안히 하는 것이다. '후대 왕의 사사로움'을 두고 보자면 백성이 기댈 곳을 마련하지 못해 결국 도탄에 빠지거나 망하게 된다. 이러한 관점에서 보자면 사씨의 말도 위정자가 버려서는 안 될 것이기는 하나, 성인에게 할 말은 아니다.

曰, 謝氏所謂固結民心者, 似未免乎有爲而爲之者, 如何.

曰, 是其言則誠若有病, 然其下文所謂道當如此而非違道以干之者, 足以之自解矣. 程子有言, 以聖人之公言之, 固至誠求天下之比, 以安民也. 以後王之私言之, 不求下民之附, 則危亡至矣. 以此觀之, 則謝氏之言, 固爲治者所不廢, 但非所以語聖人耳.

20-02. 子張問於孔子曰, "何如斯可以從政矣?" 子曰, "尊五美, 屏四惡, 斯可以從政矣." 子張曰, "何謂五美?" 子曰, "君子惠而不費, 勞而不怨, 欲而不貪, 泰而不驕, 威而不猛." 子張曰, "何謂惠而不費?" 子曰, "因民之所利而利之, 斯不亦惠而不費乎? 擇可勞而勞之, 又誰怨? 欲仁而得仁, 又焉貪? 君子無衆寡, 無小大, 無敢慢, 斯不亦泰而不驕乎? 君子正其衣冠, 尊其瞻視, 儼然人望而畏之, 斯不亦威而不猛乎?" 子張曰, "何謂四惡?" 子曰, "不教而殺謂之虐, 不戒視成謂之暴, 慢令致期謂之賊, 猶之與人也, 出納之吝謂之有司."

문 '오미五美'에 대한 학설은 어떻습니까?

답 '은혜롭되 헤프지 않고, 수고롭되 원망이 없음'에 대해서는 사씨의 설이 좋고, '욕심은 있으나 탐욕스럽지 않고, 편안하고 의연하나 교만하지 않음'에 대해서는 호씨의 설이 좋다. 【호씨가 말했다. "윗자리에 있는 사람일수록 큰 욕심이 많은데 만약 그것을 막지 못하면 탐욕이 끝없이 일어난다. 오직 이러한 마음을 되돌려 '인仁'에 이르고자 한다면 스스로에게서 구하여 반드시 결과를 얻을 것이니, 어떤 것이 이 마음을 걸리게 하고 또 어떤 탐욕이 있겠는가. '태泰'는 아주 편안하고 자득하는 모양을 일컫는데, 자칫 교만에 가까워질 수 있다. 군자는 마음 가짐을 항상 '경敬'만을 주인으로 삼기에 상대가 많고 적거나 크고 작음에 따라 달라지지 않으니, 그 자처自處하는 것이 편안하지 않은 적이 없다. 무슨 교만할 일이 있겠는가."】

'위이불맹威而不猛'은 일부러 위세를 부리는 것이 아니다. 위세를 부려 남들이 나를 두려워하게 하고자 한다면 결국 사나움[猛]에 이르고 만다. 옷차림을 바르게 하고[正其衣冠], 눈빛과 태도를 엄정히 갖추어[尊其瞻視], 오직 자기 수양만 할 뿐이지, 남들이 나를 두려워하도록 바라는 것은 아니다. 백성들이 그 용모와 기색이 엄숙함을 보고서 함부로 대할 수 없음을 알게 되니, 거기에 어떤 '사나움'이 있겠는가. 다른 해설들은 그다지 논할 만한 큰 문제가 없으나, 사씨가 말한 '태이불교泰而不驕'는 실은 '태泰(편안하고 의연함)'다운 면이 드러나지 않았고, 도리어 교만[驕]에서 벗어나지 못하는 듯 보일 뿐이다.

或問, 五美之說.
曰, 惠而不費, 勞而不怨, 則謝氏得之矣, 欲而不貪, 泰而不驕, 則胡氏得之矣.【胡氏曰, 在人上者, 大欲爲多, 不能窒之, 則其貪無時而已. 惟反是心以欲仁, 則求諸己而必得, 何物足以累其心, 夫何貪. 泰者, 安舒自得之謂, 近於驕矣. 然君子之心, 一主於敬, 不以彼之衆寡小大而二其心, 則其自處未嘗不安, 而何驕之有.】威而不猛, 非作威也. 蓋作威而欲人之畏己, 則必至於猛, 正其衣冠, 尊其瞻視, 以自修而已矣, 非欲人之畏己也, 然百姓望其容貌顔色之儼然, 而知其不可慢也, 則何猛之有哉. 他說亦無大可論者, 但謝氏所謂泰而不驕者, 則未見其泰, 而反不免於驕耳.

문 '사악四惡'에 대한 학설은 어떻습니까?

답 '학虐, 폭暴, 적賊'에 대해서는 사씨의 주장이 설득력 있다. 하지만 '적인賊仁'이라고 한 것은 옳지 않다. '유사有司'에 관한 주장 중에서는 양씨의 설이 타당하다. 증씨는 '항우가 제후의 인장을 만지작거리며 내려주지 않는 것'과 같은 것이라고 여겼고, 장경부는 '윗자리에서 유사의 직무를 수행하면서 인심을 잃고 환난을 초래하며 이 지경에 이르지 않은 적이 없다.'라고 했다. 이 두 주장 모두 설득력 있다. 장씨의 설은 당나라 덕종德宗 같은 사례[4]에 해당될 것이다. 사씨의 설은 경문의 뜻과 통하지 않는 부분이 있다.

問四惡.

曰, 虐也. 暴也. 賊也. 謝說得之, 但所謂賊仁者非是. 有司之說, 則楊氏爲當. 曾氏以爲如項羽刻印刓忍不能予之類, 張敬夫以爲人上而爲有司之事, 失人心而召禍亂, 未必不由此, 亦皆得之. 然張氏之說, 則唐德宗其當之乎. 謝氏之說, 於文義尤有所不通云.

문 사씨의 총론은 어떻습니까?

답 이를 '세속世俗에서 무도無道한 정치가 시행되는 경우'를 말했으니 그런 사례도 분명히 존재한다. 그러나 이런 부류는 애초에 논할 가치조차 없는 영역인데, 사씨가 이와 같은 것까지 언급한다면 내 말이 어찌 편안할 수 있겠는가.

曰, 謝氏之總論奈何. 曰, 彼以世俗無道之政言之, 固有如是者矣, 然若此之流,

---

4 당나라……사례: 당唐나라 덕종德宗(재위, 779~805)은 역사적으로 인색하고 재물에 집착한 군주로 평가받는다. 장경부張敬夫가 말한 '사람의 윗자리에 있으면서 유사有司(말단 관리)의 일을 한다.'는 평가에 부합하는 사례로 자주 거론된다. 덕종은 국가 재정을 신하에게 맡기지 않고 직접 통제하며, 궁궐 창고에 재물을 쌓아두는 데 열중했다. 특히 백성들의 집에 칸 수를 세어 세금을 매긴 '간가세間架稅'나 모든 거래에 세금을 물린 '제맥전除陌錢'과 같은 자질구레하고 가혹한 세금을 신설하여 원성을 샀다. 이러한 정책은 황제 스스로가 재물을 일일이 따지는 말단 창고지기처럼 행동하여 인심人心을 잃고 국가의 혼란을 부른 대표적인 경우로 여겨진다.

蓋已不在可論之域, 況言之至於如此, 則吾之辭氣, 得無亦有未平者乎.

20-03. 孔子曰, "不知命, 無以爲君子也, 不知禮, 無以立也, 不知言, 無以知人也."

문 마지막 장에 관한 학설은 어떻습니까?

답 정자의 말씀은, 큰 요지는 문제가 없으나 '낙천지명樂天知命'이라는 말을 위 아래에 모두 적용해 설명하면 도무지 이해하기 어려운 점 있다. 가령 위에 적용하여 말하면 '지명知命(성인 역시 명을 안다.)'라는 것인데 동시에 성인은 굳이 '지명'을 말할 필요가 없다고 하였다. 아래에 적용하여 말하자면 보통 사람도 '낙천樂天'한다는 의미가 되는데, '낙천'이 과연 보통 사람도 도달할 수 있는 경지겠는가. 둘째 단락에서 '성인이 명命을 언급한 것은 중인 이상을 위해 마련한 것'이라고 했는데, 중간 수준 이상이 상지上智와 차이가 있기는 해도 오직 중인中人 이상에게만 한정하고 그 이하에게는 통하지 않는다고 가정한다면 결국 중인 이하 사람들은 끝내 이 경지에 이르지 못한다고 해서 버려두게 된다는 말인가. 셋째 단락에서 '자기 안에 이미 갖춘 이후에야 비로소 말을 알게 되고, 그래야 격물궁리한다.'라고 했는데, 말의 순서가 뒤집혀 이해할 수가 없다. 순서대로 말하자면 우선 '격물궁리'를 하고, 그 후에야 '말'을 제대로 알고, '말'을 알 수 있어야 몸소 실천하여 결과를 낼 수 있으며, 그런 다음에야 '스스로 갖추게' 된다. 그런데 그 말이 이와 같고 평소의 설명과도 달라 보이니 토론 과정에서 기록하는 자가 우연히 본 뜻을 잃어버려 이렇게 된 것 같다. 논평은 하되 이 부분은 빼는 게 좋겠다.

범씨가 '지명'이 곧 사천事天'이라고 했는데, 이는 '명을 천리天理가 부여한 것으로 본다.'는 취지처럼 보인다. 천리가 품부하는 것이 명이기는 하지만 '리'를 가리켜 말하는 경우가 있고, '기'를 가리켜 말하는 경우도 있는데, 이는 공백료장⁵에서 이미 설명해 두었다. 만약 이 장을 두고 '지명이 곧 지리知理'라고 본다 해도, 이는 곧 '하늘의 일[天之事]'을 아는 것일 뿐, '하늘을 섬기는[事天]' 경지에 이른 것은 아니다. 또 범씨가 '지언知言'은 '사람을 다스리기 위한 것[所以治人]'이라고 했는데, 이 역시 경문의 뜻과 다르다.

사씨가 말한 '지명'은 설득력이 있으나, '지례知禮'를 '지리知理'로 바꾸어 해설한 것은 잘못이다. 이 장에서 말하는 '예禮'는 오직 예문禮文(예의 형식)을 가리킬 뿐이기 때문이다. 근본을 미루어 말하자면 '예의 형식 속에 리가 있다.'라고 생각하면 좋다. 요즘은 '예문'이 얕고 좁다고 하여 그것을 시시하게 보고, '고원한 리理'만 추종하면서 결국 '리'를 '예'로 여기고서, 다시 실천의 근거로 삼지 않게 된다면 사람들이 무엇에 근거해서 설 수 있겠는가. 사씨가 '지언知言'에 대해서 주장한 것은 설득력이 있다. 하지만 '자기 수양과 연결짓는다.'는 부분은 또한 정자가 말한 '자기 안에 갖춤'과 가깝다.

양씨의 '지명知命'에 관한 설은 범씨보다 더 지나치고, '지례知禮'에 관

---

5 공백료장: "공백료가 계손에게 자로를 모함했다. 자복경백이 이 사실을 공자께 아뢰었다. '계손께서 공백료의 말을 듣고 흔들리고 계십니다. 제 힘만으로 공백료 정도는 시장의 거리에 매달 수 있습니다.' 공자께서 말씀하셨다. '하늘의 도가 이 땅에 행해지는 것도 하늘의 뜻이고, 이 땅에서 사라지는 것도 하늘의 뜻이다. 공백료가 하늘의 명을 어찌 할 수 있겠는가.'"《논어》〈헌문〉)

한 주장은 설득력이 있으나, '지언知言'에 관한 설은 오류가 매우 심하다. 이 장에서 말하는 '지인知人'은 고금의 현인과 불초자를 모두 포함하는 것인데, 양씨는 오직 '옛사람'만 논하고 지금은 언급하지 않으며, 성현만 말하고 어리석은 자는 언급하지 않으니, 결국 이 세 단어(지명, 지례, 지언)를 억지로 하나로 묶으려 하면서 그저 '안[內]'만 힘쓰고 '밖[外]'은 도외시하였다. 그러면서 《논어》한 책에 근거해서 주장을 하려다 보니, 그 오류가 이 지경에 이른 것이다.

윤씨의 '사천事天'에 관한 주장은 범씨와 비슷하고, '행동이 이치에 어긋나지 않는다.'는 말은 사씨와 비슷하다. 그러나 '곤궁하든 성공하든 잃든 얻든, 마음이 흔들리지 않음'이라는 것은 범씨가 미치지 못한 수준의 경지다. '예를 잘 알면 이치에 어긋나지 않는다.'라고 하고서, '예'로 '리'를 해석하거나 사씨처럼 심하게 주장하지도 않았다. 마지막 이 몇 구절은 이 책을 읽는 독자에게 큰 경종을 울리는 것이니, 자세히 살피고 숙고해야 한다. 이 밖으로는 호씨의 주장도 좋은데, 대체로 한공韓公(한유)과 소공蘇公(소식)의 설을 합해서 말한 것이다. 【호씨가 말했다. "한 번 정하면 바꿀 수 없는 것이 명이다. 사람이 명을 모르면 항상 구할 수 없는 것을 구하려 들고 피할 수 없는 것을 피하려 든다. 이렇게 하면 지켜야 할 바를 놓치고 소인으로 추락한다."】

或問, 卒章之說.

曰, 程子之言, 其大旨然矣. 然以樂天知命爲通上下而言, 則有不可曉者. 蓋通上而言, 則是聖人亦知命也, 而又以爲聖人不須言知命. 通下而言, 則是衆人亦樂天也. 夫樂天之事, 豈衆人之所及哉. 第二說以聖人言命, 爲中人以上者設. 夫中人以上, 固與上智者有間, 然限以中人以上而不通乎下, 則中人以下者, 豈可以其終不及此而棄絶之哉. 第三說謂有諸己然後知言, 則能格物窮理, 語意

倒置, 亦不可曉. 蓋以序言, 則曰格物窮理, 然後能知言, 知言而踐履以實之,
然後能有諸己其可也. 今其言乃如此, 皆與平日之言不類, 豈亦一時議論之間,
記錄者偶失其眞而致此與. 姑論而闕之可也. 范氏所謂知命事天之事者, 似以
命爲天理之所賦. 命固天理之所賦也, 然有指理而言者, 有指氣而言者, 吾於公
伯寮章已辨之矣. 縱以此章所謂知命爲知理, 則亦知天之事而未及乎事天也.
又謂知言所以治人, 亦非本文之意. 謝氏知命之說得之, 至以知禮爲知理, 則
非也. 蓋此章所謂禮, 止指禮文而言耳. 若推本言之, 以爲理在其中則可, 今乃
厭其所謂禮文之爲淺近, 而慕夫高遠之理, 遂至於以理易禮, 而不復徵於履踐
之實, 則亦使人何所據而能立耶. 知言之說亦爲得之, 但所謂係其所養者, 則亦
近於程子有諸己之謂者. 楊氏知命之說, 其過甚於范氏, 知禮之說則得之, 至
於知言之說, 則又甚矣. 夫此章所謂知人者, 亦兼乎古今賢不肖而言, 今乃言古
而不及今, 言聖賢而不及乎愚不肖, 蓋欲牽夫三句之說而一之, 又欲專乎內而不
分乎外, 且必欲卽夫論語之書而爲之說, 故其失至此耳. 尹氏事天之說似范氏,
動不違於理似謝氏, 然曰窮達得喪, 無所動其心, 則范氏有所不及. 謂知禮則不
違於理者, 亦非便以禮訓理, 如謝氏之甚也. 章末數句, 則於讀此書者, 深有所
警, 不可以不熟察而深念之也. 此外則胡氏之說亦善. 蓋合韓公蘇公之說而爲
言耳.【胡氏曰, 一定而不可易者, 命也. 人不知命, 常求其所不可得, 避其所不可
免, 斯所以徒喪所守而爲小人也.】

인용 인물 해설

공씨孔氏

공안국孔安國(?~?)은 자가 자국子國이며, 한漢 노국魯國 사람이다. 공자
孔子의 12세손으로, 관리官吏이자 경학가經學家이다. 신공申公에게서 《시
경詩經》을, 복생伏生에게서 《상서尙書》를 배웠다. 무제武帝 때 간대부諫大
夫, 임회태수臨淮太守를 지냈다. 무제武帝 말, 노공왕魯共王이 공자의 옛 집
을 허물다가 벽 속에서 과두문자蝌蚪文字로 쓰인 《상서尙書》, 《예서禮書》,
《논어論語》, 《효경孝經》을 발견했다. 공안국이 이를 금문今文으로 해독하
고, 무제에게 바쳤으나, 갑자기 무고巫蠱의 난이 일어나 무제의 관심에
서 멀어지고 말았다.

마씨馬氏

마융馬融(79~166)은 자가 계장季長이며, 부풍扶風 무릉茂陵(지금의 섬서
성陝西省) 사람이다. 후한後漢의 관료官僚이자 경학가經學家이며, 명장 마

원馬援의 종손이다. 대장군大將軍 등즐鄧騭의 막부에서 벼슬을 시작하여 교서랑校書郞, 태수太守 등을 역임했다. 훗날 대장군 양기梁冀의 미움을 사 유배되었으나, 소환되어 다시 의랑議郞이 되었고 동관東觀에서 유가 경전을 교감하는 일을 했다. 166년 88세의 나이로 세상을 떠났으며, 당 대唐代에 공묘孔廟에 배향되었다.

마융은 학식이 높고 특히 고문경학古文經學에 뛰어났다. 그는 여러 학 설을 종합하고 수많은 경전에 주석을 달아 고문경학을 성숙한 경지로 이끌었다. 문하에 노식盧植, 정현鄭玄 등 천여 명의 제자가 있었다. 그의 문집은 소실되었으나, 명나라 사람들이 편집한《마계장집馬季長集》이 전 한다.

범씨范氏

범조우范祖禹(1041~1098)는 자가 순보淳甫이며, 사천四川 성도成都 화양 華陽 사람이다. 북송北宋의 사학가이자 문학가, 시인으로, 삼범수사三范 修史 중 한 명이다. 진사과進士科에 급제한 후, 사마광司馬光을 따라 낙양 洛陽에서 15년간《자치통감資治通鑑》편수 작업에 참여했다. 책이 완성된 후 비서성정자秘書省正字에 임명되었고, 천종哲宗 즉위 후 급사중給事中으 로 승진했다. 장돈章惇 등의 신법新法 계승 움직임에 반대하는 상소를 올 렸으나 받아들여지지 않았다. 외직을 청한 뒤, 다시 모함을 받아 소주별 가昭州別駕로 폄적되었고 그곳에서 세상을 떠났다. 대표 저작으로는《당 감唐鑑》,《제학帝學》,《인종정전仁宗政典》등이 있으며, 특히《당감》은 당 나라 300년의 치란을 깊이 밝혀 학자들의 추존을 받았다.

사씨謝氏

사량좌謝良佐(1050~1103)는 자가 현도顯道이며, 호는 상채선생上蔡先生
이다. 하남河南 상채上蔡 사람으로, 북송北宋 시기 리학가理學家이다. 정문
사학사程門四學士 중 한 명으로, 정호程顥와 정이程頤를 스승으로 섬겼다.
1085년 진사進士가 되었으나, 휘종徽宗에게 직간하다 폄적되었고, 훗날
채경蔡京의 모함으로 '원우당적元祐黨籍'에 포함되었다.

사량좌는 이정二程 학파의 대표 인물로, 철학적으로 '이각언인以覺言
仁', '이생의논인以生意論仁' 등의 중요한 관점을 제시했다. 주희朱熹는 그
의 학문이 "본원을 바로 가리킨다."라며 높이 평가했으며,《송원학안宋
元學案》에서는 '낙학지괴洛學之魁(낙학의 으뜸)'라 칭했다. 대표 저작으로는
《상채선생어록上蔡先生語錄》,《논어해論語解》,《상채선생문집上蔡先生文集》
등이 있으며, 특히《논어해》는 주희朱熹의 주석서 이전에 가장 유행했던
《논어論語》주해본이다.

소씨蘇氏

소식蘇軾(1037~1101)은 자가 자첨子瞻, 또 다른 자는 화중和仲이며, 호
는 동파거사東坡居士, 세상에서는 소동파蘇東坡라 불렀다. 미주眉州 미산眉
山(지금의 사천성四川省) 사람으로, 북송北宋의 문학가文學家, 서예가書法家,
화가畫家이다. 아버지 소순蘇洵, 동생 소철蘇轍과 함께 '삼소三蘇'로 불린
다. 1057년 진사進士에 급제한 후 항주杭州, 밀주密州, 서주徐州 등에서 재
임했다. 1080년 '오대시안烏臺詩案'으로 인해 황주黃州로 폄적되었다. 철
종哲宗 즉위 후 예부상서禮部尙書 등을 역임했으나, 다시 혜주惠州, 담주儋
州 등으로 폄적되었다. 훗날 사면되어 돌아오던 중 상주常州에서 병사했

으며, 사후 '문충文忠'이라는 시호를 받았다.

북송 중기 문단의 영수로서 시詩, 사詞, 문文, 서書, 화畫 등 다방면에서 높은 성취를 이루었는데, 시에서는 황정견黃庭堅과 '소황蘇黃', 사에서는 신기질辛棄疾과 '소신蘇辛', 문장에서는 구양수歐陽修와 '구소歐蘇'라 불렸으며, 당송팔대가唐宋八大家 중 한 명이다. 또한 서예에서는 '송사가宋四家' 중 한 명으로 꼽힌다. 대표 저작으로는《동파칠집東坡七集》,《동파역전東坡易傳》,《동파악부東坡樂府》,〈한식첩寒食帖〉,〈소상죽석도瀟湘竹石圖〉,〈고목괴석도枯木怪石圖〉 등이 있다.

소철蘇轍

소철(1039~1112)은 자가 자유子由, 또 다른 자는 동숙同叔이며, 호는 영빈유로潁濱遺老다. 미주眉州 미산眉山 사람으로, 북송北宋 시기 관료官僚, 문학가文學家, 사상가思想家다. 1057년 진사進士에 급제했으며, 왕안석王安石의 변법變法을 반대하여 지방직을 전전했다. 철종哲宗 즉위 후 조정에 들어가 문하시랑門下侍郞 등 재상의 지위에 올랐으나, 다시 폄적되어 여러 곳을 떠돌았다. 만년에는 영창潁昌에 은거하며 저술 활동에 매진했고, 시후 '문정文定'이라는 시호를 받았다. 아비지 소순蘇洵, 형 소식蘇軾과 함께 '삼소三蘇'라 불렸으며, 당송팔대가唐宋八大家 중 한 명이다. 산문散文은 정론政論과 사론史論에 뛰어났으며, 소식은 그의 문장을 '왕양담박汪洋澹泊하다.'고 평했다. 시詩와 서예書法에도 능했다. 대표 저작으로는《난성집欒城集》등이 있으며, 후세 사람들이《소철집蘇轍集》을 편찬했다.

양씨楊氏

양시楊時(1053~1135)는 자가 중립中立이며, 호는 구산龜山이다. 학자들은 그를 구산선생龜山先生이라 칭했다. 남검南劍(지금의 복건성福建省) 사람으로, 북송北宋의 학자이자 관리다. 1076년 진사進士가 된 후, 여러 현의 지현知縣과 국자감좨주國子監祭酒, 우간의대부右諫議大夫, 공부시랑工部侍郎 등 다수 관직을 역임했다. 정호程顥와 정이程頤에게서 배웠으며, 유초游酢, 여대림呂大臨, 사량좌謝良佐와 함께 정문사대제자程門四大弟子로 불렸다. 또한 민학비조閩學鼻祖로 존경받으며 이정二程의 낙학洛學을 동남 지역에 전파했다. 이정과 주희朱熹 사이를 잇는 역할을 하여 민학閩學 체계의 형성에 견실한 기초를 다진 것으로 평가받는다.

양자揚子

양웅揚雄(B.C.53~A.D.18)은 자가 자운子雲이다. 촉군蜀郡(지금의 사천성四川省 성도成都) 사람으로, 중국 전한前漢 말의 철학가哲學家, 문학가文學家, 사부가辭賦家, 사상가思想家이다. 젊어서 학문을 좋아했으며, 장구지학章句之學에 얽매이지 않고 박람다식했다. 40세 이후 장안으로 가 사부辭賦로 명성을 얻어 급사황문랑給事黃門郎을 지냈으며 왕망王莽과 교유했다. 왕망이 찬위簒位한 후, 천록각天祿閣에서 교서校書 작업을 하던 중 부명안符命案에 연루되어 누각에서 투신했으나 죽지 않았다. 이후 다시 대부大夫로 부름을 받았다. 18년 71세의 나이로 세상을 떠났다.

초기에 〈감천부甘泉賦〉, 〈하동부河東賦〉 등 사부辭賦를 지어 황제를 풍간諷諫하려 했다. 중년 이후에는 사부를 '조충소기雕蟲小技(사소한 기예)'로 여겨 유학儒學 연구로 전환했다. 그는 "경經은 《역易》보다 큰 것이 없으므로 《태현太玄》을 짓고, 전傳은 《논어論語》보다 큰 것이 없으므로 《법언法言》을 짓는다."라고 말했다. '현玄'을 우주 만물의 본원이자 최고 범주로 삼았으며, 동중서董仲舒로 대표되는 한대漢代 유학을 계승하고 발전시켰다. 대표 저작으로는 《태현太玄》, 《법언法言》, 〈감천부甘泉賦〉, 〈하동부河東賦〉 등이 있다.

여씨呂氏

여대림呂大臨(1040~1092)은 자가 여숙與叔이며, 호는 운각芸閣이다. 경조京兆 남전藍田(지금의 섬서성陝西省 남전藍田) 사람으로, 북송北宋의 철학가哲學家, 금석학가金石學家이다. 처음에 장재張載에게서 배웠으나 후에 이정二程을 따랐으며, 유초游酢, 양시楊時, 사량좌謝良佐와 함께 '정문사선생程門四先生'이라 불렸다. 태학박사太學博士, 비서성정자秘書省正字 등의 관직을 역임했다. 학술적으로 그는 "나의 마음이 곧 하늘의 마음이다.[我心卽天心.]"라는 설을 주장했으며, 양심良心을 "거울의 맑음과 같이 먼지로 가려지지 않게 해야 한다."고 보았다. 대표 저작으로는 《고고도考古圖》 10권이 있으며, 이는 당시 궁정과 민간의 청동기 등을 수록한 중국 최초의 체계적인 고기물古器物 도록이다.

오씨吳氏

오역吳棫(1100 ?~1154)은 자가 재로才老다. 건안建安(지금의 복건성福建省) 사람으로, 송宋나라의 관료官僚이자 음운학가音韻學家이다. 1124년 진사進士가 되었고, 1142년 태상승太常丞을 지냈으나 문자옥文字獄에 연루되어 천주통판泉州通判으로 폄적되었으며, 1154년 임소에서 세상을 떠났다. 그는 소흥紹興 연간에《운보韻補》5권을 편찬하여 고운古韻 9부 분류 체계를 제시함으로써 체계적인 고음학古音學 연구를 개척했다. 또한《시보음詩補音》을 저술하여 고음학의 학문적 기틀을 확립했으며, 그의 일부 관점은 주희朱熹의《시집전詩集傳》에 채택되었다. 대표 저작으로는《운보》,《시보음》,《모시엽운보음毛詩葉韻補音》등이 있으며, 이 중《운보》만이 온전하게 전해진다.

유씨遊氏

유초游酢(1053~1123)는 자가 자통子通(후에 정부定夫로 고침)이며, 호는 녹산선생鷹山先生이다. 건주建州 건양建陽(지금의 복건성福建省) 사람으로, 북송北宋의 철학가哲學家, 교육가敎育家이며, 정문사대제자程門四大弟子 중 한 명이다. 어릴 적 정호程顥를 스승으로 섬겼다. 1082년 진사進士가 된 후 태학박사太學博士, 감찰어사監察御史, 여러 주州의 지주知州 등을 역임했으며, 1123년 71세의 나이로 세상을 떠났다.

학술적으로 천리론天理論을 선양하며, '리理'를 철학의 최고 범주이자 우주의 근원으로 보았다. 또한 학문을 실용에 활용해야 한다는 '학이치용學以致用'의 학풍을 제시했다. 그가 보유했던 이정二程에 대한 직접적인 자료는 훗날 주희朱熹의 편집에 주요한 출처가 되었다. 대표 저작으로는《역설易說》,《중용의中庸義》,《논어잡해論語雜解》,《형재시집荊齋詩集》등이 있다.

육씨陸氏

육덕명陸德明(550 ?~630)은 자가 원랑元朗이며, 소주蘇州 오현吳縣(지금의 강소성江蘇省 소주蘇州市) 사람이다. 진陳·수隋·당唐 3대에 걸쳐 관직을 지낸 경학가經學家, 훈고학가訓詁學家이며, 진왕부십팔학사秦王府十八學士 중 한 명이다. 그는 진나라 때 좌상시左常侍, 수나라 때 국자조교國子助教, 당나라 정관貞觀 초년에 국자박사國子博士를 지냈고 오현남吳縣男에 봉해졌다.

학술적으로 왕필王弼의 학문에 영향을 받아 간결함을 중시하는 남학南學 파에 속하면서도 북학北學의 장점을 취하여, 경학에서 남북을 융합하고 여러 학설을 아울렀다. 대표 저작으로는 수나라 때 완성한《경전석문經典釋文》이 있다. 이 책은《주역周易》,《논어論語》,《노자老子》,《장자莊子》등 14부의 유도儒道 경전의 흐름을 정리하고, 한漢·위魏·육조六朝시대 170여 종의 경학 저작을 채록하여 소실된 자료를 보존했다. 이는 한학漢學의 근원을 총정리하고 수隋·당唐의 통일된 경학을 연 중요한 저작이 되었다.

윤씨尹氏

윤돈尹焞(1071~1142)은 자가 언명彦明 또는 덕충德充이며, 호는 화정和靖으로, 낙양洛陽 사람이다. 북송北宋 학자로서 정이程頤의 직계 제자다. 젊은 시절 정이를 스승으로 섬겼으며 독실한 행실로 이름났다. 과거에 응시했으나, 문제에 '원우제신元祐諸臣을 주살하라.'는 내용이 있자 답을 쓰지 않고 나와 평생 다시는 진사과에 응시하지 않았다. 정이가 세상을 떠난 후, 낙양洛陽에서 제자들을 가르쳤다. 정강靖康 연간에 부름을 받았으나 사양하고 '화정처사和靖處士'라는 호를 받았다. 소흥紹興 연간에 다시 경사로 들어가 예부시랑禮部侍郎 겸 시강侍講, 태자소사太子少師 등을 역임했다. 금金과의 화의를 반대했으나 받아들여지지 않았고, 당시 진회 秦檜가 집권하자 벼슬을 사직하고 은거했다. 사후 예부상서禮部尙書, 태 자태부太子太傅로 추증되었으며, 청淸 옹정雍正 연간에 공묘孔廟에 배향되 어 77선유先儒 중 한 명이 되었다.

이씨李氏

이욱李郁(1086~1150)은 자가 광조光祖이며, 학자들은 그를 서산선생西 山先生이라 칭했다. 광택光澤 오주烏洲(지금의 복건성福建省) 사람으로, 외 숙인 진관陳瓘의 추천으로 민학비조閩學鼻祖 양시楊時의 문하에 들어갔 다. 양시의 사위가 되어 18년간 그에게서 배웠으며, 양시 학문의 중요한 계승자가 되었다. 조정에 천거되어 우적공랑右迪功郎이 되었으나, 훗날 진회秦檜가 재상이 되자 이에 동조하지 않고 사직하여 귀향했다. 고향에 서산정사西山精舍를 짓고 강학하자, "진정한 경전을 구하려면 반드시 이 욱에게서 배워야 한다."는 말이 돌며 그를 따르는 제자들이 구름처럼 모 였다. 대표 저작으로는 《논맹유서論孟遺書》, 《역전易傳》, 《이서산문집李西 山文集》 등이 있다.

장경부張敬夫

장식張栻(1133~1180)은 자가 경부敬夫 또는 흠부欽夫이며, 호는 남헌南 軒이다. 사천四川 면죽綿竹 사람으로, 남송南宋의 학자學者, 리학가理學家, 교육가教育家이며, 호상학파湖湘學派의 집대성자이다. 명재상 장준張浚의 아들로, 아버지 장준과 호굉胡宏에게서 학문을 배웠다. 문음門蔭으로 벼 슬에 나아가 강릉지부江陵知府, 이부시랑吏部侍郞, 시강侍講 등을 역임했다. 특히 악록서원岳麓書院의 교무를 주관하며 수천 명의 학생을 가르쳐 호상학파의 기반을 다졌다. 1180년 48세로 세상을 떠났으며, 시호는 '선宣'이다. 동남삼현東南三賢 중 한 명이며, 훗날 공묘孔廟에 배향되어 석고칠현石鼓七賢 중 한 명으로 불렸다. 그의 가장 큰 공헌은 악록서원岳麓書院 등을 거점으로 학술 사상을 전파하고 서원 교육을 진흥시킨 것이며, 이는 주희朱熹의 사상 형성에도 중요한 영향을 미쳤다. 대표 저작으로는 《남헌역설南軒易說》, 《논어해論語解》, 《맹자설孟子說》, 《태극해의太極解義》 등이 있다.

장자張子

장재張載(1020~1077)는 자가 자후子厚이며, 호는 횡거선생橫渠先生, 존칭은 장자張子이다. 경조京兆 장안長安(지금의 섬서성陝西省 서안시西安市) 사람으로, 북송北宋의 사상가思想家이자 리학理學의 창시자 중 한 명이다. 1057년 진사進士가 된 후 여러 관직을 역임했으나, 왕안석王安石과 정견이 달라 사직하고 고향으로 돌아왔다. 이후 횡거서원橫渠書院을 세워 강학하며 '관학關學' 학파를 창시했다. 1077년 58세의 나이로 병사했다.

학술적으로 귀신鬼神을 '음양陰陽 두 기氣의 양능良能'이라 보는 등 기일원론氣一元論과 무신론無神論적 입장을 취했다. 또한 '천지지성天地之性'과 '기질지성氣質之性'이라는 개념을 처음 제시하여 송대 인성론人性論에 중대한 영향을 미쳤다. 대표 저작으로는 《정몽正蒙》, 《횡거역설橫渠易說》, 《경학리굴經學理窟》 등이 있으며, 후세 사람들이 이를 《장자전서張子全書》로 엮어 전한다.

정자程子

정자는 정호程顥(1032~1085)와 정이程頤(1033~1107) 형제를 높여 부르는 말이다. 형 정호는 자가 백순伯淳이며, 호는 명도선생明道先生이다. 북송北宋의 리학가理學家이자 교육가로, 리학理學의 기초를 다진 '낙학洛學'의 대표 인물이다. 1057년 진사進士가 된 후 진성령晉城令, 감찰어사監察御史 등 여러 관직을 역임했다. 정치적으로는 왕안석王安石의 신법新法을 반대했다. 학술적으로는 '하늘은 곧 이치다.[天者理也.]'라는 명제를 제시하고, "인仁이란 혼연히 만물과 일체를 이루는 것"이라 보았으며, 이를 "성誠과 경敬으로 보존해야 한다."고 주장했다. 1085년 54세의 나이로 병사했다.

동생 정이와 함께 '이정二程'이라고도 불리며, 그의 학설이 훗날 남송南宋의 주희朱熹에게 계승되어 '정주리학程朱理學'이라 불렸다. 대표 저작으로는 《식인편識仁篇》, 《정성서定性書》 등이 있으며, 훗날 명나라 사람들은 그의 문집文集, 어록語錄, 경설經說 등을 동생 정이의 저작과 합편하여 《이정전서二程全書》를 만들었다.

아우 정이는 자가 정숙正叔이며, 호는 이천선생伊川先生이다. 하남부河南府 낙양洛陽 사람으로, 북송의 리학가이자 교육가이다. 서경국자감교수西京國子監敎授, 숭정전설서崇政殿說書 등의 관직을 역임했다. 학술적으로는 형 정호와 함께 주돈이周敦頤에게서 배워 '낙학洛學'을 창시하고 리학의 기초를 다졌다. '궁리窮理'를 중심으로 "하나의 사물의 이치가 곧 만물의 이치"라고 보았으며, "함양은 경敬을 써야 하고, 학문에 나아감은 치지致知에 있다."는 수양법과 "인욕을 제거하고 천리를 보존한다."는 '거

인욕去人欲 존천리存天理'를 주장했다. 대표 저작으로《주역정씨전周易程氏傳》,《유서遺書》,《역전易傳》,《경설經說》등이 있으며, 훗날 명나라 사람들은 그의 저작들을 형 정호의 저작과 합편하여《이정전서》를 만들었다.

조씨晁氏

조열지晁說之(1059~1129)는 자가 이도以道 또는 백이伯以이며, 호는 경우생景迂生이다. 제주濟州 거야鉅野(지금의 산동성山東省) 사람으로, 북송北宋의 문학가文學家이다. 사마광司馬光의 문하에서 유학했으며, 1082년 진사進士가 되었다. 증공曾鞏에게서 문장을 배웠고 소식蘇軾의 추천을 받았다. 숭녕崇寧 연간 당금黨禁으로 인해 당적黨籍에 이름이 올라 폄적되었다. 이후 복직되어 비서소감秘書少監, 중서사인中書舍人 등을 역임했으나, 다시 조정과 뜻이 맞지 않아 관직을 그만두었다. 1129년 71세로 세상을 떠났다. 경학經學에 밝고 시문詩文에 능하여 송대宋代 학술사 및 문학사에서 중요한 위치에 있다. 대표 저작으로는 문집인《경우생문집景迂生文集》20권과 필기인《조씨객어晁氏客語》1권이 전해진다.

증씨曾氏

증기曾幾(1084~1166)는 자가 지보志甫이며, 호는 다산거사茶山居士다. 감주贛州(지금의 강서성江西省) 사람으로, 송宋나라의 관료官僚, 정치가政治家, 문학가文學家, 시인詩人이다. 1105년 진사進士가 되었다. 그는 여러 지방의 제형提刑(사법 관료) 등을 역임했다. 1138년, 재상 진회秦檜의 화의 의견에 반대하다가 파직되어 상요上饒에 7년간 은거했다. 진회가 죽은 후 복직하여 비서소감秘書少監, 예부시랑禮部侍郎 등을 지냈고, 1166년 82

세로 세상을 떠났으며 시호는 '문청文淸'이다. 제자인 육유陸游는 그의 문장이 '아정순수雅正純粹하고 시詩가 특히 뛰어나다.'고 평했으며, 후세 사람들은 강서시파江西詩派의 일원으로 꼽는다.

하안何晏

하안(?~249)은 자가 평숙平叔이다. 남양군南陽郡 완현宛縣(지금의 하남성河南省 남양시南陽市) 사람으로, 삼국시대三國時代 조위曹魏의 대신大臣이자 현학가玄學家이다. 일찍 아버지를 여의고 조조曹操의 양자가 되어 총애를 받았으며, 조조의 딸 금향공주金鄕公主와 결혼했다. 그는 위 문제文帝와 명제明帝 때는 '허부부실虛浮不實하다.'는 평을 받으며 중용되지 못했다. 대장군 조상曹爽이 집권하자 이부상서吏部尙書에 올라 인사를 담당하며 열후列侯에 봉해졌다. 훗날 고평릉지변高平陵之變 때 조상과 함께 사마의司馬懿에게 주살되었고 삼족이 멸해졌다.

하안은 하후현夏侯玄, 왕필王弼 등과 함께 현학玄學을 창도하고 청담淸談 풍조를 연 위진현학魏晉玄學의 창시자 중 한 명으로 꼽힌다. '정시명사正始名士'로도 불렸다. 대표 저작으로는 정충鄭沖 등과 함께 편찬한《논어집해論語集解》가 있으며,《하안문집何晏文集》11권이 있었다고 전해진다.

형씨邢氏

형병邢昺(932~1010)은 자가 숙명叔明이다. 조주曹州 제음濟陰(지금의 산동성山東省) 사람으로, 북송北宋의 학자學者, 교육가敎育家, 경학가經學家, 훈고학가訓詁學家이다. 976년 구경과九經科에 급제한 후 국자감승國子監丞이 되어 강학을 전담했다. 이후 국자박사國子博士, 제왕부시강諸王府侍講,

국자좨주國子祭酒, 한림시강학사翰林侍講學士, 공조상서工部尙書 등을 역임
했으며, 1010년에 세상을 떠났다.

경서의 훈고訓詁와 의리義理에 정통했으며, 두호杜鎬 등과 함께《주례
周禮》,《의례儀禮》등을 교정하고 의소義疏를 지었고, 그의 전주傳注와 의
소義疏는 경학사에서 중요한 위치에 있다. 대표 저작으로는《십삼경주소
十三經注疏》에 포함된《효경주소孝經注疏》,《논어주소論語注疏》,《이아주소
爾雅注疏》등이 있으며, 특히《효경주소》는 금문효경今文孝經의 지위를 확
립한 것으로 평가받는다.

호씨胡氏

호안국胡安國(1074~1138)은 자가 강후康侯이며, 호는 청산靑山이며, 학
자들은 그를 무이선생武夷先生이라 칭했다. 건녕建寧 숭안崇安(지금의 복건
성福建省) 사람으로, 북송北宋 말 남송南宋 초의 학자이자 경학가經學家다.
1097년 진사進士가 되었으며, 양시楊時, 유초游酢, 사량좌謝良佐를 사사했
다. 태학박사太學博士, 중서사인中書舍人, 급사중給事中 겸 시독侍讀 등을
역임했다. 그는 재상 하탁何㮚의 배척을 받았고, 훗날 진회秦檜 대신 주승
비朱勝非를 임명하는 것에 반대하다가 좌상 여이호呂頤浩에 의해 폄적되
었다. 이후 남악南岳에 은거하여 5년간《춘추春秋》를 연구하다 1138년 병
사했다.

학술적으로 "마음은 만사의 으뜸이다.[心者萬事之宗.]"라고 하면서 마음
을 근본으로 삼을 것을 주장했다. 또한 심성心性의 학문과 경세치용經世
致用을 결합하는 학풍을 내세워 후대에 깊은 영향을 미쳤다. 아들과 함께
벽천서원碧泉書院을 창설하고 강학하여 호상학파湖湘學派를 열었다. 대표

저작으로는《춘추전春秋傳》,《자치통감거요보유資治通鑑擧要補遺》등이 있다. 특히《춘추전》은 정통 리학理學의 대표작으로 통치자들의 추앙을 받아 과거 시험의 교과서가 되기도 했다.

호씨胡氏

호인胡寅(1098~1156)은 자가 명중明仲이며, 호는 치당선생致堂先生이다. 건주建州 숭안崇安(지금의 복건성福建省) 사람으로, 송宋나라 리학가理學家이자 문학가文學家이다. 어려서 당숙인 호안국胡安國의 아들로 입적되어 그에게서 학문을 배웠다. 1121년 과거에 합격하여 서경국자감교수西京國子監教授 등을 지냈으며, 고종高宗 즉위 후 만언서萬言書를 올렸다. 금金과의 화의를 반대하다 사직하고 은거했으며, 훗날 진회秦檜의 미움을 받아 광동廣東 신주新州로 유배되었다가 진회가 죽은 후에야 풀려났다. 아버지 호안국, 동생 호녕胡寧, 호굉胡宏 등과 함께 '호씨오현胡氏五賢'으로 불리며 민중리학閩中理學을 창시했다. 이들의 사상은 주희朱熹, 장식張栻 등의 리학理學 형성에 중요한 영향을 미쳤다. 대표 저작으로는 사학사詞學史에 영향을 미친 〈제주변사題酒邊詞〉 등이 있다.

홍씨洪氏

홍흥조洪興祖(1090~1155)는 자가 경선慶善이며, 호는 연당練塘이다. 단양丹陽 사람으로, 송宋나라의 관료이다. 1118년 과거에 급제하여 비서성정자秘書省正字, 태상박사太常博士 등을 역임했다. 고종高宗에게 국가 재건책을 건의하여 신임을 얻었으나, 조정의 기강 해이를 비판하고 재상 진회秦檜와 "음陰은 양陽을 이길 수 없다."고 논쟁하는 등 강직한 태도로 진회의 미움을 샀다. 이후 외직으로 나가 광덕군廣德軍 지사로서 600여 개의 저수지를 지어 가뭄을 해결하고, 진주眞州에서는 황무지 7만여 묘를 개간하여 백성을 구제했다. 진주 재임 시 진부陳旉의《농서農書》에 후서後序를 남겼다. 1154년, 이미 사망한 정우程瑀의《논어해論語解》에 서문을 썼는데, 이 글에 원망이 담겨 있다는 이유로 왕민王珉 등 진회 일파의 탄핵을 받았다. 결국 소주昭州(지금의 광서廣西 평락현平樂縣)로 폄적되었고, 이듬해 8월 66세의 나이로 그곳에서 세상을 떠났다. 사후 부문각학사敷文閣學士로 추증되었다.

황씨黃氏

황조순黃祖舜(1100~1165)은 자가 계도繼道이며, 호는 공계궁인鞏溪宮人이다. 복건福建 복청福清 사람으로, 남송南宋의 관료다. 선화宣和 6년 진사進士가 된 후, 군기감승軍器監丞, 권형부시랑權刑部侍郎 등을 거쳐 동지추밀원사同知樞密院事 겸 권참지정사權參知政事에 이르렀다. 진희秦熺를 태부太傅로 추증하는 것을 반대하고 이보李寶를 장수로 강력히 추천했다. 융흥隆興 초, 패장 왕권王權 등의 주살을 간하다가 파직되어 담주潭州의 지사가 되었고 임소에서 세상을 떠났다. 시호는 장정莊定이다. 대표 저작으로는 재임 중 지어 올려 국자감國子監에서 간행된《논어강의論語講義》가 있다.

후씨侯氏

후중량侯仲良(?~?)은 호가 사성師聖이며, 이정二程의 외사촌이다. 본적은 태원太原 우현盂縣이며 화음華陰 사람으로, 북송北宋의 리학자理學者

다. 가학의 영향 아래 리학理學에 잠심했으며, 주돈이周敦頤, 정호程顥, 정
이程頤를 차례로 스승으로 섬겨 호안국胡安國 등 당대 리학자들의 존경을
받았다. 이정의 학문을 깊이 숭배하여 "말할 때마다 반드시 이정 선생을
칭했다."라고 한다. 평생 경전을 논하고 저술했으나, 말년에는 가난과
병 속에서 세상을 떠났다. 대표 저작으로는 《논어설論語說》과 《아언雅言》
이 있다.

참고자료

1. 원전류

- (前漢)揚雄,《揚子法言》(《儒藏精華編》182), 北京: 北京大學出版社, 2019.
- (曹魏)王弼 注, (唐)孔穎達 疏,《周易正義》, 北京: 北京大學出版社, 1999.
- (前漢)孔安國 傳, (唐)孔穎達 疏,《尙書正義》, 北京: 北京大學出版社, 1999.
- (前漢)毛亨 傳, (後漢)鄭玄 箋, (唐)孔穎達 疏,《毛詩正義》, 北京: 北京大學出版社, 1999.
- (後漢)鄭玄 注, (唐)孔穎達 疏,《禮記正義》, 北京: 北京大學出版社, 1999.
- (春秋)左丘明 撰, (西晉)杜預 注, (唐)孔穎達 疏,《春秋左傳正義》, 北京: 北京大學出版社, 1999.
- (後漢)鄭玄 注, (唐)賈公彦 疏,《周禮注疏》, 北京: 北京大學出版社, 1999.
- (後漢)鄭玄 注, (唐)賈公彦 疏,《儀禮注疏》, 北京: 北京大學出版社, 1999.
- (前漢)公羊壽 傳, (後漢)何休 解詁, (唐)徐彦 疏,《春秋公羊傳注疏》, 北京: 北京大學出版社, 1999.
- (東晉)范寧 集解, (唐)楊士勛 疏,《春秋穀梁傳注疏》, 北京: 北京大學出版社, 1999.

- (曹魏)何晏 注, (北宋)邢昺 疏,《論語注疏》, 北京: 北京大學出版社, 1999.
- (唐)李隆基 注, (北宋)邢昺 疏,《孝經注疏》, 北京: 北京大學出版社, 1999.
- (後漢)趙岐 注, (北宋)孫奭 疏,《孟子注疏》, 北京: 北京大學出版社, 1999.
- (東晉)郭璞 注, (北宋)邢昺 疏,《爾雅注疏》, 北京: 北京大學出版社, 1999.
- (北宋)張載,《張子全書》(《儒藏精華編》209下), 北京: 北京大學出版社, 2009.
- (北宋)程顥·程頤,《二程全書》(《儒藏精華編》212~213), 北京: 北京大學出版社, 2009.
- (北宋)蘇軾,《蘇軾文集》(《儒藏精華編》214~215), 北京: 北京大學出版社, 2009.
- (北宋)胡安國,《春秋胡氏傳》, 浙江: 浙江古籍出版社, 2010.
- (北宋)謝良佐,《上蔡語錄》(《儒藏精華編》186), 北京: 北京大學出版社, 2014.
- (北宋)游酢,《游定夫先生集》(《儒藏精華編》221), 北京: 北京大學出版社, 2018.
- (北宋)楊時,《龜山先生全集》(《儒藏精華編》221), 北京: 北京大學出版社, 2018.
- (北宋)尹焞,《和靖尹先生文集》(《儒藏精華編》221), 北京: 北京大學出版社, 2018.
- (南宋)李侗,《延平答問》(《儒藏精華編》186), 北京: 北京大學出版社, 2014.
- (南宋)朱熹,《論孟精義》(《儒藏精華編》109), 北京: 北京大學出版社, 2007.
- (南宋)朱熹,《四書章句集注》(《儒藏精華編》110), 北京: 北京大學出版社, 2008.
- (南宋)朱熹,《四書或問》(《儒藏精華編》110), 北京: 北京大學出版社, 2008.
- (南宋)朱熹,《朱子全書(修訂本)》, 上海: 上海古籍出版社, 2010.
- (明)胡廣,《春秋集傳大全》(《儒藏精華編》93~94), 北京: 北京大學出版社, 2014.

- (明)胡廣, 《性理大全書》(《儒藏精華編》192~193), 北京: 北京大學出版社, 2018.
- (明)胡廣, 《四書集註大全》(《儒藏精華編》114~115), 北京: 北京大學出版社, 2022.

2. 사전류

- 中文大辭典編纂委員會, 《中文大辭典》, 臺灣: 中國文化大學出版部, 1982.
- 諸橋轍次, 《大漢和辭典》, 日本: 大修館書店, 1986.
- 中國漢語大詞典編纂委員會, 《漢語大詞典》, 中國: 漢語大詞典出版社, 1993.
- 단국대학교 동양학연구소, 《漢韓大辭典》, 단국대학교출판부, 1999~2008.

3. 전자자료

- 古典文獻全文檢索資料庫 (https://skqs.lib.ntnu.edu.tw)
- 教育部異體字字典 (https://dict.variants.moe.edu.tw)
- 識典古籍 (https://www.shidianguji.com)
- 中國哲學書電子化計劃 (https://ctext.org)
- 漢籍全文資料庫 (https://hanchi.ihp.sinica.edu.tw)

청명국역총서 4

역주 논어혹문 하

2025년 12월 10일 초판 1쇄 발행

역자	강민우, 권민균, 백종학, 서진희, 차영익
교정·윤문	전병수
발행인	전병수
본문 표지 디자인	배민정

발행	도서출판 수류화개
등 록.	제569-251002015000018호 (2015.3.4.)
주 소.	세종시 한누리대로 312 노블비지니스타운 704호
전 화.	044-905-2248
팩 스.	02-6280-0258
메 일.	waterflowerpress@naver.com
홈페이지.	http://blog.naver.com/waterflowerpress

© 도서출판 수류화개, 2025

값 35,000원

ISBN   979-11-92153-26-1 (94140)
        979-11-92153-27-8 (세트)